한자에 반영된 중국문화

이 책은 교육부 및 한국연구재단의 대학인문역량강화사업(CORE) 지원에 의해 HUFS 인문학총서로
출판된 것임

한자에 반영된 중국문화

박흥수 지음

HUEBOOKs

目次

| 제1장 |

한자 숫자의 문화적 의미

숫자는 일종의 기수부호이지만 오랜 사용기간 동안 사람들은 본래의 숫자기록 기능 외에 숫자에 특수한 문화적 함의를 부여하기도 하였다. 각기 다른 국가, 지역, 민족은 숫자에 대하여 자기들만의 독특한 해석과 믿음을 가지고 있다. 예를 들어 '四'는 한국과 중국에서는 '죽을 死'를 떠올리기 때문에 사람들이 꺼리는 문화적 배경을 갖고 있다. 또 서양에서 행운의 상징으로 받아들여지는 '七'은 중국의 일부 지역에서 '나누다' 혹은 '분리'라는 의미를 나타내기 때문에 사람들이 싫어하는 숫자가 되었다. 특히 중국의 경우 표의문자라는 독특한 문자체계의 사용과 형의관계 혹은 음의관계의 해석에서 생겨난 문화적 의미 등이 숫자에 나타나는 경우가 많이 있다. 또한 숫자는 민속에서 諧音[1]이라는 언어학적 현상을 빌려서 새로운 의미를 부여받기도 한다.

본 장은 이러한 점에 착안하여 한자 숫자 '一'부터 '十'까지의 문화적 의미를 연구하는데 목적을 두고 작성되었다. 연구의 목적 달성을 위해 본문에서는 먼저 해당 숫자의 고문자 자형을 제시하고 해석하여 본형 본의를 파악하게 될 것이다. 본형 본의의 파악은 문화적 의미 탐구의 기초가 될 것이다. 그 후 형의

1) 諧音이란 발음이 같거나 유사한 조건을 이용하여 표현효과를 강화시키는 수사방법으로 대구를 이루는 것, 단어를 모방하는 것, 단어를 해석하는 것, 쌍관을 이루는 것 등등이 있다. 예를 들면 "大不了你当家长, 我当副家长, 叫人笑我气管炎(妻管严)."과 같다. (高更生 1992:938)

관계의 설명과 문화학적, 언어학적 기술을 통해 한자 숫자의 문화적 의미를 탐구하게 될 것이다. 자형은 徐中舒의 『漢語古文字字形表』를 참고하여 제시하였음을 밝혀둔다.

1) 문화적 의미 분석

(1) 一(일)

一 佚四三四	一 毛公鼎	一	一
甲骨文	金文	小篆	楷書

『說文·一部』: "一, 처음 만물이 형성될 때 도가 '一'에 세워지고 비로소 천지를 나누었으며 만물을 조성하였다. (一, 惟初太始, 道立於一, 造分天地, 化成萬物.)"

段玉裁注: "'一'의 字形은 六書에서 指事이다. (一之形於六書爲指事.)"

徐灝箋: "문자가 만들어지던 초기에는 먼저 숫자가 있었고 후에 문자가 생겼다. '一', '二', '三', '四'는 그 숫자만큼 획을 그었으니 이것은 指事이며 또한 象事이다. (造字之初先有数而后有文. 一二三四, 画如其数, 是为指事, 亦为象事也.)"

이상을 종합해보면 고문자 '一', '二', '三', '四'는 획으로 숫자를 나타내는 원시기수부호임을 알 수 있다.

① 가장 복잡함과 가장 간단함

중국어에서 '一'의 함의와 용법은 양면성을 가지고 있다. 양면성이란 의미의 복잡성과 간단함으로 요약될 수 있다. '一'의 양면성을 우선 의미항목 수에서 고찰해보기로 하자. '一'은 도대체 몇 개의 의미항목을 가지고 있고, 어떤 의미와 용도를 갖고 있는가? 『現代漢語詞典』은 모두 8개의 의미항목을 열거하였다. (中國社會科學院語言研究所詞典編輯室 1996:1471) 『漢語大字典』에는 모두 20개의 의미항목이 있고, 그중 17번째는 부사로서 9개의 해석이 있으므로 모두 28개의 의미항목이 있는 셈이다. (漢語大字典編輯委員會 1986:1:1-2) 『漢語大詞典』에는 24개의 의미항목이 나열되어 있는데 18번째 항목은 6개의 소항목이 있으므로 모두 29개의 의미항목이 있다고 할 수 있다. (羅竹風 1990:1:1-2) '一'의 의미항목은 중국어의 다른 수사에 비하여 월등하게 많으며 다른 단어와 비교해본다면 단지 '打'정도가 필적할 만하다. '打'는 동사, 개사, 양사 등 모두 26개의 의미항목을 가지고 있다.

'一'이 구성한 단어와 각종 固定句는 문장을 포함한 諺語까지 포함한다면 셀 수 없을 만큼 많다. 『漢語大詞典』에 수록한 '一'로 시작하는 단어만도 모두 115항목에 1700여개가 된다. (羅竹風 1990:1:2-115)

이상에서 살펴본 사전적 의미항목으로 볼 때 '一'은 대단히 많은 의미항목을 가지고 있고 의미항목의 숫자는 '一'의 복잡성을 드러내는 것 같이 보인다. 그러나 이러한 많은 의미들은 대개 하나, 단순함 등으로 귀결되기도 한다.

『史記·律書』: "'一'에서 시작된다. (始於一.)"고 하였으니 '一'은 숫자의 시작이며, 가장 작고 간단한 자연수이다. '一'은 사람 혹은 사물의 최소수량을 말하며, 아라비아 숫자나 로마 숫자와 마찬가지로 필획이 가장 적다. 중국어에서 '一'을 포함한 많은 단어들은 '가장 간단한 수'의 의미에서 파생되어 나왔다. (王國安·王小曼 2003:113) 예를 들면 '一葉知秋', '一語破的', '一針見血', '一覽無遺', '一鱗半爪', '一籌莫展', '一言既出, 駟馬難追', '一着不愼, 滿盤皆輸' 등은 모두 적다는 의미를 나타내고 있다.

'一'은 가장 작은 자연수이면서 한어, 한자에서는 가장 간단하면서도 가장 복잡하다는 의미를 내포하고 있다. 성어 '具體而微', 속담 '麻雀雖小, 肝膽俱全'이라는 말이 표현하는 간단하면서도 복잡한 대립적 통일은 '一'의 形音義 중에 선명하게 나타나 있다.

② 시작과 道의 상징

許愼은 '一'에 대하여 "처음 만물이 형성될 때 도가 일에서 세워지고 비로소 천지를 나누었으며 만물을 조성하였다. (惟初太始, 道立於一, 造分天地, 化成萬物.)"라는 철학적 성격이 강한 해석을 하였다. '一'은 숫자의 시작일 뿐 아니라 연상과 비유에 능한 고대 중국인들에게는 세상만물의 기원의 상징으로 확대하여 본 것이다. 老子는 『道德經』에서 "道가 '一'을 생성하고, '一'이 '二'를 생성하고, '二'가 '三'을 생성하고, '三'이 만물을 생성하였다. (道生一, 一生二, 二生三, 三生萬物.)" (王弼 4:42:26)라고 하였는데, 이는 '一'을 道, 그리고 천지만물과 연결하여 설명한 것이다. 또 莊子는 『天地』에서 "태초에 無가 있었으니 有와 名도 없었으며, '一'이 일어나자 '一'이 생겼으나 형체가 없었고, 사물이 이로서 생명을 얻었으니 그것을 덕이라 한다. (泰初有無, 無有無名, 一之所起, 有一而未形, 物得以生, 謂之德.)"(王先謙 4:3:72)고 하였다. 漢代의 淮南子 또한 이 설을 이어받아 "'一'이라는 것은 만물의 근본이며 무적의 도리이다. (一也者, 萬物之本也, 無敵之道也.)"(高誘 10:1:2)라고 하였다. 이상의 설을 종합해보면 서로 약간의 차이는 있으나 어떤 학설이든지 그 핵심사상은 만물의 시작인 '一'이 모든 사물의 창조자라는 것이다. 『莊子·天地』에서는 두 가지의 존재상태가 같음을 지적하여 "일이 일어나자 일이 생겼으나 형체가 없었다. (一之所起, 有一而未形.)"고 하였으니 '一' 혹은 道는 가장 원시상태에서 무형의, 분화되지 않은 혼돈으로 우주일체를 둘러싸고 있는 구체적 형태가 없는 추상적 관념이라 할 수 있다.

道와 '一'의 관계에 대하여 두 가지 설이 있다. 하나는 '道生一'이 만물로 하여금 통일되게 하였다는 것이다. 다른 하나는 '道生一'로 道에서 '一'을 생산하였고, 道는 정태적, 무형적으로 셀 수 없다는 것이다. 道가 움직이면 유형의 것, 셀 수 있는 '一'로 변화한다. 즉 道는 헤겔의 절대정신과 같아서 원초적 물질 '一'과 만물의 창조자인 것이다. 어떤 해석이든지 '一'은 모두 가장 원시 혹은 가장 원시에 근접한 것으로 볼 수 있다. '一'은 즉 시작으로 물질세계와 정신세계가 단일에서 다수로, 간단함에서 풍부함으로 발전하는 과정에 대한 인식을 반영하고 있다. (吳慧穎 1996:5-6)

그렇다면 '一'은 왜 이렇게 심오한 의미를 갖게 되었을까? 王國安과 王小曼은 葉舒憲의 『莊子的文化解析』을 인용하여 葫蘆創世神話에서 그 해답을 찾고 있다. " '一'의 다른 필법인 '壹'은 신화의 상징의미를 완전하게 반영하고 있다. '壹'은 '壺' 즉 '葫蘆'에서 상을 취하였으며, 이것은 일과 일의 우주론 의미를 설명하며, '葫蘆剖判型' 창세신화에서 기원된 것이다. '一'의 다른 필법인 '壹'은 '葫蘆'에서 형상을 취하였으며, 여러 신화학자들의 연구에 의하면 '葫蘆'는 우주가 혼돈하여 구분되지 않았을 때의 상징이다." (王國安·王小曼 2003:113-114) '葫蘆創世神話'는 인류 공동의 문화유산이나 그 의미를 '壹'에 융합시킨 것은 중국인의 독특한 사유 결과라고 할 수 있다.

③ 전체와 대통일

『老子』의 말과 같이 "'一'은 '二'를 생성하고, '二'는 '三'을 생성하고, '三'은 만물을 생성한다."는 관점에서 보면 '一'은 '시작'의 의미와 '크고 온전하다'는 의미를 가지게 된다. 따라서 '一'은 파생되어 '始'와 '全'의 의미를 나타내는 것이다. 예를 들면 '一切', '一地', '一匡', '一休', '一律', '一統' 등의 일은 전부, 모두 함께 등의 의미를 나타낸다. 성어의 경우도 예외는 아니어서 '一如既往', '一仍舊貫', '一反常態', '一心一意', '一身是膽', '一坐盡傾' 등이 모두 혹은 전부의 의미를 나타내고 있다.

'一'에 양사 혹은 명사가 첨가된 현대중국어 상용어 중의 '一'이 모두 수량을 표시하지는 않고 종종 전체 혹은 전부의 의미를 나타낸다. 예를 들면 '一床的書', '一桌的菜', '一抽屜的磁帶', '一房間的家具', '一手的油', '一頭的恢', '一臉的笑', '一身的泥', '一嘴的泡沫', '熬了一夜', '苦了一輩子', '憋了一冬',

'一腔熱血', '一肚子的壞水', '一鍋端' 등이 그러하다.

또한 일은 많은 단어에서 작다, 적다는 의미로 사용될 때 자주 '以一概全, 以少概多'의 전통적 문화 관념을 토로하고 있으며, 여전히 全, 多, 大 등의 의미를 내포하고 있다. '一塵不染', '一成不變', '一事無成', '一絲不苟', '一無是處', '一勞永逸' 등이 좋은 예이다.

이상에서 살펴본 바와 같이 대부분의 경우 '一'의 배후에는 언제나 多, 大, 全, 滿 등의 의미를 숨기고 있다. 이것은 모순 같으나 고대 중국인의 눈에는 자연스런 변증법이다. 왜냐하면 '一'은 만물의 시작이기 때문에 포함하지 않는 바가 없고 천지를 잉태하고 양육할 만한 용량을 가지고 있기 때문이다. 이러한 일원론적인 세계관은 중국인들이 자연과 정치역사들을 보는 시각을 좌우했던 것이다. (王國安·王小曼 2003:115-117)

대부분의 경우 '一'은 주로 숫자 자체 혹은 적은 수량을 표시하기보다는 오히려 '가득함, 온전함, 전체, 완전, 편재'의 의미를 나타낸다. (吳慧穎 1996:7) 예를 들어 '一臉之汗'은 한쪽 얼굴의 땀이 아니라 전체 얼굴의 땀이라고 해야 한다. 또 '一夜沒睡'는 하룻밤을 온전히 자지 못한 것을 표현한다. 또 '奮鬪了一生'의 일생은 평생을 말하는 것이다. '一身透濕', '一頭秀髮', '一腔熱血', '一冬沒出門' 등도 역시 같은 의미로 사용된 예이다.

'一'의 '많다', 혹은 '완전하다'는 의미는 '大一統'과 '小而全'의 사상으로 쉽게 전환된다. '一統'은 국가의 통일, 즉 천하의 통일을 의미하며, 사물 각 부분의 통일체를 가리키는데 차용되기도 한다. '大一統'의 '大'는 원래 동사로서 통일을 숭상하고 중시한다는 의미이다. (吳慧穎 1996:7-8) '大一統' 사상은 후에 중국민족과 주변 민족의 융합과 단결을 유지 강화하고, 중국의 영토의 완전함을 유지하고 지키는 의미로 표현되었고, '大'는 형용사로 변화되어 광대한 판도를 나타내게 되었다.

(2) 二(이)

 粹四一六	 盂鼎		二
甲骨文	金文	小篆	楷書

『說文·二部』: “땅의 수이다. 두 개의 ‘一’을 따른다. (二, 地之數也. 从偶一.)”

앞에서 살펴본 바와 같이 숫자 ‘一’, ‘二’, ‘三’, ‘四’는 숫자만큼 획을 그어 표시한 指事字이다.

① 음양: ‘二’의 철학적 의미

吳慧穎에 의하면 “‘二’는 가장 작은 짝수로 두 개의 ‘一’을 합친 것이며, ‘二’를 표시하는 단어는 ‘二’, ‘兩’, ‘雙’, ‘再’ 등 4개가 있다. 그러나 이 4개의 단어는 그리 중요하지 않으며, 용법상 차이와 습관적인 분업이 있고, 철학과 미학적 의미의 표현여부에 차이가 있다.”는 것이다. (吳慧穎 1996:9) 여기서 철학적 관점에 주목해보자.

중국 고대 음양에 관한 사상적 관점은 마치 음양이라는 명사가 대립의 양면을 포함하는 것처럼 둘로 나뉘어 서로 상반된 두 가지 사물이 되었다. 그 하나는 철학의 범주에 속하는 것으로 사물의 모순변화에 관한 학설이 되었고, 다른 하나는 신학으로 둔갑하여, 六壬, 擇日 占星, 風水 등을 보는 미신방술로 변화하였다.

『易經』의 64괘는 모두 陽爻 ‘一’과 陰爻 ‘’의 결합 위에 세워졌다. 戰國時代에 쓰인 다수의 편장들은 체계적인 관점에서 『易經』의 각 괘들을 설명하고 있다. 『說卦傳』은 “陰陽의 변화를 살펴서 괘를 세운다. (觀變於陰陽而立卦.)”(阮元 1993:1:182)는 명제를 제기하였고, 『繫辭傳』은 “하나의 음과 하나의 양을 도라 한다. (一陰一陽之謂道.)”(阮元 1993:1:148)라고 하여, 대립된 자연과 사회현상이 모두 음양 두 가지 세력의 마찰에 의한 것이라고 체계적으로 논술하고 있다.

음양학설의 주요내용은 다음과 같다. (吳慧穎 1996:12-13)

첫째, 모든 사물은 陰陽의 대립관계 가운데 존재한다. 天은 陽, 地는 陰, 男은 陽, 女는 陰, 基數는 陽, 偶數는 陰, 東南左는 陽, 西北右는 陰, 正은 陽, 反은 陰, 剛은 陽, 柔는 陰, 主는 陽, 从은 陰, 創始는 陽, 完成은 陰이라는 것이다.

둘째, 陰陽은 相反, 相成, 상호보완적으로 전환된다. 음양철학은 모순되는 쌍방을 절대배척, 조화불가로 보지 않고, 그것들이 서로 의존하고 변화할 수 있는 동일성을 더 강조하고 그들의 상호보완과 화합을 강조한다. 이것은 陽과 陰이 홀로 존재할 수 없는 상호보완적 존재라는 사실을 말하는 것이다.

셋째, 陰陽의 상호작용은 만물의 형성 및 그 변화의 근원이다. 『呂氏春秋·應同』: "천지의 화합은 생명의 큰 도리이다. (天地合和, 生之大經也.)"라는 말은 음양의 이치가 만물의 형성과 변화의 근본이라는 사실을 함축적으로 표현하고 있다.

이상에서 숫자 '二'는 철학적으로 음양의 대립관계를 표현하고 있음을 알 수 있다. 다음은 '二'가 미학적으로 어떻게 운용되고 표현되는지 살펴보기로 한다.

② 對偶: '二'의 미학적 운용

對偶는 대칭미가 언어문자의 표현 중에 구현된 일종의 수사방식이다. 그것의 특징은 다음과 같이 요약할 수 있다. (吳慧穎 1996:14)

a. 하나의 對偶는 두 개의 문장 혹은 두 개의 절, 두 개의 구가 '二'를 넘을 수 없다.

b. 두 개 단위의 자수가 같거나 혹은 대체로 같다.

c. 대칭 위치상의 어사의 품사가 같다.

d. 대응하는 구의 구조가 같다.

e. 대칭 위치상에 중복하여 글자를 사용할 수 없다.

f. 대칭 음절의 平仄이 상대적이다.

g. 상하 문장의 표현이 相似, 相近, 相補, 相襯, 相反, 相關된 의미이다.

이상을 종합해보면 a와 b는 수량상의 조건이며, g는 어의가 대칭미를 가져야 된다는 것이다. a에서 f는 형식적 對稱美, 즉 整齊, 成對, 鏗鏘, 美觀, 和諧 등이다. e와 f를 갖추지 않으면 광의의 대우이며, 율시 중간에 두 연 및 변문은 엄격한 대우로 반드시 e와 f 두 가지 조건에 부합되어야 하며, 字音平仄, 字義虛實이 對仗을 이루어야 한다.

(3) 三(삼)

 前一·七·二	 井侯簋  衛盉		三
甲骨文	金文	小篆	楷書

『說文·三部』: “천지인의 도리이다. 세 개의 획을 따른다. (三, 天地人之道也. 从三數.)”

앞에서 살펴본 바와 같이 숫자 ‘三’은 숫자만큼 그은 획이라고 할 수 있다.

① 우주와 만물의 완성

段玉裁注: “세 개의 획이 그어지면 三才의 도리가 존재하는 것이니 고로 그것을 成數라도 한다. (三畫而三才之道在焉, 故謂之成數.)”라고 하였다. 三才說은 『周易·說卦傳』에서 시작되었는데 “옛날 성인이 주역을 만들었다. 하늘의 도를 세웠으니 陰과 陽이며; 땅의 도리를 세웠으니 柔와 剛이라 하며; 사람의 도리를 세웠으니 仁과 義이다. 三才를 겸하여 그것을 둘로 나누었으니 고로 『周易』은 여섯 획으로 괘를 이룬 것이다. (昔者聖人之作『易也』. 立天之道, 曰陰與陽; 立地之道, 曰柔與剛; 立人之道, 曰仁與義. 兼三才而兩之, 故『易』六畫而成卦.)”(阮

元 1993:1:183)라 하였다. 대략 西周, 春秋時代부터 중국인들은 우주를 거시적으로 구분하여 天地人으로 나누었으며 본체론, 인식론과 방법론으로 짜여진 三才 우주관을 형성하였다.

이러한 거시적으로 삼분된 사상과 영향 하에서 고대인들은 종종 이를 모방하고 구체적 사물의 분류에서 미시적 삼분법을 적용하였다. 예를 들어 매 계절은 삼 개월이며, 또 '三春', '三夏', '三秋', '三冬' 등의 명칭이 있다. 제후국과 지방은 삼분법으로 나누었으니 '三蜀', '三川', '三巴', '三秦', '三楚', '三湘', '三吳', '三齊', '三晉' 등의 명칭이 존재하고 있다.

'三'은 또한 중국인이 매우 숭배하는 숫자이다. 그 이유는 첫째, '三'이 관건이 되는 숫자이기 때문이다. 『史記·律書』: "수는 '一'에서 시작되어 '十'에서 끝나고, '三'에서 완성된다. (數始於一, 終於十, 成於三.)"(上海書店 1990:161-162)라고 하였고, 唐 李賢은 『後漢書·袁紹傳』 注에서 "'三'은 수의 작은 끝이다. (三者數之小終.)"라고 하였다.

고대인들은 '一'과 '二'를 쉽게 인식했다. 그 이유는 사람들은 누구나 두 개의 다리, 두 개의 눈, 두 개의 귀가 있기 때문이다. 그런데 '三'은 '一'과 '二'를 더하여 형성된다. 『說文』에 "文에서 '一'에 '二'를 짝지으면 '三'이 되니 成數이다. (於文, 一耦二爲三, 成數也.)"라고 하였으니 '三'은 인류의 숫자 사유상의 한 단계 비약이라 할 수 있다.

실제로 '三'은 중국고대문헌에서 매우 많이 사용되었다. 『易經』에서는 중국인들이 일찍이 세 개의 음효와 세 개의 양효를 사용하여 팔괘의 기본적 부호를 형성하였다. 『易經』에는 '三'을 활용한 괘사가 많이 보인다. 예를 들면 '三歲', '三年', '三日', '三品', '三駒', '三錫', '三就', '三接' 등이다. 『詩經』에는 "삼 세 동안 그대를 섬기다. (三歲貫女.)"(『魏風·碩鼠』), "삼 년을 굶주리다. (三歲食貧.)", "삼 년 동안 부인이 되다. (三歲爲婦.)"(『魏風·氓』), "하루를 보지 못하면 삼 년이 된 것 같네. (一日不見, 如三秋兮.)"(『王風·采葛』) 등이 있다. 『論語』에도 현재까지 적지 않은 구절이 전해지는데 "세 사람이 행하면 반드시 나의 스승이 있다. (三人行, 必有我師焉.)"(阮元 1993:8:63), "나는 하루 세 번씩 나의 몸을 살핀다. (吾日三省吾身.)"(阮元 1993:8:6), "세 번 생각한 후 행한다. (三思而後行.)"(阮元 1993:8:45), "삼 개월 동안 고기의 맛을 알지 못했다. (三月不知肉味.)"(阮元 1993:8:61), "삼 년 동안 부모의 도를 고치지 않으면 효라고 할 만하다. (三年無改於父之道, 可謂孝矣.)"(阮元 1993:8:8) 등이다.

그러나 '三'에 대한 이러한 사유는 중국인만이 가지고 있는 것이 아니다. 학자들의 연구에 의하면 세계의 많은 민족들이 '三'에 대하여 중국인과 유사한 견해를 가진다. 그러나 중국인의 이와 같은 삼에 대한 숭상은 확실히 더 심층적인 원인을 가진다. 이것이 바로 고대 중국인들이 세계를 인식하는 특수한 문화적 관점과 일치하는 것이다. "道가 '一'을 생성하고, '一'은 '二'를 생성하며, '二'는 '三'을 생성하고, '三'은 萬物을 생성한다."는 노자의 말은 혼돈이 나뉘어서 천지가 되고, 천지가 서로 합쳐져서 '三'이 되고 또 '三'에서 만물이 생성된다는 것이다. 숫자 '三'은 고대인들의 문화적 해석으로 인하여 天地人을 표현하는 道의 대명사가 되었다. 이러한 관점은 天地人을 우주의 세 가지 주체로 보는 것이다. 天은 일체의 천문, 기상과 시령의 변화를 포함하고, 地는 모든 산지의 모양, 날고기는 금수, 동식물을 포함하고, 人은 천지간 가장 지혜가 있는 인류 및 그 활동을 대표한다. 이러한 독특한 철학관을 기초로 탄생한 三才說은 '三'의 숭상에 대해서 큰 물결을 일으키는 작용을 하였다.

'三'을 숭상하는 기풍은 漢代에 이르러서 더욱 성행되었다. 『漢書』의 작가 班固는 "天道는 '三'에서 이루어지지 않는 것이 없다. 天에는 '三光'인 '日, 月, 星'이 있고, 地에는 '三形'인 '高, 下, 平'이 있고, 人에는 '三尊'인 '君, 師, 父'가 있다. (天道莫不成於三. 天有三光日月星, 地有三形高下平, 人有三尊君師父.)(『白虎通義·封公侯』) 라고 하였다. (王國安·王小曼 2003:118) 이상의 설명을 종합해 보면 세상 만물은 '三'으로 구성되며, '三'과 불가분의 관계임을 알 수 있다.

② 虛實과 多少

고대인들의 '三'에 대한 철학적 관점은 인류의 상대적으로 우월한 지위를 인정하였고, 이러한 분류법은 전 세계와 전 사회에 대한 관점에 영향을 주었다. 우주를 제외한 시간, 공간 및 기타 구체적 사물까지 이러한 거시 혹은 미시적인 삼분법을 진행할 수 있다. 예를 들면 시간은 아침, 점심, 저녁으로, 과거, 현재, 미래로 나눌 수 있고, 공간은 '上中下, 左中右, 前中後'로 나눌 수 있고, 기상은 晴陰雨로 나눌 수 있고, 연령은 少長老 등으로 나눌 수 있다. 고대인들의 삼분법은 중국문화에서 '三'이라는 숫자의 위치를 확고하게 하였다. '三'으로 개괄된 단어는 '官制典章', '倫理道德', '宗教信仰', '軍事地理', '醫學法律', '時令民俗', '神話祭祀', '文學音樂', '書法繪畫' 등 각 방면에 관계되어 있으며, 그 수량이 매우 많다. (王國安·王小曼 2003:119-122)

'三'은 일반적으로 實數를 표시한다. "수는 '三'에서 완성된다", "'三'은 수의 작은 마무리이다"라는 관념은 중국어에서 구체적 숫자보다는 虛化되어 많음 혹은 적음이라는 상호모순적인 의미를 표현할 수 있다.

우선 많음 혹은 여러 차례의 의미를 나타내는 예를 살펴보자. 『詩經』 중의 '三歲貫女'의 '三歲'는 여러 해의 의미이며, '一日不見, 如三秋兮' 중의 '三秋'는 삼년의 의미이다. 『論語』 중의 '三思而後行' 중의 '三思'는 재삼 고려한다는 의미이며, '吾日三省吾身'의 '三省'은 사실 여러 차례 반성한다는 의미이다.

반면에 삼이 虛化되어 적다는 의미로 쓰이는 경우도 있다. 예를 들면 '三寸舌', '三脚猫', '三寸丁', '三寸金蓮', '三分姿色', '三言兩語', '三天打魚, 兩天晒網', '新官上任三把火', '士別三日, 刮目相看', '逢人只說三分話, 不可全抛一片心' 등에서 '三'은 모두 적다는 의미를 나타내고 있다. 이상의 熟語 중에서의 '三'의 의미는 결합되는 수량단위의 대소에 따라 결정된다.

(4) 四(사)

 前四·二九·五	 牆盤		四
甲骨文	金文	小篆	楷書

『說文·四部』: “음의 수이다. 사분되는 형상을 그렸다. ‘亖’는 주문 ‘四’이다. (四, 陰數也. 象四分之形. 亖, 籒文四.)”

李孝定『甲骨文字集釋』: “숫자를 기록한 문자 ‘一’, ‘二’, ‘三’, ‘四’는 지사이며 모두 획을 쌓아서 수가 되었다. 허신이 말한 수는 한대 음양오행가의 말로 정확한 해석이 아니다. (紀數名之字, 一二三四爲指事, 皆以積畫爲數. 許云之數, 乃漢時陰陽五行家言, 非確詁也.)”

이상에서 ‘四’는 숫자만큼 획을 그어서 수를 표시하였음을 알 수 있다.

① 分合과 對稱

『說文·四部』: “음의 수이다. 사분되는 형상을 그렸다. (四, 陰數也, 象四分之形.)”라고 하였으니 고대인들은 일찍이 ‘分’이라는 개념을 부여했음을 알 수 있다. 초기의 문자 형식은 4개의 획으로 나타내었으며 구체적인 숫자를 나타낸다. 許愼은 四分하는 형태라고 해석하였으나, 실질적으로 ‘四’는 ‘呬’의 의미이고 가차되어 숫자를 나타내게 되었다. 『說文·口部』에 “東夷는 숨을 쉬는 것을 ‘呬’라고 한다. ‘口’를 따르고 ‘四’聲이다. 『詩經』에 ‘오랑캐가 쉬고 있네.’라고 하였다. (呬, 東夷謂息曰呬, 从口, 四聲. 詩曰: 犬夷呬矣.)”이상을 볼 때 ‘呬’는 氣息의 의미이다. 氣息이 입과 코에서 나와서 사방으로 흩어지기 때문에 ‘분산되다’는 의미를 갖게 되었다.

‘四’는 중국인들이 우주와 사물을 인식하는 하나의 기준이 되었다. 일 년에 四季가 있다면, 인체는 四肢가 있고, 동물은 四足이 있다. 바로 이런 현상이 고대인들의 인식을 심화시켰으며 방위를 나타내는 四面은 우주와 만물을 바라보는 관념으로 발전되었다. 예를 들어 四季로부터 생겨난 四立(立春, 立夏, 立秋, 立冬), 하루의 四時(晝, 夜, 辰, 昏), 그리고 한 시간이 四刻으로 나누어지는 예들은 모두 '四'를 기준으로 우주와 시간을 인식하는 것들이다.

중국어의 조어에서 '四', '八'을 즐겨 사용하는 것은 중국인의 심미관, 윤리관 등과 내재적인 관계가 있다. 중국인들은 방형과 원형을 아름답게 여긴다. 그래서 일찍이 矩尺과 圓規를 만들어 사용하였으며, "규거에 의하지 않으면 방과 원을 이룰 수 없다. (不以規矩不能成方圓.)"는 말이 통용되었다. 이는 일정한 공구, 수단, 방법을 사용하는 것과 일정한 목적을 실현하는 것 사이에 필연적인 관계가 존재한다는 것을 설명하는 비유이다. 고대인들은 하늘은 둥글고 땅은 방형이라고 인식하였다. 사람의 사상과 행위도 하늘과 땅을 본받아야 한다고 생각하여 화폐조차도 외형은 둥글고 안에는 방형 구멍이 있는 모양 즉 孔方形으로 만든 것이다. 方形은 '四'와 불가분의 관계를 갖고 있으며, 4개의 각이 모두 90도이다. 六面이 모두 사변형인 입체를 방형이라고 하며 이로부터 '四四方方'이라는 말이 생겨났다. (吳慧穎 1996:34) 방형은 서로 마주보는 변이 대칭을 이루는 것이 특징이다. 대칭을 이루지 않으면 정확하고 아름다운 모양이 만들어지지 않기 때문이다. 이런 기하학적 특성은 자주 인격, 품격 방면의 특징을 연상시킨다. 즉 품격이 단정하고 됨됨이가 정직하며, 방정하고 청렴하며, 정의를 견지하고, 원칙을 준수하며, 일처리에 공정하고, 규칙을 지키고 따르는 인격을 가진 사람을 지칭하는 것이다.

② 사망

'四'는 諧音 현상에 의하여 '死'의 불길한 의미를 연상시키기도 한다. 이러한 불길한 연상을 피하기 위해 사람들은 번호, 방 번호, 전화번호, 자동차번호 및 개업, 축하일 등에서 '四'자를 피하고 있다. 이런 회피심리는 일종의 '四'의 문화심리 표현이라고 볼 수 있다.

‘四’자가 불길한 의미를 갖는 것은 어음상의 이유 외에 아마도 자형과도 연관이 있는 것 같다. 허신의 『說文』의 해석을 보면 ‘四’는 “사분된 형상을 그렸다”고 하였으며, 『說文解字注』에는 “‘口’는 사방을 그렸고, ‘八’은 나누어짐을 그렸다”고 하였으니 ‘四’는 나뉘다는 의미를 갖게 되고 인신하여 사망과 연결하게 된 것이다. (楊德峰 1999:57)

(5) 五(오)

 鐵二四七·二	 臣辰盉		五
甲骨文	金文	小篆	楷書

『說文·五部』: “오행이다. ‘二’를 따르고, 음양이 천지간에 교차하는 것이다. (五, 五行也. 从二, 陰陽在天地間交午也.)”

林義光『文源』: “‘五’는 본의가 ‘교차하다’이며, 가차하여 숫자의 명칭이 되었다. ‘二’는 가로로 평행한 것을 그렸고, ‘乂’는 서로 교차한 것을 그려서 ‘二’의 평행선에 ‘乂’가 교차하는 것을 나타낸다. (五, 本義爲交午, 假借爲數名. 二象橫平, 乂象相交, 以二之平見乂之交也.)”

朱芳圃『殷周文字釋叢』: “‘乂’는 교차된 형상을 그렸고, ‘二’는 사물의 사이에 있음을 말한다. 마땅히 ‘교차’가 본의이다. 숫자이름으로 사용되기 시작한 후 경전에서 모두 ‘午’를 빌려서 그것으로 삼았다. (乂象交錯形, 二謂在物之間也. 當以交錯爲本義. 自用爲數名後, 經傳皆借午爲之.).”

이상의 설명으로 보면 ‘五’의 본래의미는 교차의 의미이며 상하의 각 ‘一’획을 그은 것은 수평으로서 교차함을 나타내거나, 혹은 두 끈 같은 종류의 물건이 두 개의 나무 같은 물건 사이에 교차되어 묶어진 모습을 그린 것 같다. 후에 ‘五’는 가차되어 숫자를 나타내자 교차의 의미는 ‘午’를 빌려서 표시하게 되었다.

① 五行說

張德鑫은 '五文化'의 핵심을 오행설로 보고 있다. (張德鑫 1999:182) 그것은 중국 고대 철학의 정수이다. 오행설은 주대 말기에 시작되었는데, 고대사상가들은 일상생활 중에 보이는 '金, 木, 水, 火, 土'다섯 가지 물질을 이용하여 세계만물의 기원과 다양성의 통일을 해석하여 그것들은 천지에 충만하고 없는 곳이 없다고 생각했다. 전국시대 오행이 유행하자 鄒衍 등은 오행설을 '陰陽學說, 日月星辰, 四季五色, 乾坤八卦' 등과 결합시켰으니 세칭 음양오행학설이라 하였다. 천문, 역법, 의학 등 각 영역에 흡수되었으니 사상방법론일 뿐 아니라 하나의 세계관으로 상고시대 중국문화의 대표가 되었다.

위와 같은 배경 하에서 '五'는 고대인들의 안목에 가장 조화롭고 중요한 숫자였다. 사마천은『史記·天官書』에서 "하늘에는 五星이 있고, 땅에는 五行이 있다. (天有五星, 地有五行.)"(上海書店 1990:168-171)"라고 하였는데, 五星은 즉 歲星(목성), 熒惑(화성), 鎭星(토성), 太白(금성), 辰星(수성)의 5대행성이다. 五行은 고대인들이 귀납한 각종물질의 다섯 가지 기본 기능이다. 인체의 '五'와 이러한 '五'는 자연히 사람들의 경외와 호감을 불러일으켰다.

원시인들의 마음속에 '五'는 사람의 신체 형태와 생명의 오묘함과 밀접한 관계가 있는 신기한 숫자였다. 신체를 중심으로 보면 머리 두 손, 두 다리를 합하면 '五'이고, 사람은 머리와 사지에 의지하여 운동을 한다. 손과 발은 각각 다섯 개의 손가락과 발가락을 가지고 있고, 코를 축으로 보면 위에는 두 눈, 옆에는 두 귀, 아래에는 입 모두 5개가 하나를 둘러싸고 있으며 이러한 기관들은 사람이 느끼고, 먹고, 생존하는 데 필수적이다. 기능으로 나누어보면 고인들은 인체 외에 五官이 있어 '視, 聽, 嗅, 嘗, 觸' 등의 감각을 담당하고, 안에는 심장, 간, 비장, 폐, 신장 등 五臟이 있으니, 이것들이 신체기관인 내장을 가지고 있으면서 그 기능이 사람의 건강과 질병을 결정하는 것이다.

이상에서 '五'는 주로 음양오행으로 대표되는 철학적인 의미를 가지고 있으며, 이로부터 조화로움을 나타내는 의미가 파생되어 중요한 사물을 귀납하는 데 사용되었음을 알 수 있다.

(6) 六(육)

 林一·一八·一0	 毛弆簋		六
甲骨文	金文	小篆	楷書

『說文·六部』: "『주역』의 숫자이다. 陰은 '六'에서 변화하고 '八'에서 바르게 된다. (六, 易之數, 陰變於六, 正於八.)"

徐中舒『甲骨文字典』: "'六'은 두 개의 벽에 하나의 높은 지붕을 가진 집의 정면 모양을 본뜬 것이다. 이것은 들에서 임시로 기거하는 곳, 즉 고대의 소위 띠집(廬)이다. '廬'와 '六'은 고음이 비슷하기 때문에 '六'이 가차되어 수사 '六'이 되었다. (六, 象兩壁架有一極兩宇之棚舍正視形, 此爲田野中臨時寄居之處. 卽古之所謂廬. 廬, 六古音近, 故六得借爲數詞六.)"

이상에서 '六'의 본의는 띠집(廬)이었으나 가차되어 수사 '六'이 되었음을 알 수 있다.

① 길상의 표시

중국에서는 秦代에 이미 '六'이라는 숫자를 숭상하였다. 秦 이후로 많은 사물들이 '六'이라는 숫자로 개괄되었으니, 유가의 경전 6권을 六藝라 하였고, 諸子 중 가장 유명한 '음양, 유, 묵, 명, 법, 도덕가'를 六家라 칭하였으며, 주대의 병서 현존하는 6권을 六韜라 하고 (六略이라 칭하기도 함) 漢代에는 六言詩가 있었다. 周代의 행정구역은 六鄕으로 나누었고, 관직은 六府를 설치했고, 漢代관직에는 六曹가 있었고, 周代에는 六部가 있었고, 황후의 침소를 六宮이라 하였고, 조정의 군대는 六軍 혹은 六師라 하였다. 고대의 역법은 천간과 지지를 사용하였는데 육십년을 일주기로 삼아 六十甲子라 하였으며, 천지사방을 六合 혹은 六幽라 하였고 부녀자가 임신을 하여도 몸이 六甲[2]을 품었다고 하였다. 후에는 사람들이 언제부턴가 '六'을 順利와 연결하였으며 젊은이들이 결혼할 때 礇, 16, 26' 등 '六'을 포함한 날은 선택하였으며 이는 만사여의, 일체순리의 의미를 상징하게 되었다. 만약 양력과 음력이 모두 6을 포함한 날이라면 大吉大利한 날로 여긴다. (楊德峰1999:56)

이 외에 중국 민간에는 '六六順', '六六雙全' 등의 吉祥語가 있으며, 음력 '初六, 十六, 二十六'은 결혼식을 거행하는 吉日로 간주된다. 음력 유월 초육일은 炎晴의 날씨에 佛經을 말리며 天貺節로 정하였으니 후에 민간에서는 옷을 말리는 날이 되었으며, 절에서는 佛像을 위하여 新袍로 바꾸는데 이날을 길일로 선택하여 '曬袍會'라고 칭한다. (張德鑫 1999:27)

한편 吳慧穎(1990:60)은 『漢書·律曆志』: "地의 가운데 수가 '六'이다"(上海書店 1990:96-103)라는 설을 들어 '六'을 '二', '四', '六', '八', '十'짝수의 중간수로 간주하고, 10개 자연수 가운데 '六'은 개성이 결여되고 특색이 비교적 모호하고 개성이 결여된 숫자로 해석하고 있다.

(7) 七(칠)

 後下九·一	 矢簋		七
甲骨文	金文	小篆	楷書

『說文·七部』: "양의 정수이다. '一'(양)을 따르고 약한 음기가 그 중에서 비껴 나오는 것이다. (七, 陽之正也. 从一, 微陰从中衺出也.)"

---

2) 육갑은 천간지지의 甲子, 甲寅, 甲辰, 甲午, 甲申, 甲戌을 가리키며, 설에 의하면 이 육일에는 여자가 쉽게 임신을 한다고 함. (楊德峰 1999:56)

丁山『数名古谊』: "'七'은 고대에 통상 '十'자로 하였으니 사물을 둘로 나누어 중간에서 자른 형태이다. 그 초기 자형을 고찰해보면 '七'은 '切'字이다. (七古通作十字, 划物为二, 自中切断之形也. 考其初形, 七即切字.)", "'七'의 숫자를 나타내는 고유명사로 가차되면서부터 부득불 '七'에 '刀'를 더하여 절단의 의미를 담당하는 문자로 삼았다. (自借为七数专名, 不得不加刀于七, 以为切断专字.)"

이상을 종합해보면 '七'은 본래 '切'의 의미로서 후에 가차되어 숫자로 사용되었음을 알 수 있다.

① 書香과 佛道

'七'에 대한 숭배는 바로 초기 인류의 '東, 西, 南, 北, 上, 下, 中'7개 방위 인식에 대한 경이로움의 반영이다. 이런 느낌은 중국인들의 잠재의식 속에 이식되었고, 나아가 중국어 속에 대량으로 나타나 있다. 『周易』과 『詩經』에도 '七'을 사용한 곳이 많으며, 秦漢 이후에는 '七'자를 사용한 것이 일종의 문체, 賦의 형식으로 변화하였다. '七發, 七辯, 七征, 七濟, 七擧, 七契, 七說, 七啓, 七設, 七諷, 七命, 七勵, 七訓, 七要' 등이 그 예이다. 또 여러 가지 문화 영역에 나타난 단어들이 있는데 '七緯, 七曜, 七廟, 七賢, 七出, 七竅, 七情, 七聲, 七夕, 七七' 등이다.

종교방면에서도 '七'을 사용한 어휘가 대량으로 발견된다. '七佛, 七寶, 七情, 七衆, 七祖, 七堂, 七難, 七趣, 七福, 七方便, 七賢位, 七覺分, 七轉識, 七級浮屠' 등은 불교와 관련된 단어들이며, '七傷, 七報, 七魄, 七星冠, 七星燈' 등은 도교와 관련된 단어들이다.

② 喪事

'七'은 '十'자와 혼동되기 쉽기 때문에 '十'자의 'ㅣ'이 '十'으로 변화되어 자연스럽게 구분되었다. '十'의 형상은 하나의 직선을 둘로 나눈 모양이기 때문에 『說文·刀部』에서 "'切'은 자르는 것이다. '刀'를 따르고 '寸'聲이다. (切, 刌也, 从刀, 寸聲.)"이라 하였다. 『廣雅·釋詁』에서 "'切', 끊다, 베다. (切, 斷也, 割也.)"라고 하였다. '七'의 形義는 모두 '切'의 의미이므로 고대인들에게 칠월을 범인을 처단하는 달이었다. 『月令』에서 "음력 7월에 죄 지은 자를 도륙하고, 형벌을 엄단하면 천지가 비로소 엄숙해지니 이길 수 없는 것이다. (孟秋之月, 戮有罪, 嚴斷刑, 天地始肅, 不可以贏.)"이라 하였다.

漢代 사람들이 '七'을 기피한 이유는 '切分'의 의미와 관계가 깊다. 이는 현대의 민속에서도 증명이 되고 있다. 福建 閩南, 河南 일대에서는 '七'을 만나면 밖에 나가지 않는 설이 있는데 이에서 비롯된 것이다. 중국문화에서 '七'은 喪事와 자주 연결된다. 예를 들어 어떤 지방에서는 사후 7일, 14일, 49일에 사자를 기념하는 행사를 한다. (何九盈 1995:220)

이 외에 속담에는 "산중에서는 겨우 칠일인데, 세상에서는 이미 천년이 되었구나. (山中方七日, 世上已千年.)"의 설이 있으며, 민간에 전해지는 수많은 이야기도 '七'과 뗄 수 없는 인연을 가지고 있다. '七仙女下凡, 曹植七步成詩, 諸葛亮七擒七縱孟獲, 張道陵七試趙升, 孫悟空在煉丹爐中燒了七七四十九天' 등은 모두 '七'이라는 숫자의 신비로움을 표현하고 있다.

(8) 八(팔)

 前二·三二·四	 旂鼎		八
甲骨文	金文	小篆	楷書

『說文·八部』: "나누어지는 것이다. 헤어져서 등지는 모양을 그렸다. (八, 別也. 象分別相背之形.)"

高鴻縉 『中國字例』: "'八'의 본의는 '分'이다. 가상으로 나누어 등진 형태를 취하였다. 후세에 가차되어 숫자 '八九'의 '八'이 되었으며, 오래 사용되어

다시 돌아오지 않았으며, 이에 '刀'를 더하여 義符로 삼아 '分'이 되었다. (八之本意爲分, 取假象分背之形. 後世借用爲數目八九之八, 久而不返, 乃加刀爲意符作分.)"

段玉裁注: "지금 江蘇와 浙江의 俗語에서 물건을 남에게 주는 것을 '八'이라 하며, 사람과 헤어지는 것을 '分別'이라 한다. (今江浙俗語以物與人爲之八, 與人則分別矣.)"

이상을 종합해보면 '八'의 본의는 '이별'이나 후에 숫자로 가차되었다.

① 사물의 分合과 대칭

'八'자의 원래 자형은 두 개의 弧를 그렸으며, 돌출된 부분은 서로 근접시키고, 양 끝은 거리를 벌려서 떨어뜨렸으니 마치 허리를 굽힌 두 사람이 등을 맞대고 가까이 서 있는 것 같다. 자형이 수학의 쌍곡선 모양인데, 이로서 '八'자는 '헤어짐, 나뉨, 분리' 등의 의미를 갖게 되었다. '八'과 '刀'로 구성된 '分'자에서 '八'은 '획분, 분해'의 의미를 나타내는 것도 하나의 방증이 된다.

'八'에서 파생된 한자들, 예를 들어 '公', '半'같은 자들은 모두 나누다는 의미를 가지고 있다. '公'은 개인의 재산을 균등하게 나눈다는 의미요, '半'은 한 마리의 소를 반으로 나눈다는 의미이다. 小篆을 보면 의미가 명확하고 '分'자가 '八'을 따르는 것을 보면 이치가 명확해진다. (何九盈 1995:220)

'八'의 헤어지다는 의미는 지금까지도 일부 민속에 영향을 미치고 있다. 河北 일대의 노인은 '八'을 포함한 나이가 되면 자신의 진짜 나이를 말하고 싶어하지 않는데 그들은 이 기간에 세상과 헤어질 가능성을 무서워하기 때문이다. 江西, 宜昌의 노인들도 '八'을 금기시하며, 더욱이 다른 사람이 숫자 '八'이 들어간 선물을 보내는 것을 꺼린다. 河南, 湖南, 福建 등지에서도 "七不出, 八不歸."의 설이 있다. (楊德峰1999:58)

한편 '四'와 '八'은 모두 사물의 분합을 나타내는데, 어떤 차이점을 갖는 것일까? 이점에 대해서는 두 가지 관점에서 설명할 수 있다. (吳慧穎 1996:25) 첫째, '四'는 분할이 본의가 아니기 때문에 나누다는 의미가 '八'자 만큼 강하지 않다는 것이다. 둘째는 그것의 본의가 구별이기 때문에 전체의 팔 종 사물 내지는 어떤 팔수로 통칭되는 각개의 개체를 구성하는데, 모두 '四'로 통칭된 개체보다 구별성이 더욱 선명하고, 공통성, 근사성이 더 적다.

기하도형으로부터 보면 정팔면체는 비록 모서리의 각이 직각은 아니지만 정방형의 각 변과 각 각이 같기 때문에 여러 등분하여 바른 도형을 만들 수 있기 때문에 아름답게 느낀다. 이런 이유에서 보탑은 일반적으로 팔각형이고, 건물과 모자도 팔각형이 존재한다. 배열조합과 대형분포 등으로 보면 '八'과 '八'의 배수는 '四'와 마찬가지로 대칭, 균형, 조화의 미를 충분히 표현해낼 수 있을 뿐 아니라 '四'보다 더 많은 등분을 할 수 있기 때문에 이러한 아름다움을 더욱 풍부하고 다채롭게 할 수 있기 때문에 예부터 '八'을 응용한 사물이 많이 존재하는 것이다. (吳慧穎 1996:35)

② 행운

개혁개방과 더불어 중국경제가 발전하고, 원래 주목 받지 못하던 '八'은 현재 가장 잘 나가는 숫자가 되었다. 그 이유는 광동화의 '八'과 '發'의 발음이 비슷하기 때문에 '八'은 '發'을 의미하여 '發財'를 상징하기 때문이다. 근년에는 개혁개방에서 앞서가던 광동 사업가들이 각 도시를 누비면서 '八'을 전국에 퍼뜨리게 되었다.

'八'이 '發財'와 연결되자 자연히 행운의 번호가 되었다. 이에 따라 '八'자만 들어가면 상서로운 숫자가 되어 어떤 회사는 큰돈을 버는 경우도 생겨났다. (楊德峰1999:59-60) 설에 의하면 가장 먼저 '八'을 이용해 돈을 번 것은 上海의 전신전화국이었다. 몇 년간 전화를 설치하려는 단위와 개인이 눈덩이처럼 불어나자 전신전화국은 기회를 놓치지 않고 행운전화번호를 경매하려는 묘책을 내놓았다. 'xxx8888'같은 번호는 경매장에서 인민폐 몇 십만 원의 고가에 경매

되었고, ‘xxx1688’도 좋은 번호가 되었는데 이는 ‘一路發’를 나타내기 때문이다. 한시간만에 이런 길상번호가 다 판매되자 후에는 4처럼 사람들이 싫어하던 글자도 변화되었는데, 이는 ‘xxx4444’는 음악악보에서 ‘發發發發’로 읽히기 때문이다. 길상전화번호 경매 선풍이 지난 이후 또 개인자동차 번호판을 경매하는 열기가 일어나게 되었다. ‘xxx888’, ‘xxx168’, ‘xxx518’같은 자동차 번호판은 경쟁적 구매의 대상이 되었는데, 이는 ‘xxx888’은 ‘發發發’을 의미하고, ‘xxx168’은 ‘一路發’를 의미하고, ‘xxx518’은 ‘我要發’을 의미하기 때문이다. 일부 상점에서는 고객의 심리에 영합하기 위하여 상품의 가격에 8을 붙여서 내놓기도 하였다. 많은 상품의 가격이 襲원, 58.8원, 81.8원, 88원, 888원’ 등이 되었으며, 이로서 고객의 구매욕을 자극하여 효과가 좋았다고 한다.

(9) 九(구)

 前四·四0·三, 戊嗣子鼎, 前二·一四·一	 九年衛鼎		九
甲骨文	金文	小篆	楷書

『說文』: “양의 변수이다. 그것이 끝까지 구불구불한 형상을 그렸다. (九, 陽之變也. 象其屈曲究盡之形.)”

丁山『數名古誼』: “‘九’는 본래 ‘肘’자로 팔의 마디 형태를 그렸다. 팔의 마디는 구부릴 수도 있고 펼 수도 있어서 굽는다는 의미를 갖게 되었다. (九本肘字, 象臂節形. 臂節可屈可伸, 故有糾屈意.)”

李孝定『甲骨文字集釋』: “肘의 상형자를 빌려서 숫자의 ‘九’를 나타내자 부득불 형성자인 ‘肘’를 만들어서 그것을 대체하였다. (既假肘之象形字以爲數名之九, 遂不得不别製形聲之肘以代之.)”

이상을 종합해보면 ‘九’의 본의는 ‘肘’였으나 후에 숫자 ‘九’를 나타내게 되었다.

① 제왕의 상징

'九'의 甲骨文은 '', 金文은 ''로 형태의 변화는 크지 않다. 그러나 후인들은 '九'의 자형의 근원에 대하여 이견이 상당히 크다. 어떤 이는 본래 '肘'자로, 어떤 이는 虯龍으로 해석한다. 姜亮夫는 "'禹'자는 '虫'과 '九'로 구성되는데, '九'는 후대의 '虯'의 本字로서 '九'는 용과 같은 동물이 얽혀있는 것을 본떴다. (禹字从虫, 从九, 九卽後來的虯的本字, 九者象龍屬之糾繞.)"라고 해석하였다. 夏淥선생은 "'九', '勾', '虯', '夔'는 옛날에 同音으로 중국지명, 산명, 수명, 寺名은 九龍으로 명명한 것이 매우 많은데, 역시 원시 虯龍의 숭배와 관계가 깊다"(『釋帝字的形體來源』)"라고 하였다. (王國安·王小曼 2003:132) 용은 후세에 점점 군왕의 상징이 되었는데, '九'를 따르는 것을 황권과 연관시켜보면 그것은 용을 상형했을 가능성이 매우 크며, 하나의 토템화된 숫자이다. 따라서 용을 토템으로 삼은 夏代 사람들은 夏禹의 공적을 서술할 때 '九'와 '虯'를 반복하였다. 그래서 후세에 '九'는 항상 황권과 연계되는 것이 매우 자연스럽게 되었다. '九'로 구성된 황권, 제왕과 관계된 단어들은 다음과 같은 것들이 있다.

九門, 九廟, 九重, 九錫, 九鼎, 九卿, 九嬪, 九御, 九旒

명대이후에는 황실의 허다한 사물이 '九'와 관계를 맺게 되었으니, 성문의 수, 방의 수, 전의 높이, 기둥, 대들보, 계단, 공물 등등은 모두 '九' 혹은 '九'의 배수였다. 따라서 '九'는 거의 황실의 전유물처럼 변화되어 황권과 지위의 상징이 되었다.

② 영원과 장수

'九'는 '久'와 동음으로 諧音 현상의 원칙에 따라 자연히 長久, 恒久 등의 의미를 연상하게 한다. 일찍이 『詩經·小雅』에서는 9개의 비유를 사용하여 군주를 축복하였으니 그 중 하나가 南山之水를 사용하여 군주의 장수를 축복하였다. 이러한 축복은 지금까지 사용되고 있다. 그래서 '九'는 장수와 관계가 밀접하다. 많은 지역에서 사람들, 특히 노인들이 생일이 되면 '九'를 기념하고 '十'을 기념하지 않는데 이것은 바로 '九'가 長遠 永久의 의미를 내포하고 있기 때문이다. 연애와 결혼에서도 사랑과 혼인관계가 영원히 지속되기를 바라는 마음에서 '九'를 행운의 숫자로 여긴다. 어떤 지방에서는 축의금은 999원, 돼지고기와 면을 살 때 99근, 홍빠오를 줄 때 9, 19, 29 등 '九'를 가진 숫자를 사용하는 풍습이 있는데, 이것은 부부간에 영원히 서로 함께 하기를 바라는 마음을 표현하는 것이다. (王國安·王小曼 2003:137) 한편 봉건시대 제왕들은 자신의 만세와 왕조의 영원을 추구하기 위하여 '九'라는 숫자를 편애하기도 하였다.

(10) 十(십)

 甲八七0	 守簋 我鼎		
甲骨文	金文	小篆	楷書

『說文』: "숫자가 완비된 것이다. '一'은 동서를 표시하고, 'ㅣ'은 남북을 표시하니 곧 사방과 중앙이 완비된다. (十, 數之具也. 一爲東西, ㅣ爲南北, 則四方中央備矣.)"

于省吾 『甲骨文字釋林』: "십자의 초기 자형은 본래 곧은 획이었다가 이어서 중간이 굵어졌으며, 후에는 점을 찍어 장식했다가 또다시 점이 변화되어 작은 가로획이 되었다. 숫자는 '十'에 이르러 다시 일로 돌아가나 이미 단위가 올라갔으니 일과 혼동될 것을 염려하여 곧게 썼다. (十字初形本爲直畫, 繼而中間加肥, 後則加點爲飾, 又由點孳化爲小橫. 數至十復反爲一, 但旣已進位, 恐其與一混, 故直書之.)"

이상의 설명으로 볼 때 '十'자는 자형상 3단계의 변화를 거쳤다. 처음에는

'丨'이었다가 후에 '一'과 구별하기 위해서 중간에 점을 찍어서 '丨'으로 썼으며, 최후에 '十'으로 변화되었다. 십은 숫자의미 외에 전, 만 등의 의미를 가지는데 이는 아마도 십진법의 산물로 여겨진다.

① 완전함과 완성

『左傳·莊公十六年』晉杜預注: "숫자는 '十'에서 가득찬다. (數滿於十.)", 『周易·屯卦』唐孔穎達疏: "'十'은 수의 끝이다. (十者數之極.)"이상의 기록을 볼 때 '十'은 滿, 極, 具 등을 표시하는데, 이는 모두 '十'이 수의 한 주기의 완성, 총결이라는 것이다. '十'이 수의 작은 완성이라고 말하는 것은 더 길고 큰 수의 주기에서 차지하는 위치를 말하는 것이다. (吳慧穎 1996:103)

'十'이 완비의 의미를 갖고 사람들의 숭배를 받는 것은 동서고금이 모두 그러하다. 고대 희랍의 피타고라스학파는 '十'이 완전한 숫자라고 생각했고 단테의 『신곡』은 '十'을 완전의 화신으로 여겼으며, 一百은 십의 十乘으로 완전 중의 완전으로 간주하였다. 서구의 신화에서 하늘은 모두 10층으로 구성된다. 동서고금을 막론하고 사람들은 모두 아름다운 사물을 십과 연관시켰으며, 근래에도 '十佳'가 있을 뿐 아니라 '雙十佳'선발활동도 출현했다. (何九盈 1995:221)

'十'은 중국어에서 완전, 원만, 길상의 의미를 나타내기 때문에 범사에 '十'을 표준수량으로 삼는 것을 좋아한다. (楊德峰1999:60) 고대 중국에는 十聖[3] 즉 十大賢人이 있고, 十大名畵[4]가 있다. 北京에는 十里長(安)街가 있고, 上海에는 十里洋行이 있고, 南京에는 十里秦淮가 있다. 현재 매년 십대뉴스, 체육십대선수, 십대브랜드상품 등을 선발하고, 매년 선발한 걸출청년, 기업가도 10명

3) 文聖孔子, 武聖關羽, 醫聖張仲景, 書聖王羲之, 史聖司馬遷, 草聖張旭, 畵聖吳道子, 詩聖杜甫, 茶聖陸羽, 酒聖杜康

4) 傲霜頭雪의 梅花, 國色天香의 牧丹, 天姿百態의 菊花, 天下第一香의 蘭花, 花中皇后 月季, 花中西施 杜鵑, 富麗堂皇의 山茶, 出汚泥而不染의 荷花, 十里飄香의 桂花, 凌波仙子 水仙花

을 선발한다. 이로 보면 중국인들이 '十'을 얼마나 사랑하는지 알 수 있다.

중국인들의 심미심리는 '十全十美'를 추구하며, '十'을 完整, 圓滿, 吉祥의 상징으로 본다. 이에 따라 생일축하로부터 각종 경축행사에서는 '十'을 큰 경사로 여기는 것이 중국의 전통이 되었으며, 민족 성격 구성의 중요한 부분이 되었다. 중국민족의 '十'에 대한 편애는 범사에 모두 '十'을 표준수량으로 삼는데 나타난다.

한편 '物極必反'이라 '十'은 사물의 극한이라는 나쁜 의미도 생겨났다. 민간에서 노인들이 생일을 지낼 때 '九'를 기념하고 '十'은 기념하지 않는 습관이 있어 60, 70 등의 생일은 기념하지 않고 69, 79 등의 생일은 크게 기념하기도 하는 것이다.

3) 소결

이상으로 한자 숫자의 문화적 의미를 연구한 결과 다음과 같은 결론을 얻었다.

첫째, 한자 숫자의 문화적 의미는 중국의 전통문화에서 비롯된 경우가 많았다. 『說文』의 해석에 의하면 대부분의 숫자의 문화적 의미는 당시 유행하던 음양오행설의 영향을 받아서 형성되었음을 알 수 있었다.

둘째, 한자 숫자의 문화적 의미는 표의성이 강한 한자 자형과 의미의 해석에서 비롯된 경우가 많았다. '四'와 '八'의 경우 자형의 의미에 따라 각각 분리의 의미를 나타내고 있음을 알 수 있었다.

셋째, 諧音 현상에 따라 동음 또는 유사음의 발음을 가진 한자의 의미를 나타내는 경우가 있었다. '四'는 '死'와 발음이 비슷하기 때문에 사람들이 꺼리는 숫자가 되었고, '七'은 일부지역에서 '切分'의 의미를 나타내기 때문에 喪事와 관계를 맺게 되었다. 반면에 '八'은 현대화 과정에서 물질적 발전을 이룩한 광동지역의 '發財'와 발음이 유사하기 때문에 사람들이 선호하는 숫자가 되었다. '九'는 '久'와 발음이 비슷하기 때문에 영원하고 장수하기를 바라는 사람들의 심리와 부합되어 사람들이 애호하는 숫자가 되었음을 알 수 있었다.

| 제2장 |

한자에 반영된 인생여정: 출생, 결혼, 자녀교육과 죽음

본 장은 인간의 일생, 즉 출생, 결혼, 자녀교육 및 죽음에 관련된 한자들의 분석을 통해 한자에 반영된 인생여정의 문화적 의미를 찾는데 목적을 둔다. 이를 위해서 인생여정과 관계된 한자를 추출하여 문자학적으로 분석하고 문화적인 의미를 탐구하게 될 것이다.

한자는 한어를 기록하는 기본적인 기능 외에 상당히 풍부한 문화적 내용을 포함하고 있다. 한자는 表意性이 강한 문자이므로 매 한자마다 독특한 구조와 문화적 내용을 담고 있는 것이다. 중국 언어학자 沈兼士는 "現代 訓詁學의 기준으로 보면 매 한자의 해석은 바로 하나의 文化史라고 할 수 있다"고 설파했다. (沈兼士 1986:202) 한자는 고대 중국인들이 甲骨, 陶器, 靑銅器, 簡帛 등에 남긴 하나의 活化石이라고 할 수 있다. 이러한 화석들은 한자를 통해서 중국문화를 연구하는 새로운 관점이요 창의적인 시도로 평가된다. 이런 관점에서 볼 때 본 연구는 단순히 한자의 자형과 자의를 연구하는데 그치지 않고 한자의 字源 탐구 및 문화적 의미까지 연구해내는 의미 있는 연구가 될 것이다.

본 장은 두 가지 관점에서 일반적인 문화 연구와는 차별성을 갖게 될 것이다.

첫째 한자는 일반 문자 체계와는 전혀 다른 독특한 문자체계라는 사실이다. 한자는 표의성이 강한 문자이기 때문에 매 한자가 표현하고자 하는 의미가 문자 속에 그대로 담겨 있다. 매 한자는 形·音·義 3요소를 가지고 있는데, 이것은 문자의 정확한 이해를 위한 정보가 된다. 이러한 정보는 그 한자가 가지고 있는 문자적 의미를 파악하는데 유용할 뿐만 아니라 문화적 의미를 파악하는데 있어서도 매우 중요한 단서가 된다. 따라서 한자의 形·音·義가 내포하고 있는 문자적 정보를 통해서 本義를 이해하고 문화적 실마리를 도출해내는 작업은 매우 중요한 시도가 될 것이다.

둘째 인생여정은 모든 사람들이 예외 없이 거쳐야만 하는 길이다. 이러한 여정은 표의성이 강한 한자에 그대로 반영되어 있다. 예를 들어 '좋다''경사스럽다'라는 의미를 나타내는 '嘉'자는 甲骨文에서 무릎을 꿇고 있는 여자와 쟁기를 나타내는데, 쟁기는 남자가 밭에 나가 일하는 도구이다. 따라서 이 글자는 여자가 밭에 나가 일할 수 있는 아들을 얻는 것이 기쁜 일임을 나타내는 것이다. 또 甲骨文 '好'자는 사내아이를 품에 안고 있는 여자를 나타내며, 그 아들은 후에 집안 생계와 밭일 등 모든 일을 떠맡게 되므로 경사스러운 일이었을 것이다. 이런 예를 통해서 우리는 중국인들의 "불효에는 세 가지가 있는데 그 가운데 후손이 없는 것이 가장 큰 불효이다. (不孝有三, 無後爲大.)"(『孟子·離婁』)라는 관념과 商代에 이미 남존여비의 사상이 형성되었음을 알 수 있는 것이다.

본 장은 위와 같은 연구내용을 체계적으로 연구하기 위하여 다음과 같은 방법을 사용하게 될 것이다. 첫째, 문자학적인 연구방법이다. 문자의 3요소는 形·音·義이다. 문자학적 연구방법이라 함은 한자의 形·音·義 관계를 분석하여 정확한 의미를 파악하고 이를 통해 한자가 가지고 있는 문화적 의미를 도출해내는 것이다. 문자학적 연구방법은 구체적으로 形·義 관계의 탐구, 音·義 관계의 탐구, 字義 變移의 탐구를 포함할 것이다. 둘째, 문화학적 연구방법이다. 문화학적 연구방법이란 현지조사, 고고학 자료의 수집, 문헌전적의 수집 등을 통해 실현될 수 있다. 본 연구에서는 주로 문화적인 문헌의 수집 및 분석이다. 인문학 연구의 출발점은 대개 문헌연구에서 시작되므로 한자에 대한 자료의 수집 및 분석, 문화학과 인류학에 대한 문헌자료의 수집 및 분석을 통해 본 연구의 기반을 다지게 될 것이다.

본 장의 연구대상은 인간의 인생여정과 관계된 한자 33개이며, 한자의 자형은 『漢語古文字字形表』(徐中舒 主編, 臺北, 文史哲出版社, 1988)를 중심으로 제시하였고, 미흡한 부분은 『甲骨文字詁林』(于省吾 主編, 北京, 中華書局, 1996)에서 보충하였다.

1) 출생

인간은 출생을 통해서 세상에 존재하게 된다. 그렇다면 '출생'이라는 한자는 어떻게 구성되어 있으며, 출생과 관련된 한자는 무엇이 있을까? 이 장에서는 출생과 관련된 한자들의 구조를 분석하고 문화적 의미를 탐구해보기로 한다.

(1) 생육

 乙九〇九一反	 頌壺		出
甲骨文	金文	小篆	楷書

『說文·出部』: "자라다. 초목이 점점 자생하여 위로 자라는 것을 상형하였다. (出, 進也. 象草木益滋, 上出達也)."라고 하였다. 그러나 甲骨文이나 金文 자형을 보면 초목이 자라는 모양이라고 보기에는 무리가 있는 듯하다. 甲骨文 자형에 대하여 李敬齋는 "入의 반대로 문밖을 향한 것이다. 止(발)가 문(凵)에서 밖을 향한 것이다. (入之反, 往門外也;从止(卽足)在門口(卽凵)而向外)."라고 하였다. (高樹藩·王修明 1980:138) 자형을 볼 때 『說文』의 해설보다는 李敬齋의 해설이 더 신빙성이 있다고 판단된다. '출생'을 의미하는 出은 본의의 인신이라고 할 수 있겠다. 다음은 '生'자를 살펴보자.

 粹一一三一	 頌簋		生
甲骨文	金文	小篆	楷書

『說文·生部』: “자라다. 초목이 땅위로 자라는 것을 상형하였다. (生, 進也. 象艸木生出土上).”라고 하였다. 段玉裁 또한 注에서 “아래는 땅을 그렸고, 위는 자라는 것을 그렸다. (下象土, 上象出).”고 하여 許愼의 설을 보충 설명하고 있다.

甲骨文 ‘生’자는 한 그루의 풀이 땅에서 자라나는 모양을 상형하였다. 풀은 생명력이 강하기 때문에 엄동설한의 추위를 견디고 봄이 되면 곧 자라난다. 또한 돌 밑이나 음지에서도 장애를 극복하고 성장한다. 의술이 발달하지 않고 어린이의 사망률이 높았던 고대사회에 사람들은 후손들이 풀처럼 강하게 자랄 수 있기를 바랐으며, 어떤 어려운 환경에서도 건장하게 자라서 영원히 번식하기를 바라는 마음이 담겨있다고 볼 수 있다.

 佚五八六			孕
甲骨文	金文	小篆	楷書

『說文·子部』: “아이를 배다. ‘子’를 따르고 ‘幾’를 따른다. (孕, 褱子也. 从子, 从幾).”小篆의 자형을 보면 위부분이 ‘幾’자로 보이나 甲骨文은 형태를 달리한다. 唐蘭은 마땅히 ‘孕’의 本字이며 아이가 복중에 있는 것을 그렸다고 하였다. (唐氏謂當孕之本字, 象子在腹中也). (湯可敬 1997:2129) 자형을 살펴보면 사람의 불룩한 배에 아이를 배고 있는 모습을 상형하였으며, 임신의 뜻으로 사용되었음을 알 수 있다.

			包
甲骨文	金文	小篆	楷書

『說文·勹部』: "'包'는 사람이 임신한 것을 상형하였으며, '巳'가 가운데 있는 것은 아이가 아직 성숙하지 않았음을 상형하였다. 元氣가 '子'에서 일어난다. '子'는 사람이 낳은 아이이다. (包, 象人裹妊, 巳在中, 象子未成也. 元氣起於子. 子, 人所生也)."태반 안에 사람이 있는 모습을 상형하였으니, '胞'자의 初文임을 알 수 있다. '胞'는 '包'에 形符가 첨가된 後起字이다.

'孕', '包'두 글자는 원시사회에서 생육이 중시되었음을 반영하고 있으며, 현대 중국 농촌에서 잔존하고 있는 多子多福의 관념의 근원이 되었다.

 後下二一·一四	 散盤		棄
甲骨文	金文	小篆	楷書

『說文·𠦒部』: "棄, 버리다. '廾'을 따르고 삼태기로 밀어서 그것을 버리다. '𠫓'를 따랐는데, '𠫓'은 '子'를 거꾸로 한 것이다. ''는 古文 '棄'이다, ''는 주문 '棄'이다. (棄, 捐也.从廾推𠦒棄之, 从𠫓.𠫓, 逆子也.  古文棄.  籒文棄.)."

李孝定『甲骨文字集釋』: "문자의 윗부분에 아이를 그 속에 담아서 그것을 버리는 형태이다. 고대 전설 중에 항상 영아를 버리는 기록이 있었다. (按:字上納子其中棄之之形. 古代傳說中常有棄嬰之記載)."(漢語大字典編輯委員會 1986:2:1237-1238)"라고 하였다.

그렇다면 태어난 아이는 왜 버려지게 되었을까? 許進雄의 설명에 의하면 대부분의 사람들은 가문을 계승할 아기가 태어나는 것을 경사로 여겼지만, 쌍둥이의 출생, 혼외 출생, 식량부족 또는 종교적인 이유 등으로 여아나 남아 등이 죽임을 당하였다는 것이다. (許進雄 1995:408-409) 甲骨文의 '棄'자는 두 손으로 바구니를 잡고 갓난아이를 내다버리는 모습을 보여준다. 어떤 때는 이 글자에 두 손으로 아기를 교살하는데 사용하는 끈을 쥐고 있는 형태가 첨가되는데, 이것은 아기가 단순히 버려진 것이 아니라는 것을 나타낸다. 이 글자가 '버리다'는 뜻을 가지게 된 것으로 보아 원하지 않는 아기를 죽이는 행위까지도 행하여졌다는 사실을 알 수 있다.

	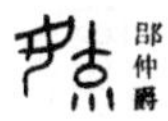	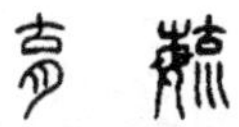	育(毓)
甲骨文	金文	小篆	楷書

『說文·𠫓部』: "자녀를 양육하여 선을 행하게 하는 것이다. '𠫓'을 따르고 '肉'聲이다. 『虞書』에 이르기를 자녀를 가르쳐서 성장하게 한다. '毓'은 '育'자가 '每'를 따른 자이다. (育(毓), 養子使作善也. 从𠫓, 肉聲. 『虞書』曰: 教育子, 毓, 育或从每)."

羅振玉『增訂殷墟書契考釋』: "甲骨文은 '女'를 따르고 '𠫓'('子'의 거꾸로 된 형태)를 따르거나 '母'를 따르고 '子'의 거꾸로 된 형태를 따르는데, 아이를 낳은 모습을 상형했다. '人'을 따르는 것과 '母'를 따르는 것, '女'를 따르는 것은 모두 의미가 같다. 자형으로 말하자면 이 한자는 『說文』 '育'자의 혹체 '毓'자이다. '毓'자는 '每'(즉 '母'자)를 따르고 '流'(-水)의 거꾸로 된 자이다. 이와 똑같다. (甲文从女从 (倒子形)或从母从𠫓, 象產子之形. 从人與从母从女之意同. 以字形言, 此字卽『說文』育字之或體毓字. 毓字从每(卽母字)从流(-水)卽倒子), 與此正同)."(湯可敬 1997:2136)

영아의 출생은 甲骨文 '毓'자에 나타나 있다. 이 글자는 두 가지 자형이 있는데, 하나는 여자가 머리가 아래로 향한 아이를 낳았고, 피와 양수가 묻어 있는 형상이다. 어떤 때는 여자의 옆에 하나의 손이 긴 옷을 가지고 신생아를 싸려고 하는 모양이 있나. 다른 하나의 자형은 영아가 자궁에서 나온 형상이다. 이 두 가지 자형은 후에 동음이면서 의미가 비슷한 두 글자가 되었는데, 첫 번째 자형은 '毓'자로 어머니가 자녀를 양육한 공로가 위대함을 찬미한 것이다. 두 번째 자형은 '育'자로 양육, 교육의 양육과정에 편중된 것이다. (許進雄

1995:408) 종합해보면 '育(毓)'은 아이의 출생과 양육의 의미를 내포하고 있음을 알 수 있다.

 父已觶	 沙其簋		字
甲骨文	金文	小篆	楷書

『說文·子部』: "생육이다. '子'가 '宀'아래 있는 것을 따랐고, '子'는 또한 聲이다. (字, 乳也. 从子在宀下, 子亦聲)." 자형은 집 안에 아이가 있는 것을 상형하였고, 본의는 '생육'으로 '育'과 같다. 파생되어 '양육하다', '애호하다'가 되었다. 許愼의 설에 의하면 "獨體爲文, 合體爲字"라고 하였으니 字는 獨體(象形, 指事)가 서로 결합된 것으로, 두 개의 부분이 결합하여 새 글자를 조합하는 것이 남녀가 결합하여 아이를 낳는 것과 같으므로 合體를 字라고 한 것이다. (劉志成 2003:191) 종합해보면 字는 집안에서 아이가 태어나서 자라는 것을 묘사한 것으로 볼 수 있다.

 乙八八九六			乳
甲骨文	金文	小篆	楷書

『說文·乙部』: "사람과 새가 자식을 낳은 것을 '乳'라고 한다. 짐승은 '産'이라고 한다. '孚'를 따르고 '乙'을 따른다. (乳, 人及鳥生子曰乳, 獸曰産. 从孚, 从乙)." 李孝定『甲骨文字集釋』: "윗부분은 자식을 안고 젖을 먹이는 모양이며, '子'를 따른 것이 篆文과 같다. '母'를 따른 것은 篆文이 잘못되어 '爪'와 '乙'을 따르게 된 것이다. (上懷子哺乳之形. 从子與篆文同, 从母, 篆訛爲从爪从乙耳)."(湯可敬 1997:1657)라고 하였다.

甲骨文 '乳'는 여자가 입을 크게 벌리고 젖을 먹고 있는 아이를 안고 있는

모습이다. 그래서 이 글자는 젖먹이는 것과 관계가 있는 '젖을 먹이다', '젖', '유방' 등의 의미를 갖게 되었다.

 甲一0二一	 保鼎		保
甲骨文	金文	小篆	楷書

『說文·人部』: "양육하는 것이다. '人'을 따르고 '𤓽'의 생략된 형태를 따른다. (養也. 从人, 从𤓽省. 𤓽, 古文孚.)" 唐蘭『殷墟文字記』: "아이를 등에 업는 것을 '保'라고 하며, 그것이 인신된 즉 업는 것을 '保'라고 한다. 더 인신된 즉 保養의 의미가 있다. (負子於背謂之保, 引伸之則負者爲保, 更引伸之則有保養之義)."(湯可敬 1997:1065)라고 하였다.

金文 '保'자는 어른이 아이를 업고 있는 형상이다. 이것은 유아를 보호하여 상해를 받지 않게 한다는 의미로 후에 모든 '보호하다'의 의미로 인신되었다. 유가에서 자녀가 부모의 복상기간을 삼년으로 정한 근거는 자녀가 3년 동안 부모의 보살핌을 받아야만 세상에서 살아남을 수 있으므로 같은 기간 동안 부모에게 보답한다는 의미이다.

 甲三〇九〇	 者兒觶		兒
甲骨文	金文	小篆	楷書

『說文·儿部』: "어린아이이다. '儿'를 따르고 소아의 머리가 닫히지 않은 것을 상형했나. (兒, 孺子也. 从儿, 象小兒頭囟未合)." 李孝定『甲骨文字集釋』: "甲骨文과 金文의 '兒'자는 모두 총각(소년의 두발을 두 개로 묶고 형태가 뿔과 같다.)의 형태를 상형했다. (契金文兒字皆象總角(少年頭髮扎成兩個抓髻, 形似角.)之形.)"(湯可敬 1997:1168)라고 하였다. 그러나 자형을 살펴보면 許愼의 설, 즉 머

리의 골격이 완전히 닫히지 않은 영아의 모습으로 보는 것이 보편적이다.

 後下四二·五  後下四二·七	 牆盤		子
甲骨文	金文	小篆	楷書

『說文·子部』: “십일월에 양기가 움직이면 만물이 자생한다. 사람은 ‘子’를 호칭으로 삼았다. 상형이다. 무릇 ‘子’의 무리는 모두 ‘子’를 따른다. ‘’는 古文 ‘子’이다. 古文 ‘子’는 ‘巛’를 따르는데 ‘두발’을 상형했다. ‘’는 籒文 ‘子’로 정수리에 두발이 있고 팔과 다리가 안석 위에 있다. (十一月, 陽气動, 萬物滋, 人以爲偁.象形.凡子之屬皆从子. 古文子从巛, 象髮也. 籒文子囟有髮, 臂脛在几上也.)” 許愼의 설명은 당시 유행하던 陰陽五行說의 영향을 받은 것으로 보이며, 사람의 호칭으로 삼는 것 또한 本義가 아닌 引伸義로 생각된다. 甲骨文의 자형은 갓 태어난 영아의 모습으로 머리카락이 있는 것과 없는 것이 있다. 金文이나 小篆의 경우에도 머리카락만 없을 뿐 갓 태어난 영아의 모습을 상형한 것이다.

 後下一四·七	 段簋		孫
甲骨文	金文	小篆	楷書

『說文·系部』: “아들의 아들을 ‘孫’이라고 한다. ‘子’를 따르고 ‘系’를 따르는데, ‘系’는 ‘지속’의 뜻을 나타낸다. (孫, 子之子曰孫. 从子, 从系. 系, 續也.)” 徐中舒『甲骨文字典』: “고대에 선조의 제단 위에 반드시 結繩으로서 그 세손을 기록하였다. 甲骨文 ‘孫’자는 ‘系’를 따르는데 끈을 상형한 것이다. 대개 父子가 계승하는 것을 世라고 하며, ‘子’의 世는 ‘父’의 아래에 이어지고, ‘孫’의 世는 ‘子’의 아래에 이어진다. 이것이 고대 결승 유속의 반영이다. (古代於先祖之祭壇上, 必高懸若干繩結以紀其世系, 甲骨文孫字从系, 系, 象繩形, 蓋父子相繼爲世, 子

之世系於父下, 孫之世系於子下, 此乃古代結繩遺俗之反映.)”(湯可敬 1997:1837)라고 하였다. 종합해보면 자손이 結繩처럼 이어지기를 바라는 인간의 심정이 반영된 것이라 볼 수 있다.

(2) 남아선호

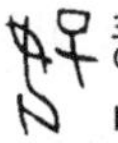 前七·三○·四	 盧鐘		好
甲骨文	金文	小篆	楷書

『說文·女部』: “아름다움이다. ‘女’와 ‘子’를 따른다. (好, 美也. 从女子.)”段玉裁注: “‘好’는 본래 ‘女’와 ‘子’이며 인신되어 모든 아름다움의 지칭이 되었다. (好, 本爲女子, 引伸爲凡美之稱.)”라고 하였다. 甲骨文 ‘好’자는 한 여인이 한 남자아이를 안고 있는 형상이다. (許進雄 1995:407) 남자아이는 장래에 한 집안의 생계를 책임지는 사람이고 노동력을 제공하기 때문에 사람들이 원하는 일이었으므로 남자아이를 안고 있는 것은 좋은 일이었다.

2) 결혼과 친족

사람은 자라서 성년이 되면 결혼을 하고 가정을 이루게 된다. 가정을 이루면 새로운 친족 관계가 형성되는데, 이런 과정이 한자에 어떻게 반영되어 있는지 살펴보기로 하자.

(1) 결혼

			婚
甲骨文	金文	小篆	楷書

『說文·女部』: “부녀자이다. 『禮記』에 부인을 취함은 어두울 때 한다고 하였으니 부인은 陰이기 때문이다. 고로 ‘婚’은 ‘女’를 따르고 ‘昏’을 따랐다. ‘昏’은 또한 聲이다. (婚, 婦女也. 禮:娶婦以婚時, 婦人陰也. 故曰婚. 从女, 从昏, 昏亦聲.)”라고 하였다. 張舜徽 『約注』: “옛날 부인을 취함에 반드시 어두울 때 한 것은 마땅히 고대에 부녀자를 약탈하던 유풍이 있음에서 연유한 것으로 반드시 밤의 어두움을 타서 정한 시간에 그를 취하여 해를 입히는 것을 피하였다. (古娶婦必以昏時者, 當緣上世有劫掠婦女之風, 必乘夜昏人定時取之. 以避寇犯也.)”(湯可敬 1997:1246)라고 보충설명하고 있다. 이러한 혼인방식을 ‘掠奪婚’또는 ‘搶婚’이라고 하는데, 혼인이 씨족내부에서 이루어지던 시기를 지나 족외혼으로 발달하던 과정에서 존재하던 혼인 방식이다. 그 특징은 남자가 여자 측의 동의를 거치지 않고 여자를 납치해서 아내를 삼는 것이다. 이런 혼인 방식은 충돌을 일으킬 수밖에 없었으므로 여자 측 가족들의 저항을 피하고 도망에 편하도록 야간에 행하여진 것이다. 그 후 인류문명이 발달함에 따라 약탈혼은 다른 혼인방식으로 대체되었으나 어떤 형식은 일정한 기간 동안 지속되었으며, 어두울 때 혼례를 행하던 것도 잔존하는 형식 중 하나였다. (朴興洙 2000)

 京津二一五二	 令簋		家
甲骨文	金文	小篆	楷書

『說文·宀部』: “거처하는 곳이다. ‘宀’을 따르고 ‘豭’의 생략된 聲이다. (家, 居也. 从宀, 豭省聲.)” 唐蘭 『天壤閣甲骨文存考』: “卜辭는 돼지가 집에 있는 것을 상형하였다. (卜辭象豕(豭)在宀中.)”(湯可敬 1997:988) 甲骨文 ‘家’자 아래부분은 ‘豭’의 상형자로서 ‘豕’자의 복부에 가로획을 그어서 수컷의 성기를 표시했다. 『說文·豕部』: “豭, 牡豕也.”라고 하였으니 수퇘지이고 체격이 크다. 『詩·豳風·七月』: “言私其豵, 獻豜於公.”이라 하였는데, ‘豵’은 생후 6개월 된

작은 돼지요, ‘豣’은 세 살짜리 큰 돼지이다. 이 말은 곧 사냥에서 작은 돼지를 잡으면 개인의 소유로 하고, 큰 돼지를 잡으면 공동의 것으로 한다는 것이다. 『周禮·大司馬』: “大獸公之, 小獸私之.”의 의미와 서로 통한다고 할 수 있다. 이러한 습관은 西周까지 계속 유지 되었다. ‘家’는 바로 큰 짐승을 공동에게 바치는 장소였고, 전 씨족이 큰 짐승을 나누어 먹는 공동의 집이었을 것이다. 이러한 집은 같은 어머니에게서 태어난 사람들이 공동으로 생활하던 장소였으며, 따라서 同族의 사람을 대표할 수 있었고, 그래서 甲骨文의 家는 때때로 종묘의 ‘宗’와 같이 사용되었다. (劉志成 2003:187)

 後下四二·六	 班簋		族
甲骨文	金文	小篆	楷書

『說文·㫃部』: “화살촉이다. 화살촉을 묶는 것이다. ‘㫃’을 따르고 ‘矢’를 따른다. (族, 矢鋒也. 束之族族也. 从㫃, 从矢.)” 丁山 『甲骨文所見氏族及其制度』: “글자는 ‘㫃’을 따르고 ‘矢’를 따른다. 화살은 적을 죽이는 도구이며, ‘㫃’은 군중에게 나타내는 표지이다. 그 본의는 마땅히 군대의 조직이다. (字从㫃从矢. 矢所以殺敵, 㫃所以標衆. 其本義應是軍旅的組織.)” (湯可敬 1997:925)라고 하였다.

‘族’자는 깃발 아래 ‘矢’로 구성되었는데, ‘矢’는 화살촉을 표시한다. 이런 자형은 ‘鏃’의 古字이다. 『說文·㫃部』: “鏃, 矢鋒也.”라고 하였다. 甲骨文은 이러한 자형으로 씨족을 표시하였으니 가차용법이라고 할 수 있다. ‘大’와 ‘矢’로 구성된 두 가지 필법의 ‘族’자는 小篆에서 이미 혼용되었다. (劉志成 2003:188) 따라서 甲骨文 ‘族’자는 ‘从大在㫃下’로 볼 수 있다. ‘㫃’은 나부끼는 깃발이고, ‘大’는 성인을 나타낸다. ‘族’자는 ‘㫃’과 ‘大’로 구성되었고, 본의는 토템씨족 깃발아래 모인 씨족 구성원을 나타낸다. 甲骨文에서 씨족, 가족으로 사용한 것이 바로 본의이다.

 佚三九三	 頌鼎		大
甲骨文	金文	小篆	楷書

『說文·大部』: “하늘도 크고 땅도 크고 사람 또한 크다. 고로 ‘大’는 사람을 상형하였다. (大, 天大, 地大, 人亦大. 故大象人形.)” ‘大’는 사람이 서 있는 모습을 정면에서 상형한 문자로서 성인을 나타낸다. 성인은 가족을 구성하는 기본 성원이 된다.

 甲二三三三	 毀卣		賓
甲骨文	金文	小篆	楷書

『說文·貝部』: “공경하는 빈객이다. ‘貝’를 따르고 ‘㝐’ 聲이다. (賓, 所敬也. 从貝, 㝐聲.)” 王國維『觀堂集林』: “[卜辭] ‘㝊’는 윗부분은 ‘屋’을 따르고 아랫부분은 ‘人’을 따르고 ‘止’를 따랐다. 사람이 집 아래 있는 것을 상형했고, 그 의미는 손님이다. 金文과 小篆 또한 ‘止’를 따르고 ‘貝’를 따른 것은 後起字이다. 옛날 빈객이 이르면 반드시 물건을 그에게 주었다. 고로 그 글자는 ‘貝’를 따른다. ([卜辭] 㝊上从屋, 下从人, 从止, 象人之屋下, 其義爲賓. 金文及小篆亦从止爲从貝者, 乃後起之字. 古者賓客至必有物以贈之. 故其字从貝.)”(湯可敬 1997:855)라고 하였다. 어떤 자형은 ‘貝’자 대신 ‘女’자로 구성되기도 하는데, 이는 여성 족장이 손님을 접대하는 것이며, 모계사회의 유풍이기도 하다.

(2) 친족

 鐵一九六·	 毛公鼎		父
甲骨文	金文	小篆	楷書

『說文·又部』: “법도이다. 가장이고 인도하며 가르치는 자이다. 손에 지팡이를 든 것을 따랐다. (父, 矩也, 家長, 率教者. 从又擧杖.)” 郭沫若 『甲骨文字研究』: “‘父’는 ‘斧’의 初文이다. 석기시대 남자는 石斧(‘丨’은 石斧의 상형)를 가지고 일을 하였으므로 파생되어 부모의 ‘父’가 되었다. (父乃斧之初字. 石器時代, 男子持石斧(丨卽石斧之象形)以事操作, 故孳乳爲父母之父.)”(湯可敬 1997:412)

黃河유역의 馬家窑文化 半山類型의 무덤 중 남성의 무덤에서는 대부분 石斧와 같은 석기들이 수장되었는데, 이는 남성의 여성에 대한, 혹은 부친의 자녀에 대한 권위를 나타낸다. (劉志成 2003:195) 석기시대 石斧라고 하는 도구를 남성이 사용했는데, 사람의 명칭은 자주 노동도구, 노동대상과 관계가 있었다. 이러한 호칭법은 현대 사회에서 직무로서 사람을 호칭하는 것과 유사한 방법이다. 부친은 石斧를 지칭하는데서 石斧를 사용하는 사람을 가리키게 되었으니 ‘職稱’이며, 최초의 함의는 남성 성년이다. ‘父’가 친족호칭이 되었기 때문에 후에 ‘斤’자를 붙여서 공구 ‘斧’를 표시하게 되었다.

 前四·八·七·	 頌鼎		母
甲骨文	金文	小篆	楷書

『說文·女部』: “자녀를 기르는 것이다. ‘女’를 따르고 자녀를 안고 있는 모양을 상형했다. 일설에는 자녀를 젖먹이는 모습을 상형했다. (母, 牧也. 从女, 象裹之形. 一曰:象乳子也.)” 郭沫若 『甲骨文字研究』: “윗부분은 사람이 젖을 먹이는 형태의 의미가 그림과 같이 명백하다. (上人乳形之意明白如畫.)” (湯可敬 1997:1750)

‘女’자와 ‘母’자는 모두 팔을 교차하고 꿇어 앉아 있는 여인이며, 모자 중에 있는 두 개의 점은 두 개의 유방을 나타내며, 성인 여성의 특징으로 모친의 의미를 나타낸다. 甲骨文, 金文에서 ‘母’와 ‘女’두 글자는 자주 통용된다.

 前一·九·六	 牆盤		祖
甲骨文	金文	小篆	楷書

『說文·示部』: “시초, 종묘이다. ‘示’를 따르고 ‘且’聲이다. (祖(且), 始廟也. 从示, 且聲.) 徐中舒 『甲骨文字典』 ‘祖’下: “본래 단목으로 고기를 썰어서 받쳐놓는데 사용되었다. 그 후 고기를 썰어놓은 용기에서 점점 신을 제사할 때 고기를 담는 예기로 변화되었다. 또 ‘且’아래: 옛날 ‘俎’위에 놓음으로서 선조를 제사하였으므로 선조를 ‘且’라고 하였다. 후에 ‘且’방에 ‘示’를 더하여 ‘祖’가 되었는데 최초로 「齊子仲美鏄」에 보인다. ‘祖’를 ‘시초, 종묘’라고 한 것은 ‘祖’의 인신의이다. (本爲斷木, 用作切肉之薦. 其後, 由切肉之器逐漸演變爲際神時載肉之禮器. 又, ‘且’ 下: 古置肉於俎上以祭祀先祖, 故稱先祖爲且. 後來 ‘且’ 旁加 ‘示’, 成了 ‘祖’, 最初見於齊子仲美鏄, 作祖. ‘始也, 廟也’, 是祖的引伸義.)”(湯可敬 1997:13)라고 하였다.

甲骨文 ‘祖’자는 나무를 끊어서 새겨 만든 신주의 모양으로 외형은 남성 생식기 음경을 형상하였다. ‘祖’는 모계사회 후기에 출현하였으며 본래 씨족의 창성을 위하여 부녀자들이 생육을 기원하며 숭배한 생식의 신으로 도기, 석기, 목제 등이 모두 있었다. 仰韶文化 후기 臨潼 姜寨遺蹟, 馬家窰文化 甘肅 甘谷地兒遺蹟地, 大汶口文化 山東濰坊羅家遺蹟地 모두 陶祖를 출토한 적이 있으며, 또 石祖, 木祖도 출토되었다. 지금도 일부 소수민족과 한족의 지역에서 여전히 부녀자들이 ‘祖’를 숭배하며 생육을 기원하는 풍속이 있다. (劉志成 2003:196-197) 생물은 번식이 가장 중요한 일이기 때문에 고대인들은 생식기를 외설적인 것으로 생각하지 않고 숭배의 대상으로 여겼다. 구석기시대의 여성의 소조상이 가슴, 배, 엉덩이 등의 부위를 강조한 것은 생식여신에 대한 숭배를 나타낸 것이라면, 石祖, 陶祖 등의 남성생식기 기물은 부계사회의 숭배를 나타낸 것이라 볼 수 있다.

 前一·三九·六	 剌卣		兄
甲骨文	金文	小篆	楷書

『說文·兄部』: “어른이다. ‘儿’를 따르고 ‘口’를 따른다. (兄, 長也. 从儿, 从口.)” 楊樹達 『積微居小學述林』: “내가 생각하기에 ‘兄’은 마땅히 ‘祝’의 初文으로 입으로서 신명에게 말하는 것이므로 ‘兄’자는 ‘儿’을 따르고 ‘口’를 따랐다. (余疑兄當爲祝之初文. 以口交於神明, 故兄字从儿从口.)” (湯可敬 1997:1169)라고 하였다.

甲骨文 兄은 자형이 한 사람이 직립하여 입을 벌리고 하늘을 향해 노래하는 것을 상형하였다. 본의는 성숙한 남성 청년을 가리킨다. 후에 씨족 내에서 혈연관계가 있는 같은 항렬 남성 친족에 대한 호칭이 되었다. 『說文·兄部』: “兄, 長也.”라고 한 것은 나중에 생긴 개념으로 西周 이후의 일이다.

 合22049	 農卣		妻
甲骨文	金文	小篆	楷書

『說文·女部』: “부인이다. 丈夫와 함께하는 자이다. ‘女’를 따르고 ‘屮’을 따르고 ‘又’를 따르는데 ‘又’는 일을 처리하는 것이 처의 직무이다. (妻, 婦, 與夫齊者也. 从女, 从屮, 从又. 又持事, 妻職也.)” 徐中舒 『甲骨文字典』: “‘又’를 따르고 ‘妻’를 따르는데, ‘妻’는 부녀의 장발형을 상형하였다. 또 혹은 ‘共’을 사용하는데 역시 같다. 상고에 부녀자를 약탈하여 배우자로 삼는 풍속이 있었는데 이것이 약탈혼인이다. 甲骨文 ‘妻’자는 이 약탈혼인의 반영으로 후세에 여성배우자의 호칭이 되었다. (从又从妻, 妻象婦女長髮形, 又或作共, 同. 上古有擄掠婦女以爲配偶之俗, 是爲掠奪婚姻, 甲骨文妻字卽此掠奪婚姻之反映. 後世以爲女性配偶之稱.)” (湯可敬 1997:1747)

'妻'자는 한 손으로 머리를 빗어 묶은 성년 여자를 잡아끄는 모습을 상형하였다. 이는 모계사회에서 부계사회로 넘어가는 과도기의 搶婚 풍속을 반영한 것이며, 본의는 남성의 배우자이다. 雲南의 景頗族, 白族, 四川 傈僳族, 彝族, 湖南 苗族 등은 모두 搶婚 풍속을 가지고 있다. 雲南 傣族, 阿昌과 貴州 水族에게 搶婚은 결혼과정 중에서 필수적인 의식인데, 사전에 예약한 '가짜' 搶婚이다. (劉志成 2003:198) 고대 중국민족도 이와 같은 搶婚의 풍속이 존재했으며, '妻'자의 자형에서 그 실마리를 찾아볼 수 있다. '妻'는 후에 남성의 여성 배우자에 대한 호칭어가 되었다.

3) 자녀교육

결혼하여 가정을 이루고 살다보면 자연스럽게 자녀를 출산하게 된다. 부모는 교육을 통해서 자녀들에게 삶의 지혜와 지식을 전수하게 되는데, 교육의 방식과 내용 등은 한자 속에 고스란히 반영되어 있다.

(1) 교육

 一後·下·一四			爻
甲骨文	金文	小篆	楷書

『說文·爻部』: "교차이다. 『周易』의 六爻가 교차하는 것을 상형하였다. (爻, 交也, 象易六爻頭交也.)"라고 하였는데, 자형은 甲骨文부터 楷書에 이르기까지 큰 변화가 보이지 않는다.

'爻'는 배움을 나타내는 '學'과 가르침을 나타내는 '教'에 공통적으로 나타나고 있다. 후에 '爻'자는 卦爻를 의미하게 되었다. 그래서 어떤 사람들은 이 글자가 수를 세기 위한 산가지가 서로 엇갈린 형상이라고 여겼다. 그러나 산가지를 이용한 산수는 매우 진보된 일로 그 발전은 춘추시대 이후라고 여겨진다. 심오하고 복잡한 卦爻의 이치는 더욱이 어린이들이 이해할 수 있는 학문이 아니었다. 원시교육의 특징은 생활과 생산의 수요와 밀접한 관계가 있기 때문에 '爻'가 나타내는 것은 일반 아동들이 배울 수 있고 할 수 있는 일일 것이며, 전문지식은 아닐 것이다. (許進雄 1995:416)

 鐵一五七·四	 盂鼎		學
甲骨文	金文	小篆	楷書

『說文·教部』: "깨닫다. '教'를 따르고 '冖'을 따른다. '冖'은 아직 몽매함이다. '臼'聲이다. '學'은 篆文으로 '斅'의 생략형이다. (學, 覺悟也. 从教, 从冖, 冖, 尙矇也. 臼聲. 學, 篆文, 斅省.)"徐中舒는 "'臼'와 '爻'와 '宀'을 따랐으니 『說文』 篆文 '斅'과 자형이 근사하다. 甲骨文은 모두 '攴'을 따르지 않고 또한 '子'를 생략하거나 '爻'를 생략했다. 고로 '斅'이 마땅히 '爻'를 따른 것은 의미를 취하였고 겸하여 소리도 취한 것이다. 『說文』: '"爻"는 "交"이다.'라고 하였으니 '教'와 '學'은 사상의 교류이다. 따라서 '教'는 '孝'를 따르고, '孝'는 '爻'를 따르며, '爻'는 본받는 것, 모방하는 것이다. (臼从爻从宀, 與『說文』篆文斅形近略同. 甲骨文均不从攴, 且省子或又省作爻. 故斅當从爻取義兼聲. 『說文』: '爻, 交也.'教與學乃思想之交流, 故教从孝, 孝从爻, 爻亦效也, 放(仿)也.)"(徐中舒 1990:348)라고 하였다. 한편 許進雄은 甲骨文 자형을 두 손으로 매듭을 맺는 동작으로 이해하였다. 매듭을 맺는 데는 두 손이 필요했기 때문에 '學'자 '爻'의 양편의 두 손은 매듭을 맺는 동작을 표시하고, '宀'은 아마도 가옥의 구조를 나타낸다는 것이다. 고대인들은 집을 짓는데 참여할 기회가 현대인들보다 많았고, 더욱이 정착 생활 전의 시대에는 집을 허물고 짓고 하는 일들이 일상적인 일이었을 것이다.

(許進雄 1995:416) 종합해보면 '學'자는 본받고 모방하여 배우는 것을 의미하며, 배움으로서 몽매함을 벗어나는 것을 의미한다. 篆文에서 '攴'이 첨가된 것은 배우는데 있어서 회초리를 사용한 것으로 볼 수 있다.

			敎
甲骨文	金文	小篆	楷書

『說文·敎部』: "윗사람이 가르침을 베풀면 아랫사람이 본받는다. '攴'을 따르고 '孝'를 따른다. 무릇 '敎'의 무리는 모두 '敎'를 따른다. '𢽤'은 古文 '敎'이고, '𤕝' 또한 古文 '敎'이다. (上所施下所效也. 从攴从孝. 凡教之屬皆从教, 𢽤古文教, 𤕝亦古文教.)" 徐中舒는 甲骨文 자형을 『說文』의 古文과 동일하게 설명하고 있다. (徐中舒 1990:347)

한편 劉志成은 '敎'의 자형을 '子', '攴', '爻'로 구성되었으며, '爻'는 '五'가 두 개 중첩된 형상으로 학습내용을 나타낸다고 보고 있다. 또한 모방의 의미를 나타낸다. '攴'은 손에 막대기를 들고 있는 것이다. 이것은 會意 겸 形聲字('爻'는 聲符를 겸함)로 손에 회초리를 들고 아이에게 어른을 배우도록 하며, 숫자 등의 생활지식을 학습하도록 하는 것이다. (劉志成 2003:192) 許進雄은 '敎'자는 매듭을 짓는 옆에 채찍을 들고 있는 형상이 더해져서, 처벌과 훈계로서 아이들이 매듭을 짓는 기교를 배우는 것을 나타낸다고 해석했다. (許進雄 1995:416-417) 종합해보면 교육의 대상에서는 차이를 보이나 교육의 방법은 채찍 또는 회초리를 가지고 체벌하면서 교육한다는 점에서 공통점을 가지고 있다고 보인다.

(2) 도리

			孝
甲骨文	金文	小篆	楷書

『說文·老部』: “부모를 잘 섬기는 것이다. ‘老’의 생략된 형태를 따르고, ‘子’를 따르며, 자녀가 노인을 받드는 것이다. (孝, 善事父母者. 从老省, 从子, 子承老也.)”, “‘孝’자의 상부는 머리카락이 길고 몸이 굽은 노인을 상형했고, 하부는 자녀가 노인을 도와서 부축하는 의미를 표현했다. (孝字上部象戴髮傴僂老人, 下部表示子攙扶之意.)”고 하였다.

金文 ‘孝’자는 노인이 그의 한 손을 어린이의 머리 위에 놓은 형상이다. 이것은 아마도 걸음걸이가 불편한 노인을 어린아이가 부축한 것을 표시하거나 혹은 노인이 어린아이에게 보살핌의 정을 표현한 것이다. 효를 다하는 것은 청동기 주조의 중요한 목적 중 하나였고 周 왕실은 종법제도를 강조하는 조치를 취하였다. 동주시대 왕실의 장악력이 쇠퇴하자 청동기 주조에서 다시는 효도를 강조하지 않게 되었다. (許進雄 1995:418-419) 후에 효의 범위는 조상에 대한 숭배에서 부모에 대한 섬김으로 확대되었고, 다시 부모에 대한 섬김에서 형제에 대한 우애와 윗사람에 대한 섬김으로 확대되었다.

 後上一九·六	 寡長鼎		長
甲骨文	金文	小篆	楷書

『說文·長部』: “오래다. ‘兀’를 따르고 ‘匕’를 따른다. ‘兀’는 고원하다는 뜻이다. (長, 久遠也. 从兀, 从匕. 兀者, 高遠意也.)” 余永梁『殷墟文字續考』: “사실은 사람의 머리가 긴 모양을 상형하였고 인신되어 長久하다는 의미가 되었다. (實象人髮長貌. 引伸爲長久之義.)”라고 하였다.

‘長’자는 머리가 긴 사람의 형태를 상형하였다. 머리가 긴 것은 나이가 많은 것이며, 사람의 형태 아래에 한 세로획은 사람이 가진 지팡이를 나타낸다. (劉志成 2003:192) 본의는 ‘長短’의 ‘長’이다. 인신되어 ‘長久하다’, ‘特長’ 등이 되었다. 연장자는 경험이 풍부하여 우두머리가 될 수 있으므로 인신되어 ‘軍長’,

'師長' 등이 되었다.

			老
甲骨文	金文	小篆	楷書

『說文·老部』: "늙다. 칠십이면 '老'라고 하며 '人', '毛', '匕'를 따랐다. 수염과 머리카락이 희게 변하는 것을 말한다. (老, 考也. 七十曰老. 从人毛匕, 言須髮變白也.)"이 설명은 小篆의 자체에 기초한 것이다. 甲骨文 자형에 대하여 商承祚는 『殷墟文字類編』에서 "노인이 지팡이에 의지한 모습을 상형하였다. (象老者倚杖之形.)"라고 하였다.

甲骨文의 '老'자는 머리가 긴 노인의 모습이다. 어떤 때는 손에 굽은 지팡이를 잡고 있는데, 이것은 노인의 체력이 떨어졌다는 것을 분명하게 보여준다. 金文 시대에 이르러 이 글자는 두 개로 분화되었는데, 지팡이의 방향에 따라 '老'와 '考'자가 되었다.

			考
甲骨文	金文	小篆	楷書

『說文·老部』: "늙다. '老'의 생략형을 따르고 '丂'聲이다. (考, 老也. 从老省, 丂聲.)" '老'가 會意字라면 '考'는 形聲字이다. 이 두 글자는 의도된 구별자이다. '老'의 본의는 老人이고 '考'의 본의는 이미 죽은 부친이다.

4) 죽음과 장례

인간은 나이가 들거나 질병에 의하여 죽음에 이르게 된다. 사람이 죽으면 자손들은 그를 추념하고 장례의 절차를 따르게 된다. 죽음과 장례에 관계된 한자들을 살펴보자.

(1) 죽음

 合17057	 毛公鼎		死
甲骨文	金文	小篆	楷書

『說文·死部』: "생명이 다하여 사람이 떠나는 것이다. '歺'을 따르고 '人'을 따른다. (死, 澌也, 人所離也. 从歺, 从人.)" 羅振玉 『增訂殷墟書契考釋』: "이것이 '㔾'을 따르는데 사람이 꿇어앉은 것을 상형하였다. 산 사람이 썩은 뼈 옆에 절하니 죽은 의미가 확연하다. (此从㔾, 象人跽形, 生人拜于朽骨之旁, 死之誼昭然矣.)"라고 하였다.

許進雄은 甲骨文의 '死'자를 두 가지로 설명하고 있다. 하나는 사람이 썩은 뼈의 옆에 꿇어 앉아 고개를 숙이고 애도하는 의미를 나타내는 것이요, 다른 하나는 시체를 여러 가지 다른 모양으로 관에 넣은 모양이다. 시체 부근의 작은 점들은 아마도 부장품이거나 주사와 같은 피를 대표하는 붉은 색을 나타내는 것이다. (許進雄 1995:398)

(2) 장례

 乙六八二〇反	 保卣		文
甲骨文	金文	小篆	楷書

『說文·文部』: "교차되게 그린 것이다. 교차된 문양을 상형했다. (文, 錯畵也. 象交文)." 朱芳圃『殷周文字釋叢』: "문은 문신의 문으로 사람의 정립된 모양을 상형하고 가슴 앞에 '×'은 새겨진 문식이다.『禮記·王制』: '東方은 "夷"라고 하는데 머리카락을 덮어쓰고 문신을 한다.' 孔穎達 疏에 '문신이란 단청으로 그 몸에 문식하는 것을 말한다'고 하였다. (文卽文身之文, 象人正立形, 胸前之×, 卽刻畵之文飾也.『禮記·王制』: '東方曰夷, 被髮文身.'孔疏: '文身者, 謂以丹靑文飾其身.')" (湯可敬 1997:1222)라고 하였다.

甲骨文의 '文'자는 한 사람의 가슴 부위에 여러 가지 형태의 문양을 새긴 것이다. 商나라 사람과 周나라 사람들은 죽은 사람의 가슴에 문신하여 붉게 물들이거나, 혹은 붉은 가루를 덮어서 피를 대신하는 전통이 있었다. (許進雄 1995:403) 문양을 새긴 것은 미화작업의 일종으로 후에 인신되어 문학, 優雅 등 修飾이 필요한 사물이 되었다.

 後下二〇·六			葬
甲骨文	金文	小篆	楷書

『說文·茻部』: "매장하다. 주검을 풀 속에 두는 것으로 '一'이 그 중에 있어 그것을 덮는다.『周易』에 이르기를 '옛날에 장사는 나무로서 두텁게 덮었다.'고 하였다. (葬, 藏也. 从死在茻中, 一其中, 所以薦之. 易曰:古之葬者, 厚衣之以薪.)" 李孝定『甲骨文字集釋』: "남은 뼈를 상 위에 놓은 것을 상형하였고, 회의이다. (象殘骨置床上會意也.)" (湯可敬 1997:156)라고 하였다. 종합해보면 甲骨文 자형은 상 위에 남은 뼈를 올려놓은 모습이며, 小篆 자형은 주검을 '一' 위에 놓고 풀을 덮어 장사하는 모습을 나타내고 있다.

5) 소결

이상으로 인생여정과 관계된 한자 33자의 字形, 本義 및 문화적 의미를 분석하였다.

출생에서는 생육과 관계된 한자 ‘出’, ‘生’, ‘孕’, ‘包’, ‘棄’, ‘育(毓)’, ‘字’, ‘乳’, ‘保’, ‘兒’, ‘子’, ‘孫’ 등 12자와 남아선호 사상이 담긴 ‘好’1자를 분석하였다. 분석결과 출생과 관련된 한자에는 후손들이 태어나서 강하게 자라기를 바라는 마음, 잉태 과정, 출생과 출산의 모습, 자녀를 보호하고 양육하는 모습, 자손이 이어지기를 바라는 마음, 남아를 선호하는 사상 등이 반영되어 있음을 알 수 있었다.

결혼과 친족에서는 결혼과 관계된 한자 ‘婚, ‘家, ‘族, ‘大, ‘賓 등 5자와 친족과 관련된 한자 ‘父’, ‘母’, ‘祖’, ‘兄’, ‘妻’ 등 5자를 분석하였다. 분석결과 결혼과 친족에 관련된 한자에는 상고시대의 약탈혼의 유풍, 고대 家族의 의미, 가족 구성원과 손님의 접대, 조부와 조모, 부모 등의 한자에 문화적인 의미가 담겨 있음을 알 수 있었다.

자녀교육에서는 교육과 관련된 한자 ‘爻’, ‘學’, ‘敎’ 등 3자와 배워야할 도리에 관계된 한자 ‘孝’, ‘長’, ‘老’, ‘考’ 등 4자를 분석하였다. 분석결과 고대 중국의 교육내용과 교육방법, 교육에서 孝를 중시한 사실과 연장자에 대한 존중 등의 사상이 한자에 반영되어 있음을 알 수 있었다.

죽음과 장례에서는 죽음과 관련된 한자 ‘死’1자와 장례에 관련된 ‘文’, ‘葬’ 등 2자를 분석하였다. 분석결과 고대 중국인들의 죽은 자에 대한 장례의식, 장례의 방법 등에 대하여 이해할 수 있었다.

| 제3장 |

한자를 통해 본 중국 고대 어렵

본 장은 중국 고대 어렵에 관련된 한자 자형의 분석을 통해서 한자에 반영된 어렵의 문화적 의미를 찾는데 목적을 둔다. 이를 위해서 어렵 도구와 어렵 방법에 관련된 한자를 선정하여 문자학적으로 분석하고, 한자 안에 담긴 문화적인 의미를 고찰할 것이다.

인류 최초의 경제는 자연에만 의존하는 자원의 약탈 경제[5)]이다. 인류가 식량을 획득해 온 가장 원시적인 방법은 구석기 시대부터 중석기 시대에 걸친 수렵과 어로와 채집 생활이었다. 당시의 사람들은 산과 들에서 야생동물을 사냥하거나 강과 바닷가에서 조개 또는 물고기를 잡아먹고 살았으며, 야생식물이나 그 열매를 채집하여 먹었다.

한자에는 중화민족의 수 천 년 문명이 농축되어 있다. 인류 초기 문명인 어렵의 모습 또한 한자에 반영되어 있으므로 한자 자형과 자의 분석을 통해 고대 중국인들의 어렵 문화를 엿볼 수 있다.

李義活(2003)은 『甲骨文合集』 狩獵 주요 卜辭 15편을 考釋하였는데, 이 考釋을 통해 商代의 수렵 대상이 되는 동물, 수렵의 방식, 수렵의 성질 등 당시 수렵 문화를 파악할 수 있다. 李義活(2003)이 주로 甲骨卜辭를 근거로 하여 商

5) 약탈(foraging) 또는 식량수집(food collection)이라고 하는 야생의 동식물 자원을 얻는 식량획득 전략이다.

代의 수렵 문화를 연구했다면 본 장은 특별한 시대에 구애받지 않고 한자에 반영된 어렵 문화를 전체적으로 연구했다는 점에서 차이가 있다.

본 장은 劉志誠(1995), 許進雄(1995) 등의 관련 선행 연구에서 고대 중국인들의 최초의 경제인 어렵의 모습이 반영된 한자 14자를 선정하여 자형과 자의를 분석하고 그에 따른 문화적 의미를 고찰해본다. 자형과 자의의 분석은 『說文解字』(이하 『說文』으로 약칭)를 위주로 하고 필요한 경우 『甲骨文字典』으로 보충하였다. 한자 자형은 『漢語古文字字形表』를 위주로 하였는데 『新甲骨文編』과 『新金文編』을 사용하여 최근의 연구 성과를 반영하였다.

본 장을 통해 고고학적 자료를 통해 드러난 고대인들의 보편적인 어렵의 모습이 한자에 반영된 정도를 파악할 수 있으며, 더 나아가 어렵과 관련된 고대 중국인들의 생활양식을 구체적으로 살펴볼 수 있을 것이다.

1) 어렵 도구

원시 어렵의 도구로는 그물, 활과 화살, 그리고 특수 수렵 도구 등이 존재한다. 본 장에서는 '网', '弓', '矢', '射', '矦', '函', '單', '禽'의 8개의 어렵 도구 관련 한자 자형의 분석을 통해 고대 어렵 도구의 구체적인 모습을 유추해보고, 이와 관련된 문화적 의미를 탐구해본다.

(1) 网(망)

 合10514 自賓間	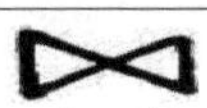 戈a77甗 西周早期 集成797		网
甲骨文	金文	小篆	楷書

『說文·网部』에서 "'网'은 포희씨[6]가 결승하여 물고기를 잡은 도구이다. '冂'을 따르고, 아래는 그물이 교차되어 있는 형상이다. '网'에 속하는 것은 모두 '网'을 따른다. 오늘날 경전에서 예변체인 '𦉰'이 되었다. (网, 庖犧所結繩以漁. 从冂, 下象网交文. 凡网之屬皆从网. 今經典變隸作𦉰.)"고 하였다. 『甲骨文字典』에서 "'网'은 "그물의 형태이고, 동사로 사용되면 어망을 펼쳐서 수렵을 한다는 의미이다. (网罟也, 用爲動詞, 張网捕獵之義.)"(徐中舒 1989:1065)라고 하였다.

자형을 보면 '网'은 그물의 모양을 본 떠 만든 글자이다. 어망의 모습으로 '그물'이라는 의미가 생겼고 '罔'이라고도 쓴다. 그물과 연관되는 한자는 대부분 이 글자를 부수자로 삼는다. '网', '罔', '網'은 고금자로 어렵의 도구라는 점에서는 동일하다. '網'은 '罔'의 후기자로 어망을 만든 재료는 실(糸)처럼 길어야 하고 끊어지면 안 된다는 의미를 나타내준다. 새 그물 라(羅)는 어망을 만드는 재료인 실(糸)로 만든 그물(网)로 새(隹)를 잡는 모습이다. 고증에 따르면 당시 그물을 만든 끈의 원료는 칡과 같은 덩굴성 식물 섬유이다. (劉志成 1995:144)

이를 종합해보면, '网'은 어렵 도구로 그물의 형태를 본 떠 만든 한자이다. 고대에는 덩굴성 식물과 같은 재료를 사용해 그물을 만들어 물고기와 같은 어류를 포획하였을 뿐만 아니라 조류인 새도 잡는 등 수렵에도 사용했다는 것을 알 수 있다. '网'은 고대 어렵의 중요한 도구로 볼 수 있다.

(2) 弓(궁)

 合 3046 賓組	 4 商.弓父庚卣 (金)		
甲骨文	金文	小篆	楷書

6) 그물의 발명은 포희라고 말하고 있는데, 이는 신석기 초기로 고고학 발견 시대와 근접하다. 포희씨는 복희씨로 불리기도 하는데 복희는 전설에 등장하는 상고시대의 帝王이며 중국인의 선조이다. 그는 사람들에게 그물을 짜서 물고기를 잡는 방법과 가축을 기르는 방법을 가르쳤고, 사람들은 이때부터 수렵과 목축을 시작했다. (韓鑒堂 2005:54-55)

『說文·弓部』에서 "'弓'은 가까운 곳에서 먼 곳에 이르게 하는 것이다. 상형이다. 옛날에 揮[7]가 '弓'을 만들었다. (弓, 以近窮遠. 象形. 古者揮作弓.)"라고 하였다. 『甲骨文字典』에서는 "활의 모양을 상형하였다. 甲骨文 글자는 편방으로 쓰일 경우 매번 생략되어 '⺢'가 되었고, '⺢'는 서주 金文과 자형이 동일하며, 이것은 『說文』이 근거로 삼은 자형이다. (象弓形. 甲骨文弓字偏旁每省作 '⺢', '⺢' 與西周金文形同, 是『說文』所本.)"(徐中舒 1991:1396)라고 했다.

『周禮』에는 "六弓이 있는데, 王弓과 弧弓은 갑옷이나 과녁에 쏘는데 쓰이는 활이고, 夾弓과 庾弓은 들개 가죽으로 만든 과녁이나 날짐승과 들짐승을 쏘는데 쓰이는 활이고, 唐弓과 大弓은 배우려는 자가 쏘는 활이다. 弓에 속하는 모든 것은 다 '弓'을 따른다. (六弓:王弓, 弧弓以射甲革甚質 ; 夾弓, 庾弓以射干矦鳥獸 ; 唐弓, 大弓以授學射者. 凡弓之屬皆从弓.)"라고 하였다. 『禮記·學記』에서는 "뛰어난 대장장이의 아들이 기술을 배우려면 가죽 옷을 만드는 기술부터 배워야 하고, 뛰어난 활 장인의 아들이 기술을 배우려면 삼태기 만드는 기술부터 배워야 한다. (良冶之子, 必學爲裘; 良弓之子, 必學爲箕.)"라고 하였다.

'弓'의 甲骨文 자형은 상형자로서 완전한 활의 모습을 보여준다. 굴곡이 있는 왼쪽 선은 활 자루이고, 비교적 곧은 오른쪽 선은 활의 현이다. 활 자루 위에 있는 선은 활의 위쪽에 가는 선을 묶고 선의 또 다른 쪽은 화살의 꼬리에 묶어 활을 쏘고 나서 다시 화살을 거둘 수 있게 한 것을 나타낸다. 이런 활과 화살을 '弋(주살 익)'이라고 부르며, 주로 수렵 활동에 사용했다. '弓'자의 또 다른 甲骨文 자형은 활 자루만 있고 현이 없다. 활과 화살은 대부분 대나무로 만들어졌기 때문에 '箭(화살 전)'의 형방이 '竹'이다.

활과 화살은 원거리 사격무기로서 살상력이 매우 크다. 일부 고고학자들은 산서성 朔縣에서 구석기시대의 돌화살을 발견, 중국에서 활과 화살을 사용한

7) '揮'를 구석기 중기 호모사피엔스로 보는 설도 있다. (劉志成 1995:145)

역사가 적어도 28,000년에 이른다고 주장했다. (韓鑒堂 2005:258-259)

이를 종합해보면, '弓'은 대나무로 만든 활의 모습을 상형화한 것으로, 자형의 변천 과정에서 활의 현만 보이기도 하고, 활 전체의 모습이 보이기도 한다. 주나라 때는 활의 종류가 세분화 되어 있을 정도로 활쏘기 문화가 발달하였으며, 활과 화살이 수렵 활동에 사용되는 도구였을 뿐만 아니라 일찍부터 전쟁의 무기로도 사용되었다는 것을 알 수 있다.

(3) 矢(시)

 屯 313 歷組	 2 商 · 矢觚 (金)		矢
甲骨文	金文	小篆	楷書

『說文·矢部』에서 "'矢'란 "弓弩[8]에 이용하는 화살이다. '入'을 따르며, 화살촉과 깃의 모양을 상형했다. 옛날 夷牟라는 사람이 처음으로 화살을 만들었다. '矢'에 속하는 것은 다 '矢'를 따른다. (矢,弓弩矢也. 从入, 象鏑栝羽之形. 古者夷牟初作矢. 凡矢之屬皆从矢.)"라고 하였다. 『甲骨文字典』에서도 동일하게 弓弩 화살의 형태(象弓弩矢形)로 보았으나, "『說文』에서 「从入」라고 하여 화살촉의 형태를 '入'으로 잘못 여겼다. (『說文』 謂「从入」 乃誤以鏑形爲入字.)"(徐中舒 1989:581)라고 하면서 『說文』을 바로 잡았다. 『釋名』에서 "'矢'는 화살을 가리킨다. (矢又謂之箭.)"라고 하였다. 弓弩에 이용하는 활과 화살은 고대 전쟁터에서 매우 큰 역할을 담당했고, 활과 화살로 적을 물리친 전투의 예도 매우 많았다.

'矢'의 甲骨文 자형을 보면 앞쪽 끝은 화살의 머리 부분을 나타내고, 아래의 교차된 두 선은 화살의 꼬리 깃털을 나타낸다. 화살의 꼬리 깃털은 화살대의 균형을 잡는 기능을 하여 쏜 화살이 더욱 안정적이고 정확하게 날도록 만든다.

---

8) 활에서 발전된 무기 노(弩)는 기계 활로 발사 속도는 느리지만 더 강한 화살을 날릴 수 있는 장점이 있다.

고대 중국에서는 활쏘기가 매우 중시되었다. 공자의 시대에는 활쏘기를 '육예(六藝)'[9]에 포함시켜, 국가를 위해 일하는 모든 남자는 반드시 할 줄 알아야 하는 여섯 가지 기능 중 하나로 여겼으며, (臧克和 1996:46) 공자 자신도 고도로 예술적인 궁술 시합에 참가했었다는 사실을 『논어』는 증명하고 있다.[10] 또한 전설에 따르면 활과 화살의 발명은 각기 다른 두 사람에 의해 이루어졌으며, 화살은 표창(鏢槍)처럼 단독으로 사용할 수 있었다고 한다. (劉志成 1995:145)

이를 종합해보면, '矢'는 화살의 모습을 구체적으로 상형한 글자로, 활과 화살은 수렵의 도구이자 전쟁의 도구인데, 화살은 단독으로도 수렵의 도구가 될 수 있었다. 육예 중 하나인 활쏘기 기술은 고대 교육의 중요한 내용으로 귀족들이 필수적으로 익혀야 할 기술로 여겨졌다.

(4) 射(사)

 合 10693 自賓間	 5西周中·靜簋(金)		射
甲骨文	金文	小篆	楷書

『說文·矢部』에서 "'射'는 몸에서 弓弩가 발사되어 멀리 있는 물체에 적중한다. (射, 弓弩發於身而中於遠也. 从矢从身.)"라고 하였다. 『甲骨文字典』에서는 "활시위를 당겨서 화살을 겨눔으로써 쏜다는 의미를 나타내었다. (象張弓注矢之形以會射義.)"고 하였다. (徐中舒 1989:582) 『周禮·保氏』에는 "화살을 쏘는 것은 남자의 일이다. (射者, 男子之事也.)"라는 구절이 있다.

---

9) 육예는 중국 주대에 행해지던 교육과목으로 예(禮), 악(樂), 사(射), 어(御), 서(書), 수(數) 등 6종류의 기술이다. 예는 예용(禮容), 악은 음악, 사는 궁술(弓術), 어는 마술(馬術), 서는 서도(書道), 수는 수학(數學)이다. 이는 모든 귀족들이 통달했던 교양 과목이다. (나성 1996:99)

10) "무엇을 배울까? 마차 모는 것을 배울까? 활쏘기를 배울까? 활쏘기를 배워야겠다.(吾何執? 執御乎? 執射乎? 吾執御矣.)" 「子罕」

'射'자의 자형에 대한 해석은 정확하지 않지만 甲骨文에서 활에 화살이 놓여 있는 모습으로 '화살을 쏘다'가 본래 의미가 된다. 卜辭에서 '射'는 화살로 짐승을 쏘아 잡는 수렵의 방법 가운데 하나로 사용되기도 하고, 의미가 파생되어 '화살을 쏘는 사람' 혹은 군사 조직의 하나인 '화살부대의 책임자' 등의 의미로도 사용되었다. (李義活 2003:18) 卜辭에서 활을 이용하여 많은 짐승을 잡은 기록이 있다. 토끼나 사슴으로부터 큰 짐승인 호랑이까지 수렵하였다. 호랑이나 코뿔소 같은 무서운 맹수를 잡는 데는 활이 유용하게 사용되었을 것이다. (李義活 2003:23)

'射'자는 중국에서 이미 자형 연계 분석을 통해 조상들의 활 숭배 의식을 나타낸다고 판정하였으나 甲骨文의 '射'자를 통해 선민들의 활 숭배가 殷商시대에 존재했다고 볼 수 없다. 그 이유는 '射'는 구형이 역사적인 변천을 겪은 문자로, 甲骨文과 金文의 '射'는 활을 쏘는 행위에 대한 소박한 직관적 模寫이고, 小篆에서야 비로소 '身'과 '寸'의 자형으로 구성되어 身은 인간의 몸을, 寸은 방법의 정도를 나타내게 되었기 때문이다. 小篆은 진시황이 중국을 통일한 뒤 전국문자를 기초로 육국문자를 통일하면서 생겨난 글자이므로 '射'자에 반영된 활 숭배 심리는 전국시대에서 진(晉)나라 시기에 이미 존재했다(劉志基 1995:182)고 본다.

이를 종합해보면, '射'는 자형상 활시위를 당겨 활을 쏘는 모습을 형상화하여 '화살을 쏘다'라는 의미를 나타낸다. 小篆에서 사람의 몸을 나타내는 '身'과 '寸'이 결합한 모습을 보이는데, 중국인들은 이를 조상들의 활 숭배 심리를 반영한다고 해석하고 있음을 알 수 있다.

(5) 侯(矦)(후)

 合 6820 賓組	 3 商·侯瓿(金)	 14 東漢·曹全碑(篆)	矦
甲骨文	金文	小篆	楷書

『說文·矢部』에서는 '侯(矦)'는 "봄에 鄕飮酒禮[11]를 거행할 때 사용되는 과녁이다. (侯, 春饗所射侯也.)"라고 하였다. 『甲骨文字典』에서는 "'矢'를 따르고, '厂'을 따르는데, '厂'은 과녁의 형태로 과녁 아래에 화살이 있어서 과녁의 모습이 선명하게 드러난다. (从矢从厂, 厂象射侯之形, 矢集其下, 則厂爲射侯自顯.)"고 하였다. (徐中舒 1989:583) 정리하면 '侯'의 본래 의미는 과녁으로 이것은 길게 드리워진 가죽이나 베를 향하여 하나의 화살이 날아가는 것을 나타낸 것이다. 『詩·齊風·猗嗟』에 "종일 과녁에 활을 쏘았다. (終日射侯.)"라는 구절이 있다. 『小爾雅·广器』에는 "활을 쏠 때 넓은 천을 矦라고 한다. (射有張布謂之矦.)"라는 구절이 있다.

이를 종합해보면, '侯'는 과녁 혹은 활을 쏘는 과녁에 화살이 꽂히는 모습을 상형한 것으로 볼 수 있다. '侯'의 자형과 관련 문헌을 통해 당시 활쏘기 연습이 유행하였음을 유추할 수 있다. 앞서 살펴본 한자 '弓', '矢', '射'와 동일하게 '侯'는 고대 활쏘기 문화를 보여주는 한자로 볼 수 있다.

(6) 函(함)

 合 37545 黃組	 5 西周晚·函皇父鼎(金)		函
甲骨文	金文	小篆	楷書

『說文·马部』에서 "'函'는 혀이다. 상형자이고 '马'를 따르며, '马'는 소

11) 고을의 선비들이 모여 읍양하는 절차(節次)를 지키어 술을 마시고 잔치하던 행사.

리도 나타낸다. 혀의 모양이 '𢎘'이다. 속자 '肣'은 '肉'와 '今'을 따른다. (圅, 舌也. 象形, 舌體𢎘. 从𢎘, 𢎘亦聲. 俗圅从肉今.)"고 하였다. 이는 잘못된 해석으로 보여 진다. 『甲骨文字典』에서는 "화살이 주머니 안에 담겨있는 형상으로 화살을 담는 것이다. (象矢在囊橐之形, 爲藏矢所用之圅.)"라고 하였다.(徐中舒 1989:756)

'函'는 甲骨文과 金文 자형에서 모두 화살을 담는 주머니이다. 본래 의미는 화살을 넣는 자루로 볼 수 있다. 王國維는 "고대에 화살을 넣는 통은 두 가지 종류가 있었는데 모두 거꾸로 화살을 담았다. 쏠 때 사용하는 것을 '箙(전동복)', 화살을 보관할 때 사용하는 것은 '函'이다. (古者盛矢之器有二種, 皆倒載之, 射時所用者爲箙, 藏矢所用者爲函.)"라고 하였는데, 한(漢)대에 와서 '矢'가 거꾸로 된 형태의 하부가 점점 평평해지면서, '水'로 와변 되어 '函'가 되었다고 한다.(李旭昇 2004:560) 화살대는 많이 가지고 다녀야 하기 때문에 화살자루가 필수적이다. 활과 화살의 발명은 수렵의 효과를 높였고, 이로 인해 어로와 수렵 경제는 새로운 단계에 진입할 수 있게 됐다. 참고로 화살을 쏠 때 사용하는 화살통을 상형화한 '箙'의 자형을 살펴보면 다음과 같다.

 1 商 · 鐵 2.4 (甲)	 5 西周晚 · 番生簋 (金)		箙
甲骨文	金文	小篆	楷書

이를 종합해보면, '函'은 화살이 주머니 안에 담겨 있는 형상으로 화살 통 혹은 화살 자루로 이해할 수 있다. 이를 통해 활과 화살은 고대인들이 보편적으로 휴대하고 다녔던 중요한 수렵 도구임을 알 수 있다. 아울러 활과 화살이 보편적으로 사용되면서 용도에 따라 화살 통도 세분화되었는데 '函'과 '箙'의 자형을 통해 그 구체적인 모습을 살펴볼 수 있다.

(7) 單(단)

 合30276 無名組	 8 春秋 · 奚單匜 (金)		單
甲骨文	金文	小篆	楷書

『說文·吅部』에서 "'單'은 大이다. '吅'를 따르고, '𠀆'을 따른다. '吅'는 소리도 나타낸다. (單, 大也. 从吅, 𠀆, 吅亦聲.)"고 하였다. 이것은 잘못된 해석으로 보여 진다. '單'에 관해서는 유력한 두 가지 설이 있다. 하나는 날짐승을 잡는 도구라는 것이고, 다른 하나는 單과 干은 고금자로 병기 중 하나인 방패의 형상이라는 것이다. 후자의 설은 單의 본래 의미는 방패로, 후에 '弓'을 첨가하여 '彈'이 되었다(馬如森 2007:237)고 주장한다. 『甲骨文字典』에서는 이 글자의 "초기 형태를 짐승을 잡는 '干'으로 보았는데(初形應象捕獸之干), 나중에는 두 갈래로 나 있는 나무 가지 끝에 돌창을 묶은 ''가 되었다. (後於兩岐之端縛石塊而成). 두 갈래를 묶은 아래를 실로 매어 단단하게 하여 점차 ''의 형태가 되었다. (更於岐下縛以繩索, 使之牢固, 遂成形.)"고 하였다. (徐中舒 1989:1534) 甲骨文 卜辭에 보면 南單, 西單, 東單이 등장하는데 이는 지역명으로 가차 의미이다.(徐中舒 1989:120)

최근 朴錫弘(2014)은 甲骨文에서의 '單'의 형태를 '사냥돌 기원설'에서 찾았다. 이는 Ceci llia(2002:112)의 주장으로 중국 학계에서 주목하지 않았던 설인데, 중국 및 세계 여러 지역에서 사냥돌 관련 실물자료와 문화 자료에 의거해 '單'의 형체에 대해 연구한 결과이다. (朴錫弘 2014:233) 사냥돌은 목표물의 다리를 향해 투척하여 움직임을 못하게 한 후 포획을 하는 용도로 주로 사용된 것으로 보인다. 사냥돌은 그 크기나 무게를 통해 볼 때 사냥 대상이 주로 큰 짐승을 포획하기 위한 사냥도구였던 것으로 추정된다. 실제로 사냥돌과 함께 발견된 동물 뼈들 중 상당수가 야생말이나 털 코뿔소, 영양 등과 같이 덩치가 큰 짐승의 것이라는 점도 이 사실을 뒷받침해준다. (朴錫弘 2014:238) [그림 1]과

[그림 2]는 사냥돌 기원설에 근거한 '單'의 모습이다.

[그림 1]

[그림 2]

이를 종합해보면, '單'은 수렵도구의 모습으로, 일반적으로 두 갈래로 난 나무 막대기에 돌창을 묶은 형태의 날짐승 수렵도구로 본다. 그러나 최근 서양의 연구에 의하면, 큰 짐승을 포획하기 위한 도구인 사냥돌로 보는 설도 있다. 자형 분석을 근거로 했을 때 '單'을 부수자로 하는 한자 '獸'에서 견(犬)과 같이 출현하는 것으로 보아, 일반적인 수렵의 도구로 보는 견해가 더 타당하다.

(8) 禽(금)

 合 10349 賓組	 5 周早.禽簋《金》		禽
甲骨文	金文	小篆	楷書

『說文·禸部』에서 "'禽'는 들짐승의 총칭이다. '禽', '离', '兕'의 머리 부분은 유사하다. (禽也, 走獸總名. 禽, 离, 兕頭相似.)"고 하였다. 그러나 이는 잘못된 해석으로 보여 진다. 『甲骨文字典』에서 '禽'는 "그물망이 있는 긴 손잡이를 상형한 것으로 조류와 짐승을 덮어서 잡는 수렵도구이다. 후에 성부(聲符)인 '今'이 첨가되어, 점차 『說文』의 小篆體인 '禽'자가 되었다. (象長柄有網以覆鳥獸之狩獵工具, 後加聲符今逐爲『說文』篆文之禽.)"고 하였다. (徐中舒 1989:1532) '禽'은 '擒'자의 초문이다. 여기서 의미가 파생되어 포획한 동물 역시 '禽'이라고 한

다. 『爾雅·釋鳥』에서 "발이 두 개이고, 깃털이 있는 짐승을 '禽'이라하고, 발이 네 개이며 털이 있는 짐승을 '獸'라고 한다. (二足而羽謂之禽, 四足而毛謂之獸.)" 라고 하였다. (이충구 2004:390)

'禽'의 甲骨文 자형을 보면, 발이 두 개이며 깃털이 있는 짐승인 조류가 아니고 새를 잡는 망(그물)이다. 이 '禽'자의 자형을 통해 고대에 망(그물)을 사용해서 새를 잡는 풍습이 일찍이 있었음을 확인할 수 있다. (李萬春 1992:108)

'禽'는 가장 최초의 의미인 '수렵도구'에서 '잡다. 포획하다'로, 가장 나중에 포획한 '짐승'으로 의미 변화가 이루어졌음을 알 수 있다. 상고 중국어에서 '禽'은 짐승의 총칭인데, 이 글자는 부수가 '内'을 따르며, 이는 짐승의 발톱을 의미한다. 고대인들은 짐승의 발톱에 가장 민감해서 짐승의 발톱이나 새의 발자국을 통해서 짐승의 종류와 종적을 파악하여 맹수를 피하고, 음식을 획득했다. '禽'은 짐승의 총칭으로 원시시대에는 들짐승과 날짐승의 구분이 없이 단순하게 인간과 동물 전체를 대립시켰다는 것을 알 수 있다. '禽'과 '獸'의 분리는 인간이 동물에 대해 분류를 하기 시작했다는 것을 의미한다. 이와 관련하여 다음과 같은 문자학적 해석이 가능하다. '禽'과 '擒'은 同源이고, '獸'와 '狩'는 同源인데, 이것은 언어에서 '禽'과 '獸'의 분명한 대립을 의미하는데, 당시 중원은 여전히 수렵의 시기였고, 조리하는 음식의 원료는 야생동물이 주가 되었다. 이후에 '獸'는 '畜'를 탄생시켰다. '畜'의 '玄'은 '생겨나고 누적 된다'는 의미이고, '田'은 '밭에서 수렵하다'는 의미이다. '畜'은 '밭에 사냥감이 쌓인 것'이다. 이 글자의 발생은 인류가 단순히 짐승을 포획하는 것을 넘어서도 기를 줄 알게 되었다는 것을 의미한다. 목축과 수렵의 병존은 조리역사상 원료를 획득하는 큰 진보가 되었다. '禽'과 '獸'가 분리된 이후에 '禽'의 의미는 축소되어서 날짐승만 가리키게 되었다. 그 후, '獸'가 '畜'을 만들어 내면서 다시 '蓄'을 분화시켰는데 그 안에는 날짐승도 포함된다. 이는 인류가 육식재료를 획득한 발전 과정을 보여 준다. (王寧 2000:110-111)

이를 종합해보면, '禽'은 긴 손잡이를 가진 그물망을 상형한 것으로 날짐승을 포획하는 수렵 도구의 형태를 보여주고 있다. '禽'은 여러 차례 의미 파생과정을 거친 한자로 '수렵 도구'에서 '짐승'으로, 현재에는 '날짐승'만을 가리키게 되었다. 이 과정은 사회 진보에 따른 중국인들의 사물에 대한 인식을 반영한다고 볼 수 있다.

2) 어렵 방법

본 장에서는 어렵 방법과 관련된 한자 '漁', '隻', '罹', '阱', '獸', '逐', '敢'의 6자의 자형 분석을 통해 한자에 담긴 문화적 의미를 탐구해본다. 어렵 방법을 나타내는 한자 자형에는 대부분 어렵 대상과 어렵 도구의 형태가 동시에 출현하여 구체적인 어렵의 모습을 유추할 수 있다.

(1) 漁(어)

 合 13723 賓組	 6商.魚簋(金)		漁
甲骨文	金文	小篆	楷書

『說文·鰲部』에서 "'漁'는 물고기를 잡는다는 의미로 '水'와 '瀥'를 따른다. 小篆에서 '漁'는 '鰲'이고 '魚'를 따른다. (瀥, 捕魚也. 从鰲, 从水. 漁, 篆文瀥从魚.)"라고 하였다. 『甲骨文字典』에서도 '漁'를 "물고기를 잡는 것(捕魚也.)"으로 보았다. (徐中舒 1989:1257) 현재 '漁'는 '水'와 '魚'로 구성된 형성자이지만, 甲骨文에서는 여러 개의 자형을 가진 회의자였다. 甲骨文의 '漁'자를 보면 인류 초기 포획 활동 방식을 알 수 있다. 지금으로부터 3천 년 전 商代에 이미 물고기가 사람들의 중요한 음식물이었고, 어업이 보편적인 생산 활동이었다는

정보를 제공해 준다. 고고학에서는 10만 년 전에 山西 丁村人 유적지에서 물고기 두개골 화석이 발견되었고, 2만 7천 년 전의 산꼭대기와 동굴의 유적지에서 출토된 청어(青魚)의 눈자위 뼈 화석으로 추산해볼 때 이 청어는 길이가 80cm이고 무게는 7~8kg이었다(劉志誠 1995:144)고 하는데, 이렇게 큰 물고기를 잡으려면 고도의 어업 기술이 필요했을 것이다.

아래의 자형은 당시 물고기를 잡는 방식이 적어도 세 가지 이상이었음을 보여준다.

 7 周中.遹簋 (金)	 1 商.寧滬 1.331(甲)	 4 商.後 2.35.1 (甲)
손으로 잡는 모양	낚시로 잡는 모양	그물로 잡는 모양

비교적 이른 시기의 사람들은 물을 얻기 쉬운 산언덕, 강가에 거주했고 어로는 생활의 중요한 활동 중 하나였다. 앙소문화[12]의 유적지는 내지 깊숙한 곳이었으나 하류에서 멀지 않았기 때문에 물고기를 잡는 것이 어렵지 않았다. 앙소문화 도기 위의 물고기류는 다른 종류의 동물보다 무늬가 많다. 후대에 인구가 늘어나면서 사람들은 강가나 해안에서 멀리 떨어져 살게 되었다. 본래 쉽게 얻을 수 있었던 물고기가 점점 먹기 어려운 진귀한 음식이 되었다.(許進雄 1995:54-55)

이를 종합해보면, '漁'는 '물고기를 잡는다'는 의미로 인류 초기 어업 활동 방식을 나타내는 한자로 볼 수 있다. 현재의 '水'변이 있는 자형은 小篆에서 확정된 것으로 파악할 수 있다. 관련 자형을 통해 살펴본 고대 다양한 어로의 방식을

---

12) 중국 신석기 시대의 문화. 1921년 안데르손에 의하여 허난성 면지현 앙소촌에서 발견됨. 채도(彩陶)를 수반하는 문화로서 산시성(陝西省)과 허난성(河南省)을 중심으로 황하(黃河)의 중류역에서부터 산시성과 간쑤성(甘肅省)까지 걸쳐짐. 농경을 생산 기반으로 하여 가축의 사육과 수렵도 행하여졌음. 앙소문화 [仰韶文化, Yangshao] (한국사전연구사편집부 1998)

통해, 강가나 해안 생활에서의 보편적인 어업 활동의 모습을 알 수 있었고, 손을 이용한 어업에서 도구를 이용한 어업으로 어업 기술이 점차 진화하고 다양해지고 있음을 알 수 있다. 甲骨文의 '漁', '魚', '网', '魯'와 같은 한자를 통해 3천 년 전의 상대에 이미 어업 생산이 비약적으로 발전했음을 유추할 수 있다.

(2) 隻(척)

 賓組 合11538			
甲骨文	金文	小篆	楷書

『說文·隹部』에서 "'隻'은 "들짐승의 총칭이다. '禽', '离', '兕'는 머리가 비슷하다. (隻, 走獸總名. 禽, 离, 兕頭相似.)"라고 하였다. '隻'은 새를 의미하는 '隹'와 손 모양인 '又'를 합친 모양이다. "새 한 마리를 잡으면 '隻'라고 하고, 두 마리를 잡으면 '雙'라고 한다. (隻, 鳥一枚也. 从又持隹. 持一隹曰隻, 二隹曰雙.)"고 했다. 『甲骨文字典』에서 '隻'은 "손에 새를 잡고 있는 형상과 같으며, '獲'의 初文으로 『說文』에서 '隻'를 새 한 마리다.'라고 한 것은 나중에 생겨난 의미이다. (象捕鳥在手之形, 卽獲之初文, 『說文』: '隻, 鳥一枚也.' 乃後起義.)"라고 하였다.

甲骨文에서는 '얻다. (獲)'는 의미로 사용했는데, 날아다니는 새를 손에 쥐고 있다는 것은 새를 잡아 얻었다는 의미로 해석할 수 있기 때문이다. 새 두 마리와 손의 모양으로 만들어진 쌍(雙)은 두 마리 새를 한 손에 쥐고 있다는 의미이다. (신영자 2011:43) 이 한자는 卜辭에서는 '獲'자로, 地名과 人名에 많이 사용된다. (李義活 2003:9) 후기자 '獲'의 자형은 아래와 같다.

 自組 合20781	 楚王酓干忓鼎		
甲骨文	金文	小篆	楷書

『說文·犬部』에서 "'獲'는 사냥하여 얻는 것이다. '犬'를 따르고, '蒦'의 소리를 따른다. (獲, 獵所獲也. 从犬蒦聲.)"라고 하였다. '隻'의 후기자이다. 『易經·解卦·九二』에서는 "여우 세 마리를 포획 하였다. 털이 누런 것을 얻었으니, 길하도다(田獲三狐, 得黃矢, 貞吉.)"라고 하였다. 『孟子·滕文公下』에서는 "종일 날짐승 한 마리 잡지 못하였다(終日而不獲一禽.)"라고 하였고, 『呂氏春秋·不苟論·貴當』에서는 "수렵하여 잡은 것이 항상 타인보다 많다. (田獵之獲, 常過人矣.)"라고 하여, '獲'을 '잡다, "포획하다'라는 의미로 사용하다.

『文選·司馬相如·上林賦』에서는 "국가의 정치를 잊고 꿩과 토끼의 포획을 탐하는 것은 인자가 힘쓰지 않는다. (忘國家之政, 貪雉兔之獲, 則仁者不繇也.)"라고 하여 역시 '獲'를 '포획하다'라는 의미로 사용하고 있다.

이를 종합해보면, 甲骨文과 金文에서 '隻'는 손으로 새를 잡고 있는 형상으로 이 자형을 통해 조류가 포획의 대상이 되었다는 것을 알 수 있다. 후기자인 '獲'은 '犬'변이 추가되어 '(수렵하여) 얻다, 포획하다'라는 의미가 되었고, 초문인 '隻'는 동물을 세는 양사 '마리'를 나타내는 파생 의미를 가지게 되었다.

(3) 䍜(조)

			䍜
甲骨文	金文	小篆	楷書

『說文·隹部』에서 "'䍜'는 새를 덮어서 날아가지 못하게 하는 것이다. '网'과 '隹'를 따른다. (䍜, 覆鳥令不飛走也. 从网隹.)"라고 하였다. 『甲骨文字典』에서는 "새(隹)가 그물 아래에 있는 것이다. 그물을 사용해서 조류를 덮어서 그것을 잡는 것을 상형하였다. (隹在网下, 象以網籠罩鳥類而擒之形.)"고 하였다. (徐中舒 1989:399) 王筠은 "물고기를 잡는 것을 罩, 새를 덮는 것을 '䍜'라고 한다. (捕魚爲罩, 覆鳥爲䍜.)"고 하였다. (漢語大字典編輯委員會 1993:2921)

‘罶’의 자형은 그물로 새를 덮은 것을 상형한 것이다. 물고기뿐만 아니라 조류도 그물을 사용해서 포획하였음을 알 수 있다. 조류는 매우 일찍부터 포획의 대상이 되었으나 그 이익과 가치가 동물보다 훨씬 적고 또한 쉽게 포획할 수 없어서 극히 드물게 수렵했다. 새는 아름다운 깃털을 제외하고 큰 경제적 가치가 없어서 큰 새일 경우는 권세의 상징으로 사용되었다.

이를 종합하면, ‘罶’는 ‘그물(罒)’을 사용해서 ‘새(隹)’를 잡는 모습으로 당시 그물을 사용해서 조류를 포획하는 방식을 엿볼 수 있고, 그물이 어렵의 보편적인 도구임을 확인할 수 있다. ‘罶’는 새의 수렵은 나타내는 한자이나 경제적 가치가 적어서 새의 수렵은 드물게 이루어졌다는 것을 알 수 있다.

(4) 阱(정)

甲骨文	金文	小篆	楷書

『說文·井部』에서 “‘阱’은 함정이다. ‘阜’와 ‘井’을 따르며 ‘井’은 소리도 나타낸다. ‘穽’, ‘阱’은 ‘穴’을 따르고, ‘汬’은 古文의 ‘阱’으로 ‘水’를 따른다. (阱, 陷也. 从𨸏从井, 井亦聲. 穽, 阱或从穴. 汬, 古文阱从水.)”라고 하였다. 『甲骨文字典』에서도 “짐승이 함정에 빠진 모습. (象陷獸於穽之形.)이라고 하였다. (徐中舒 1989:555) 이 한자는 ‘鹿’과 ‘井’이 결합하여 사슴이 함정에 빠진 모양을 상형한 것이다. 甲骨文은 ‘鹿’자를 결합하여 포획 대상을 강조하였고, 金文과 小篆은 ‘阜’자를 결합하여 함정이 설치된 장소를 강조하였다는 점에서 다르나 나타내는 의미인 ‘함정’은 동일하다. ‘阱’의 자형에서 드러난 함정은 수렵의 일종으로 들짐승들이 습관적으로 걸어 다니는 길에 파 놓고 그 위를 위장한 뒤 짐승들을 함정으로 몰아서 함정에 빠뜨리는 것이다. 또는 사람들이 산의 삼면을 에워싼 후 함성을 지르면서, 한 쪽 면을 남겨두고서 함정의 방향으로 짐승을 몰

아서 포획하였다. (劉志誠 1995:51) 于省吾는 『甲骨文釋林』에서 이 글자는 『甲骨文』에서 '陷人', '陷鹿', '陷麓'를 나타내는 각기 서로 다른 글자가 있었으나, 小篆에 와서 '陷'으로 통일되었다고 하였다. 아울러 과거 학자들은 사람이 함정에 빠지는 것만 '陷'으로 보고 사슴이나 코끼리가 함정에 빠지는 것을 '阱'라고 하였는데, 이것은 잘못된 인식이라고 하였다. (李義活 2003:441)

이를 종합해보면, '阱'은 짐승이 함정에 빠진 모습을 나타내는 한자로, 이 한자를 통해서 함정을 파서 들짐승을 포획하는 고대 수렵의 방식을 엿볼 수 있다. '阱'을 '鹿'과 '井'의 결합으로 본 甲骨文의 해석을 통해 사슴[13]이 주요 함정 수렵의 대상이 되었다는 것도 유추할 수 있다.

(5) 獸(수)

 合10587 賓組	 宰甫卣		獸
甲骨文	金文	小篆	楷書

『說文·嘼部』에서 "'수(獸)'는 "수비(守備)하는 것이다. '嘼'를 따르고, '犬'를 따른다. (獸, 守備者. 从嘼, 从犬.)"라고 하였다. 이는 잘못된 해석으로 보여 진다. 『甲骨文字典』에서는 '獸'와 '狩'를 한 글자로 보았고, 후에 두 글자로 분화되었다고 본다. 羅振玉은 "甲骨文 卜辭에서 '獸'자는 '單'에서 나왔고, '獸'는 '狩'의 본자이다. '征戰'의 '戰'은 '單'을 따르고 이것은 '獸'와 같은 의미이

13) 사슴의 가죽, 뿔, 뼈, 고기는 모두 이용의 가치가 있다. 商代뿐만 아니라 오늘날도 사슴의 뿔은 여전히 아름다움과 장식용도로의 가치를 가지고 있다. 商代 시대에 사슴을 잡는 것은 가죽, 뿔, 고기 이외에 더 중요한 경제적 목적이 있었다. 사슴류는 무리 행동을 좋아한다. 사슴이 노닐고 먹는 장소가 사람들이 농작물을 재배하는 곳이다. 그 활동은 농작물의 성장을 방해했고, 농민들은 포획을 하여 그 피해를 막았다. 『春秋』 魯莊公 17년에 많은 사슴이 재난을 입은 기록이 있고, 『禮記·月令』에는 "음력 4월에 짐승을 몰아내 오곡을 해치지 못하게 했다. 이는 경작지를 보호하기 위한 적극적인 조치였다."라고 했다. 쫓아낸 짐승의 주요 대상은 사슴이었다. 이러한 이유로 商周시기 사냥하는 일을 '田'이라고 부르게 되었다. (許進雄 1995:54)

다. (占辭中獸字从此, 獸即狩之本字; 征戰之戰从單蓋與獸同意.)"라고 하였다. (季旭昇 2004:93)

'狩'는 '獸'의 후기자로 형성자인데, 『說文·犬部』에서 "'狩'는 "개를 데리고 수렵하는 것이다. '犬'을 따르고, '守'는 소리이다. (狩, 犬田也, 从犬守聲.)"라고 하였다.

자형을 살펴보면 '짐승'을 나타내는 수(獸)는 동물을 잡는 도구인 구(單)와 개(犬)가 그려져 있다. 이 둘은 사냥을 하는데 꼭 필요한 도구이므로 '수렵'의 의미를 나타낸다고 볼 수 있다. 『爾雅·釋鳥』에서 "발이 넷이면서 몸에 털이 있는 것을 '獸'라 한다. (四足而毛謂之獸.)"고 하였다. (이충구 2004:390) 이처럼 '獸'는 오늘날 사냥을 통하여 획득한 들짐승을 가리키는 의미도 있는데 이는 파생의미로 볼 수 있다. (徐中舒 1989:1534)

이 자형을 다른 관점에서 살펴보면, 甲骨文 왼쪽의 '單'은 '干'인데, '干'은 '盾'과 이름은 다른데 실재는 동일하다[14]. 어음상 '盾'과 '單'은 쌍성의 관계이고, '盾'과 '干'은 첩운의 관계이다. '盾'과 '單', '單'과 '干'은 음이 가깝고 의미가 통한다. 고문자 자형을 봤을 때 '單'과 '干'은 한 자로 모두 방패의 형상이다. (李萬春 1992:109) 오른쪽은 犬인데 두 자형을 합치면 새로운 의미가 생겨나는데 수렵하는 사람이 방패를 들고 몸을 가리고, 사냥개가 앞 뒤 혹은 왼쪽 오른쪽에서 주인을 따르는 것이다. 이를 통해 고대에 이미 개를 데리고 수렵하는 풍속이 있었다는 것을 설명해준다.

이를 종합하면, '獸'에서 '單'부분을 수렵도구 혹은 방패로 보는 설 두 가지가 있으나, 개(犬)를 동반하여 도구(수렵도구 혹은 방패)를 들고 수렵하는 모습을

---

14) 甲骨文 '單'을 무기의 일종인 '干' 또는 '盾'과 형체·의미상 밀접한 관련이 있는 문자라 여기기도 하였다. 그러나 '單'은 '干' 또는 '盾'의 일반적 형상과는 분명히 거리가 있으므로, 이 설이 신빙성을 얻으려면 이를 뒷받침할 수 있는 문자 자료와 실증적 유물 자료가 충분히 제시되어야 할 것이다. (朴錫弘 2014:233)

나타낸다는 점에서는 일치한다고 볼 수 있다. 小篆에서 자형이 확정되어 지금의 楷書體가 된 것으로 볼 수 있다.

(6) 逐(축)

 賓組 合5394反	 盂鼎		逐
甲骨文	金文	小篆	楷書

『說文·辵部』에서 "'逐'은 뒤쫓는 것이다. '辵'을 따르고, '豚'의 생략형을 따른다. (逐, 追也. 从辵, 从豚省.)"라고 하였다. 『甲骨文字典』에서도 "짐승을 뒤쫓고 있는 형상이다. (从趾於獸後以會追逐之意, 所从之獸.)"(徐中舒 1989:45)라고 하였다. 『易·睽』에서 "말을 잃고도 뒤쫓지 않았다. (喪馬勿逐.)"라고 하였다. 즉, '逐'의 본래 의미는 '뒤쫓다'라고 볼 수 있다. 글자의 윗부분은 한 마리의 돼지이고, 아랫부분은 사람의 발이다. 이 자형은 야생 돼지 한 마리가 도망가고 사냥꾼이 바짝 뒤쫓는 장면을 상형한 것으로 사냥꾼이 야생 동물을 뒤쫓아 가서 잡는다는 의미이다. 이 외에도 『甲骨文』에는 동물 수렵을 묘사한 글자가 많다. 손에 나무 몽둥이를 들고 맞은편에서 야생돼지를 잡는 '敢'자가 있고, 야생 돼지를 뒤쫓아 가서 함정에 빠뜨리는 글자인 '墜(隧, 『說文·土部』)'도 있다.

『小屯南地甲骨考釋』에서 卜辭의 '逐'은 후세의 追逐의 의미와는 달리, 일종의 구체적인 수렵의 방법 가운데 하나라고 하였다. '追'의 대상은 사람이고, '逐'의 대상은 짐승이라고 하여, '逐'를 짐승을 포위하여 잡는 수렵의 방법(圍獵)으로 보았는데, 圍獵인 경우 일반적으로 3면을 포위하였다(李義活 2003:15)고 한다. 甲骨文에서는 초기에 사람들이 수렵한 사슴, 돼지, 호랑이, 곰, 개, 토끼, 쥐, 새 등의 동물들을 확인할 수 있다. 甲骨文에 동물을 묘사한 글자가 많다는 것은 고대인과 동물의 밀접한 관계를 설명해준다. 동물 수렵은 초기인류의 가장 중요한 생산 활동이었다. 그 때에는 야생동물의 수렵이 생활의 주요 공급원이었다. 중국과 서양의 상고시기 동물벽화는 그런 상황을 잘 보여준다.

이를 종합하면, '逐'은 돼지를 뒤쫓는 모습으로 수렵의 방법 중 짐승을 포위하여 수렵하는 방식을 보여주는 한자로 볼 수 있다. '逐'은 짐승을 추격하여 포위하는 대규모 수렵의 일종이다. 아울러 동물 중에 돼지가 자형에 들어간 것으로 보아 돼지가 포획의 대상이 되는 보편적인 동물임을 알 수 있고, 수렵의 대상이 되는 것으로 보아 멧돼지일 가능성이 높다는 것을 유추할 수 있다.

3) 소결

본 장은 어렵 도구를 나타내는 한자 8자와 어렵 방법을 나타내는 한자 6자를 연구 대상으로 삼아 자형과 자의를 분석하고, 문화적 의미를 탐구한 뒤 다음과 같은 결과를 얻었다.

어렵 도구와 관련된 한자 '网', '弓', '矢', '射', '矦', '函', '單', '禽'의 분석을 통해서 고대에 어렵 활동을 하는데 있어 어렵 대상에 따라 각각 그물, 활과 화살, 돌창, 특수 수렵 도구 등을 사용했음을 알 수 있었다.

어렵 방법과 관련된 한자 '漁', '隻', '罹', '阱', '獸', '逐'의 분석을 통해 '漁'는 그물을 이용한 어로, '罹'는 그물을 이용한 날짐승의 수렵, '離'는 수렵 도구를 이용한 날짐승의 수렵, '阱'는 함정 포위 수렵, '獸'은 특수 도구 수렵, '逐'은 추격과 포위 수렵을 나타낸다는 것을 파악할 수 있었다. 어렵 방법과 관련된 한자들은 어렵 대상과 도구가 자형에 포함되어 구체적인 어렵의 모습을 유추할 수 있게 했다.

본 장을 통해 고대 중국의 어렵 도구와 방식에 대하여 이해할 수 있었을 뿐 아니라 어렵과 관련된 고대 중국인들의 지혜와 인식이 한자에 그대로 반영되어 있음을 알 수 있었다. 이런 점에서 한자는 하나의 문화사를 형성하고 있으며, 고고학의 연구 성과를 활용하여 한자에 반영된 문화의 각 방면을 연구하는 것은 매우 의미 있는 작업이라고 할 수 있다.

| 제4장 |

한자를 통해 본 중국 고대의 질병

언어는 인류의 생활과 생산의 필요에 의해 만들어진 인류의 의사소통수단으로 문자발생 이전까지 사람들 간에 유일한 의사소통 수단이라고 할 수 있다. 그러나 언어는 시간적·공간적 제약을 받기 때문에 이를 극복할 수 있는 기호를 필요로 하게 되었는데 그 기호가 바로 문자이다.

언어는 그 언어를 사용하는 민족과 국가의 문화를 반영한다. 다시 말하면 우리는 언어를 통해서 그 언어를 사용하는 사람들의 문화를 연구할 수 있다는 것이다. 문자는 언어를 기록하는 부호체계로 언어가 그 시대의 문화를 반영하듯이 문자를 통해서 그 시대의 문화를 엿볼 수 있다.

인류의 문화를 언급할 때 衣食住와 더불어 중요하게 언급되는 것 중의 하나가 生老病死이다. 인간이 태어나고 늙고 병들고 죽는 것은 인류 문화에서 衣食住와 더불어 가장 중요하게 생각되었다. 生老病死 중에서 질병은 인간의 사망을 일으키는 가장 중요한 원인으로 지금까지 이에 대한 근심과 관심은 꾸준히 지속되고 있다.

위와 같은 사실에 근거하여 본 장은 질병에 관계된 한자의 의미파생에 대하여 연구하고자 한다. 본 장은 『說文』에서 '疒'部에 속한 한자들의 자형구조를 분석하고 개별글자의 본의와 파생의미를 파악하여 글자 상호간에 어떠한 연관성이 있는지 살펴보는 것을 목적으로 한다. 『說文』에서 '疒'을 부수로 하는 102개의 한자는 『說文』에서 풀이한 字義에 따라 '병', '치료', '병의 원인',

'병의 증상', '병명'을 나타내는 다섯 부분의 의미영역으로 나누어진다. 이 다섯 부분의 의미영역 중 본 장에서는 당시 인식하고 있는 질병 분야가 현대와 어떠한 차이가 있는지 살펴보기 위해 '병명'을 나타내는 한자를 각 과별로 나누어 연구하고자 한다. 내과, 외과, 기타(소아과, 이비인후과, 안과, 산부인과, 정신과, 수의과)의 영역에 포함된 22개를 선정하였다. 따라서 본 장에서는 『說文』에서 '병'을 나타내는 '疒'을 부수로 하는 한자 중에 병명을 나타내는 22개 한자를 각 과별로 분류한 후 고문자 자료를 이용하여 각각의 한자의 본의와 파생의미를 파악하고 그와 관계된 문화적 요소도 함께 살펴보고자 한다.

1) '내과'에 속하는 한자

(1) 일반 내과

① 疸(달)

		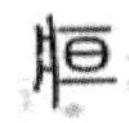	疸
甲骨文	金文	小篆	楷書

형성자로 『說文·疒部』에서는 "황달이다. '疒'을 義符로 하고 '旦'을 音符로 한다. (黃病也. 从疒, 旦聲.)"고 하였다. 徐鍇는 『繫傳』에서 "피로하여 열이 나고 얼굴빛이 누렇다. (勞熱而黃也.)"고 하였다. 王筠은 『句讀』에서 "『方書』에 달병의 증상은 다섯 가지가 있는데 황달이 그 중 하나이다. (『方書』 疸證有五, 黃疸其一也.)"라고 하였다. 『素問·平人氣象論』에서 "소변이 노랗고 적색을 띄고 누워있는 자도 황달이다. (溺黃赤, 安臥者, 黃疸.)"라고 하였다.

종합해 보면 중의에서는 비장과 위가 허약하여 열이 상승하여 생긴 가슴이

답답하고 몸이 노란 병을 황달이라고 한다. 그러한 황달을 뜻하는 자가 '疸'이다.

(2) 전염병

① 瘧(학)

			瘧
甲骨文	金文	小篆	楷書

회의자로 『說文·疒部』에서는 "열과 오한이 번갈아가며 나타난다. '疒'과 '虐'으로 된 회의자로 '虐'은 또 音符이다. (熱寒休作. 从疒, 从虐, 虐亦聲.)"라고 하였다. 段玉裁는 『說文解字注』에서 "오한과 열나는 것이 서로 번갈아 가며 오는 것이다. (謂寒與熱一休一作相代也.)"라고 하였다. 또 『素問·瘧論』에서는 "말라리아의 시작은 먼저 아주 작은 것에서 시작하여 하품하고 기지개를 켜고 오한으로 벌벌 떨어 턱이 덜덜 떨리고 척추에 통증이 있고 오한이 끝나면 이내 열이 나고 머리가 깨질 듯 두통이 있고 갈증이 나서 찬 것을 마신다. (瘧之始發也, 先起於毫毛, 伸欠乃作, 寒慄鼓頷, 腰脊具痛, 寒去則內外皆熱, 頭痛如破, 渴欲冷飮.)"라고 하여 '瘧'이 말라리아를 나타내는 것임을 말해주고 있다. 『釋名·釋疾病』에서는 "몹시 잔학하다. (瘧은 瘧, 酷虐也.)"라고 하여 '잔학하다'의 뜻도 있음을 알 수 있다. 말라리아는 전염성이 매우 강하고 古代에는 전염병이 돌면 치료 방법이 거의 없어 생명을 위협하는 아주 치명적인 질병이었다. 이것으로 볼 때 '瘧'이 학질의 증상을 나타내는 의미에서 학질의 성질을 빗대어 나타내는 '잔학하다'의 의미로 파생된 것을 알 수 있다.

종합해 보면 '瘧'은 학질을 말하는 것으로 일종의 급성 전염병이다. 학질의 원인은 벌레 때문으로 발작을 할 때에 주기성을 가지고 있다. 학질의 원인인 벌레에 따라 다르다. 하루 간격으로 발작을 하거나 이틀 간격으로 발작을 하거나 또는 일정하지 않게 발작을 한다. 증상은 오한과 열이 나도 열이 난 후에 많은 땀을 흘리고 두통과 갈증, 전신에 힘이 없으며 병이 오래되면 비장 비대증과 빈혈 등의 증상을 나타낼 수도 있다.

② 痎(해)

			痎
甲骨文	金文	小篆	楷書

형성자로 『說文·疒部』에서는 "이틀에 한번 발작하는 학질이다. '疒'을 義符로 하고 '亥'를 音符로 한다. (二日一發瘧. 从疒, 亥聲.)"고 하였다. 段玉裁는 『說文解字注』에서 "오늘날 사람들이 일컫는 이틀에 한번 발작하는 학질이다. (今人謂間二日一發爲大瘧.)"라고 하였다. 『廣韻·咍韻』에서 "'痎'는 학질이다. (痎, 瘧疾.)"라고 하였다.

종합해 보면 '痎'는 이틀에 한번 발작하는 학질로 전염병으로 분류 할 수 있다.

③ 疫(역)

			疫
甲骨文	金文	小篆	楷書

형성자로 『說文·疒部』에서는 "모든 사람에게 전염되는 질병이다. '疒'을 義符로 하고 '役'의 생략형을 音符로 한다. (民皆疾也. 从疒, 役省聲.)"고 하였다. 『素問·刺法論』에서 "다섯 가지의 돌림병이 모두 서로 전염되어 어른과 아이 할 것 없이 병의 증상이 서로 비슷하다. (五疫之至, 皆相染易, 無問大小, 病狀相似.)"고 하였다.

종합해 보면 '疫'의 본래의미는 유행성 급성 전염병으로 모든 돌림병의 통칭으로 쓰인다.

2) '외과'에 속하는 한자

(1) 피부외과

① 痒(양)

			痒
甲骨文	金文	小篆	楷書

형성자로 『說文·疒部』에서는 "부스럼이다. '疒'을 義符로 하고 '羊'을 音符로 한다. (瘍也. 从疒, 羊聲.)"고 하였다. '痒'의 본의는 '근심이 병이되다'로 후에 '蛘'으로 전용되었다. '蛘'의 본의는 '가려운 데를 긁다'이다. 異體字로 '癢'도 쓰였으나 오늘날에는 세 글자 모두 '痒'으로 쓰인다. (谷衍奎 2003:653)

『廣雅·釋詁上』에서 "'痒'은 병이다."라고 하였다. 『集韻·漾韻』에서는 "'痒'은 상처다. (痒, 創也.)"라고 하였다. 『周禮·天官·疾醫』에서는 "여름에 옴이 있어 가려운 병이다. (夏時有痒疥疾.)"라고 하였다. 王筠의 『句讀』에서는 "옴으로 가려운 것은 부스럼과 옴이다. (痒疥者, 瘡疥也.)"라고 하였다.

종합해 보면 '痒'은 본래 '근심이 병이 되다'는 뜻이었으나 '蛘'의 의미인 '가려운 데를 긁다'라는 의미로 전용되어 쓰이기도 하였다. 여기에서 『說文』에서 풀이한 '痒'의 의미인 '가려운 증상을 동반하는 부스럼'이 파생된 의미를 알 수 있다.

② 疽(저)

			疽
甲骨文	金文	小篆	楷書

형성자로 『說文·疒部』에서는 “악성종기이다. ‘疒’을 義符로 하고 ‘且’를 音符로 한다. (癰也. 从疒, 且聲.)”고 하였다. ‘疽’는 깊고 패인 덩어리 모양의 악성 종기를 말하는 것으로 徐鍇의 『繫傳』에서는 “오래된 악성종기다. (久癰也.)”라고 하였다. 『正字通·疒部』에서는 “악성종기가 오래된 것을 일컬어 ‘疽’라고 하고 ‘疽는 오래되고 나쁜 것이다. ‘癰’은 얕고 크다. (癰之深者曰疽, 疽深而惡, 癰淺而大.)”라고 하였다.

종합해 보면 ‘疽’는 악성 종기를 뜻하며 얕은 것은 ‘癰’이라 하고 깊고 두꺼운 것은 ‘疽’라고 하는 것을 알 수 있다.

③ 癰(옹)

			癰
甲骨文	金文	小篆	楷書

형성자로 『說文·疒部』에서는 “종기이다. ‘疒’을 義符로 하고 ‘雝’을 音符로 한다. (腫也. 从疒, 雝聲.)”고 하였다. 피부 또는 피부 아래 조직에 화농성 염증이 생긴 것으로 『釋名·釋疾病』에서는 “‘癰’은 막히다. 기가 잘 통하지 않고 막혀서 안에서 뭉쳐서 썩어 문드러지는 것이다. (癰, 壅也, 氣壅否結裏而潰也.)”라고 하였다. 『靈樞經·脈度』에서 “육부가 조화를 이루지 못해서 종양이 되었다. (六府不和, 則留爲癰.)”고 하였다. 『本草綱目·百病主治藥·癰疽』에서는 “‘癰疽’는 깊은 것은 ‘疽’라 하고 얕은 것은 ‘癰’이라 하며 큰 것은 ‘癰’이라 하고 작은 것은 ‘癤’이라 한다. (癰疽; 深爲疽, 淺爲癰;大爲癰, 小爲癤.)”고 하였다. 재난

을 비유하여 가리키기도 했으며 『蒼頡篇』에서는 "'癰'은 코의 질병이다. (癰, 鼻疾也.)"라고 하였다. 『論衡·別通』에서는 "사람이 四時의 즐거움을 눈으로 보지 못하는 것을 '盲'이라 하고 궁과 상을 귀로 듣지 못하는 것을 '聾'이라 하고 향기와 악취를 코로 느끼지 못하는 것을 '癰'이라고 한다. (人目不見靑黃曰盲, 耳不聞宮商曰聾, 鼻不知香臭曰癰.)"고 하였다. 화농성 염증을 뜻하는 것에서 코에 농이 있어 막히는 것을 의미하는 코의 질병 즉 오늘날의 축농증을 뜻하는 것으로 파생되었다.

종합해 보면 '癰'은 화농성 염증이 있는 크고 얕은 종기를 말하는 것으로 후에는 화, 재난을 비유하여 쓰이기도 하였으며 코의 질병을 말하기도 하였다. 여기에서 말하는 코의 질병은 오늘날의 축농증에 해당한다고 볼 수 있다.

④ 癘(려)

			癘
甲骨文	金文	小篆	楷書

형성자로 『說文·疒部』에서는 "고치기 어려운 병이다. '疒'을 義符로 하고 '蠆'의 생략형을 音符로 한다. (惡疾仰也. 从疒, 蠆省聲.)"고 하였다. 徐鍇는 『繫傳』에서 "'癘'는 악성 종기가 있는 질병이다. (惡瘡疾也.)"라고 하였다. 『素問·風論』에서는 "'癘'는 피부에 열기가 많고 그 기가 맑지 못하여 코뼈를 썩게 하고 부패시켜 피부의 종기가 썩어 문드러지게 한다. (癘者, 有榮氣熱胕, 其氣不淸, 故使其鼻柱壞而色敗, 皮膚瘍潰.)"고 하여 '癘'가 문둥병을 나타냄을 알 수 있다. 『玉篇·疒部』에서는 "'癘'는 돌림병이다. (癘, 疫氣也.)"라고 하였다. 『周禮·天官·疾醫』에서는 "사계절에 모두 돌림병이 있다. (四時皆有癘疾.)"라고 하여 '癘'가 돌림병이라는 뜻으로도 쓰임을 알 수 있다.

종합해 보면 '癘'는 악성종기가 있어 고치기 어려운 병으로 흔히 문둥병을 가리키는 것으로 문둥병은 접촉에 의해 전염이 되는 병으로 여기에서 '돌림병'이라는 뜻으로 파생되었음을 알 수 있다. 후에는 '죽다'라는 뜻으로도 쓰이기도 하였다.

(2) 신경외과

① 瘤(류)

			瘤
甲骨文	金文	小篆	楷書

형성자로 『說文·疒部』에서는 "종기다. '疒'을 義符로 하고 '留'를 音符로 한다. (腫也. 从疒, 留聲.)"고 하였다. 『釋名·釋疾病』에서는 "'瘤'는 흐르다. 피가 흘러서 모여 생긴 종양이다. (瘤, 流也. 血流聚而生瘤腫也.)"라고 하였다. 『玉篇·疒部』에서 "'瘤'는 폴립이다[15]. (瘤, 瘜肉也.)"라고 하였다. 종기는 겉으로 볼록하게 부어오르는 것으로 종기가 난 그 모양에서'물체 표면에 융기된 덩어리'라는 의미로 파생되었다.

② 瘜(식)

			瘜
甲骨文	金文	小篆	楷書

형성자로 『說文·疒部』에서는 "기생하는 살덩어리이다. '疒'을 義符로 하고

15) 피부 또는 점막 등의 겉면에 줄기를 가지고 돋아 나온 원형·타원형·계란형의 종류(腫瘤)를 통틀어 이르는 말이다.

‘息’을 音符로 한다. (寄肉也. 从疒, 息聲.)”고 하였다. 徐鍇는 『繫傳』에서 “자란 것은 몸 밖에 생겨 자란 것이다. (息者, 身外生之也.)”라고 하였다. 『廣韻·職韻』에서는 “‘瘜’은 악성 덩어리이다. (瘜, 惡肉.)”라고 하였다.

종합해 보면 ‘瘜’은 일종의 종양으로 기생하는 덩어리가 겉으로 보이는 것을 일컬어 ‘瘤’라고 하고 감춰져서 안에 있는 것을 ‘瘜’이라고 한다.

(3) 정형외과

① 㾈(부)

			㾈
甲骨文	金文	小篆	楷書

형성자로 『說文·疒部』에서는 “구부러진 병이다. ‘疒’을 義符로 하고 ‘付’를 音符로 한다. (俛病也. 从疒, 付聲.)”고 하였다. 余岩는 『古代疾病名候疏義』 卷四에서 “오늘날 척추 뒤가 구부러진 것으로 곱사등이라고도 한다. ((㾈僂)蓋即今之脊椎後彎也, 亦名龜背.)”고 하였다. 『廣雅·釋詁二』에서는 “‘㾈’는 짧다. (㾈, 短也.)”라고 하였다.

종합해 보면 ‘㾈’의 본의는 척추가 구부러진 병을 말하며 등이 굽으면 키가 작아지는 데에서 ‘짧다’라는 의미로 파생되었다.

② 㿯(협)

			㿯
甲骨文	金文	小篆	楷書

형성자로 『說文·疒部』에서는 “다리를 저는 병이다. ‘疒’을 義符로 하고

‘盍’을 音符로 한다. 협으로도 읽고 엄으로도 읽는다. (跛病也. 从疒, 盍聲. 讀若脅, 又讀若掩.)”라고 하였다. 다리를 저는 병이라는 뜻 이외에도 숨이 가쁜 병이라는 뜻도 있다. 『廣韻·盍韻』에서는 “‘㾊’은 숨이 가쁘다. (㾊, 短氣也.)”라고 하였다.

종합해 보면 ‘㾊’의 본의는 다리를 저는 병으로 절름발이를 가리키며 다리를 저는 사람이 힘들게 걷는 모양에서 ‘숨이 차다’라는 파생의미가 생겼다.

(4) 치질

① 痔(치)

			痔
甲骨文	金文	小篆	楷書

형성자로 『說文·疒部』에서는 “항문병이다. ‘疒’을 義符로 하고 ‘寺’를 音符로 한다. (後病也. 从疒, 寺聲.)”고 하였다. 『增韻·止韻』에서는 “‘痔’는 은밀한 상처다. (痔, 隱創也.)”라고 하였다. 『素問·生氣通天論』에서 “포식 때문에 혈관이 연접해있지 않고 장에서 밀려나와 치질이 되었다. (因而飽食, 筋脈橫解, 腸澼爲痔.)”라고 하였다.

종합해 보면 ‘痔’는 밑으로 빠지는 병으로 항문 또는 직장 끝 부분의 정맥이 어혈로 확장되어 돌출된 작은 결절, 즉 오늘날의 치질을 말한다.

3) 기타

(1) 이비인후과

① 㾷(사)

			㾷
甲骨文	金文	小篆	楷書

형성자로 『說文·疒部』에서는 "낮은 소리이다. '疒'을 義符로 하고 '斯'를 音符로 한다. (散聲. 从疒, 斯聲.)"고 하였다. 『方言』 6卷에서는 "'㾷'은 '散'이다. 동쪽 齊나라에서는 소리가 금이 가는 것을 일컬어 '㾷'이라고 했고 秦·晉나라에서는 소리가 변하는 것을 일컬어 '㾷'이라고 했다. 물건이 깨질 때 구분되지 않는 그 음 또한 '㾷'이라고 한다. (㾷, 散也. 東齊聲散曰㾷. 秦晉聲變曰㾷, 器破而不殊其音亦謂之㾷.)"

종합해 보면 '㾷'은 목소리가 쉬는 것을 말하는 것으로 이비인후과에 속하는 한자로 분류할 수 있다.

② 瘖(음)

			瘖
甲骨文	金文	小篆	楷書

형성자로 『說文·疒部』에서는 "말을 못하는 것이다. '疒'을 義符로 하고 '音'을 音符로 한다. (不能言也. 从疒, 音聲.)"고 하였다. 『素問·宣明五氣篇』에서 "맥박에 양기가 있으면 즉 머리가 아프고, 맥박에 음기가 있으면 벙어리가 된다. (搏陽則巓疾, 搏陰則爲瘖.)"고 한데 대해 王冰은 "기운 안에 음기가 있으

면 혈관이 잘 흐르지 않는다. 고로 말을 못하게 되는 것이다.(邪內搏於陰則脈不流, 故今瘖不能言.)"라고 注하였다. 또 다른 뜻으로는 '침묵을 지키다'라는 뜻으로 『晏子春秋·內篇諫下第二』에서는 "왕조로 사는 것은 엄격하여 말이 없어야 한다. 말이 없는 것은 즉 듣지도 않는 것이다. 말이 없는 것을 일컬어 '瘖'이라고 하고 듣지 않는 것을 일컬어 '聾'이라고 한다.(朝居嚴則下無言, 下無言則上無聞矣. 下無言則吾謂之瘖, 上無聞則吾謂之聾.)"고 하였다. 이것은 '말을 못하다'의 의미에서 파생되었다.

'瘖'은 은나라 사람들이 말하는 '疾言'이다. 甲骨文에 많은 '疾言'의 卜辭가 있는 것은 은나라 사람들이 구강질병에서 인후병환이 야기됐다는 것에 대해 기록한 것이다. 인후 옆 사이에서 감염되었거나 편도선 주위의 농양이 염증을 일으켰기 때문에 사람들이 말하기 곤란하거나 목소리가 쉬는 등의 증상을 일으킬 수 있다.

(2) 안과

① 㾺(마)

			㾺
甲骨文	金文	小篆	楷書

형성자로 『說文·疒部』에서는 "눈병이다. 다른 뜻은 '몸에 나쁜 기운이 끼쳐 병이 생긴 것'이다. 또 다른 뜻은 '약물을 이용해 종기의 나쁜 부분을 없애는 것'이다. '疒'을 義符로 하고 '馬'를 音符로 한다.(目病. 一日:惡氣箸身也. 一日: 蝕創. 从疒, 馬聲.)"라고 하였다.

桂馥은 『義證』에서 "눈병이라는 것은 눈에 눈곱이 생겨 병이 된 것으로 속칭 '㾺䁶'라고 한다.(目病也者, 謂目病生眵也, 俗謂之㾺䁶.)"고 하였다. 또 '몸에 나쁜 기운이 끼치는 것이다'라는 뜻으로도 쓰인다. 또 『廣韻·禡韻』에서 "'瘍'는 마소의 병이다. (瘍, 牛馬病.)"라고 하였으며 『集韻·諫韻』에서도 "'瘍'는 가축의 병이다. (瘍, 畜病.)"라고 하였다. 段玉裁는 『說文解字注』에서 "'蝕'은 상처를 제거하는 것이다. (蝕者, 敗創也.)"라고 하였다.

(3) 산부인과

① 瘕(가)

			瘕
甲骨文	金文	小篆	楷書

형성자로 『說文·疒部』에서는 "부인병이다. '疒'을 義符로 하고 '叚'를 音符로 한다. (女病也. 从疒, 叚聲.)"고 하였다. 『靈樞經·水脹』에서는 "뱃속에 돌이 쌓이고 자궁입구에 한기가 들어 자궁 입구가 막히고 기가 통하지 않아서 나쁜 피를 흐르게 하지 못하고 어혈로 남아있음으로 날이 갈수록 더욱 커져 배가 마치 아이를 임신한 것처럼 불룩 솟아오르고 월경이 막혀서 제 때에 나오지 않는 것으로 모든 여자에게 생길 수 있다. (石瘕生于胞中, 寒氣客于子門, 子門閉塞, 氣不得通, 惡血當寫不寫, 衃以留止, 日以益大, 狀如懷子, 月事不以時下, 皆生于女子, 可導而下.)"고 하였다. 또 일반인의 배 속에 생기는 덩어리를 총괄하여 가리키기도 한다. 『玉篇·疒部』에서는 "'瘕'는 배 속의 병이다. (瘕, 腹中病.)"라고 하였다. 『正字通·疒部』에서는 "'瘕'는 '癥瘕病(자궁근종)'으로 배 속에 쌓인 덩어리로 단단한 것은 '癥이라 하고 형태가 있는 것은 '瘕'라고 한다. (瘕, 癥瘕, 腹中積塊, 堅者曰癥, 有物形曰瘕.)"고 하였다. 이 외에도 배 속에 생기는 기생충병이라는 뜻을 나타내기도 한다.

종합해 보면 '瘕'는 '癥瘕'로 오늘날의 자궁 근종을 말한다. 현대에 여성 질환의 대표적인 질병이라고 할 수 있는 자궁 근종이 고대에도 존재하고 있었음을 알 수 있다. 후에 여성의 질환 뿐 아니라 사람의 배 속에 덩어리가 생기는 병을 포괄적으로 가리키기도 하였다.

(4) 정신과

① 瘨(전)

			瘨
甲骨文	金文	小篆	楷書

형성자로 『說文·疒部』에서는 "병이다. '疒'을 義符로 하고 '眞'을 音符로 한다. 또 다른 뜻은 배가 부어오르는 병이다. (病也. 从疒, 眞聲. 一曰: 腹張.)"라고 하였다. 여기에서 '瘨'은 지랄병을 가리킨다. 徐鍇 『繫傳』에서는 "'瘨은 楊雄이 말하길 신은 지랄병이 있습니다. '瘨'은 쓰러지다. (瘨, 楊雄曰 : 臣有瘨眩病. 瘨, 倒也.)"라고 하였다. 『廣韻·先韻』에서는 "'瘨'은 병이다. '癲'은 '瘨'과 같다. (瘨, 病也. 癲, 同瘨.)"고 하였다. 『玉篇·疒部』에서 "'瘨'은 미쳐 날뛰다. (瘨, 狂也.)"라고 하였다. 이 외에도 배가 부어오르는 병이라는 뜻도 있다. 段玉裁는 『說文解字注』에서 "'瘨'과 '瞋', '瞋'의 뜻은 대략 같다. (瘨與瞋, 瞋字意略同.)"고 하였다. 『集韻·眞韻』에서는 "'瘨'은 배가 부어오르는 병이다. (瘨, 腹脹病.)"라고 하였다.

종합해 보면 '瘨'과 '癲'모두 '眞'에서 음과 뜻을 따왔으며 동음이다. 어떤 때는 아예 '癲'이라고 쓴다. '顚'의 본래 의미는 '머리꼭지'다. 여기서 파생되어 '착란하다'가 되었다. 그래서 '瘨'은 바로 이러한 병의 증상을 나타내는 것이다.

② 瘍(역)

			瘍
甲骨文	金文	小篆	楷書

형성자로 『說文·疒部』에서는 “발광하는 병이다. ‘疒’을 義符로 하고 ‘易’을 音符로 한다. (脈瘍也. 从疒, 易聲.)”라고 하였다. 段玉裁는 『說文解字注』에서 “‘脈瘍’은 쉽게 놀라는 병이다. (脈瘍者, 善驚之病也.)”라고 하였다. 『廣雅·釋詁三』에서 “‘瘍’은 미치다. (瘍, 癡也.)”라고 하였다. 王念孫은 『疏證』에서 “『說文』에서 ‘瘍, 脈瘍也.’라고 한 것에서 ‘脈瘍은 놀라 무서워서 물러나 피하는 것과 같다. 『吳語』의 ‘稱疾辟易.’에 대해 韋昭는 ‘“辟易”은 미쳐 날뛰는 병이다.’라고 注하였다. (『說文』: ‘瘍, 脈瘍也.’ 脈瘍, 猶辟易也. 『吳語』: ‘稱疾辟易.’ 韋昭注云: ‘辟易, 狂疾.’)”라고 하였다.

종합해 보면 ‘瘍’에 대해 許愼과 段玉裁의 의견은 서로 다르지만 다른 사람들의 의견을 종합해 볼 때 許愼의 의견인 ‘발광하는 병이다’에 더 힘을 실어주고 있다.

③ 癡(치)

			癡
甲骨文	金文	小篆	楷書

형성자로 『說文』에서는 “총명하지 못하다. ‘疒’을 義符로 하고 ‘疑’를 音符로 한다. (不慧也. 从疒, 疑聲.)”고 하였다. 『方言』 10권에서는 “‘癡’는 우둔하다. (癡, 騃也.)”라고 하였다. 또 段玉裁는 『說文解字注』에서 “‘癡’는 둔하다는 뜻으로 고로 총명하다는 뜻과 정반대이다. (癡者, 遲鈍之意, 故與慧正相反.)”라고 하여 ‘癡’가 ‘우둔하다’는 뜻이라고 하고 있다. 『正字通·疒部』에서는 “‘癡’는

『方言』에서 머리가 미친병을 말하는 것이다. (癡, 『方言』 借稱顚狂病.)"라고 하여 '癡'의 파생의미가 '미치다'임을 말해주고 있다.

종합해 보면 '癡'는 또 '痴'라고도 쓰며 즉 오늘날의 '傻'에 해당한다. '癡'의 원래 의미는 '어리석다, 우둔하다'의 뜻이며 우둔하여 정신을 못 차리는 것에서 파생되어 『正字通·疒部』에서와 같이 '정신병'의 의미로 쓰였다. 본 장은 질병과 관련된 것이므로 '癡'를 정신병으로 분류하였다.

(6) 수의과

① 痑(타)

			痑
甲骨文	金文	小篆	楷書

형성자로 『說文·疒部』에서는 "말이 피곤함의 극에 달한 것이다. '疒'을 義符로 하고 '多'를 音符로 한다. 『詩經』에서 말하길 "얼마나 피곤하면 백마가 검은 갈기가 자란다."라고 하였다. (馬病也. 从疒, 多聲. 『詩』 曰: '痑痑駱馬.')"라고 하였다. '痑痑'는 오늘날 '嘽嘽'으로 쓰이며 가축 따위가 헐떡이는 소리를 나타내는 의성어이다. 徐鍇의 『繫傳』에서는 "말이 피곤한 것이다. (馬疲乏也.)"라고 하였다. 또 피곤한 것을 총괄하여 가리키기도 한다. 『玉篇·疒部』에서는 "'痑'는 힘이 다한 것이다. (痑, 力極也.)"라고 하였다. 『廣韻·箇韻』에서는 "'痑'는 병이다. (痑, 病也.)"라고 하였다.

종합해 보면 '痑'는 말이 피곤하여 생기는 병을 뜻하는 한자였으나 사람이 피곤한 것을 뜻하기도 하였다. 피곤한 것은 기력이 쇠해졌기 때문이므로 힘이 다하였다는 뜻으로도 쓰였다. 나아가 기력이 모두 쇠진되면 면역력이 떨어져 병에 걸리기 쉬우므로 '병'이라는 뜻으로 쓰이기도 하였다.

② 瘠(탈)

		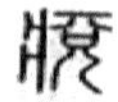	瘠
甲骨文	金文	小篆	楷書

형성자로 『說文·疒部』에서는 "말의 아랫다리에 있는 부스럼이다. '疒'을 義符로 하고 '兌'를 音符로 한다. 다른 뜻으로는 상처를 어루만지다. (馬脛瘍也. 从疒, 兌聲. 一曰 : 將傷.)"라고 하였다. 『玉篇·疒部』에서는 "'瘠'은 말의 정강이에 난 상처이다. (瘠, 馬脛傷也.)"라고 하였다. 段玉裁는 『說文解字注』에서 "'將'은 '捋'로 생각된다. (將, 疑當作捋.)"고 하였다. 朱駿聲은 『通訓定聲』에서 "'瘠'은 상처를 어루만지다. (瘠, 捋傷也.)"라고 하였다. 『集韻·薛韻』에서는 "'瘠'은 상처다. (瘠, 傷也.)"라고 하였다. 이것은 '말의 아랫다리에 있는 부스럼'이라는 의미에서 일반적인 '상처'를 뜻하는 것으로 파생된 것이다.

종합해 보면 말의 다리에 난 상처를 뜻하는 것으로 상처를 총괄적으로 가리키는 뜻으로도 쓰이지만 본래 의미는 '말의 다리에 난 부스럼'이라는 뜻으로 수의과로 분류됨을 알 수 있다.

4) 소결

본 장에서는 '疒'을 부수로 하는 한자 중 병명을 나타내는 한자를 각각 내과, 외과, 기타(소아과, 이비인후과, 안과, 산부인과, 정신과, 수의과)로 분류하여 살펴보았다.

내과에 속한 한자는 모두 4자로 일반내과에 속한 자가 '疸'1자, 전염병에 속한 자가 '瘧', '痎', '疫 등 3자이다.

외과에 속한 자는 모두 9자로 피부외과에 속한 자가 '痒', '疽', '癰', '癘' 등

4자, 신경외과에 속한 자가 '瘤', '㾜' 등 2자, 정형외과에 속한 자가 '疛', '癚' 등 2자, 치질을 나타낸 자가 '痔'1자이다.

기타 이비인후과를 나타낸 자가 '㾷', '瘖' 등 2자, 안과를 나타낸 자가 '𤺋'1자, 산부인과를 나타낸 자가 '瘕'1자, 정신과를 나타낸 자가 '瘨', '瘍', '癡' 등 3자, 수의과를 나타낸 자가 '㾖', '痥' 등 2자이다.

병명을 나타내는 한자들을 분석하였으나 의미면에서 보면 대부분의 한자들이 본의가 나타내는 병의 증상이나 성질을 나타내는 의미로 파생된 것이 대부분이었다. 그에 반해 파생의미가 없는 한자도 있었다. '疒'을 義符로 하는 한자는 질병과 관련된 것으로 병이 비록 가벼운 증세라 하더라도 사람들에게 근심을 주는 것이었으므로 파생된 의미가 거의 부정적인 것이었다. 문화적인 면에서 보면 고대 사람들이 인식하고 있는 질병이 현재와 크게 다르지 않음을 알 수 있는데, 이는 당시 질병에 대한 지식이 상당한 수준에 이르렀음을 반증하는 것이라 하겠다. 또 비슷한 증상이거나 같은 병이지만 미세한 차이에 따라 각각 다른 한자를 쓴 것을 통해 당시 질병에 인식이 상당히 세분화되어 있음을 알 수 있었다. 또 수의과에 해당하는 글자에서 말에게 생기는 질병을 나타내는 글자가 보이는데, 이는 수많은 전쟁으로 인해 말이 어떠한 동물보다도 중시되었던 사회상을 나타내는 것이라 하겠다.

| 제5장 |

한자를 통해 본 중국 전통 공예

본 장은 중국 전통 공예 분야의 직종에 관한 한자 字形 분석을 통해 한자와 각 직종과의 의미적 관련성과 글자에 담긴 문화적 함의를 살펴보는데 목적을 둔다. 이를 위해 『周禮·冬官·考工記』에서 언급한 공예 분야의 직종을 지칭하는 한자를 문자학적으로 분석한 후 글자에 담긴 문화적 의미를 살펴볼 것이다.

한자는 중국어를 기록하는 부호로, 중국어를 기록해서 시공간을 초월하여 사상과 지식을 교류하고 정보를 전달하는 역할을 담당한다. 또한 한자는 表意性이 강한 문자이므로 매 글자마다 독특한 구조와 문화적 내용을 담고 있다. 그러므로 현대 훈고학적 관점에서 볼 때, 매 한자의 해석은 하나의 문화사라 칭해도 과언이 아니다. (박흥수·남종호 2000:181-182) 우리는 한자의 자형을 통해 한자가 나타내는 사물의 외형뿐만 아니라 추상화된 내적 의미까지 살펴볼 수 있으므로, 한자의 字形과 字源을 통한 字義의 분석은 중국 문화를 연구하는 중요한 방법이라 하겠다.

工藝는 기능과 장식의 양면을 조화시켜 일상생활에 필요한 물건을 만드는 일을 뜻한다. 공예의 의미는 표의성이 강한 한자의 특징을 통해서 유추할 수 있다. 許進雄(1995:184)은 工藝란 기술이 뛰어난 장인을 가리키는 '工'과 기술을 가리키는 '藝'가 합쳐진 단어라고 했다. 『說文·工部』에서는 '工(工)'을 "정교한 장식이다. 사람이 곱자를 들고 있는 것을 본뜬 것이다. '𢒄'자는 '工'의 고문자로, '彡'을 따른다. (巧飾也. 象人有規榘也. 𢒄, 古文工从彡.)"라고 했다. '工'

의 甲骨文은 ‘, , ’이다. 許進雄(1995:184)은 ‘工’의 甲骨文이 어떤 도구의 모양을 본뜬 것으로, 이를 돌도끼, 옥을 꿴 모양, 곱자, 실을 잣는 도구 등으로 보는 여러 가지 해석이 존재한다고 말했다[16]. 『禮記·曲禮下』에 “천자께서 육공을 설치하시니, 이는 土工, 金工, 石工, 木工, 獸工, 草工을 말한다. 이들은 六部의 재료를 도맡아 다스린다. (天子之六工, 曰土工, 金工, 石工, 木工, 獸工, 草工, 典制六材.)”(阮元 1992:5:81)라는 구절이 있다. 이러한 내용을 통해 ‘工’이 처음에는 곱자라는 도구를 본뜬 글자로부터 인신되어 기술과 전문적인 기능, 그리고 정밀한 기술을 갖춘 장인이라는 의미까지 포함하게 되었음을 알 수 있다.

‘藝’는 본래 ‘埶()’였다. 『說文·丮部』에서는 ‘埶’를 “심는다는 뜻이다. ‘坴’와 ‘丮’를 따른다. 묘목을 들고서 서둘러 심으려고 하는 모습이다. (種也. 从坴丮. 持亟種之.)”라고 했다. ‘埶’의 甲骨文은 ‘, ’이다. 許進雄(1995:184)은 ‘藝’의 甲骨文을 사람이 나무 묘목을 들고서 심는 모습을 본뜬 것으로 보았다. 나무를 심을 때는 반드시 토양이 필요하므로 周대부터는 ‘, ’처럼 아래에 ‘土’를 덧붙여 그 의미를 분명히 했다고 말했다.[17] 『周禮·天官·宮正』의 “열 명이나 다섯 명으로 모아 선왕의 법도와 육예를 가르친다. (會其什伍, 而教之道藝.)”(阮元 1992:3:51)라는 구절과 『禮記·禮運』의 “달로써 나누었으니, 고로 공을 이루는 재주가 있다. (月以爲量, 故功有藝也.)”(阮元 1992:5:435)라는 구절을 통해, ‘埶(藝)’가 본래는 나무를 심는 모습을 본뜬 글자였다가 후에 유가의 六藝(禮·樂·射·禦·書·數)와 재능이나 기술이라는 의미까지 확대되었음을 알 수 있다.

---

16) 馬如森(2007:308)은 甲骨文의 工이 두 가지로 해석된다고 언급했다. 하나는 玉이 서로 연결된 모양을 본떠 만든 글자라는 해석이고 다른 하나는 도끼와 같은 도구의 모양을 본뜬 글자라는 해석이다. 劉志成(2003:163)은 工을 巨자에서 잡고 있는 손을 제거한 모습으로 보았다. 工은 ‘矩’의 상형자로 곱자가 있어야만 정밀하게 가공할 수 있으므로 후에 장인을 뜻하게 되었다고 설명했다.

17) 徐中舒(1989:269)는 甲骨文의 埶가 와 혹은 로 구성되었고 두 손으로 풀이나 나무를 들고 있는 모습을 본떠 심는다는 뜻을 나타낸다고 했다. 또한 金文 ‘, ’이나 고문자 ‘’역시 甲骨文과 모양이 비슷하지만 篆文만이 와변 되어 초기의 형태를 잃게 되었다고 설명했다.

정밀한 기술은 나무를 심어 키우는 것처럼 장기간 심혈을 기울여 배우고 익혀야 하므로, 이러한 점에서 '埶(藝)'와의 의미적 연관성을 살펴볼 수 있겠다.

중국 전통 공예에 관한 기록은 『周禮·冬官·考工記』[18](이하 『考工記』라 칭함)에서 찾아볼 수 있다. 춘추전국 시대의 수공업 기술을 기록한 관공 서적인 『考工記』는 '木公, 金工, 皮革工, 染色工, 研磨工, 陶工 등 여섯 가지 명칭에 따라 직종을 분류한 후, 다시 각 직종의 器物 제작에 관한 방식을 상세하게 설명하고 있다. 『考工記』에 나온 공예 분야의 직종에 관한 기록을 살펴보면 다음과 같다.

> 나라에 여섯 가지 직책이 있는데, 수공업에 직접하고 이를 관리하는 '百工'이 그 중에 하나를 차지한다. 재료의 曲直과 形勢를 잘 살피고 다섯 가지 재료(木·金·火·水·土)를 잘 다스려 백성에게 필요한 도구를 만드는 사람을 일컬어 '百工'이라고 한다. 지혜로운 사람은 물건을 창조하고 기술이 좋은 사람은 이를 이어받아 대대손손 기술을 지켜내니, 이러한 이를 일컬어 장인이라고 한다. 하늘에는 때가 있고 땅에는 기운이 있으며 재료에는 아름다움이 있고 공예에는 정교함이 있다. 나무를 다루는 장인으로는 수레바퀴, 수레, 활, 병기의 손잡이, 건물과 수리시설, 마차·수레, 일상용품을 만들고 세우는 7공이 있다. 철을 다루는 장인으로는 書刀, 창, 악기, 도량형 용기, 각종 농기구, 칼과 검을 만드는 6공이 있다. 가죽을 다루는 장인으로는 갑옷, 무두질, 북, 무릎을 가리는 제복, 가죽옷을 만들고 다루는 5공이 있다. 염색을 다루는 장인으로는 五色의 배합, 깃털 염색, 베·비단 염색, 명주실·

18) 『周禮』는 유가가 중시하는 경서인 十三經의 하나로, 『儀禮』, 『禮記』와 함께 三禮의 하나로 불린다. 『周禮』는 周나라의 관제와 직무의 체계를 총망라한 서적이라 하겠다. 이후 소실된 『冬官』 한 편을 漢나라때 『考工記』로 채워 넣었다고 한다. 池載熙·李俊寧解譯(2002:481)에 따르면, 『冬官·考工記』는 본래 冬官司空으로, 이는 周나라의 관직인 六官중의 하나로 冬官司空은 나라의 토지와 백성의 일, 그리고 장인들의 사무를 관장하는 관직명이다. 여기서 考는 巧로 가차되어 쓰이므로 『考工記』는 '巧工에 관한 기록', 즉 기술이 정교한 장인에 대한 기록으로 볼 수 있다.

비단의 표백 등을 담당하는 5공이 있다. 연마를 담당하는 장인으로는 옥기, 빗, 골각용기, 화살, 경쇠 등을 만드는 5공이 있었다. 흙을 다루는 장인으로는 도(飮食用)와 방(食物用)을 만드는 2공이 있다.

(國有六職, 百工與居一焉. 審曲面勢, 以飭五材, 以辨民器, 謂之百工. 知者創物, 巧者述之守之, 世謂之工. 天有時, 地有氣, 材有美, 工有巧. 攻木之工 : 輪, 輿, 弓, 廬, 匠, 車, 梓. 攻金之工 : 築, 冶, 鳧, 栗, 段, 桃. 攻皮之工 : 函, 鮑, 韗, 韋, 裘. 設色之工 : 畫, 繢, 鐘, 筐, 㡛. 刮摩之工 : 玉, 櫛, 雕, 矢, 磬. 搏埴之工 : 陶, 旊.) (阮元 1992:3:593-596)

중국의 공예는 자연의 재료를 활용해 백성의 삶에 필요한 물건을 만들어내던 단계에서 벗어나 점차 많은 이들이 전문적으로 재료를 정선하고 기술을 연마하여 이를 생업으로 삼는 단계로 발전하였다. 이러한 과정은 공예산업의 세분화와 다양한 기술의 발전을 가져오게 되었으며, 또한 殷周시대 수공업의 발전을 이끄는 원동력이 되었다.

본고는『考工記』에서 풀이한 공예 분야의 직종을 나타내는 30개 한자의 자형 변천 과정과 의미를 살펴본 후 그에 담긴 문화적 함의를 찾아보는데 연구 목적을 둔다. 따라서 본문에서는 먼저 해당 한자의 고문자 자형을 제시하고『說文』와 관련 자료의 자형에 관한 풀이를 살펴본다. 아울러 기존 연구결과에서 다룬 해당 표제자의 의미와 쓰임을 나열하여 시간의 흐름으로 생겨난 한자의 여러 가지 문화적 의미를 분석한다. 이러한 논의에 필요한 자형은 徐中舒(1980)의『漢語古文字字形表』와 高明·塗白奎(2008)의『古文字類編(增訂本) 上下冊』을 중심으로 제시했으며, 필요에 따라 劉釗等編纂(2014)의『新甲骨文編(增訂本)』과 董蓮池編著(2011)의『新金文編(上中下)』등에서 보충했다.

1) 나무 공예

우리가 주위에서 만날 수 있는 나무는 여러 가지 물건을 만들기에 적합한 재료로, 지금까지 인류에게 가장 실용적이고 다양한 혜택을 주고 있다.[19] 따라서 중국 고대에는 나무를 다루는 장인을 매우 중시했다. 『考工記』에 따르면, 夏나라는 禹가 치수사업에 힘썼기 때문에 건축과 수리시설을 만드는 匠人을, 商나라는 목공인 梓人을 중시했다고 한다. 물건 하나를 만들려면 여러 가지 기술이 소용되지만, 그 중에서도 수레는 많은 기술이 집약되어야만 완성될 수 있었다. 이 때문에 周나라는 수레를 만드는 장인인 輿人을 중시했다고 한다. (阮元 1992:3:596) 『考工記』는 나무 공예에 종사하는 장인을 직종에 따라 건축에 종사하는 '匠人', 수레를 만드는 '輪人, 輿人, 車人, 輈人', 병기를 만드는 '廬人, 弓人', 그리고 기타 도구나 물건을 만들던 '梓人'으로 분류했다. 특히 나무 공예에 대한 설명이 책의 ⅔ 분량을 차지할 정도로 이를 중요한 분야로 인식했다.

(1) 輪(륜)

『考工記』에 따르면 '輪'은 마차와 수레의 바퀴(車輪)나 日傘(車蓋)을 만들던 장인(輪人爲輪, 輪人爲蓋)을 말한다. (戴吾三 2003:28-33) (張道一 2004:26-27/50-51)

---

19) 나무공예의 주재료인 '木(Ψ)'을 『說文』은 "머리로 밀고 나온다는 뜻이다. 땅을 밀면서 뚫고 나온다. 아래는 뿌리를 본뜬 것이다. (冒也. 冒地而生. 下象其根.)"라고 했다. 段玉裁는 『說文解字注』에서 "머리로 밀고 나온다는 것은 첩운을 통해 풀이한 것이다.「冃部」에서 '冒'란 머리를 내밀고 앞으로 가는 것이라고 했다. 아래는 뿌리를 본뜬 것이라고 한 것은 'ᗑ'를 일컫는 것이다. 'ψ'는 위로 나오는 것을 본뜬 것이고 'ᗑ'는 아래로 드리운 모습을 본뜻 것이다. (冒也, 以疊韵爲訓. 冃部曰, 冒, 冢而前也. 下象其根, 謂ᗑ也. ψ象上出, ᗑ象下垂.)"라고 설명했다.

『說文·車部』에서는 '輪(輪)'에 대해 "바퀴살이 있는 것을 '輪'이라고 하고 바퀴살이 없는 것을 '輇'이라고 한다. '車'를 따르고 '侖'으로 발음한다. (有輻曰輪, 無輻曰輇. 从車侖聲.)"라고 했다.

'輪'은 바퀴를 나타내는 형성자로, 후에는 수레나 바퀴처럼 둥글고 평평한 물건이라는 의미로 인신되었다. (漢語大字典編纂委員會 1986:3775-3776) 이와 같은 '輪'의 자형과 의미에서 둥근 모양의 살이 있는 바퀴나 양산을 만들던 장인이란 쓰임의 연관성을 찾아볼 수 있겠다.

(2) 輿(여)

『考工記』에 따르면 '輿'는 마차나 수레의 객차(車箱), 즉 사람이 올라타는 곳을 만들던 장인(輿人爲車)을 말한다. (戴吾三 2003:34) (張道一 2004:56-57)

	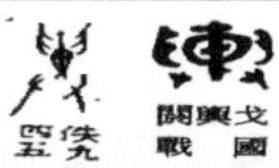		輿
甲骨文	金文	小篆	楷書

『說文·車部』에서는 "수레에서 사람이 타는 곳이다. '車'를 따르고 '舁'로 발음한다. (車輿也. 从車舁聲.)"라고 했다. 段玉裁는 『說文解字注』에서 "'車輿'는 수레에서 사람이 타는 곳이다. '輿'는 사람이 타기 위해 만든 것으로, 홀로 쓰여도 수레를 나타낼 수 있다. (車輿謂車之輿也. 輿爲人所居. 可獨得車名也.)"라고 풀이했다. 馬如森(2007:505)은 甲骨文의 '輿'는 두 손과 수레로 구성된 상형자라고 설명하면서, 羅振玉의 해석을 인용해 '輿는 여러 손이 수레를 만들고 있는 모양을 본뜬 것이라고 언급했다. 劉志成(2003:271)에 따르면, 옛날에는 사람들이 뒤에서 수레에 올라탔기 때문에 '輿'는 뒤가 보통 활짝 열려있다고 한다. 그리고 객차의 양측에는 '輢'라는 약간 높은 목판이 있고 앞에는 약간 낮은 사각형 모양의

판이 있으며, 그 위에는 '軾'이라는 손잡이가 있었다고 묘사했다.

이와 같은 '輿'의 자형과 의미에서 객차를 만들던 장인이란 쓰임과의 연관성을 찾아볼 수 있겠다.

(3) 弓(궁)

『考工記』에 따르면 '弓'은 활의 몸체(弓架)를 만들던 장인(弓人爲弓)을 말한다. (戴吾三 2003:89) (張道一 2004:84-85)

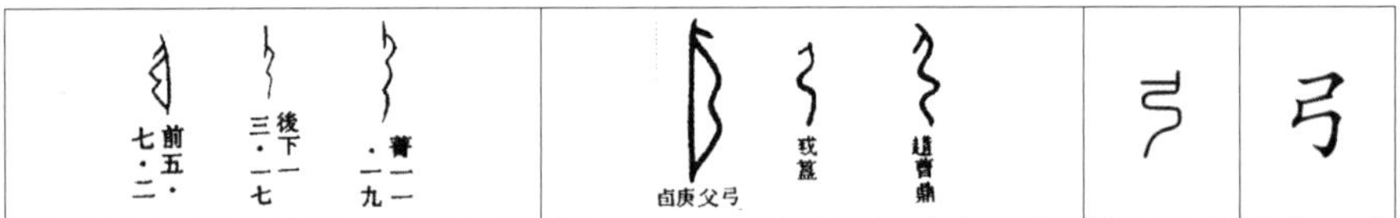

甲骨文	金文	小篆	楷書

『說文·弓部』에서는 "가까운 것으로 먼 것에 이르는 것까지 다함을 말한다. 상형자이다. 옛날에 揮가 화살을 만들었다. 『周禮』에 六弓이 나오는데, 王弓과 弧弓은 갑옷이나 가죽 과녁을 쏘아 맞히는데 사용하며, 夾弓과 庾弓은 들개 가죽 과녁이나 조수 과녁을 쏘아 맞히는데 사용한다. 唐弓과 大弓은 활쏘기를 배울 때 사용한다. 무릇 弓部에 속하는 한자는 모두 '弓'을 따른다. (以近窮遠. 象形. 古者揮作弓. 周禮六弓, 王弓弧弓以射甲革甚質, 夾弓庾弓以射幹侯鳥獸, 唐弓大弓以授學射者. 凡弓之屬皆从弓.)"라고 했다. 段玉裁는 『說文解字注』에서 "'竆也(다한다)'라는 두 글자를 보충한다. 첩운으로 글자를 풀이한 예이다. '目近竆遠者'에서 '者'는 지금 보충한 것이다. 郭璞이 『世本』을 인용해 牟夷가 화살을 만들고 揮가 활을 만들었다고 했다. 揮는 황제의 신하이다. (竆也. 補此二字. 以疊韻爲訓之例也. 目近竆遠者, 者字今補. 郭景純引世本曰, 牟夷作矢, 揮作弓. 揮, 黃帝臣.)"라고 풀이했다. 徐中舒(1989:1396)는 甲骨文의 '弓'을 "활의 형태

를 본뜬 것이다. 商의 金文은 甲骨文과 동일하다. 甲骨文의 ‘弓’자에서 편방이 생략된 ‘’은 周의 金文인 ‘’, ‘’과 모양이 똑같다. 이는 『說文』의 篆文을 이루는 근본이다. (象弓形. 商代金文作, , 與甲骨文同. 甲骨文弓字偏旁每省作, 與西周金文, 形同, 是『說文』篆文所本.)”라고 설명했다. 즉, 둥근 호가 없는 글자는 모두 활 자루만 있고 현은 없는 모양을 본뜻 것으로 이해된다.

이와 같은 ‘弓’의 자형과 의미에서 활의 몸체를 만들던 장인이란 쓰임과의 연관성을 찾아볼 수 있겠다.

(4) 廬(로)

『考工記』에 따르면 ‘廬’는 창(戈)과 미늘창(戟, 끝이 둘 또는 세 가닥으로 갈라진 창)같은 병기의 자루(廬人爲廬器)를 만들던 장인을 말한다. (戴吾三 2003:77) (張道一 2004:114-115)

			廬
甲骨文	金文	小篆	楷書

『說文·广部』에서는 “기거하는 곳이다. 가을과 겨울에는 떠나 있고 봄과 여름에만 머문다. ‘广’을 따르고 ‘盧’라고 읽는다. (寄也. 秋冬去, 春夏居. 从广盧聲.)”라고 했다. 이에 관해 湯可敬(2001:1266-1267)은 “밭이나 들에 기거할 수 있는 초막을 말한다. 가을이나 겨울에는 떠나 있다가 봄과 여름에만 거주한다.”라고 설명했다.

이러한 ‘廬’의 자형에 대한 설명은 무기의 손잡이를 만들던 장인이란 쓰임과의 연관성을 찾아볼 수 없다. 『康熙字典』의 “‘盧’와 ‘籚’, ‘廬’의 옛 글자는 서로 통했다. (是盧與籚廬古字通.)”라는 구절에서 ‘廬’와 ‘籚’의 가차 관계를 살펴볼 수 있다. 『說文·竹部』에서는 '籚'를 "대나무쪽을 여러 개 덧대서 만든 창의 자루이다. '竹'을 따르고 '盧'로 발음한다. (積竹矛戟矜也. 从竹, 盧聲.)"라고 풀이하고 있다. 段玉裁는 『說文解字注』에서 "대나무쪽을 더해서 만든 창의 자루이다. '矜'은 손잡이를 말한다. '廬'를 살펴보면 '籚'의 가차자이다. 『釋文』에 이르기를 '廬'는 본래 '籚'로 쓰이기도 한다. (積竹矛矜也. 矜, 柄也. 按廬者, 籚之假借字也. 釋文曰, 廬, 本或作籚.)"라고 풀이했다.

따라서 『考工記』의 '廬人'은 '籚人'으로 이해할 수 있으며, 이와 같은 '廬'의 가차의미에서 병기의 자루를 만들던 장인이란 쓰임과의 연관성을 찾아볼 수 있다.

(5) 匠(장)

『考工記』에 따르면 '匠'은 성곽(城郭)이나 궁궐(宮室)을 짓고 길(道路)을 놓거나 수도(溝恤)나 수리시설(水利設施)을 세우는 장인(匠人建國, 匠人營國, 匠人爲溝洫)로, 도시와 궁궐을 건설하는 기술자를 가리킨다. (戴吾三 2003:79-83) (張道一 2004:120-139)

『說文·匚部』에서는 '匠(㔙)'을 "목공이다. '匚'과 '斤'를 따른다. 도끼는 기물을 만드는 도구이다. (木工也. 从匚从斤. 斤, 所以作器也.)"라고 했다. 段玉裁는 『說文解字注』에서 "여러 장인을 모두 '工'이나 '匠'으로 칭한다. 그 중에서 木工만을 언급한 것은 글자가 '斤'로 이루어졌기 때문이다. (百工皆稱工, 稱匠. 獨擧木工者, 其字从斤也.)"라고 풀이했다. 『孟子·盡心上』에 "뛰어난 목수는 서툰 목수를 위해 먹줄을 고치거나 버리지 않는다. (大匠不爲拙工改廢繩墨.)"라는 구절이 있는데, 이를 통해 '匠'과 '工'이 목수나 기술을 가진 장인을 뜻할 수 있음을 확인할 수 있다. 許進雄(1995:190)은 상자 안에 담긴 도끼에서 그 뜻을 취했다고 말했다. 나무로 기물을 만들려면 벌목을 해서 다시 이를 쪼개야 하는데 이러한 과정에서 가장 필요한 도구가 바로 도끼라는 것이다. 따라서 목공에게 가장 중요한 도구인 도끼를 상자에 잘 보관하고 있는 자형이 목공이란 의미를 나타내게 된 것이다.

이와 같은 '匠'의 자형과 의미에서 특히 건축분야에 종사하던 장인이란 쓰임과의 연관성을 찾아볼 수 있겠다.

(6) 車(거)

『考工記』에 따르면 '車'는 달구지(大車)나 농기구(農具)를 만들던 장인(車人爲車, 車人爲耒.)을 말한다. (戴吾三 2003:86) (張道一 2004:146-150)

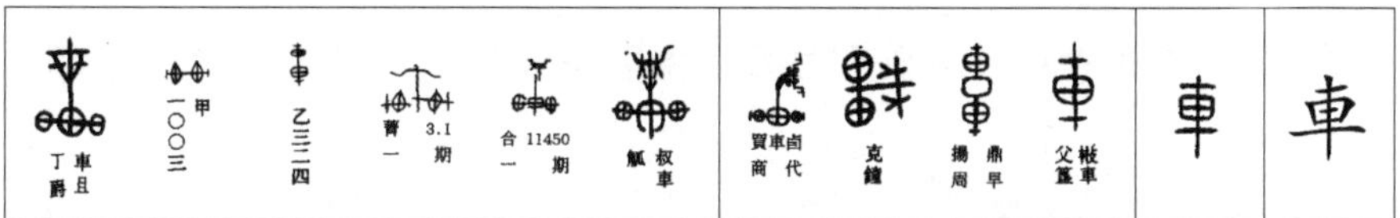

甲骨文	金文	小篆	楷書

『說文·車部』에서는 "몸체와 바퀴를 모두 합한 명칭이다. 夏後시대에 奚仲이 만들었다. 상형자이다. (輿輪之總名也. 夏後時奚仲所造. 象形.)"라고 했다. 段玉裁는 『說文解字注』에서 "수레를 이루는 사물은 많지만 유독 몸체(輿)와 바퀴(輪)만 말한 것은 바퀴통(轂), 바퀴살(輻), 바퀴 덧테(牙)가 바퀴에 포함되며, 수레의 앞턱 가로나무(軾), 좌우 손잡이(較), 뒤턱 가로나무(軫), 굴대 끝(軹), 난간 기둥(轛)이 모두 몸체에 포함되기 때문이다. 수레의 끌채(輈)와 굴대(軸)로 수레 몸체와 바퀴가 움직이도록 하므로, 倉頡이 글자를 만들 때 몸체 하나, 바퀴 두 개, 축 하나의 모양을 본뜬 것이다. (車之事多矣. 獨言輿輪者. 以轂輻牙皆統於輪. 軾較軫軹轛皆統於輿. 輈與軸則所以行此輿輪者也. 故倉頡之制字, 但象其一輿兩輪一軸.)"라고 풀이했다. 徐中舒(1989:1499)는 甲骨文의 '車'를, 수레의 두 바

퀴(輪), 거상(輿, 車箱), 끌채(轅), 가름대(衡) 등의 형태를 본뜻 것이라고 설명했다. 또한 수레에서 가장 중요한 특징이 바퀴이므로, 다른 것은 생략하고 바퀴만 그리기도 한다고 말했다. 馬如森(2007:505)는 甲骨文의 '車'는 상형자로 본의는 수레라고 말했다. 고대의 수레는 바퀴(輪), 차체(箱), 비녀장(轄), 굴대(軸), 걸이(衡) 등으로 구성되는데, '車'는 이런 모습을 본떠 만든 글자라는 해석이다. 劉志成(2003:268) 역시 '車'가 수레의 두 바퀴(輪), 차축(軸), 끌채(轅), 가름대(衡)의 모습을 본뜻 것으로, 대체로 夏商시대의 수레 모양이라고 덧붙였다. 『釋名·釋車』에 "수레를 옛사람들은 '거'라고 읽었으며, 소리는 '居'와 같다. 이는 사람들이 앉아서 타고 가는 바를 말한 것이다. 지금은 '차'라고 읽고 집으로 풀이하는데, 이는 나그네가 머무는 곳으로 수레가 집과 같은 역할을 담당하기 때문이다. (車, 古者曰車, 聲如居, 言行所以居人也. 今曰車, 車, 舍也, 行者所處若車舍也)."라는 구절을 통해 수레의 기능을 살펴볼 수 있다.

이와 같은 '車'의 자형과 의미에서 달구지를 만들던 장인이란 쓰임과의 연관성을 찾아볼 수 있겠다.

(7) 梓／梓(재)

『考工記』에 따르면 '梓'는 악기를 매다는 틀(筍虡)이나 술잔(飲器), 과녁(射侯)등을 만들던 장인(梓人爲筍虡, 梓人爲飲器, 梓人爲侯)을 말한다. (戴吾三 2003:70-75) (張道一 2004:152-163)

『說文·木部』에서는 '梓(𣓌)'를 "가래나무이다. '木'을 따르고 '宰'의 생략형이 발음을 나타낸다. (楸也. 从木, 宰省聲.)"라고 했다.

'梓'는 가래나무 혹은 개오동나무로, 이 나무는 비교적 단단하고 가벼워서 옛날부터 건축이나 장롱, 각종 목기를 만드는데 주로 사용되었다고 한다. 이러한 '梓'에 관한 설명을 바탕으로 각종 목재 기물을 만드는 '梓人'이란 쓰임이 생겼을 것으로 추론한다.

이 밖에도 각 직무의 개요를 서술하는 총론에는 없지만 『考工記』 본문의 '攻木之工'부분에는 마차나 수레의 끌채(車轅)를 만들던 장인(輈人爲輈)인 '輈'에 대한 설명이 있다. (戴吾三 2003:34) (張道一 2004:56-57) 따라서 나무 공예 분야에는 '輪, 輿, 弓, 盧, 匠, 車, 梓'에 '輈'가 더해진 총 8가지 직책이 존재했음을 알 수 있다.[20)]

2) 금속 공예

『考工記』는 금속[21)] 공예에 종사하는 장인을 직종에 따라 각종 무기나 칼을 만들던 '築人, 冶人, 桃人', 악기인 종을 만들던 '鳧人', 용기를 만들던 '栗人', 농기구를 만들던 '段人'으로 나누었다. 그 중에서 築人과 冶人은 청동의 주조를 책임졌다. 청동을 주조할 때, 築人은 주석을 많이 섞는 '下齊'를 담당했고 冶人은 주석을 적게 섞는 '上齊'를 담당했다. 下齊는 주로 칼날, 화살, 거울을 만드는데 적합하고 上齊는 鐘, 鼎, 도끼, 창을 만드는데 적합하다. (阮元 1992:3:615)

---

20) 『說文·車部』에서는 '輈(𨌲)'를 "무겁다는 뜻이다. 車를 따르고 侖으로 발음한다. (重也. 从車周聲.)"라고 했다.

21) 금속공예의 주재료인 '金(金)'을 『說文』은 "다섯 가지 색깔의 쇠를 말한다. 흙에서 생겨나므로, '土'를 따른 것이다. 왼쪽에서 붙는 모습은 쇠가 흙속에 있는 모양을 본뜬 것이다. (金, 五色金也. 生於土, 从土. 左右注象金在土中形.)"라고 했다. 段玉裁는 『說文解字注』에서 "'从革不韋'에서 韋는 옛날에 違로 썼지만 지금 바로 잡는다. 韋는 어긋난다는 뜻이다. 从革이라는 말은 『尙書·鴻範』편에 나온다. 금은 사람의 뜻에 따라 바꾸어 기물을 만드는데 여러 번 모양을 바꾸어도 손상됨이 없다. 이는 다섯 가지 금이 모두 그러하다. 土옆에 있는 두 획을 일컫는 것이다. 아래가 모양을 나타내고 위는 발음을 표현한다. (从革不韋. 舊作違, 今正. 韋, 背也. 从革, 見鴻範. 謂順人之意以變更成器, 雖屢改易而無傷也. 五金皆然. 謂土旁二筆也. 下形上聲.)"라고 설명했다.

(1) 築(축)

『考工記』에 따르면 ‘築’은 작은 書刀(竹簡에 글자를 새기던 칼)를 만들던 장인(築氏爲削)을 말한다. (戴吾三 2003:44) (張道一 2004:172-173)

			築
甲骨文	金文	小篆	楷書

『說文·木部』에서는 “찧다, 두드린다는 뜻이다. ‘木’을 따르고 ‘筑’으로 발음한다. ‘𥳇’은 古文이다. (擣也. 从木, 筑聲. 𥳇, 古文.)”라고 했다. 段玉裁는 『說文解字注』에서 “다지는데 사용되는 도구로, ‘所㠯’라는 두 글자는 지금 보충한다. ‘땅을 다지고서 그 위에 담장을 쌓는다.’에서 사용하는 ‘築’은 도구를 일컫는 것으로, 그 이름을 공이·달구이다. ‘築’은 곧게 찧는 도구이다. (所㠯擣也. 所㠯二字今補. 此蒙上築牆言所用築者, 謂器也, 其器名築. 築者, 直舂之器.)”라고 풀이했다.

이와 같은 ‘築’의 자형과 의미에서는 書刀를 만들던 장인이란 쓰임과의 연관성을 찾아보기 어렵다.

(2) 冶(야)

『考工記』에 따르면 ‘冶’는 화살(箭鏃)이나 창(戈), 삼지창(戟, 끝이 둘 또는 세 가닥으로 갈라진 창)등을 만들던 장인(冶氏爲殺矢)을 말한다. (戴吾三 2003:44) (張道一 2004:174-181)

甲骨文	金文	小篆	楷書
	 鄭韓故城銅戈 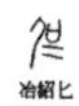 冶紹匕 戰國  趙武襄君鈹 戰國		冶

『說文·仌部』에서는 “쇠를 녹인다는 뜻이다. ‘仌’을 따르고 ‘台’로 발음한다. (銷也. 从仌台聲.)”라고 했다. 이에 관해 湯可敬(2001:1614)은 “『說文解字注』에서는 ‘銷’란 금속을 녹인다는 뜻이다. 얼음이 녹는 모양과 쇠가 녹는 모양이 같다. 고로 도가니에서 쇠를 끓여 녹이는 것도 ‘冶’라고 한다.’라고 했다”라고 설명했다. 이처럼 ‘冶’는 쇠붙이를 녹여 주조한다는 의미에서 주물공, 대장장이라는 의미로 인신되었고 후에는 금속을 놓이고 물건을 주조하는 장소라는 대장간이라는 의미까지 포함하게 되었다. (漢語大字典編纂委員會 1986:320)

이와 같은 ‘冶’의 자형과 의미에서 금속으로 된 화살이나 창 등을 만들던 장인이란 쓰임과의 연관성을 찾아볼 수 있겠다.

(3) 鳧(부)

『考工記』에 따르면 ‘鳧’는 악기인 종을 만들던 장인(鳧氏爲鍾)을 말한다. 이들은 종의 양쪽 귀인 銑(선), 종의 몸체(於, 鼓, 鉦, 舞) 그리고 종을 매다는 旋(선)등을 만든다. (戴吾三 2003:46) (張道一 2004:183-184)

甲骨文	金文	小篆	楷書
 合 14161 一期  乙 580 一期	 叔鳧匜  仲鳧父簋  (摹本) 鄧鳧母盨蓋·西周早中期·		鳧

『說文·鳥部』에서는 “오리이다. 야생오리를 말한다. ‘鳥’를 따르고 ‘几’로 발음한다. (舒鳧, 鶩也. 从鳥, 幾聲.)”라고 했다. 湯可敬(2001:431)은 “于省吾은 『甲

骨文字释林』에서 '[illegible]'의 윗부분은 '隹'를 따르는데 古文에서는 '隹'와 '鳥'를 따르는 것이 차이가 없다. 아랫부분은 '[illegible]'를 따르는데, '伏'의 本字이다. '[illegible]'은 후의 전적에서는 '梟'로 쓰였다'라고 했다"라고 설명했다.

이와 같은 '梟'의 자형과 의미에서는 종을 만들던 장인이란 쓰임과의 연관성을 찾아보기 어렵다.

(4) 栗(율)

『考工記』에 따르면 '栗'은 도량형 용기(量器)를 만들던 장인(栗氏爲量)을 말한다. (戴吾三 2003:49) (張道一 2004:191-192)

甲骨文	金文	小篆	楷書
			栗

『說文·木部』에서는 "나무이름이다. '木'을 따른다. 그 열매가 아래로 늘여져 있으므로 '卤'를 따랐다. (木也. 从木, 其實下垂, 故从卤.)"라고 했다. 徐中舒(1989:760)는 甲骨文의 '栗'을 "나무 위에 열린 과일에 까끄라기가 있는 모습을 본뜻 것으로 '[illegible]'이 까끄라기가 있는 과일의 모양이다. 후에 이 글자는 '[illegible]'로 와변되었고『說文』에 이르러 결국 '[illegible]'이란 篆文으로 와변되었다. 이후 '[illegible]'은 다시 '[illegible]'으로 와변되었다.『說文』의 자형에 관한 풀이는 정확하다고 보기 어렵다. (象木上果實有芒刺之形, [illegible]象有芒刺之果實, 後譌作[illegible], 至『說文』篆文遂譌作[illegible], [illegible]又譌作[illegible].『說文』說形不確.)"라고 설명했다.

이와 같은 '栗'의 자형과 의미에서는 도량형 용기를 만들던 장인이란 쓰임과의 연관성을 찾아보기 어렵다.

(5) 段(단)

『考工記』에는 '段'에 대한 설명이 빠져있다. 그러나 금속 공예에 관한 설명의 도입 부분에 언급된 "대장장이가 농기구를 만들었다. (段氏爲鎛器)"라는 구절을 통해, '段'을 금속 농기구(金屬農具)를 만들던 직책으로 이해한다. (戴吾三 2003:24)

	 段簋 建信君鈹 戰國 八年相邦鈹 戰國		段
甲骨文	金文	小篆	楷書

『說文·殳部』에서는 "몽둥이로 사물을 때린다는 뜻이다. '殳'를 따르고 '耑'의 생략형이 발음을 나타낸다. (椎物也. 从殳, 耑省聲.)"라고 했다. 이에 관해 湯可敬(2001:428)은 "徐灝는『說文解字注箋』에서 '鍛(숫돌)'과 '碫'은 '段'의 고문자이다. 인신되어 구분하여 나눈다는 뜻으로 쓰인다.'고 했으며, 朱芳圃는『殷周文字釋叢』에서 '金文은 손에 방망이를 들고 절벽에서 돌을 두드리는 모양을 본뜬 것이다'고 말했다."라고 설명했다.

段은 '鍛'과 통한다. (漢語大字典編纂委員會 1986:2310)『說文·金部』에서는 "쇠를 두드린다는 뜻이다. '金'을 따르고 '段'으로 읽는다. (小冶也. 从金段聲.)"라고 했다. 段玉裁는『說文解字注』에서 "쇠를 두드리는 것은 작은 도가니와 풀무질로 쇠를 녹여 만드는 것을 일컫는다.『考工記』에서 '段氏가 농기구를 만든다.'라고 했는데, '段'은 곧 '鍛'이다. (小冶謂小作鑪韛以冶金. 考工記, 段氏爲鎛器, 段卽鍛也.)"라고 풀이했다.

따라서『考工記』의 段氏는 '鍛氏'로 이해할 수 있으며, 이와 같은 '段'의 가차의미에서 금속 농기구를 만들던 장인이란 쓰임과의 연관성을 찾아볼 수 있다.

(6) 桃(도)

『考工記』에 따르면 '桃'는 검(양쪽 날이 있는 칼)을 만들던 장인(桃氏爲劍)을 말한다. (戴吾三 2003:24) (張道一 2004:198-199)

『說文·木部』에서는 '桃(桃)'를 "과실나무의 이름이다. '木'을 따르고 '兆'로 발음한다. (果也. 从木, 兆聲.)"라고 했다.

이와 같은 '桃'의 의미에서 검을 만들던 장인이란 쓰임과의 연관성을 찾아보기 어렵다.

3) 가죽 공예

가죽[22)]은 고대에 사냥을 통해 얻을 수 있는 의복재료였다. 그러나 논밭으

---

22) 가죽공예의 주재료인 가죽을 가리키는 단어로 '皮(皮)'와 '革(革)'이 있다. 『說文』은 皮를 "짐승의 가죽을 벗겨낸 것을 일컬어 皮라고 한다. (剝取獸革者謂之皮.)"라고 했다. 段玉裁는 『說文解字注』에서 "'剝'은 찢는다는 뜻이다. 가죽과 살을 찢어서 분리하는 것을 말한다. '革'이라고 말하는 것은 析言하면 털을 제거한 것을 '革'이라고 하지만 統言하면 차이가 없다. '者'라고 말한 것은 그를 행하는 사람을 일컫는다. 짐승의 가죽을 취하는 사람을 일컬어 '皮'라고 한다. '又'는 손이다. 그것으로 찢어서 취한다. 古文 '篗'가 '竹'을 따르는 것은 대부분 대나무로 가죽을 벗겨내기 때문이다. (剝, 裂也. 謂使革與肉分裂也, 云革者, 析言則去毛曰革, 統言則不別也. 云者者, 謂其人也. 取獸革者謂之皮. 又手也. 所以剝取也. 从竹者, 蓋用竹以離之.)"라고 설명했다. 『說文』은 '革'을 "짐승의 가죽에서 그 털을 다듬어 없앤 것으로, '革'은 그것을 고친다는 뜻이다. 古文 '革'의 모양을 본뜻 것이다. (獸皮治去其毛, 革更之. 象古文革之形.)"라고 했다. 段玉裁는 『說文解字注』에서 "각 판본에는 '獸皮治去其毛革更之, 象古文革之形.'라고 되어 있는데, 이러한 말은 문자의 의미나 구두가 모두 통하지 않는다. '革'과 '鞹'은 전주관계이다. '革'과 '更'은 쌍성이다. 털을 다듬어 없애는 것은 고쳐서 바꾼다는 뜻이다. 고로 새롭게 바꾼다는 의미로 인신되어 쓰인다. 무릇 글자 가운데 古文을 모방하여 小篆으로 만든 것이 있는데 이를 허신이 말하지 않았다면 六書의 어디에 놓았을지 끝내 알 수 없었을 것이다. '革'의 古文자형에서 '臼'을 바꾸어 '𠙴'로 만들었는데, 이는 복잡한 것을 생략하여 간략하게 만들었을 따름이다. (各本獸皮治去其毛革更之, 象古文革之形. 文義, 句讀皆不可通. 革與鞹二字轉注. 二字雙聲. 治去其毛, 是更改之義. 故引伸爲凡更新之用. 凡字有依倣古文製爲小篆, 非許言之, 猝不得其於六書居何等者. 易臼爲𠙴, 蓋省煩爲簡耳.")라고 설명했다.

로 일구기 위해 산림과 초원을 개간하고 야생동물을 쫓아내거나 마구잡이로 사냥하면서 가죽은 점차 진귀한 재료로 변하게 되었다. 가죽은 희소성과 아름다운 모양에 따라 가치가 매겨졌고 점차 계급의 상징물로 변화했다. (許進雄 1995:218) 『考工記』는 가죽 공예에 종사하는 장인을 직종에 따라 군사 장비를 만드는 '函人, 鮑人, 韗人', 일상 복장이나 물건을 만드는 '韋人'과 '裘人'으로 분류했다.

(1) 函(함)

『考工記』에 따르면, '函'은 가죽 갑옷(甲衣)을 만들던 장인(函人爲甲)을 말한다. 許進雄(1995:197)은 函人이 만든 갑옷은 활과 검으로부터 몸을 보호할 수 있는 중요한 군사장비로 그 제작을 중시했다고 설명했다. 가죽 갑옷에는 물소가죽 갑옷인 犀甲(서갑), 들소가죽 갑옷인 兕甲(시갑), 그리고 일반 가죽을 모아 만든 合甲(합갑) 등이 있다. (戴吾三 2003:51) (張道一 2004:202-203)

甲骨文	金文	小篆	楷書
 合 10244 一期 / 合 28068 三期 / 合 28373 三期	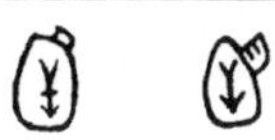 函皇父匜 周晚 / 函皇父鼎 周晚		

『說文·马部』에서는 '函'을 "혀이다. 상형자이다. 혀를 가득 머금고 있는 모양으로, '马'을 따르고 '马'로도 발음한다. (舌也. 象形, 舌體马马, 从马, 马亦聲.)"라고 했다. 段玉裁는 『說文解字注』에서 "혀가 입안에 있는 모양이다. 『毛傳』에 따르면 '"臄"은 "凾"이다.'라고 했고 『通俗文』에서는 '입의 윗부분은 "臄"이라고 하고 입의 아랫부분은 "凾"이라 한다.'라고 했다. 毛氏와 服虔은 '凾'을 『說文』의 '顄'로 풀이한 것이다. '顄'는 아래턱으로, 이 때문에 복건

이 입의 아랫부분이라고 말한 것이다. 毛氏가 혼동하여 말한 것은 입의 윗부분과 아랫부분을 나누지 않았기 때문이다. '圅'을 '含'이라고 한 것은 가차이다. 상형이라는 두 글자는 혀를 본떴다고 풀이한데서 온 것이므로, 지금 바로 잡는다. (舌在口. 按大雅毛傳曰, 臄者, 圅也. 通俗文云, 口上曰臄, 口下曰圅. 毛, 服之圅皆卽說文之𩕳字. 𩕳, 頤也. 故服云口下. 毛則渾言之, 口上口下不分耳. 圅, 含也. 謂叚借也. 二字各本誤在舌體上, 今正.)"라고 풀이했다. 徐中舒(1989:756)는 甲骨文의 '函'을 "주머니 안에 화살이 들어있는 모습을 본뜬 것으로, 화살을 보관하는데 사용하는 것이 '𠚕'이다.『說文』의 篆文인 '圅'은 와변된 것으로 뒤에 나오는 글자에서 이를 따라 '㐄'을 혀의 모양으로 풀이한 것은 정확한 게 아니다. (象矢在囊橐之形, 爲藏矢所用之𠚕.『說文』篆文譌作圅, 且以下部所从之㐄爲舌形, 不确.)"라고 설명했다. 馬如森(2007:360-361)는 甲骨文의 '函'이 '矢'와 '口'를 따르고 화살을 담는 그릇에 화살이 담겨있는 모습을 본뜬 것이라고 언급했다. 이는 王國維가 '函'을 통에 화살이 거꾸로 담겨진 모습을 본뜻 것으로 해석한 것과 일맥상통한다. 이러한 '函'은 화살을 넣는 통이란 '箙'과 의미가 유사하다.

위의 '函'에 대한 甲骨文과 小篆의 풀이는 가죽 갑옷을 만들던 장인인 函人과는 의미적 연관성이 없어 보인다. 그러나『考工記』의 본문에서 "燕나라에 갑옷을 만드는 이가 없다는 것은 결코 갑옷을 만드는 사람이 전혀 없다는 말은 아니다. 오히려 모든 사람이 갑옷을 만드는데 능하다. (燕之無函也, 非無函也, 夫人而能爲函也.)"(張道一 2004:6-7)라는 구절과『孟子·公孫丑上』의 "화살 만드는 사람의 마음이 어지 갑옷 만드는 사람보다 어질지 못하겠는가(矢人豈不仁於函人哉.)"(阮元 1992:3:66)라는 구절을 통해 '函'은 '鋡'의 가차관계를 살펴볼 수 있다. (漢語大字典編纂委員會 1986:339/4551)

따라서『考工記』의 '函人'은 '鋡人'으로 이해할 수 있으며, (漢語大字典編纂委員會 1986:339/4551) 이와 같은 '函'의 가차의미에서 가죽 갑옷을 만들던 장인이란 쓰임과의 연관성을 찾아볼 수 있겠다.

(2) 鮑(포)

『考工記』에 따르면 '鮑'는 가죽을 얇고 부드럽고 펴는 무두질(揉制皮革)을 하던 장인(鮑人之事, 欲其柔而滑也)을 말한다. (戴吾三 2003:53) (張道一 2004:208-209)

『說文·魚部』에서는 '鮑(鮑)'를 "절인 생선을 말한다. '魚'를 따르고 '包'로 발음한다. (饐魚也. 从魚, 包聲.)"라고 했다.

위의 '鮑'에 대한 『說文』의 풀이는 가죽의 무두질을 담당하던 장인이란 鮑人과는 의미적 연관성이 없어 보인다. 그러나 『說文·革部』에서 '鞄(鞄)'를 찾아보면 "가죽을 다듬던 장인이다. '革'을 따르고 '包'로 발음한다. 『周禮』에 '가죽의 무두질을 담당하던 장인을 鮑氏라고 한다.'라는 구절이 있는데, '鞄'가 즉 '鮑'에 해당한다. (柔革工也. 从革包聲. 周禮曰 : '柔皮之工鮑氏.' 鞄卽鮑也.)"라는 설명이 있다.

따라서 『考工記』의 '鮑氏'는 '鞄氏'로 이해할 수 있으며, 이와 같은 '鮑'의 가차의미에서 무두질을 담당하던 장인이란 쓰임과의 연관성을 찾아볼 수 있다.

(3) 韗(운)

『考工記』에 따르면 '韗'은 북을 만드는 가죽(作鼓)을 다루던 장인(韗人爲皐陶)을 말한다. (戴吾三 2003:24) (張道一 2004:212-213)

『說文·革部』에서는 '韗(韗)'을 "가죽을 다루어 북을 메던 장인이다. '革'을 따르고 '軍'으로 발음한다. '運'으로 읽는다. '韗'은 '韋'를 따르기도 한다. (攻皮治鼓工也. 从革, 軍聲. 讀若運. 韗, 韗或从韋.)"라고 했다.

이와 같은 '韗'의 의미에서 북을 만드는 가죽을 다루던 장인이란 쓰임과의 연관성을 찾아볼 수 있겠다.

(4) 韋(위)

『考工記』에는 ‘韋’에 대한 기록이 빠져있지만, 여러 해설서의 주석을 토대로 ‘韋’는 가죽을 가공하던 직책으로 이해한다. (戴吾三 2003:24)

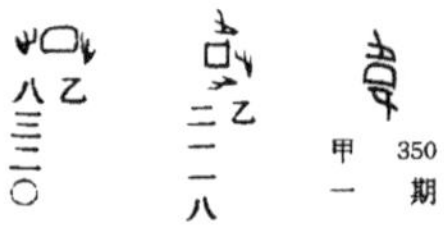 乙八三二〇 / 乙二二一八 / 甲350 一期	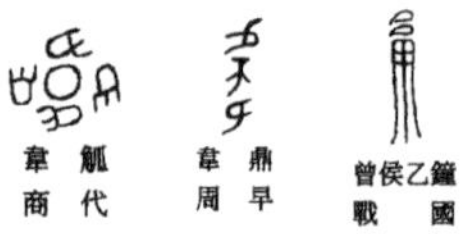 韋甗 商代 / 韋鼎 周早 / 曾侯乙鐘 戰國		韋
甲骨文	金文	小篆	楷書

『說文·舛部』에서는 “서로 어긋나 있다는 뜻이다. ‘舛’을 따르고 ‘口’로 발음한다. 짐승의 가죽으로 비틀어지고 서로 어긋난 것을 묶을 수 있다. 고로 이를 빌려서 皮韋로 삼았다. (相背也. 从舛口聲. 獸皮之韋, 可以束枉戾相韋背, 故借以爲皮韋.)”라고 했다. 段玉裁는 『說文解字注』에서 “처음에는 가죽 끈으로 사물을 묶는다는 뜻이었으나. 그 후에는 모든 가죽을 ‘韋’라고 부르게 되었다. 가차의만 통용되면서 본래의 의미는 사라졌다. (其始用爲革縷束物之字. 其後凡革皆偁韋. 假借專行而本義廢矣.)”라고 풀이했다. 이에 관해 湯可敬(2001:733)은 “‘’는 ‘韋’의 古文이다. 徐灝는 『說文解字注箋』에서 ‘위와 아래는 모두 가죽이 실타래에 묶여 있는 사물의 모양을 본뜬 것이다. 가운데가 ‘⊙’을 따른 것은 둘러쌌다는 뜻이다’라고 했다.”라고 설명했다.[23] 이 밖에도 『周禮·春官·司服』편에 “무릇 군사에 관한 일을 할 때는 위변(가죽으로 만든 관)을 갖춘 예복을 입는다. (凡兵事, 韋弁服.)”(阮元 1992:3:324)라는 구절을 근거로 ‘韋’는 가죽을 뜻하는 글

---

23) 劉志成(2003:318-319)은 韋의 甲骨文을 분석해보면, 중간의 口는 사각형의 성벽을 그린 것이고 위와 아래에 있는 발은 무사가 성과 마을을 보호하기 위해 순찰하는 족적을 표시한 것으로 설명했다. 또한 韋는 ‘衞’의 초문으로, 무사가 순찰하면서 성 주위를 돌기 때문에 주위를 돈다는 의미로 인신되어 ‘圍’로 쓰였다고 했다.

자로 볼 수 있다.

이와 같은 '韋'의 자형과 의미에서 갖옷을 만드는 장인이란 쓰임과의 연관성을 찾아볼 수 있겠다.

(5) 裘(구)

『考工記』에는 '裘'에 대한 기록이 빠져있지만, 여러 해설서의 주석을 토대로 '裘'는 갖옷(皮衣)을 만들던 직책으로 이해한다. (戴吾三 2003:24)

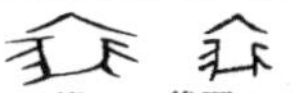 佚八八 後下 8.8 一期	 不壽簋 周早 叉尊 佴叔簋 周晚		裘
甲骨文	金文	小篆	楷書

『說文·衣部』에서는 "가죽옷이다. '衣'를 따르고 '求'라 읽는다. 일설에는 상형자라고도 하는데, '衰'와 글자 구성이 같다. (皮衣也. 从衣求聲. 一曰象形, 與衰同意.)"라고 했다. 段玉裁는 『說文解字注』에서 "각 판본에서 '衣'를 따르고 '求'라고 읽는다. 일설에 상형자라고 한다.'라고 되어 있는데, 이는 식견이 짧은 사람들이 함부로 글자를 더해 놓은 것이다. 가죽옷을 만들 때 털이 밖으로 나오는데, 그 털 무늬를 본뜻 것이다. '衰'와 글자 구성이 같다고 한 것은 모두 衣가 들어가고 그 속에 상형 부분이 포함되었기 때문이다. (各本作从衣求聲, 一曰象形. 淺人妄增之也. 裘之制毛在外. 故象毛文. 與衰同意. 皆从衣而象其形也.)"라고 풀이했다. 徐中舒(1989:939)는 모피가 밖으로 드러난 옷의 모양을 본뜬 것으로, '裘'의 本字라고 설명했다. 『詩經·豳風』의 "저 여우와 삵을 잡아다가, 우리 공자님 갖옷 지어드려야지(取彼狐狸, 爲公子裘.)"와 『玉篇』의 "가죽옷이다. (皮衣也.)"의 용례를 통해, 許進雄(1995:196)의 짐승의 털이 밖으로 나와 있는 갖옷의 모양이라는 주장은 타당한 것으로 보인다.

위에서 논한 '裘'는 본래 '求'였다.

甲骨文	金文	小篆	楷書

『說文·裘部』에서는 "'求'는 古文으로, '衣'가 생략되었다. (求, 古文省衣.)"라고 했다. 段玉裁는 『說文解字注』에서 "이 글자( )가 본래는 '裘'의 古文이었다. 후에 '衣'를 더하여 '裘'를 만들고 '求'는 간청하다는 의미로만 전용하였다. 이것은 또한 '艸'를 더하여 '蓑'를 만들고 '衰'는 줄어든다는 뜻으로 쓰는 것과 같다. '求'에 '衣'를 더한 글자는 小篆으로 보기 어렵다. (此本古文裘字. 後加衣爲裘, 而求專爲干請之用. 亦猶加艸爲蓑, 而衰爲等差之用也. 求之加衣, 蓋不待小篆矣.)"고 풀이했다. 이에 관해 湯可敬(2001:733)은 "羅振玉은 『增訂殷虛書契考釋』에서 '甲骨文은 짐승의 털을 본뜬 것으로, 마땅히 裘의 첫 글자이다'라고 했고 李孝定은 『甲骨文字集釋』에서 '" "은 짐승 가죽의 주둥이 하나, 귀 두 개, 발 네 개, 꼬리 하나의 모양을 본뜬 것이다'라고 했다"라고 부연 설명했다. 許進雄(1995:196) 역시 '求'가 아직 마름질이나 가공하지 않은 모피의 원재료 모양이라고 했다.

이와 같은 '裘'와 '求'의 자형과 의미에서 갖옷을 만드는 장인이란 쓰임과의 연관성을 찾아볼 수 있겠다.

4) 염색 공예

『說文·水部』에서는 '染( )'을 "비단으로 빛깔을 입혀서 색을 들인다. '水'를 따르고 '雜'으로 발음한다. (以繒彩爲色. 从水雜聲.)"라고 했다. 湯可敬

(2001:1594)은 "裴先遠이 말하기를, '木'은 물을 들이는 바로 치차나 꼭두서니의 부류를 가리키며, '九'는 염색의 횟수를 나타내는 것이라고 했다."라고 설명했다. 何九盈(1995:355)은 "'染'은 회의자로, '水'와 '九', '木'을 따른다. 徐鉉에 따르면 '九'는 염색물에 담기는 횟수를 나타낸다고 한다. 여기서 '九'는 실제 아홉 번을 가리키는 것이 아니라, 견직물은 여러 번 염색물에 담구기를 반복해야만 물이 드는 것을 말한다. '木'은 염료를 나타낸다. 고대에는 염료를 대부분 식물에서 채취했다. 염료가 되는 잎이나 수액을 직물과 함께 담구거나 아니면 채취한 여러 재료를 발효시킨 후 직물을 담갔다가 말리는 과정을 반복하면서 염색을 완성하게 된다."라고 설명했다. 이러한 염색의 발달은 사회 계급의 분화와 함께 하는데, 이는 통치계급이 장신구와 의복을 통해 자신들의 정통성을 강조했기 때문으로 볼 수 있다.

『考工記』는 염색 공예에 종사하는 장인을 직종에 따라, 재료를 배합하여 각종 색깔을 만드는 '畫繢', 각각 깃털, 실, 천을 염색하던 '鍾人', '筐人', '㡛人'으로 분류했다.

(1) 畫(화)

『考工記』에 따르면 '畫繢'는 五色(青·赤·白·黑·黃)을 배합하던 장인(畫繢之事, 雜五色)을 말한다. (戴吾三 2003:24/55) (張道一 2004:221-225)

甲骨文	金文	小篆	楷書

『說文·畫部』에서는 "경계를 짓는다는 뜻이다. 밭의 사방 경계를 본뜬 것이다. 붓으로 경계를 짓는다. (界也. 象田四界. 聿, 所以畫之.)"라고 했다. 段玉

裁는 『說文解字注』에서 “붓을 사용하여 구분한다는 것으로 ‘聿’을 따르는 이유를 말한 것이다. 후에 인신되어 그림을 그린다는 글자가 되었다. (聿所旨畫之, 說从聿之意. 引伸爲繪畫之字.)”라고 풀이했다. 許進雄(1995:205)은 ‘畫’를 손에 붓을 들고 교차된 도안을 그리는 모양으로 해석했다. 초기 의미는 ‘畫’와 ‘肅(肅)’이 동일하지만, ‘畫’의 도안이 비교적 간단했을 것으로 추정했다. 또한 ‘肅’은 한 손으로 붓을 잡고 복잡한 문양을 그려내는 모습으로, 도안을 그리는 일은 자수와 방직에서 첫 번째 작업에 속한다고 언급했다. 여기서 ‘肅’은 ‘繡(繡)’의 字源으로 후에 엄숙하다 혹은 삼간다는 뜻으로 인신되었다고 한다.

『說文·糸部』에서는 ‘繢(繢)’를 “피륙의 끄트머리를 말한다. ‘糸’를 따르고 ‘貴’로 읽는다. (織餘也. 从糸貴聲.)”라고 했다.

이와 같은 ‘畫’나 ‘繢’의 자형과 의미에서 염색에 필요한 색깔을 배합하여 만들어 내던 장인이란 쓰임과의 연관성을 찾아보기 어렵다.

(2) 鐘(종)

『考工記』에 따르면 ‘鐘’은 깃털[24]의 날염(染羽毛)을 담당하던 장인(鐘氏染羽)을 말한다. (戴吾三 2003:57) (張道一 2004:230-231)

	 虘鐘 周中 / 魯遠鐘 春秋 / 多友鼎 周中		鐘
甲骨文	金文	小篆	楷書

24) 염색공 鐘氏가 다루던 재료는 ‘羽(羽)’이다. 『說文』에 이르기를 “새의 긴 깃털로, 상형자이다. (羽, 鳥長毛也. 象形.)”라고 했다. 段玉裁는 『說文解字注』에서 “긴 깃털은 반드시 짝을 이루기 때문에, 깃털의 모양인 ‘彐’을 병렬시킨 것이다. (長毛必有耦, 故竝彐.)”라고 풀이했다.

『說文·金部』에서는 “악기로 사용하는 종이다. 추분을 대표하는 음으로, (가을이 되면) 만물과 벼가 익는다. ‘金’을 따르고 ‘童’으로 발음한다. 옛날에 ‘垂’가 종을 만들었다고 한다. (樂鐘也. 秋分之音, 萬物種成. 从金童聲. 古者垂作鐘.)”라고 했다. 段玉裁는 『說文解字注』에서 “마땅히 쇠로 만든 악기라고 해야 한다. 세상의 만물과 벼가 익으므로, ‘鐘’이라고 말한 것이다. ‘鐘’과 ‘種’은 첩운이다. (當作金樂也. 萬物種成, 故謂之鐘. 鐘與種疊韵.)”라고 풀이했다.

이와 같은 ‘鐘’의 자형과 의미에서 깃털의 날염을 담당하던 장인이란 쓰임과의 연관성을 찾아보기 어렵다.

(3) 筐(광)

『考工記』에는 ‘筐’에 대한 기록이 빠져있지만, 여러 해설서의 주석을 토대로 ‘筐’은 천이나 비단을 염색하던 직책으로 이해한다. (戴吾三 2003:24)

<table>
<tr><td></td><td></td><td></td><td>匡</td></tr>
<tr><td>甲骨文</td><td>金文</td><td>小篆</td><td>楷書</td></tr>
</table>

筐의 본자는 ‘匡’이다. 『說文·匚部』에서는 “‘匡’은 밥을 담는 그릇으로, 광주리이다. ‘匚’을 따르고 ‘𡉚’으로 읽는다. ‘筐’은 ‘竹’을 따르기도 한다. (匡, 飲器, 筥也. 从匚, 𡉚聲. 筐, 匡或从竹.)”라고 했다.

이와 같은 ‘匡’이나 ‘筐’의 자형과 의미에서 염색을 담당하던 장인이란 쓰임과의 연관성을 찾아보기 어렵다.

(4) 幌[㡌](망)

『考工記』에 따르면, '㡌(㡌)'은 명주실을 누여서 하얗게 만들던 장인(㡃氏涑絲)[25]이다. (戴吾三 2003:24) (張道一 2004:234-237)

『說文·巾部』에서는 "염색 장인으로, 명주실을 다루던 사람이다. (設色之工, 治絲練者.)"라고 했다. 段玉裁는 『說文解字注』에서 "『考工記』에 이르기를, 염색 장인 중에 㡌氏가 있는데 명주실이나 비단을 잿물에 빨아 희게 표백하는 일(연사)을 담당한다고 했다. 여기에서 명주실을 다룬다는 것은 바로 연사를 일컫는다. (攷工記, 設色之工, 㡌氏, 掌湅絲, 湅帛. 此雲治絲, 謂湅絲.)"라고 풀이했다.

이와 같은 '㡌'의 의미에서 명주실의 연사를 담당하던 장인이란 쓰임과의 연관성을 찾아볼 수 있겠다.

이 밖에도 劉志成(2003 : 248)은 '糸[26]'가 대부분 누에실, 직물, 방직과 관련 있는 한자에 쓰인다고 했다. 색깔을 표현하는 한자 중에는 '糸'가 字素로 쓰인 경우가 많은데, 염색의 대상이 주로 실이나 천이기 때문이다. 이러한 예로 '紅(紅), 綠(綠), 紫(紫), 絳(絳), 緋(緋), 素(素), 縞(縞), 紺(紺), 緅(緅), 綦(綦), 緇(緇), 緹(緹), 緗(緗), 縹(縹)' 등이 있다. (李玲璞·臧克和·劉志基 1997:323-360)

---

25) 염색공 幌氏가 다루던 '絲(絲)'를 『說文』은 "누에가 토해낸 것이다. 두 개의 '糸'로 이루어졌다. (蠶所吐也. 从二糸.)"라고 했다. 段玉裁는 『說文解字注』에서 "토해낸다는 것은 뱉는다는 뜻이다. (吐者, 寫也.)"라고 설명했다. 후에 '絲'는 의미가 확대되어 명주실과 비단, 방직물까지 나타내게 되었다.

26) 염색공예의 주재료인 '糸(糸)'를 『說文』은 "가는 실이다. 실을 엮는 모양을 본뜬 것이다. (細絲也. 象束絲之形.)"라고 했다. 段玉裁는 『說文解字注』에서 "'糸'는 누에가 토해내는 실로 가늘다는 뜻이다. 가는 실을 '糸'이라고 하는데, '糸'가 가늘어서 없어지려고 함을 말하는 것이다. '蔑'은 없다는 뜻이다. (絲者, 蠶所吐也. 細者, 微也. 細絲曰糸, 糸之言蔑也, 蔑之言無也.)"라고 설명했다.

5) 연마 공예

연마 공예란 돌(石)[27], 옥(玉), 뼈(骨)[28], 뿔(角)[29]과 같은 재료를 갈고 다듬어 공예품을 만드는 작업을 말한다. 처음에는 이런 재료를 갈고 쪼아서 세밀하고 영롱한 무늬와 색깔을 만들어냈지만, 점차 다양한 도구와 기술의 개량을 통해 더욱 아름답고 다양한 공예품을 제작할 수 있었다. 돌은 우리 주위에서 찾을 수 있는 재료로 각각의 성질에 따라 쓰임이 다르다. 처음에 돌은 나무를 베거나 동물의 가죽을 벗기는 도구로 사용되다가, 이후에는 재질에 따라 장식물을 만드는데 사용되었다. 그러나 돌은 무겁고 운반이 어려운데다가 섬세하고 화려한 물건을 만들기에는 적절치 못했다. 그러다가 인간은 옥이라는 새로운 돌을 찾아냈다. 옥은 가공할수록 무늬나 색깔, 광택이 아름다워지므로, 고대 중국인들은 이를 권위와 계급의 상징으로 삼았다. (許進雄 1995:185-188)

이 밖에도 동물의 뿔과 뼈도 구할 수 있고 단단하기 때문에, 여러 물건을 만들 때 훌륭한 재료로 사용되었다. 許進雄(1995:195-196)은 뼈는 가볍고 단단하지만 자체가 갖는 모양의 제한으로 인해 주로 바늘이나 화살촉, 머리 비

---

27) 연마공예의 주재료인 '石( )'을 『說文』은 "산의 돌이다. 절벽 아래에 있다. '口'는 돌의 모양을 본뜬 것이다. (山石也. 在厂之下. 口象形.)"라고 했다. 段玉裁는 『說文解字注』에서 "때로 크다는 '碩'자나 '柘'으로 가차된다. '柘'은 120근을 가리킨다. (或借爲碩大字. 或借爲柘字. 柘, 百二十斤也. 在厂之下.)"라고 설명했다.

28) 연마공예의 주재료인 '骨( )'을 『說文』은 "살의 중심이다. 뼈에 살이 붙어 있는 모양을 따른다. (肉之覈也. 从冎有肉.)"라고 했다. 段玉裁는 『說文解字注』에서 "살을 제거하면 '冎'이다. 살 가운데에 있으면 '骨'이다. (去肉爲冎. 在肉中爲骨.)"라고 설명했다.

29) 연마공예의 주재료인 '角( )'을 『說文』은 "짐승의 뿔이다. 상형자이다. (獸角也. 象形.)"라고 했다. 段玉裁는 『說文解字注』에서 "사람의 몸에도 '角'으로 칭해지는 것들이 있는데, 예를 들면 '日', '月', '角' 등이나 '角', '犀', '豐', '盈' 등이 그런 것이다. 아마도 가차된 단어일 것이다. 그 자형이 '刀'나 '魚'와 비슷하다고 하는 것은 '龜'자의 머리 부분이 '蛇'의 머리 부분과 유사하고 '虎'자의 발 부분과 '人'자의 발부분이 유사하다고 말하는 것과 비슷하다. (人體有偁角者, 如日月角, 角犀豐盈之類. 要是假借之辭耳. 其字形與刀魚相似也. 此龜頭似蛇頭, 虎足似人足之例.)"라고 설명했다.

녀, 장신구처럼 가늘고 길거나 넓고 평평한 물건을 만드는데 사용되었다고 언급했다. 주로 소뿔이 사용되었는데 특히 角弓[30]이 주요 생산품이었다고 한다.

『考工記』는 연마 공예에 종사하는 장인을 직종에 따라, 돌이나 옥을 다듬어 기물이나 악기를 만들던 '玉人, 磬人', 나무를 다듬던 '櫛人', 뼈나 뿔을 다듬던 '雕人', 쇠를 연마하던 '矢人'으로 분류했다.

(1) 玉(옥)

『考工記』에 따르면, '玉'은 옥을 조각하고 다듬어 圭(홀), 璧(옥구슬), 琮(천자의 홀), 璋(반쪽홀) 등과 같은 의례용 옥기(禮用玉器)를 만들던 장인(玉人之事, 鎮圭尺有二寸, 璧羨度尺, 好三寸, 璧琮九寸, 大璋, 中璋九寸)을 말한다. (戴吾三 2003:59) (張道一 2004:238-239)

 合 11364 一期	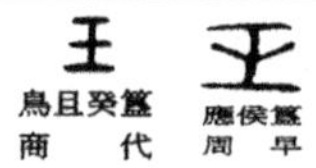 鳥且癸簋 商代 / 應侯簋 周早	王	玉
甲骨文	金文	小篆	楷書

『說文·玉部』에서는 "돌의 아름다움에는 다섯 가지 덕이 있다. 물기를 머금고 빛나며 따스한 느낌을 주는 것은 仁의 방면이다. 뿔심의 무늬가 밖으로 드러나 그 안을 알 수 있음은 義의 방면이다. 그 소리가 널리 퍼져서 먼 곳에서도 같은 소리로 들리는 것은 智의 방면이다. 굽히지 않고 부러지는 것은 勇의 방면이다. 날카롭고 모가 나지만 남을 해치지 않음은 絜의 방면이다. 세 개의 옥

30) 『考工記』의 "뿔로 만든 것은 빨리 날아가게 하기 위함이다. (角也者, 以为疾也.)"라는 구절을 통해 소뿔의 사용처를 구체적으로 확인할 수 있다. (張道一 2004:84-85)

을 이어놓고 ‘丨’으로 꿴 모양을 본뜬 것이다. (石之美. 有五德. 潤澤以溫, 仁之方也. 䚡理自外, 可以知中, 義之方也. 其聲舒揚, 專以遠聞, 智之方也. 不橈而折, 勇之方也, 銳廉而不技, 絜之方也. 象三玉之連. 丨, 其貫也.)”라고 했다. 段玉裁는 『說文解字注』에서 “세 개의 옥이 이어져 있다는 것은 ‘三’을 일컫는 것이다. 가운데 옥을 꿰었다는 것은 예를 들면 璧에 끝이 있고 襍佩에 실이 있으며 聘圭에 줄이 매어져 있고 瑬에 오색 실로된 끝이 있는 것을 일컫는 것이다. 荀偃이 붉은 색 실로 두 개의 옥을 연결시켜 쌍옥을 만든 것과 같은 종류이다. (謂三也. 貫謂如璧有紐, 襍佩有組, 聘圭有繫, 瑬有五采絲繩, 荀偃以朱絲係玉二瑴之類.)”라고 풀이했다. 『說文』은 옥의 성질을 군자의 인격이나 성품에 비유하고 있는데, 이처럼 고대 중국인은 옥을 품격 있는 상징물로 인식하였다. 許進雄(1995:186-189)에 따르면, 중국인은 금이나 은보다 옥을 더 사랑해서 고대부터 옥으로 다양한 玉器를 만들었다고 한다. 옥은 ‘圭’나 ‘琮’처럼 권위를 상징하는 의례 도구나 ‘珮’와 같은 장신구, 그리고 ‘琙’이나 ‘玉衣’같은 매장용품을 만드는데 사용되었다.[31]

이와 같은 ‘玉’의 자형과 의미에서 옥을 조각하고 다듬어 玉器를 만들던 장인이란 쓰임과의 연관성을 찾아볼 수 있겠다.

(2) 櫛(즐)

『考工記』에는 ‘櫛’에 대한 기록이 빠져있지만, 여러 해설서의 주석을 토대로 ‘櫛’은 얼레빗과 참빗(梳篦)을 만들던 직책으로 이해한다. (戴吾三 2003:24)

---

31) 李玲璞·臧克和·刘志基(1997:323-326)에서 언급한 옥으로 만든 장신구로는 환옥(環[環]), 도리옥(瑗[瑗]), 홀(珪[珪]), 면류관 드림(璪[璪]), 귀막이(瑱[瑱]), 피변 꾸미개(璂), 노리개(珮), 패옥(玦[玦]/珩[珩]), 반쪽 홀(璋[璋]), 머리 장식(珈[珈]), 팔찌(璩[璩]) 등이 있다.

 林 1.22.7 前 4.17.5 五 期 五 期			櫛
甲骨文	金文	小篆	楷書

『說文·木部』에서는 “얼레빗과 참빗 등의 총칭이다. ‘木’을 따르고 ‘節’로 발음한다. (梳比之總名也. 从木節聲.)”라고 했다.

이와 같은 ‘櫛’의 의미에서 얼레빗과 참빗을 만들던 장인이란 쓰임과의 연관성을 찾아볼 수 있겠다.

(3) 雕(조)

『考工記』에는 ‘雕’에 대한 기록이 빠져있지만, 여러 해설서의 주석을 토대로 ‘雕’는 뼈나 뿔을 갈고 다듬어 골각용기(骨質用器)를 만들던 직책으로 이해한다. (戴吾三 2003:24)

	 雕陰鼎 戰 國		雕
甲骨文	金文	小篆	楷書

『說文·隹部』에서는 “솔개, 수리이다. ‘隹’를 따르고 ‘周’로 발음한다. (鷻也. 从隹周聲.)”라고 했다. 段玉裁는『說文解字注』에서 “솔개, 수리이다. 鳥部에서 ‘鷻(단)’을 ‘雕’라고 했다. 가차되어 옥석을 조각하다 혹은 시들어 떨어진다는 뜻을 나타낸다. (鷻也. 鳥部曰, 鷻, 雕也. 假借爲琱琢, 凋零字.)”라고 풀이했다. 이에 관해 湯可敬(2001:45)은 “‘琱’와 ‘彫(조)’는 옛날에 본래 하나의 글자였다. 오늘날 경전에서는 ‘雕’를 쓴다.”라고 설명했다.

이와 같은 ‘雕’의 가차의미에서 뼈나 뿔을 갈고 다듬어 골각용기를 만들던 장인이란 쓰임과의 연관성을 찾아볼 수 있겠다.

(4) 矢(시)

『考工記』에 따르면, '矢'는 쇠를 갈아 화살촉을 만들던 장인(矢人爲矢)을 말한다. (戴吾三 2003:66) (張道一 2004:268-269)

		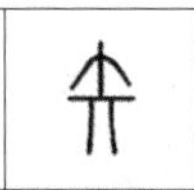	矢
甲骨文	金文	小篆	楷書

『說文·矢部』에서는 "활의 화살이다. '入'을 따른다. 화살촉과 활시위대의 깃털 모양을 본뜬 것이다. 옛날에 夷牟가 처음으로 화살을 만들었다. (弓弩矢也. 从入. 象鏑栝羽之形. 古者夷牟初作矢.)"라고 했다. 段玉裁는 『說文解字注』에서 "'入'을 따른 것은 화살이 가운데를 맞히기 때문이다. 'ㅣ'모양은 화살촉을 일컫는다. 金部에 이르기를, 화살촉은 화살의 끝이라고 했다. '八'모양은 활시위 대를 일컫는다. 木部에 이르기를, '栝'은 矢栝로써 활시위를 매기는 곳이라고 했다. 이곳은 끝이 나뉘어져 활시위를 걸 수 있다. '一'모양은 깃털을 일컫는다. 羽部에서 언급한 '翦'은 활의 깃이 바로 이것이다. 활의 깃은 세로여야 하는데, 가로로 그은 것은 무슨 까닭인가? 이는 그 물건을 알아보기 위함일 뿐이다. 화살의 제작에 관해서는 『考工記·矢人』편에 상세하게 나온다. (从入, 矢欲其中. 鏑謂ㅣ也. 金部曰, 鏑, 矢鏠也. 栝謂八也. 木部曰, 栝, 矢栝檃弦処. 岐其耑以居弦也. 羽謂一也. 羽部曰, 翦矢羽, 是也. 矢羽从而横之, 何也. 以識其物耳. 矢之制, 詳於考工記矢人.)"라고 풀이했다. 徐中舒(1989:581)는 甲骨文의 '矢'를 "활의 화살 모양을 본뜬 것이다. 『說文』에서 '入'을 따른다고 말한 것은 바로 화살촉의 모양을 '入'으로 오해했기 때문이다. (象弓弩矢形. 『說文』謂从入, 乃誤以鏑形入字.)"라고 설명했다.

이와 같은 '矢'의 자형과 의미에서 쇠를 갈아 화살촉을 만들던 장인이란 쓰임과의 연관성을 찾아볼 수 있겠다.

(5) 磬(경)

『考工記』에 따르면, ‘磬’은 돌로 만든 타악기(石質打擊樂器)를 만들던 장인(磬氏爲磬)을 말한다. (戴吾三 2003:65) (張道一 2004:274-275)

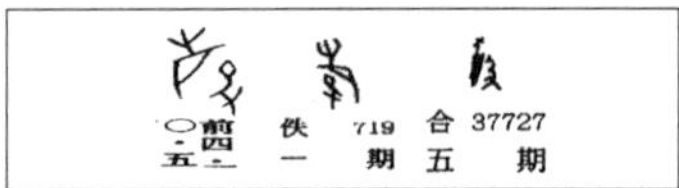	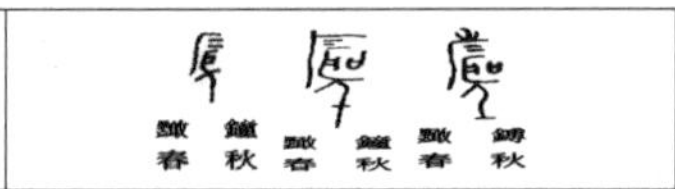		磬
甲骨文	金文	小篆	楷書

『說文·石部』에서는 “돌로 만든 악기이다. ‘石’과 ‘殸(성)’을 따른다. 시렁에 매달려 있는 모양을 본뜬 것이다. ‘殳(수)’는 때린다는 뜻이다. 옛날에 毋句가 경쇠를 만들었다. (樂石也. 从石殸. 象縣虡之形. 殳, 擊之也. 古者毋句氏作磬.)”라고 했다. 段玉裁는 『說文解字注』에서 “石樂을 각 판본에서 樂石이라 하는 것은 틀린 것으로 지금 바로 잡는다. (石樂各本作樂石, 誤. 今正.)”라고 풀이했다. 徐中舒(1989:1035)는 甲骨文의 ‘磬’을 “‘ㅗ’, ‘ㄕ’, ‘殳’ 등을 따른다. ‘ㅗ’은 경쇠를 매단 끈을 본뜬 것이고 ‘ㄕ’은 경쇠의 모양을 본뜬 것이다. 경쇠는 돌로 만든 악기이므로 ‘ㄕ’으로써 모양을 나타냈다. ‘殳’은 경쇠를 두들기는 도구이다. 이 글자는 ‘磬’의 初文이다. (从ㅗ从ㄕ从殳[殳], ㅗ象懸磬之繩, ㄕ象磬形, 磬乃樂石, 故以ㄕ[石]象之, 殳所以擊之. 爲磬之初字.)”라고 설명하면서, ‘磬의 籒文인 ‘殸이 甲骨文의 형태와 대체로 비슷하다고 말했다. 許進雄(1995:335)은 경쇠가 평평한 돌판을 치는 악기로 甲骨文의 ‘磬’은 손에 나무 방망이를 들고 매달린 석경을 치는 모습을 본뜬 것이라고 했다. 후에 ‘石’자가 더함으로써 경쇠를 만든 재료를 더욱 분명하게 드러내었다고 설명했다.

이와 같은 ‘磬’의 자형과 의미에서 돌로 만든 경쇠를 만들던 장인이란 쓰임과의 연관성을 찾아볼 수 있겠다.

6) 도자 공예(搏埴之工)

도자기는 진흙을 빚어 모양을 만든 후, 가마에서 고온의 불로 구워낸 그릇이나 장식물을 말한다.[32] 도자기는 인류의 삶에서 빠질 수 없는 중요한 도구로, 고대 중국에서는 약 3000여 년 전인 商代부터 토기를 굽기 시작했다고 하는데,『考工記』에 따르면 虞舜(有虞氏)는 질그릇을 숭상했다고 한다. (阮元 1992:3:596)『考工記』는 도자 공예에 종사하는 장인을 직종에 따라, 조리용 그릇을 만들던 '陶人'과 식기나 제기를 만들던 '旊人'으로 분류했다.

---

32) 도자기 공예의 주재료는 흙과 불이지만, 진흙은 물이 없으면 뭉쳐지지 않는다.『說文』에 이르기를, '土(土)'는 "땅이 만물을 토해내는 것을 뜻한다. '二'는 땅의 아래와 땅속의 모양을 본뜬 것이고, '丨'은 만물이 나오는 모양을 뜻한다. (地之吐生物者也. 二象地之下, 地之中, 丨, 物出形也.)"라고 했다. 段玉裁는『說文解字注』에서 "'吐'와 '土'는 첩운이다.『釋名』에서 말하기를 '土'는 '吐'로 만물을 토해낸다는 뜻이라고 했다. 땅의 위라고 한 것은 평평한 흙의 표면을 일컫는 것이다. '土'에서 두 개의 가로획은 길이가 같아야 한다. (吐土疊韵. 釋名曰, 土, 吐也. 吐萬物也. 地之上, 謂平土面者也. 土二橫當齊長.)"라고 설명했다. '水(巛)'는『說文』에서 "고르다는 뜻이다. 여러 물줄기가 나란히 흘러가는데 그 가운데 미약한 陽의 기운이 있는 모습을 본뜬 것이다. (準也. 象眾水並流, 中有微陽之氣也.)"라고 하였다. 段玉裁는『說文解字注』에서 "'準'은 옛 음이 '追'이고 上聲이다. 이는 첩운으로 풀이한 것으로, '戸'와 '護', '尾'와 '微'의 예와 같다.『釋名』에서 '물은 고르게 하고 고르다는 것은 평평한 것을 뜻하는데 세상에서 물보다 평평한 것은 없기 때문에 목공들이 도성을 세울 때 반드시 물을 물길을 기준으로 삼는다.'고 했다. (準古音追上聲. 此以疊韵爲訓, 如戸護尾微之例. 釋名曰, 水, 準也. 準, 平也. 天下莫平於水, 故匠人建國必水地.)"라고 설명했다. '火(火)'는『說文』에서 "불이다. 불꽃이 위로 솟아오르는 모양이다. 상형자이다. (燬也. 炎而上, 象形.)"라고 했다. 段玉裁는『說文解字注』에서 "'焜'는 각 판본에 '燬'라고 되어있으니 지금 바로 잡는다. 아래에서 '焜'는 '火'라고 했으니 이는 전주이다. (焜各本作燬, 今正. 下文曰焜, 火也, 爲轉注.)"라고 설명했다. 토기나 도자기를 굽는 가마를 가리키는 한자는 바로 '窯(窯)'이다.『說文』에 이르기를, '窯'는 "토기를 굽는 가마이다. '穴'을 따르고 '羔'라고 발음한다. (燒瓦竈也. 从穴羔聲.)"라고 했다. 何九盈(1995:347)에 따르면, 본래는 '窯'를 쓰다가 후에 '窑'로 바뀌었다고 한다. 이는 의미를 나타내던 '缶'가 聲符를 대신함으로써 도기를 굽는 '窯'의 기능이 더욱 강조되었기 때문으로 볼 수 있다.

(1) 陶(도)

『考工記』에 따르면, '陶'는 시루(甗, 甑), 세발 솥(鬲) 등과 같은 음식을 조리할 때 사용하는 그릇을 만들던 장인(陶人爲甗)을 말한다. (戴吾三 2003:68) (張道一 2004:279-285)

甲骨文	金文	小篆	楷書
 珠 443 一期 / 前 6.3.4 一期	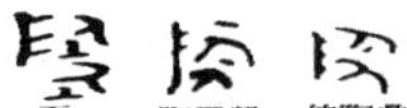 不𡢁簋 / 陶子盤 周早 / 伯陶鼎 周中		陶

『說文·𨸏部』에서는 "겹쳐진 언덕이다. 제음에 있으며, '𨸏'을 따르고 '匋'로 발음한다. (再成丘也, 在濟陰. 从𨸏匋聲.)"라고 했다. 이에 관해 湯可敬(2001:2100)은 "'陶'는 모양이 주발 두 개를 겹쳐 놓은 것 같은 이층의 산언덕이다. 제음군(山東省定陶縣)에 있다."라고 설명했다. 許進雄(1995:206)은 '陶'가 商代의 도기 조각에서 한 번 나왔는데, 이는 쭈그려 앉은 사람이 손에 그릇을 빚는 나무로 된 도구를 들고 점토 위에서 모양을 빚는 모습을 본뜬 것이라고 주장했다.

'陶'는 본래 '匋'였다. 『玉篇·缶部』에도 "지금은 '陶'라고 쓴다. (今作陶)."라는 구절이 있다.

甲骨文	金文	小篆	楷書
	 能匋尊 周早 / 邛君壺 春秋 / 匋令戈 戰國		匋

『說文·缶部』에서는 "토기를 말한다. '缶'를 따르고 '包'의 생략형이 발음을 나타낸다. 옛날에 昆吾가 토기를 만들었다. (瓦器也. 从缶, 包省聲. 古者昆吾作匋.)"라고 했다. 이에 관해 湯可敬(2001:707)은 "『說文解字注』에서 '지금은 "陶"라고 쓴다. "陶"가 쓰이면서 "匋"는 사라졌다.'라고 했다."라고 설명했다.

劉志成(2003:297-298)은 金文 '匋'는 '人'과 '缶'로 구성되었고 사람이 토기를 제작한다는 의미를 나타낸다고 했다. 『說文』에서 언급한 昆吾는 고대 부락의 명칭으로, 토기 제작에 뛰어났다고 한다.

이와 같은 '陶'나 '匋'의 자형과 의미에서 그릇을 만들던 장인이란 쓰임과의 연관성을 찾아볼 수 있겠다.

(2) 瓬(방)

『考工記』에 따르면, '瓬'은 제기(簋)를 만들던 장인(瓬人爲簋)을 말한다. (戴吾三 2003:24) (張道一 2004:287-288)

『說文·瓦部』에서는 '瓬(𤭁)을 "주나라의 찰흙을 치대던 장인을 말한다. '瓦'를 따르고 '方'으로 발음한다. (周家搏埴之工也. 从瓦方聲.)"라고 했다.

이와 같은 '瓬'의 의미에서 토기를 만들던 장인이란 쓰임과의 연관성을 찾아볼 수 있겠다.

7) 소결

본 장에서는 중국 고대 사회의 산업발전 지침서인 『考工記』에서 분류한 공예 분야에 종사하던 匠人에 관한 한자 30개를 표제자로 선정한 후, 각각의 장절에서 개별 한자의 자형 및 의미를 통해 공예 분야와의 문화적 상관성을 검토했다.

2절에서는 나무 공예에 관한 한자 '輪', '輿', '弓', '盧', '匠', '車', '梓' 등과 총론에는 빠진 '輈'를 추가적으로 분석했다. 분석 결과 각 글자의 본의와 인신의를 통해 각 직무와의 연관성을 살펴볼 수 있었다. 3절에서는 금속 공예에 관한 한자 '築', '冶', '鳧', '栗', '段', '桃' 등을 분석했다. 분석 결과 '築', '冶', '段' 등은 본의와 인신의를 통해 각 직무와의 연관성을 살펴볼 수 있었지만, '鳧', '栗', '桃' 등은 의미적 연관성을 찾기 어려웠다. 4절에서는 가죽 공예에 관한 한자 '函', '鮑', '韗', '韋', '裘' 등를 분석했다. 분석 결과 '函', '鮑', '韗', '韋', '裘' 등은 각 글자의 본의와 인신의, 그리고 가차자를 통해 각 직무와의 연관성을 살펴볼 수 있었다. 5절에서는 염색 공예에 관한 한자 '畫', '繢', '鐘', '筐', '幌' 등을 분석했다. 연면사인 '畫繢'와 '幌'은 본의 자체가 염색공을 칭하지만 '鐘(鍾)', '筐(匡)' 등은 글자와 직종의 의미적 연관성을 찾기 어려웠다. 6절에서는 연마 공예에 관한 한자 '玉', '櫛(楖)', '雕', '矢', '磬' 등을, 7절에서는 도자 공예에 관한 한자 '陶', '旊' 등을 분석했다. 분석 결과 일곱 글자 모두 본의와 인신의, 혹은 가차자를 통해 각 직무와의 연관성을 살펴볼 수 있었다.

중국의 전통 공예는 도구의 발전과 기술의 연마를 통해 발전했으며, 위에서 살펴본 바와 같이 여러 장인들이 각각 다른 세부분야에 종사하는 분업 생산방식을 취했다. 이러한 분업 생산방식은 공예산업의 세분화와 고대 수공업 발전과 산업발전을 촉진시키는 원동력이 되었다. 또한 중국의 고대 공예는 이후 미술과 문화로 더욱 발전했는데, 특히 각종 玉器와 도자기, 編織物, 禮器와 樂器 등은 한자문화권으로 일컬어지는 주변 국가의 문화 형성에도 크나큰 영향을 미쳤다는 점이 주목할 만하다.

| 제6장 |

한자에 반영된 천문현상

본 장은 한자에 반영된 천문현상, 즉 천체 및 관측기구, 시간관념 및 날짜 기록방법, 계절의 변화를 연구하는데 목적을 둔다. 이를 위해 해당 한자의 자형과 자의를 분석하고, 문화적 의미를 탐구할 것이다.

日月星辰의 운행은 인간의 기본적인 생활에 있어 가장 중요한 지표 중 하나이다. 이러한 천체들의 운행은 인간의 생활과 관련된 낮과 밤을 비롯하여 시간과 계절의 변화 등과 밀접하게 연관되어 있다. 고대 중국인들은 일찍이 천문현상에 관심을 기울였는데 이는 농경·목축·어렵·유목생활 등에서 日月星辰의 운행이 많은 것을 좌우하였기 때문이다. 인간의 생활은 시·공간적 한계를 지닐 수밖에 없었으므로, 천문현상을 이해해야하고 관심을 가져야만 했다. 이에 천문현상과 관련된 지식을 이해하는 것은 인류와 문명의 발전과 밀접한 관련이 있다.

그러나 문자기록을 제외하고 그 밖의 재료로는 당시 사람들의 천문지식을 탐구하기 어려우므로 고대 중국의 천문지식을 탐구하기 위해서는 최초의 문헌인 商代의 甲骨文을 기점으로 삼아야 한다. 甲骨文은 殷墟에서 발견된 商代 후기의 길흉을 점치는 卜辭를 기록한 현존하는 중국 최초의 문헌인 甲骨片에 사용된 문자로, 商代의 甲骨文에는 천문현상에 관한 기록들을 찾아 볼 수 있다. 비록 甲骨文에 나타난 천문현상에 관한 기록이 체계적일 수는 없으나 당시의 日月星辰의 운행에 대해 살펴볼 수 있는 자료로서의 가치를 가진다. 따라서 본고에서는 甲骨文을 중점으로 하여 한자의 字形을 통해 천문현상과 관련된 한자들을 문자학적으로 분석하고, 문화적인 함의를 탐구할 것이다.

본 장에서는 위와 같은 연구내용을 체계적으로 연구하기 위하여 다음과 같은 방법을 사용하게 될 것이다. 첫째, 문자학적인 연구방법이다. 문자의 3요소는 形·音·義이다. 문자학적 연구방법이라 함은 한자의 形·音·義 관계를 분석하여 정확한 의미를 파악하고 이를 통해 한자가 가지고 있는 문화적 의미를 도출해내는 것이다. 문자학적 연구방법은 구체적으로 形·義 관계의 탐구, 音·義 관계의 탐구, 字義 變移의 탐구를 포함할 것이다. 둘째, 문화학적 연구방법이다. 문화학적 연구방법이란 현지조사, 고고학 자료의 수집, 문헌전적의 수집 등을 통해 실현될 수 있다. 본 연구에서는 주로 문화적인 문헌의 수집 및 분석이다. 인문학 연구의 출발점은 대개 문헌연구에서 시작되므로 한자에 대한 자료의 수집 및 분석, 문화학과 인류학에 대한 문헌자료의 수집 및 분석을 통해 본 연구의 기반을 다지게 될 것이다. (박흥수 2009:4-5)

본 장의 연구 대상은 甲骨文과 金文 중 천문현상과 관련된 한자를 선정하되 許進雄(1988), 劉志成(2003)의 설을 참고하여 천문 관측기구에서는 '日, 月, 星, 圭' 4자, 시간관념 및 날짜 기록방법에서는 '夙, 朝, 旦, 昃, 莫, 夕, 旬, 年' 8자, 계절의 변화에서는 '屯, 春, 夏, 秋, 冬' 5자 등 총 17자를 연구대상으로 선정하였다.

본 장에서는 천문현상에 관한 자형 및 자의를 분석할 때 『說文』을 중심으로 하였고, 『甲骨文字典』 및 『漢語大字典』에 근거하여 『說文』의 미흡한 점을 보완 설명하였다. 자형은 『漢語古文字字形表』를 중심으로 참고하였고, 『新甲骨文編』과 『新金文編(上中下)』을 통해 보충하였다.

1) 천체 및 관측기구

태양과 달과 별은 우주를 형성하고 있는 천문현상의 주체인 천체이며, 고대에는 이러한 태양을 圭表를 통해 관측할 수 있었다. 천체의 운행은 시계가 없었던 고대 중국인에게 낮과 밤을 구분하게 해주는 절대적인 지표이기에 그들이 생활을 하는데 결정적인 영향을 미치는 요소였다. 이러한 천체의 운행을 보다 자세하게 관찰하기 위해 고대 중국에서는 관측기구 또한 발명되었으며 이에 이번 장에서는 천체들과 태양을 관측하는 기구인 규표의 '圭'자가 어떻게 이러한 한자로 표현되었는지 살펴보도록 한다.

(1) 천체

① 日(일)

 合 6571正 賓組	 合 33694 歷組	 商尊·	 對罍·	 說文·日部	日
甲骨文		金文		小篆	楷書

『說文·日部』: "가득하다. 태양의 정수는 이지러지지 않는다. '口'와 '一'을 따르며, 상형이다. 무릇 日部에 속하는 한자는 전부 '日'을 따른다. (日, 實也. 太陽之精不虧. 从口一. 象形. 凡日之屬皆从日)." 徐中舒는 "'日'자는 태양을 상형한 것이다. 태양은 원형이고, 甲骨文에서 '日'자를 원형으로 새기는 것이 불편하여 대부분 방형으로 하였다. 그 중간에 일점은 방형 혹은 원형 부호와 서로 구별하기 위해 썼다. (日, 象日之形. 日爲圓形, 甲骨文日字因契刻不便作圓, 故多作方形. 其中間一點用以與方形或圓形符號相區別)"라고 하였다. (徐中舒 1990:719) 즉, 태양은 본래 달과는 달리 이지러지지 않아 둥근 형태를 가지고 있으나 甲骨文으로 '日'자를 새길 당시 원형으로 파지 못하여 방형의 자형이 된 것을 알 수

있다. 그러나 위에서 제시한 甲骨文과 金文 자형 중 비교적 원형에 가까운 자형들이 있는 것으로 보아 고대인들은 '日'자를 완벽한 원형으로는 새기지 못했지만 최대한 원형으로 새기기 위해 노력한 것으로 보인다.

『釋名·釋天』에 의하면 "가득 차 있다. 밝은 빛이 굉장히 가득 차 있다. (日, 實也. 光明盛實也.)"라고 하여 태양이 밝게 빛나고 있는 모습을 나타내었다. (許愼 著, 湯可敬 撰 1997:901) 許進雄 역시 甲骨文 자형을 제시하며 "태양은 우리에게 보이는 최대의 천체이며, 甲骨文의 '日'자는 태양의 윤곽이다"라고 하였다. (許進雄 1988:459)

'日'은 다양한 의미를 내포하고 있는데 그 뜻이 인신된 과정을 살펴보면 다음과 같다. 『周易·繫辭下』에 의하면 "해가 진 후 곧 달이 떠오르고, 달이 진 후 곧 해가 떠오른다. (日往則月來, 月往則日來.)"라고 하였다. 이에 대해 劉志成은 "'日'은 인신하여 해가 떠오르고 지기까지의 시간을 '日'로 삼으며, 즉 낮이라는 의미와 비슷하다고 하였다. 다시 인신하여 해가 떠서 이튿날 다시 해가 떠오르기까지를 가리키게 되었고, 이는 즉 주야를 포괄하는 것이며, 오늘날의 하루라는 의미이다."라고 하였다. (劉志成 2003:351) 『周髀算经下注』에서는 "해가 돋을 무렵부터 해가 다시 돋을 무렵까지가 하루이다. (从旦至旦爲一日也.)"라고 하였으며, 이에 대해 劉志成은 "이후에 시간 계산이 정확해졌을 때, 한밤중을 기점으로 나누었다."라고 하였다. (劉志成 2003:351) 『尙書·洪範疏』에 의하면 "한밤중으로부터 이튿날 한밤중까지 12진이 하루이다. (从夜半以至明夜半, 周十二辰爲一日.)"라고 하였으며, 이에 대해 劉志成은 "다시 인신하여 시간, 기간 등의 의미가 되었다."라고 하였다. (劉志成 2003:351)

종합해보면 '日'자의 자형은 고대에는 원형으로 새기기 힘들었기 때문에 방형의 형상으로 새겼다는 것을 알 수 있다. 또한 '日'은 본래 천체인 태양이라는 뜻을 가지고 있지만 劉志成의 설명을 통해 태양이라는 본의에서 인신되어 낮, 하루, 시간 등 다양한 의미를 내포하고 있음을 알 수 있다.

② 月 (월)

 合 20924 自組	 花東 159 子組	 合 21664 子組	 合 37840 黃組	 士上卣·	 說文・月部	月
甲骨文				金文	小篆	楷書

『說文·月部』: "이지러지다. 태음의 정수이고, 상형이다. 무릇 月部에 속하는 한자는 전부 '月'을 따른다. (月, 闕也. 太陰之精. 象形. 凡月之屬皆从月.)" 徐灝의 『說文解字注箋』에 의하면 "상하현의 형태이다. [음력초칠일이나 초팔일에 달빛이 위로 반쯤 이지러지는 것을 상현이라고 부른다. 이십이일, 이십삼일에 달빛은 아래로 반쯤 이지러지는 것을 하현이라고 부른다]. 태양은 원형을 상형했기 때문에 달은 이지러지는 것을 상형했다. (象上下弦[陰曆初七初八, 月亮缺上半叫做上弦. 二十二, 二十三, 月亮缺下半, 叫下弦]之形. 日象圜形, 故月象其闕也.)"라고 하였다. (許愼 著, 湯可敬 撰 1997:928) 徐中舒는 "'月'자는 반달의 모양을 그린 것이다. 달은 이지러지는 때가 비교적 많아, 반월의 형상을 취함으로써 해와 구별했다. (月, 象半月之形. 月虧闕之時較多, 故取象半月以別於日.)"라고 하였다. (徐中舒 1990:743) 위에서 제시한 甲骨文 자형을 보면, 상현과 하현의 형상이 모두 반영되어 있으며, 달 안에는 점이 있는 것도 있고, 없는 것도 있음을 알 수 있다.

'月'자는 고대시기에 '夕'자와 구분 없이 사용되기도 하였다. 이처럼 '月'자와 '夕'자는 古文字에서 한 글자가 여러 의미를 겸한 것, 즉 一字多用現象에 해당된다. 이에 대하여 裘锡圭는 다음과 같이 상세하게 설명하고 있다. "'月'과 '夕'은 본래 자형1(달 안에 점 혹은 선이 없는 형태)과 같이 쓰일 수도 있고, 자형2(달 안에 선이 있는 형태)와 같이 쓰일 수도 있다. 자형1 혹은 자형2는 '月'자의 象物字로 분류되어야 하고, '夕'자의 象事字로도 분류되어야 한다."라고 하였다. (裘錫圭 2010:122) 그러나 季旭昇은 "후세에 점이 있는 형상을 '月'자로, 점이 없는 형상을 '夕'자로 나타냈으나 甲骨文이 사용되던 시기에 '月'자와 '夕'자는 상대적으로 구분을 하였다. '月'자가 점이 없는 형태로 사용될 때, '夕'자는 반드시 점이 있는 형태로 사용되어야 하고, '夕'자를 점이 없는 형태로 나타낼 때, '月'자는 반드시 점이 있는 형태로 사용되어야 한다."라고 하며 甲骨文 자형의 선택과 사용에 구분이 있음을 설명하고 있다. (季旭昇 2014:548-549)

『新金文編(中)』은 총 98개의 자형이 제시 되어 있다. (董蓮池 2011:882-889) 그 중 4가지의 자형을 제외한 94가지의 자형에는 모두 점이나 혹은 선이 있는 것을 확인할 수 있었다. 이 4가지 자형을 시기별로 살펴보면, 서주중기 2개, 춘추말기 1개, 춘추후기 1개이다. 이 4가지 자형을 제외하고 각 시기별로 사용된 자형에는 모두 점 혹은 선이 있다. 따라서 필자는 이 4가지 자형은 우연히 혼용된 것으로 판단되며, 이러한 예시 또한 그 비중이 작은 것으로 보아 비록 고대에는 一字多用現象을 지닌 한자로 사용되었을지라도 '月자의 金文 자형은 '夕'자의 金文 자형과 구분하기 위해서 점 혹은 선이 있는 것으로 대표되어 사용해야 한다고 주장하는 바이다.

마찬가지로 『釋名·釋天』에서도 달의 이지러지는 형상에 관한 구절이 있다. 즉, "'月'은 이지러진다는 뜻이다. 가득차면 이지러진다. (月, 缺也, 滿則缺也.)"라고 하였다. (許愼 著, 湯可敬 撰 1997:928) 이것으로 보아 '月'의 자형에는 해와 다른 달의 특징인 이지러지는 현상이 반영되어 나타나 있음을 알 수 있다. 許進雄은 '月'자의 자형에 대해 "달과 밤이라는 두 가지 의미를 가지며, 그 용법을 구별하기 위해 달 속에 점 하나를 더해 구별하였다고 주장하였다. 조기의 '月'자는 윤곽 안에 점이 없었으나, 이후에는 이와 반대로 밤을 의미하는 '夕'에는 점이 없어졌고 '月'에 점이 생겼다."라고 하였다. (許進雄 1988:461) 『新金文編(中)』으로 '月'자와 '夕'자의 金文 자형을 확인한 결과, '夕'자의 金

文 자형은 모두 23가지가 제시되어 있었는데, 한 가지의 자형을 제외하고는 모두 달 속에 점 혹은 선이 없는 것을 확인할 수 있었다. (董蓮池 2011:900-902) 따라서 許進雄의 주장은 옳다고 판단된다.

현재 '月'자는 달 및 밤이라는 뜻 외에도 한 달을 의미하기도 하는데, 그 뜻이 인신된 과정을 살펴보면 다음과 같다. 劉志成은 "'月'자의 본의는 달인데, 인신하여 달빛이라는 의미가 되었다고 하였다. 또한 달이 차거나 이지러져서 다시 본래의 상태로 돌아가는 것을 말미암아 다시 인신하여 한 달이라는 시간을 가리키게 되었다."라고 하였다. (劉志成 2003:352)

종합해보면, 달은 항상 둥근 형태를 유지하는 것이 아니라 이지러지는 특징을 가지기 때문에 '月'자의 甲骨文 자형에는 태양과 구별하기 위해 이러한 현상이 반영되어 나타나고 있는 것으로 보인다. 또한 보름달의 주기가 한 달이기 때문에 달빛이라는 본의에서 인신하여 날짜를 나타내는 방법 중 하나인 한 달이라는 의미를 가지게 되었다는 사실을 알 수 있다.

③ 星 (성)

 賓組 合11491	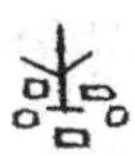 賓組 合11501	 麓伯星父簋	 說文·晶部	星
甲骨文		金文	小篆	楷書

『說文·晶部』: "만물의 정수이다. 윗부분은 별들이 나열된 모습이다. '晶'을 따르고 '生'聲이다. (星, 萬物之精, 上爲列星. 从晶, 生聲.)"徐中舒도 "별들이 무리지어 있는 (甲骨文)모양을 형상했으며, 이를 '星'자의 本字로 삼거나 혹은 '生'을 더해서 성부로 삼았다. (星, (甲骨)等形象衆星羅列之形, 爲星之本字, 或加生爲聲符)"라고 하였다. (徐中舒 1990:742) 위에서 제시한 甲骨文 자형을 보면 별이 2개가 있는 것도 있고, 5개가 있는 것도 있는데, 별의 개수는 단지 별이 많은 것을 나타내기 위한 것으로 보인다. 또한 徐中舒의 설명을 통해 볼 때, 본

래 '星'자의 윗부분은 무리지어 있는 별의 형태를 나타내는 '晶'의 형태였음을 알 수 있다.

『詩·召南·小星』에 의하면 "밝게 빛나는 것은 저 작은 별이고, 보름에 동쪽에 있다. (嘒彼小星, 三五在東.)"라고 하였다. (漢語大字典編輯委員會 1992:631) 또한 계절을 정하기 위해서는 별의 위치를 결정하는 것이 중요하였는데, 별의 위치를 결정하는 방법에 관해서 『周禮』에서는 다음과 같이 설명하였다. "낮에는 태양 그림자의 길이를 관측하여 수집했고, 밤에는 자오선을 통과하는 것을 탐구함으로써 아침과 저녁을 바로잡았다. (晝參諸日中之景, 夜考之極星, 以正朝夕.)"라고 하였다. (Joseph Needham 著, Colin A. Ronan, 이면우 2000:112) 許進雄은 "고대 중국인은 다른 고대인들과 마찬가지로 모두 지구가 우주의 중심이라고 여겼으며, 다른 성좌들은 모두 지구를 둘러싸고 하늘에서 회전한다. 태양과 달은 특히 크게 보이고 사람들의 생활과 가장 밀접한 관계를 가졌기 때문에 따로 명칭을 붙여주었으나 다른 천체들은 통틀어 별이라고 가리켰다."라고 주장하였다. (許進雄 1988:463) 王立軍과 張翼飛에 따르면 "고대인들은 별들의 조합을 중시했고, 근접한 몇 개의 별들의 조합의 형상에 근거하여 하늘에 있는 별자리를 명명하여 구분하였다. 예를 들면 고대 천문학의 襶수'는 동서남북 각 방면에 있는 7개의 별자리를 가리키는 것이고, 모든 7개의 별자리는 한 종류의 동물로 상상이 되어져 '동쪽은 청용, 북쪽은 현무, 서쪽은 백호, 남쪽은 주작'으로 칭하게 되었다."라고 하였다. (王立軍·張翼飛 2009:55) 나침반이 발명되기 전 고대 중국인에게 있어 별들로 형성된 별자리는 방향을 알려주는 유용한 지표였고, 별을 통해 계절을 알고 정하는 것은 그들의 의식주와 직결된 문제이기 때문에 가장 중요한 요소였다. 별은 시간당 15°씩 동쪽에서 서쪽으로 이동하기 때문에 별의 위치를 통해 시간의 흐름을 파악할 수 있고 더 나아가 계절을 정할 수 있는 중요한 요인이 되었다.

종합해보면 '星'자의 자형은 별들이 무리지어 있는 모습을 형상화하여 고대에는 '晶'의 형태로 썼다는 것을 알 수 있다. 또한 '星'자는 별이라는 뜻을 비롯하여 별처럼 밤하늘에 빛나는 작은 천체를 통칭하는 의미를 내포하고 있으며, 별은 계절을 정하는데 중요한 역할을 하고 있다는 것을 알 수 있다. 그러나 고대에는 이러한 별자리를 관측하는 기구가 발명되지 않아 관련된 한자 또한 없음을 확인할 수 있었다.

(2) 천체 관측기구

① 圭 (규)

 賓組 合 15147	 歷組 合 33085	 子圭女爵·商	 多友鼎·	 說文·土部	圭
甲骨文		金文		小篆	楷書

『說文·土部』: "서옥이다. 윗부분은 둥글고, 아랫부분은 방형이다. 公은 桓圭를 가지고 있는데, 이것은 9촌이다; 侯는 信圭를 가지고, 伯은 執躬圭를 가지는데 이것은 모두 7촌이다; 子는 穀璧를 가지고, 男은 蒲璧를 가지는데 이것은 모두 5촌이다. 이로써 제후를 봉한다. '土'를 중복해서 썼다. 초나라의 벼슬이 있는 사람들은 圭를 가지고 있다. (瑞玉也. 上圜下方. 公執桓圭, 九寸; 侯執信圭, 伯執躬圭, 皆七寸; 子執穀璧, 男執蒲璧, 皆五寸. 以封諸侯. 从重土. 楚爵有執圭.)"라고 하였다. 『說文解字注』에 의하면 "'圭'는 상서로운 것이다. 옥으로써 신임한다. (瑞者, 以玉爲信也.)"라고 하였다. 또한 '土'자를 중복해서 쓴 것에 대해 『說文解字注』에서는 "천자가 제후를 봉할 때, 제후는 그가 사는 논과 밭, 산과 내를 다스려야 했으므로 '土'를 중첩하여 썼다. (天子以封諸侯, 諸侯守之, 以主其土田山川, 故字从重土)"라고 하였다. (許愼 著, 湯可敬 撰 1997:1979) 위에서 제시한 2가지의 金文 자형을 보면, 西周시기로 와서야 지금과 같이 '土를 중첩하여 쓴 형태가 되었음을 알 수 있다. 또한 許愼에 따르면 '圭'는 제후를 봉할 때

사용되던 옥으로 만든 상서로운 물건인 것으로 판단된다. 이는 楊州의 "'圭'는 甲骨文에서 주로 제사를 지낼 때나 진상하던 때에 사용되었다."라는 설명을 통해 뒷받침할 수 있다. (楊州 2016:139)

그러나 許愼의 설명을 반박한 王辉의 주장에 따르면 "'圭'자는 '戈'자를 따른 것이다. '士'를 중첩하여 '圭'가 되었다는 許愼의 주장은 후세의 많은 학자들도 믿지 않으며, '土'자는 '圭'자의 象形으로 보아야 한다. 또한 '圭'는 본래 옥기를 지칭하는 것이며, 병기의 형태를 나타내는 '吉'의 甲骨文과 金文자형이 '圭'의 甲骨文과 金文 자형이랑 비슷한 것을 통해 '吉'의 자형을 '圭'의 자형으로 보아도 무방하다."라고 하였다. (輝王 1996:9-10) 필자 또한 許愼의 주장이 아닌 王輝의 주장에 동의하는 바이다. 왜냐하면 '圭'는 甲骨文에서 서옥(상서로운 구슬)이라는 고대의 옥기를 나타내는데 주로 사용된 한자로 그 의미에 있어 서옥과 관련이 없는 '土'자보다 '길하다, 일이 상서롭다'라는 뜻을 가진 '吉'자와 더욱 관련이 있기 때문이다.

『漢語大字典』에 의하면 許愼이 제시한 '圭'의 모양에 관한 설명이 맞지 않는다는 것과 『說文』에는 나와 있지 않는 태양의 관측기구로써의 뜻도 내포하고 있음을 알 수 있다. 『漢語大字典』에서 설명된 '圭'의 형태는 위에서 제시한 2가지의 甲骨文 자형 중 오른쪽의 형태이며, 『漢語大字典』에 나온 '圭'의 뜻은 다음과 같다. 첫 번째는 『說文』에서 설명된 것과 마찬가지로 '圭'는 "고대 옥기의 명칭이다. 긴 막대 형태이며, 상단은 삼각형이고, 하단은 사각형으로 되어있다. 고대 귀족들이 조빙할 때, 제사나 상례 및 장례를 치를 때 예기로 사용했다. (古玉器名. 長条形, 上端作三角形, 下端正方. 古代贵族朝聘, 祭祀, 喪葬時以爲禮器)"라는 의미를 지닌다. 두 번째는 관측기구로써의 의미를 지니는데, "고대에 태양의 그림자를 측량하는 기구인 圭表의 部件이다. 돌로 된 받침 위에 평평하게 얹어놓은 자를 圭라고 칭하며, 남북양단에 세워져있는 측량대를 表라고 한다. 해의 그림자의 길이에 따라 절기와 일 년의 시간의 길이를 측정할 수 있다. (古代測日影的儀器 "圭表"的部件. 在石座上平放着的尺叫圭, 南北兩端立着的標杆叫表, 根據日影的長短可以測定節氣和一年时間的長短.)"라고 하였다. (漢語大字典編輯委員會 1992:176) 따라서 '圭'는 위에서 제시한 甲骨文 자형 중 오른쪽의 자형과 같이 위에는 뾰족하고 아래에는 평평한 긴 오각형의 형태이며, 서옥이라는 의미 외에도 태양을 관측할 수 있는 기구라는 의미도 있다는 것을 알 수 있다.

『周禮』에 의하면 땅에 막대를 세워 그림자를 측정하는 방법인 '土圭之法'에 관한 구절이 나오는데, 내용은 다음과 같다. "'土圭之法'으로 매일 태양의 그림자를 측정하여 지구의 깊이를 구한다. (以土圭之法側土深, 正日景, 以求地中.)"라고 하여 土圭를 통해 태양의 그림자를 관찰했음을 알 수 있다. (梁東淑 2001:243) 梁東淑은 이에 대하여 "태양의 주기적이고도 규율적인 현상을 포착한 商代人들은 표식을 세워 계획적으로 그림자를 관찰하는 기지를 발휘했는데 이로서 시각과 방향을 정하고, 절기를 확정했던 것이다."라고 하였다. (梁東淑 2001:243) 이를 통해 '圭'는 서옥이라는 의미 이외에도 태양을 관측하는 기구라는 의미가 있다는 것을 확인할 수 있다.

許進雄은 "최소한 기원전 7세기 춘추 중기에 이르면, 이미 사람들은 土圭를 사용해서 동지와 하지의 날짜를 정하였고, 시간의 정확도에 대해서 한 단계를 더 나아간 요구를 하게 되었다. 土圭로 그림자를 측정하는 방법은 매우 간단하다. 장대를 땅에 세워 각 계절간의 태양 그림자의 길이 변화를 측량하는 것이다. 하지는 그림자가 짧지만 일조는 길고, 동지는 그림자는 길지만 일조는 짧았다. 그림자의 길이 변화 속도에 따라서 정확한 시간의 길이를 측량할 수 있었다. 小篆의 '圭'자는 두 개의 '土'자가 서로 겹쳐진 모양이다. 그 초형은 한 개의 장대와 그림자의 형태였으나, 서사의 편리를 위해서 '土'자를 중첩하여 썼다."라고 주장하였다. (許進雄 1988:470) 그러나 필자는 許進雄이 주장한 '土'자가 중첩된 모양이라는 '圭'자의 자형설명에 대해서는 상술한 바와 같이 동의하지 않는다.

따라서 ‘圭’자에는 천자가 내려준 땅을 제후가 다스리는 고대의 사상이 반영되어 있어 고대의 제후들이 예식을 할 때 들고 있었던 옥으로 만들어진 상서로운 물건이라는 의미를 가지고 있음을 알 수 있다. 필자는 ‘圭’가 비록 甲骨文에서 제사에 사용되거나 진상하기 위한 물품으로 사용되었지만, 土圭之法을 통해 그림자를 측정함으로써 시간과 방향을 정했다는『周禮』의 내용과 許進雄의 설명을 통해 ‘圭’가 태양관측기구로서의 의미도 내포하고 있다고 판단된다. 이에 필자는 ‘圭’가 태양을 관측하는 기구 중 하나라고 사료되어 천체 관측기구의 소절에 분류하였다.

2) 시간관념 및 날짜 기록 방법

고대인들은 현대처럼 명확히 시간을 구분하지 못하였기에 대체로 태양이 떠오르면 일을 하고 태양이 지면 일을 멈추었다. 천체의 운행에 따라 하루의 시간이 나누어졌고, 시간이 나누어지면서 그 시간을 기록하는 방법도 생기게 되었다. 한자 속에는 태양이 떠오르고 지기까지의 과정과 날짜를 기록하는 방법을 뜻하는 한자들의 기원이 고스란히 반영되어 있다.

(1) 하루의 구분

① 夙(숙)

 合 20346 反 自組	 合 15354 正 賓組	 伯中父簋	 說文・夕部	夙
甲骨文		金文	小篆	楷書

『說文·丮部』: "새벽, 경건하다. '丮'을 따르며, 지사이다. 저녁이 되어도 쉬지 않는 새벽에도 경건한 자이다. (夙, 早敬也. 从丮, 指事. 雖夕不休, 早敬者也.)" 徐灝의 『說文解字注箋』에 따르면 "'夙'자는 새벽부터 일을 시작한다는 의미이다. 고로 '夕'을 따르고 '丮'을 따른다. (夙字, 晨起操作之義. 故从夕从丮.)"라고 하였다. (許愼 著, 湯可敬 撰 1997:936) 徐中舒 『甲骨文字典』: "'夙'은 '月'과 '丮'을 따르며, 사람이 달 아래에서 모든 일을 맡아 다스리는 형상이다. (夙, 从月从丮, 象人在月下有所執事之形.)"라고 하였다. (徐中舒 1990:751) 필자는 許愼이 '경건하다'라고 풀이한 이유에 대해서 徐中舒의 해석에 근거하여 볼 때 甲骨文에 나타난 사람의 무릎을 꿇고 무언가를 받들고 있는 행동 때문인 것으로 추측된다.

위에서 제시한 甲骨文 자형에는 2가지 종류가 있다. 하나는 달 아래 사람이 무릎을 꿇고 있는 형상이며, 하나는 달이 없고 사람이 풀을 받들고 있는 형태이다. 甲骨文 자형에서 달을 나타낸 것은 아직 날이 밝지 않았음을 나타내기 위한 것으로 보이며, 풀을 받들고 있는 것은 계속 해서 일을 한다는 것을 나타내기 위한 것으로 판단된다. 『新甲骨文編』에는 '夙'자의 甲骨文 자형이 총 48개가 제시되어 있으며, 그 중 달을 받들고 있는 자형은 16개, 풀을 받들고 있는 자형은 32개이다. (劉釗·洪颺·張新俊 2009:402-404) 풀을 받들고 있는 자형이 많은 것으로 보아 고대인들은 태양이 졌음에도 불구하고 일을 계속해서 하였을 가능성이 충분하다고 사료된다. 그러나 『新金文編(中)』에 제시된 숙자의 金文 자형은 총 48개로 그 중 달을 받들고 있는 자형은 42개로 0.875%를 차지한다. (董蓮池 2011:904-907) 서주시기로 넘어오면서는 달을 받들고 있는 자형이 대부분인 것으로 보아 저녁이 되어도 쉬지 않는다는 의미는 점차 사라진 것으로 판단된다.

『玉篇·夕部』에 의하면 "'夙'은 아침이다. (夙, 旦也.)"라고 하였다. (漢語大字典編輯委員會 1992:362) 許進雄은 甲骨文의 '夙'자에 대하여 "한 사람이 달에

게 몸을 굽혀 절을 하는 형상이며, '夙'은 일출 전의 밤을 의미한다."라고 하였다. (許進雄 1988:469) 劉志成 역시 '夙'자의 자형에 대하여 "아침에 일어나서 달에게 절을 하는 형태라고 하였다. 또한 『爾雅·釋詁』의 "'夙'은 이르다. (夙, 早也.)"는 구절에 대하여 '夙'은 하늘이 아직 밝아지지 않아 달을 여전히 볼 수 있는 시간을 가리키며, 夙夜를 붙여 사용하기도 한다고 하였다. 숙야를 붙여 사용하면 이르다는 뜻과 늦다는 두 가지 뜻을 겸하기도 하고 단지 이른 시간이라는 뜻도 나타낼 수 있다"라고 하였다. (劉志成 2003:350)

종합해보면 '夙'자는 許愼의 설명처럼 새벽이라는 뜻과 경건하다 즉, 삼가다. (몸가짐이나 언행을 조심하다)라는 의미를 모두 내포하고 있음을 알 수 있다. 또한 단지 이르다는 의미를 나타내기도 하는데 이러한 의미가 반영된 단어로는 이른 아침과 늦은 밤, 즉 밤낮을 의미하는 '夙夜(숙야)', 일찍이 이루었다는 것을 의미하는 '夙就(숙취)' 등이 있다.

② 朝 (조)

 合 23148 出組	 合 33130 歷組	 先獸鼎	 說文·倝部	朝
甲骨文		金文	小篆	楷書

『說文·倝部』: "아침이다. '倝'을 따르고, '舟'聲이다. (朝, 旦也. 从倝, 舟聲.)" 徐中舒 『甲骨文字典』: "'朝'는 해와 달과 초목이 있는 형태이며, 해와 달이 동시에 초목 사이로 보이며, 해가 떠오를 때 아직 달이 남아있는 형상을 가지고 있어 고로 아침의 의미를 회의하였다. (朝, 从日从月且从草木之形, 象日月同現於草木之中, 爲朝日出時尙有殘月之象, 故會朝意)"라고 하였다. (徐中舒 1990:731) 위에서 2가지의 甲骨文 자형을 제시하였는데, 왼쪽의 자형은 현재 楷書와 같은 형태를 띠는 것으로 보이며, 오른쪽의 자형은 여러 개의 풀 사이에 하나의 선이 있는데 이 또한 달의 형태를 나타낸 것으로 판단된다.

『爾雅·釋詁下』에 의하면 “‘朝’는 이르다. (朝, 早也.)”라고 하여 ‘朝’가 이른 아침 시간을 나타내고 있음을 알 수 있다. (漢語大字典編輯委員會 1992:874) 劉志成은 본의인 아침에서 다양하게 인신된 뜻에 대해 설명했는데 그 과정은 다음과 같다. “본의는 아침이며, 인신하여 밝다, 시작하다, 하루 등의 뜻을 가지게 되었다. 군주는 아침에 신하들과 소견하여 일을 논의하기 때문에 다시 인신하여 조현하다, 배견하다, 조정 등의 뜻을 가지게 되었다. 태양은 아침에 동쪽에서 떠오르기 때문에, 다시 인신하여 동쪽이란 의미가 되었다. 중국의 지형이 서고동저이기 때문에 물은 대체로 동쪽을 향해서 흐른다. 그래서 다시 인신하여 작은 강물이 큰 강물로 유입된다는 의미가 되었다”라고 설명하였다. (劉志成 2003:350) 劉志成이 제시한 ‘朝’의 여러 파생 의미는 현대까지도 여전히 사용되고 있다.

종합해보면 ‘朝’의 자형에는 아침 일찍 초목사이로 태양이 떠오르는 모습이 반영되었고, 그 자의는 아침이라는 본의에서 인신되어 환하다, 하루, 조정 등의 의미 내포하고 있음을 알 수 있다. 또한 아침을 뜻하는 ‘朝’가 사자성어에서 자주 사용되는데 그 쓰임에는 다음과 같은 것들이 있다. 아침에 얻어 저녁에 잃는다는 뜻으로, 얻은 지 얼마 안 되어서 곧 잃어버린다는 말인 ‘朝得暮失(조득모실)’, 형세가 매우 급박하여 아침에 저녁일이 어떻게 될지 알지 못한다는 의미인 ‘朝不及夕(조불급석)’, 아침에 출발하여 저녁에 이른다, 즉 매우 가깝다는 의미인 ‘朝發夕至(조발석지)’에서 ‘朝’는 모두 아침이라는 의미를 나타낸다.

③ 旦 (단)

 合21403 自組	 合27446 何組	 合34071 歷組	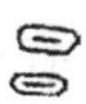 合34601 歷組	 頌鼎	 說文·旦部	旦
甲骨文				金文	小篆	楷書

『說文·旦部』: "밝다. 태양이 '一'위에 있는 모양으로, '一'은 땅이다. 무릇 旦部에 속하는 한자는 전부 '旦'을 따른다. (旦, 明也. 从日見一上. 一, 地也. 凡旦之屬皆从旦.)" 徐灝의 『說文解字注箋』에 따르면 "태양이 처음 지평선 위로 떠올랐을 때이다. (日初出地平時也.)"라고 하였다. (許愼 著, 湯可敬 撰 1997:917) 徐中舒 『甲骨文字典』: "'旦'은 '日'과 '口'를 따르며, '口'는 곧 태양의 그림자이다. 金文에서는 더 진하게 채워서 극정의 모양과 같이 '旦'을 (甲骨文)으로 나타내었다. 해와 그림자를 함께 연결한 형상은 해가 처음 떠오를 때를 나타낸다. (旦, 从日从口, 口即日之影, 金文多填實, 如克鼎之旦作(甲骨)是也. 以日與影相接之形表示日初升之時.)"라고 하였다. (徐中舒 1990:730) 위에서는 총 4가지의 甲骨文 자형을 제시하였는데, 모두 태양이 하늘에 떠올라 비친 모습을 형상화 했다고 볼 수 있다. 그러나 그 형상화 정도가 조금씩 다른데, 자형마다 '口'안에 '一'이 있는 것도 있고, 없는 것도 있어 다양한 형태의 甲骨文 자형이 존재한다는 것을 알 수 있다. 또한 金文 자형에는 태양이 처음으로 떠올라 그 빛이 지면과 서로 맞닿아 있는 모습이 반영되어 나타나있다고 볼 수 있다.

『玉篇·旦部』에 의하면 "'旦'은 이르고, 아침이며, 환해지는 시각이다. (旦, 早也, 朝也, 曉也.)"라고 하였다. (漢語大字典編輯委員會 1992:623) 許進雄은 甲骨文 자형을 제시하며, "태양이 지평선에서 떠오르기 시작할 때를 '旦'이라고 하며, 甲骨文의 자형은 태양이 어떠한 물건의 위로 떠오르는 형상을 나타내고 있다."라고 주장하였다. (許進雄 1988:469) 許進雄이 설명한 '어떠한 물건'이라는 표현에 대해서는 지표면을 나타내는 것이라고 추측할 수 있다. 劉志成은 '旦'의 金文형태와 본의로부터 인신된 의미들에 대하여 설명하였는데 그 내용은 다음과 같다. "'旦'의 金文은 태양이 처음 떠올라서 그 빛이 땅과 서로 잇닿아 있는 형태이다. '旦'의 본의는 '날이 밝다'이다. 본의에서 인신하여 밝다, 새벽, 어느 날 등의 뜻을 가지게 되었고 또한 특히 음력 초하루를 가리킨다."라고 하였다. (劉志成 2003:350-351)

따라서 '旦'의 자형에는 해가 지평선 위로 막 떠오르는 모습이 반영되어있고, 자의에는 본의인 '아침'이라는 뜻에서 아침에 해가 돋을 때 환하므로 인신하여 '환하다'라는 의미 또한 내포하게 되었음을 알 수 있다.

④ 昃 (측)

 合 20957 自組	 仰子昃鼎	 說文·日部	昃
甲骨文	金文	小篆	楷書

『說文·日部』: "기울다. 태양이 서쪽에 있을 때, 기울어지는 것이다. '日'을 따르고, '仄'聲이다. (昃, 日在西方時. 側也. 从日仄聲.)"라고 하였다. 徐中舒는 "'昃'은 '日'과 비스듬히 선 사람의 그림자 형상을 상형한 것이다. 해가 기울었을 때 사람의 그림자 또한 이와 같이 기운다. 비스듬히 선 사람의 그림자는 해가 기울어 서쪽으로 기울었음을 나타낸다. (昃, 从日. 象側斜之人影. 日偏斜之時人影亦隨之側斜. 故以側斜之人影表示日之傾昃.)"라고 하였다."(徐中舒 1990:723) 즉, '昃'자의 자형은 태양이 서쪽으로 지면서 사람을 비출 때 나타나는 그림자를 형상화 한 것을 알 수 있다.

『易經』에 의하면 "태양이 지는데, 어찌 오래가겠는가(日昃之離, 何可久也.)"라고 하였다. (漢語大字典編輯委員會 1992:626) 許進雄은 甲骨文 자형을 제시하며, "甲骨文의 '昃'자는 태양이 사람을 비출 때 긴 그림자가 비스듬히 있는 형태를 나타낸 것이며, 이는 태양이 서쪽으로 기울어지기 시작한 때이다."라고 하였다. (許進雄 1988:469) 劉志基 역시 甲骨文 자형을 제시하며, "甲骨文 자형은 태양이 사람을 비출 때 사람의 그림자가 한 쪽으로 치우쳐진 모양을 나타낸 것이며, 이때 태양은 이미 하늘의 중간을 넘어 편향되어 운행하고 있다."라고 하였다. (劉志基 1999:111) 마찬가지로 劉志成도 '昃'의 의미의 형성과정에 대한 설명에 대해 다음과 같이 설명하였다. "'昃'은 '日'과 '大'를 따르며, 기울어진 '大'자는 태양이 서쪽으로 가면서 사람의 그림자가 올바르지 않은 것을 나타내기 때문에 오후라는 의미가 되었다."라고 하였다. (劉志成 2003:351) 이를 통해 고대인들은 태양이 비추는 그림자의 형태를 관찰하여 시간의 흐름을 파악했다는 사실을 알 수 있다.

종합해보면 '昃'의 자형은 태양이 정오를 지나 비스듬히 내리쬘 때 지면 위에 비치는 그림자를 본떠 나타낸 것이며 그 자의로는 '해가 지다'라는 것을 확인할 수 있다.

⑤ 莫 (모)

 合10227 賓組	 合10729 賓組	 合23148 出組	 散氏盤	 說文·茻部	莫
甲骨文			金文	小篆	楷書

『說文·茻部』: "태양이 점차 어두워지는 때이다. 태양이 수풀 사이에 있는 모습을 따른다. (莫, 日且冥也. 从日在茻中.)"(許愼 1963:27) 徐中舒는 "'莫'은 자형이 많이 복잡해지기도 하고 간략해지기도 하였다. 혹은 '隹'를 따라서 새가 수풀로 회귀하여 해가 저문다는 의미를 나타내기도 한다. (莫, 字形多有繁簡增省. 或从隹, 象鳥歸林以會日暮之意.)"라고 하였다. (徐中舒 1990:61) 필자는 '莫'의 자형에 대하여 태양이 하늘 높이 떠 있다가 점점 기울어 수풀 사이로 지는 모습을 나타내었다는 許愼의 설명도 일리가 있고, 새가 날이 저물어 수풀로 돌아온다는 徐中舒의 설명도 일리가 있다고 판단된다. 왜냐하면 태양이 수풀 사이에 있다는 것 자체와 새가 회귀하는 행동은 모두 태양이 저물 때 발생하는 일이기 때문이다. 또한 徐中舒는 '莫'의 甲骨文 자형에 복잡해지기도 간략해지기도 하였다고 하였는데, 위에 제시한 3가지 자형의 풀의 적고 많음이 다르고,

심지어는 사람이 일을 하는 모습을 형상화 한 것을 넣은 자형을 통해 그의 설명이 옳은 것을 알 수 있다.

許進雄은 甲骨文 자형을 제시하며, "甲骨文의 '莫'자는 해가 이미 수풀 속으로 들어갔다는 의미이며, 수풀 사이로 투영되는 빛이 이미 매우 미약함을 나타낸다."라고 하였다. (許進雄 1988:469) 劉志成은 '莫'의 본의와 인신의를 설명하였는데 "본의는 해질녘이고, 인신하여 캄캄하게 어두워지는 시간 혹은 나이가 끝날 때 등의 뜻을 가지게 되었다"라고 하였다. (劉志成 2003:351)

종합해보면 '莫'은 태양이 수풀 속으로 지는 모습을 형상화한 것이며, 그래서 '날이 저물다, 어둡다'라는 의미를 내포하고 있음을 알 수 있다. 그러나 이후에 '莫'은 부정사로 차용되어 '없다'라는 의미를 가지게 되었고, 이러한 이유로 나중에는 '日'을 더한 한자인 '暮'가 해질녘을 의미하는 專用글자로 쓰이게 되었다.

⑥ 夕 (석)

 合 21054 自組	 合 19798 自組	 合 460 賓組	 合 1922 正 賓組	 先獸鼎	 𤸫方鼎	 說文 · 夕部	
甲骨文				金文		小篆	楷書

『說文·夕部』: "해가 저물었다. 달이 반쯤 보이는 모양을 따른다. 무릇「夕部」에 속하는 한자는 모두 '夕'을 따른다. (夕, 莫也. 从月半見. 凡夕之屬皆从夕.)" 『說文』에서 언급된 '半見'에 대하여 徐鍇의 『繫傳』에 의하면 "'月'자의 반이다. 즉 달이 처음 나타나 서쪽으로 저무는 것이 보여, 반월을 '夕'으로 삼았다. (月字之半也. 月初生則暮見西方, 故半月爲夕.)"라고 하였다. (許慎 著, 湯可敬 撰 1997:933) 徐中舒는 "'夕'은 반월의 형태이며, '月'의 본자이다. 卜辭에서는 '月'자를 빌려 '夕'자라고 한다. (夕, 象半月之形, 爲月之本字. 卜辭借月爲夕.)"라고

하였다. (徐中舒 1990:750) 이는 앞에서 설명한 '月'자의 一字多用現象에 대하여 기술한 것이며, '夕'자의 甲骨文 자형 또한 '月'자의 甲骨文 자형과 마찬가지로 위와 같이 상현과 하현의 모습 그리고 그 안에 점이 있는 것과 없는 것이 모두 존재한다는 것을 알 수 있다. 季旭昇은 甲骨文의 쓰임에 있어 다음과 같이 설명하였다. "甲骨文의 '夕'자와 '月'자는 같은 형태이고 모두 달의 형상을 취하였다. 그러나 자형은 같아도 그 용법에 있어 어렴풋이 구별을 했는데, '月'자를 점이 있는 형태로 나타낼 때는 '夕'자를 점이 없는 형태로 반드시 나타내야 했고, '夕'자를 점이 있는 형태로 나타낼 때, '月'자는 반드시 점이 없는 형태로 나타내야만 했다."(季旭昇 2014:554)

『新金文編(中)』에는 총 23개의 '夕'자 자형이 제시되어 있다. (董蓮池 2011:900-902) 그 중 위에서 제시한 서주초기의 한 가지 자형을 제외하고는 모두 달 속에 점 혹은 선이 없는 형태이다. 서주초기의 한 가지 자형은 우연히 혼용된 것으로 사료되며, 따라서 '月'자의 金文자형과 구별하기 위해서 달 속에 아무 것도 없는 자형이 '夕'자의 金文 자형으로 대표되어야 한다고 판단된다.

『穀梁傳·莊公』에 의하면 "해가 들어가서 별에 이른 것이 '夕'이다. (自日入至於星出謂之夕.)"라고 하였다. (劉志成 2003:351) 許進雄 역시 "'夕'은 태양이 서쪽으로 지고 난 후의 밤이다"라고 하였다. (許進雄 1988:469) 劉志成은 자의에 대하여 인신의까지 설명하였는데 그 내용은 다음과 같다. "일몰 후 태양이 보이지 않고 달이 처음으로 떠올랐을 때를 '夕'이라 하며, 본의는 해질녘이고, 인신하여 밤새라는 의미가 되었다."라고 하였다. (劉志成 2003:351)

종합해보면, 이러한 설명을 통해 해가 지고 달이 떠오르기 시작했을 때를 '夕'이라고 하며 밤이라는 의미를 달을 통해 나타냈음을 알 수 있다. 자주 쓰이는 단어로는 저녁나절의 해를 의미하는 '夕陽(석양)', 저녁 때 경치를 의미하는 '夕景(석경)', 저녁 때 달을 의미하는 '夕月(석월)' 등이 있다.

(2) 날짜 기록방법

① 旬 (순)

 合16682 賓組	 合21910 子組	 繁卣	 說文·勹部	旬
甲骨文		金文	小篆	楷書

『說文·勹部』: “보편적이다. 10일이 순이고, ‘勹’와 ‘日’을 따른다. (旬, 徧也. 十日爲旬. 从勹日)”라고 하였다. 그러나 季旭昇은 許愼이 주장한 순의 자형에 대하여 “‘旬’은 (甲骨文: 雲의 초문)을 가차하여 삼은 것이다. 후에 義符인 ‘日’이 더해져 초문에 義符를 더한 형성자가 되었다. 혹은 초문을 ‘匀’聲으로 하여 전국시기 이후에 (甲骨)형태는 점차 와변 되어 ‘勹’형태가 되었고, 『說文』에서는 ‘勹’와 ‘日’을 따른다고 점차 잘못 여기게 되었다. 『說文』의 古文은 ‘匀’聲을 따른 것이다.”라며 ‘勹’를 따랐다는 許愼의 주장을 반박하였다. (季旭昇 2014:715) 필자는 ‘旬’의 발음이 [xún]임을 감안하면, ‘勹’의 발음인 [bāo]가 아닌 ‘匀’의 발음인 [yún]을 따랐다고 보는 것이 타당하다고 판단된다. 徐中舒는 “‘旬’은 (甲骨文)위에 지사부호 ‘一’을 더해 회환의 형태를 나타낸다. 그래서 갑일에서 계일까지 10일을 두루 순환하는 것을 ‘旬’이라고 표시한다. (旬, 从(甲骨)上加一指事符號. 象迴環之形. 故以表示由甲至癸十日周匝循環而爲旬.)”라고 하였다. (徐中舒 1990:1016-1017) 甲骨文 자형에는 위에서 제시한 것처럼 회환의 중심에 ‘日’이 있는 것도 있고 없는 것도 있었으나 西周시기로 오면서 회환 형상의 중심에는 ‘日’의 형태가 계속해서 나타나게 되었다.

『禮記·曲禮上』에 의하면 “무릇 해로 점을 칠 때, ‘旬’의 밖에 있으면 어떤 날로부터 멀어지는 것이고, ‘旬’의 안에 있는 것은 어떤 날과 가까워지는 것이다. (凡卜筮日, 旬之外曰遠某日, 旬之內曰近某日.)”라고 하였다. (漢語大字典編輯委

員會 1992:624) 許進雄이 주장하기를, "甲骨文의 '旬'자는 어떤 형상을 취했는지 알 수 없으나, 아마도 먹을 수 있는 어떤 작은 동물의 형상인 것 같다. 이후에 '日'의 義符가 더하여져서 그 의미가 명확해진 형성자가 되었다."라고 하였다. (許進雄 1988:468) 그러나 許進雄이 주장한 어떤 작은 동물일 것 같다는 甲骨文의 형상에 관한 추측의 진위여부에 대해서는 확인할 수 없었다. 劉志成은 본의 및 인신의에 대하여 "본의는 10일이고, 인신하여 10살, 시간, 일반적 등의 의미가 되었다."라고 하였다. (劉志成 2003:355)

종합해보면 '旬'의 자형이 '勹'를 따르느냐, '匀'을 따르느냐에 관해서는 여전히 논쟁거리가 존재하나 필자는 '旬'이 '匀'의 음 부분과 '日의 뜻 부분이 결합된 형성자라고 본다. '旬'은 10일이라는 본의에서 더 나아가 10번, 시간 등의 의미까지 내포하고 있으며 이에 순환한다는 뜻도 내포하고 있음을 알 수 있다.

② 年 (년)

 合 36975 黃組	 德盤	 說文・禾部	年
甲骨文	金文	小篆	楷書

『說文·禾部』: "곡식이 무르익다. '禾'를 따르고, '千'聲이다. (秊, 穀孰也. 从禾, 千聲.)"(許愼 1963:146) 徐中舒는 "'年'은 '禾'와 '人'을 따르며, 오곡이 잘 익었다는 의미이다. (年, 从禾从人, 會年穀豐熟之意.)"라고 하였다. (徐中舒 1990:782) 이를 통해 甲骨文에서 '年'자는 현대에 사용되고 있는 礒년'이라는 시간의 단위를 의미하는 한자로는 사용되고 있지 않음을 알 수 있다.

李萬春은 甲骨文, 金文, 小篆의 형태에 대해 다음과 같이 설명하였다. "甲骨文은 사람이 벼를 머리에 짊어진 형태이고, 金文은 머리에 긴 벼를 이고 춤을 추며, 풍년의 수확을 경축하고 있는 모양이다. 小篆은 사람 몸의 점 하나가 하나의 가로획으로 변화된 형태이다"라고 하였다. (李萬春 2002:29) 劉志成 역시 '年'의 자형에 대해 "사람이 잘 여물은 벼를 짊어진 형태이다."라고 하였다. (劉志成 2003:354)

『穀梁傳』에 의하면 "오곡이 잘 익은 것을 큰 풍년으로 삼는다. (五穀大熟爲大有年)"라고 하였다. (許愼 著, 湯可敬 撰 1997:962) 이를 통해 '年'자는 현대에 우리가 사용하고 있는 1년이라는 의미와는 달리 '곡식이 무르익어 수확하다.' 혹은 '풍년이 들다.'라는 의미만 지니고 있음을 알 수 있다. 季旭昇은 이에 대한 설명으로 "'年'은 '곡식이 익어 수확하다.'라는 의미를 지니며(季旭昇 2014:575), '歲'가 목성이라는 의미에서 인신되어 '일 년'을 지칭하는 말이 되었다."라고 주장하였다. (季旭昇 2014:117) 그러나 劉志成은 자의에 대하여 다음과 같이 설명을 하였다. "『說文』에는 '年'의 의미에 대해 곡식이 무르익은 것이라고 나온다. 인신하여 곡식은 익는데 1년이 걸리므로 甲骨文에서는 일 년을 기록한다는 뜻으로 사용되었고, 다시 인신하여 연대, 세월, 나이, 수명 등이 되었다."라고 하였다. (劉志成 2003:354)

종합해보면 '年'의 자형은 벼를 짊어진 형태, 즉 벼를 거두어들이는 모습이 반영된 것으로 보여 진다. 따라서 본의는 날짜를 기록하는 단위가 아닌 잘 익은 오곡이고, 甲骨文에서는 곡식이 무르익거나 풍년을 나타내는 뜻으로만 사용되었지만, 이후에 벼를 한 해에 한 번 밖에 거두어들이지 않았던 것에서 그 의미가 인신되어 1년이라는 의미로도 점차 사용하게 되었음을 알 수 있다. 이에 필자는 '年'자가 비록 甲骨文에서는 시간을 기록하는 방법을 의미하는 한자로 사용되지 않았을지라도 점차 시간이 지나면서 그 의미가 파생되어 연도를 의미하는 한자로 사용되었기 때문에 소절에 분류하였다.

3) 계절의 변화

고대 중국 천문학은 '천문현상을 관측하여 시간을 확정하는 것(觀象授時)'과 '역법을 백성에게 알려주어 계절의 변화를 알게 하고, 농기를 놓치지 않게 하는 것(敬授民時)'을 중시하였다. (王平 2002:25)[33] 시간이 흘러갈수록 계절 또한 변하게 되는데 이는 별자리의 변화와 동·식물의 생장 등과 관계가 깊으며, 농사를 짓고 사는데 중요한 영향을 미친다. 商代에는 1년의 계절을 봄, 가을 두 계절로 나누었으나, 서주 말년에 이르러서는 여름과 겨울 두 계절을 더 만들어 생활하게 되었다. 이번 장에서는 이러한 사계절의 변화뿐만 아니라 甲骨文에서 봄을 의미했던 '屯'의 자형과 문화적 함의까지 살펴보기로 한다.

(1) 봄

① 屯 (둔)

 合 32189 自賓間	 伯姜鼎	 說文·屮部	屯
甲骨文	金文	小篆	楷書

『說文·屮部』: "어렵다. 초목이 처음 나올 때 험난하고 어려운 듯하다. '屮'가 '一'을 뚫은 모양이며, '一'은 땅이고, 끝부분이 굽었다. (屯, 難也. 象艸木之初生屯然而難. 从屮貫一. 一, 地也. 尾曲.)" 徐中舒는 "'屯'의 자형은 꽃봉오리와 잎이 필 때까지를 기다리는 형상이다. (屯, 字形象待放之花苞與葉形.)"라고 하였다. (徐中舒 1990:45) 季旭昇은 "식물 종자가 발아하고 떡잎이 있는 형태를 나타낸

33) '觀象授時'와 '敬授民時'는 (王平 2002:25)에 나오는 말이며 그 뜻은 百度百科(https://baike.baidu.com/)를 참고함.

'屯'의 甲骨文으로 보아 甲骨文 '春'자는 '屯'성을 따른다."고 하였다. (李旭昇 2014:65) 이를 통해 '屯'자와 '春'자는 서로 관련이 있으며, '春'자는 '屯'자의 영향을 받은 한자임을 알 수 있다. 따라서 '屯'의 甲骨文 자형은 식물이 씨앗에서 처음 발아하여 나오는 모습을 형상화했다고 볼 수 있다.

『前四·六·六』에 의하면 "육십갑자의 마흔아홉째 올해 봄에 점을 쳤는데 9월에 풍년이 든다고 하였다. (壬子, 貞今屯受年九月)"라고 하여 甲骨文에서 '屯'을 봄이라는 의미로 사용하고 있음을 알 수 있다. (劉志成 2003:353) 아래는 劉志成의 '屯'에 대한 본의와 인신의에 관한 설명이다. "'屯'은 본래 초목이 처음 생장하는 것을 나타내기 때문에 甲骨文에서 '봄'이란 뜻으로 사용될 수 있었다. 초목이 처음 생장할 때, 어린 새싹이 지면을 뚫고 나오는 것은 고되고 어려운 과정이므로 인신하여 '어렵다'는 의미가 되었다. 어렵다는 뜻에서 다시 인신하여 '막히다', '인색하다'는 뜻이 되었다. 초목이 처음으로 뿌리를 땅에 내릴 때 단단하게 내리므로 인신하여 '지키다', '수비하다' 등의 의미가 되었다"라고 하였다. (劉志成 2003:353) 필자는 비록 '屯'자가 현대에는 봄이라는 의미가 아닌 파생된 의미로 사용되고 있을지라도 '春'자의 바탕이 되는 한자가 '屯'자이며, 甲骨文에서는 봄이라는 계절을 의미하는 한자로 사용되었기 때문에 소절에 분류하였다.

종합해보면, '屯'의 자형은 풀의 싹이 간신히 돋아난 모습을 형상화 한 것이며, 싹이 나오는 과정은 매우 어려우므로 인신하여 어렵다는 의미 또한 내포하고 있음을 알 수 있다. 하지만 甲骨文에서 '屯'은 봄이라는 의미로 사용되었을지라도 현재는 봄의 의미로 사용되지 않고 '수비하다', '어렵다'는 뜻으로 사용되고 있는 점에 주의해야한다.

② 春 (춘)

 合 17314 賓組	 合 20074 賓組	 合 2971 賓組	 合 2358 正 賓組	 書也缶	 說文·艸部	春
甲骨文				金文	小篆	楷書

『說文·艸部』: “밀다. ‘艸’와 ‘日’을 따르며, ‘艸’는 봄에 자라나는 것이다. ‘屯’聲이다. (春, 推也. 从艸从日, 艸春時生也, 屯聲.)” 徐中舒는 “甲骨文의 ‘春’자와 『說文』의 ‘春’자는 대략 같다. 卜辭에는 오늘날의 봄과 가을만 있고, 사계절의 이름은 아직 없다. 그래서 甲骨文의 ‘春’자와 후세의 ‘春’자의 함의에는 마땅히 차이가 있다. (春, 甲骨文春字與『說文』春字略同. 卜辭有今春今秋之語, 尙無四季之名, 故甲骨文春字與後世之春字內涵當有別.)”라고 하였다. (徐中舒 1990:58) 卜辭에 봄과 가을 두 계절만 나타나 있는 이유는 서주 말년에 이르러서야 다시 여름과 겨울 두 계절이 증가하게 되었기 때문이다. 또한 甲骨文 자형이 다양하게 존재하는데, 지면 혹은 태양 위에 ‘屯’의 甲骨文 자형과 ‘屮(풀)’이 자라난 형상이 있고, ‘屯’자의 甲骨文 자형과 2개의 ‘屮(풀)’, 하나의 태양으로 구성된 자형도 있다. 또한 ‘屮(풀)’과 ‘屯’의 甲骨文 자형만 있는 것도 있다. 季旭昇은 金文 자형에 대해 “춘추시기 金文은 ‘艸’와 ‘日’을 따르며, ‘屯’聲이다. 진나라 시기 문자에서 ‘屯’자는 ‘艸’旁의 상부에 쓰였으며, 더 나아가 예서의 획법으로 쓴 楷書에서 ‘春’의 자형이 되었다.”라고 하였다. (季旭昇 2014:74) 이를 통해 ‘屯’의 자형에서 더 발전한 것이 ‘春’의 자형이 되었음을 알 수 있다.

『公羊傳·隱公八年』에 의하면 “‘春’은 무엇을 이르는 것인가? 한 해가 시작될 때이다. (春者何? 歲之始也.)”라고 하여 봄이 한 해의 시작이라는 것을 알 수 있다. (漢語大字典編輯委員會 1992:629) 『玉篇』에 의하면 “꿈틀거리다. 만물이 꿈틀거리며 나오다. (春, 蠢也, 萬物蠢萬物而出也.)”라고 하였다. (劉志成 2003:353) 許進雄은 ‘春’의 자의에 대해 설명하였는데, 내용을 살펴보면 다음과 같다. "'春'자는 생장의 계절을 의미하며, 성부인 '屯'과 義符인 '木', '林' 혹은 '日'의 조합이며, 대체로 충분한 햇볕이 있어 씨를 뿌리고 식물을 심는 계절 혹은 수목이 무성하게 생장하는 계절이라는 의미를 나타낸다."라고 하였다. (許進雄 1988:467) 劉志成은 "'春'은 사실 '屯'의 증형자로, 본의는 봄이다"라고 하여 '春'의 자형과 자의에 대해 설명하였다. (劉志成 2003:353)

종합해보면 '春'의 甲骨文 자형은 두 개의 '艸(풀)', 하나의 '日'과 '屯'으로 구성되어 있으며, 그 자의는 날씨가 따뜻해져서 초목이 처음으로 발아하는 시기인 봄을 의미하는 것을 알 수 있다.

(2) 여름

① 夏 (하)

 合27212 何組	 奏公簋	 說文·夊部	夏
甲骨文	金文	小篆	楷書

『說文·夊部』: "중국 사람이다. '夊', '頁', '臼'를 따른다. '臼'는 두 손을 나타내며, '夊'는 두 발을 나타낸다. (夏, 中國之人也. 从夊, 从頁, 从臼. 臼, 兩手; 夊, 兩足也.)"라고 하였다. 『漢語大字典』에서는 "최초의 중원의 고대 부족 이름이며, 중국인을 부르는 칭호로 계속 사용되고 있으며, 일반적으로 중국을 가리키기도 한다. (最初爲中原古部族名, 相沿用爲中國人的稱呼, 也泛指中國)."(漢語大字典編輯委員會 1992:365)라고 하였다. 따라서 자형의 설명을 종합해보면 '夏'자는 사람의 모습을 본뜬 것이며, 고대에는 중국인을 일컫는 호칭으로 '夏를 사용했음을 알 수 있다.

許進雄은 金文의 자형을 제시하며, "金文의 '夏'자는 대개 무녀가 춤을 추는 형상을 나타낸 것이다. 여름에는 가뭄에 대한 근심이 잦았으므로 무녀가 춤을 추며 비를 기원해야만 했다. 고로 무녀가 비를 기원하는 형상을 여름으로 표현하였다고 하였다. 또한 『周禮·大司樂』에 의하면 大夏는 고대에 산천에 대하여 제사를 지내던 악무라고 하였고, 산천은 商代人들이 기우제를 지냈던 주요 대상이었기 때문에 이 가설은 가능성이 매우 높다"라고 주장하였다.(許進雄 1988:467) 臧克和는 '夏의 자의에 대해 다음과 같이 설명하였다. "'夏'는 성대하다는 의미를 가지고 있다. 한민족 조상님들은 스스로 華夏라고 칭하고, 지역도 이렇게 칭했는데, 이는 또 큰 나라를 자랑하는 감정이 반영된 것이라 볼 수 있다."(臧克和 1994:192) 필자는 '夏'자가 비록 甲骨文에서는 여름이라는 의미로 사용되지는 않았으나 이후에 고대인들의 행동양식과 문화적인 함의와 결합되어 현대 사계절 중 하나인 여름을 의미하는 단어로 사용되고 있으므로 소절에 분류하였다.

종합해보면 '夏'의 甲骨文과 金文 자형에 나타나 있는 사람의 모습은 크고 훌륭하다는 의미로 중국 사람이나 중국을 가리키고, 여름의 뜻으로 쓰이게 된 것은 여름철에 산천에 지내는 제사 때 춤추는 데서 유래한 것임을 알 수 있다.

(3) 가을

① 秋 (추)

 合11538 賓組	 合32854 歷組	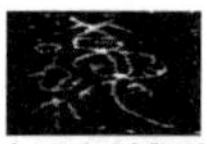 鄭大子之孫與兵壺	 說文·禾部	秋
甲骨文		金文	小篆	楷書

『說文·禾部』: "벼가 익었다. '禾'를 따르며, '𪚿'에서 생략된 성부를 따른다. (秋, 禾穀孰也. 从禾, 𪚿省聲)." 『說文解字注』에 따르면 "禾(벼)를 말하기도 하고 또한 穀(곡식)을 말하기도 하며, 온갖 곡식이 고루 갖춰진 해이다. (言禾復言穀者, 晐百穀也.)"라고 하였다. (許愼 著, 湯可敬 撰 1997:964) 徐中舒는 "'秋'는

唐蘭이 이르기를, 거북이과에 속하는 동물 형상이며, 즉『萬象名義』의 (異體字1)자이고, 또『說文』의 (異體字2)인 것 같다. 물에 사는 곤충의 한 종류이며, '春秋'의 '秋'로 가차된다. (殷墟文字記) 상고해보면 마땅히 (異體字1)을 풀어 설명한 것이고, 후세에 (異體字1)을 와전하여 '龝'로 삼았다. 또 '禾'旁을 증가시켜 '秋'로 삼았고, '秋'의 이체로 삼은 것이『集韻』에서 보인다. 또 卜辭에서는 '龝'를 가차하여 '秋'로 삼는데, 卷十의 火部에서 '龝'자 설해가 보인다. 이는 즉『說文』의 '秋'자를 주문의 본자로 본 것이다. 혹은 (甲骨1), (甲骨2)등의 형상인 메뚜기의 형상 '蝗'의 초문으로 삼은 것은 卜辭의 사문에 나오니 순통하게 해석할 수 있다. 그 설명을 참고할 수 있다. (秋, 唐蘭謂象龜属之動物, 即『萬象名義』之(異體字1)字, 又疑爲『說文』之(異體字2)字, 爲水蟲之一種, 借爲春秋之秋. (殷虛文字記)按富以釋(異體字1)爲是, 後世譌(異體字1)爲龝, 更增禾旁爲秋, 爲秋之異體, 見於『集韻』. 又, 卜辭亦借龝爲秋, 見卷十火部龝字說解. 此即『說文』秋字籒文所本. 或謂(甲骨1), (甲骨2)等形象蝗形, 爲蝗之初文, 於卜辭辭例亦可順釋. 按其說可參)"라고 하였다. (徐中舒 1990:783) 이에 표에 제시한 2가지 甲骨文 자형은 모두 메뚜기의 형상으로 보이며, 오른쪽의 자형은 메뚜기가 불 위에서 타고 있는 모습으로 볼 수 있다.

『禮記·月令』에 의하면 "(음력 사월에 이르러서야)익은 보리를 거두어들이는 일이 끝나다. ((孟夏之月)麥秋至)"라고 하였다. (漢語大字典編輯委員會 1992:1085) 許進雄은 甲骨文 자형을 제시하며 "甲骨文의 '秋'자는 메뚜기 혹은 불에 태워지고 있는 메뚜기의 형상을 나타낸 것이다. 메뚜기는 가을에 활동하는 곤충이므로 고대인들은 메뚜기로서 가을을 대표하였다"라고 하였다. (許進雄 1988:467) 劉志基는 '秋'의 자의에 대해 다음과 같이 설명하였다. "가을은 원래 곡식이 익어 수확하는 계절이다. 작물이 마치 불에 말리는 것과 같은 금황색을 띠고 있다. 이로써 '火'자와 '禾'자가 '秋'자의 의미를 나타내는 것을 알 수 있다"라고 하였다. (劉志基 1999:114) 필자는 許進雄과 劉志基의 주장에 모두 동의하는 바이며 고대에는 許進雄의 주장에 따라 甲骨文과 金文을 해석할 수 있으며 小篆과 楷書에 대해서는 劉志基의 주장에 따라 '秋'자를 해석하는 것이 옳다고 사료된다.

甲骨文과 金文에 나타난 메뚜기의 형상을 통해 메뚜기가 가을을 대표하는 곤충 중 하나이므로 '秋'가 가을이라는 계절을 의미한다는 것을 확인할 수 있었다. 그러나 '秋자의 楷書를 통해 볼 때 '秋'에서 '禾'자는 곡식을 의미하고, '火'자는 본의는 불이나 '秋'에서는 곡식을 말리는 행위를 뜻한다. 따라서 '禾'와 '火'로 이루어진 '秋'는 곡식을 베어서 말리는 계절인 가을을 의미한다고 볼 수 있다.

(4) 겨울

① 冬 (동)

 乙368 合20726	 陳璋方壺	 說文·夊部	冬
甲骨文	金文	小篆	楷書

『說文·仌部』: "사계절이 다하다. '仌'과 '夂'를 따른다. '夂'는 '終'의 古文이다. (冬, 四時盡也. 从仌从夂. 夂, 古文終字.)" 徐中舒는 "'冬'은 양단을 실로 꼬거나 묶은 형상이다. (冬, 象絲繩兩端或束結.)"라고 하였다. (徐中舒 1990:1239)

『釋名·釋天』에 의하면 "'冬'은 마치다. (冬, 終也.)"라고 하였다. (劉志基 1999:114) 또한 『白虎通·五行』에서도 "'冬'은 마친다는 것을 말한다. (冬之爲言終也.)"라고 하여 마지막 계절임을 알 수 있다. (劉志基 1999:114) 范正芳도 문헌자료를 제시하며 "『前漢·律歷志』에 의하면 "冬, 끝나다. (冬, 終也.)"라고 하였고, 『白虎通』에 의하면 "얼음과 서리, '冬'의 때이다. (冰霜, 冬之候也.)"라고 하여 모든 역사문헌자료 중에 '冬'자가 사계절이 끝났다는 의미를 나타내고 있고, 한랭해지는 것을 의미하며 이는 겨울을 칭하는 것이다"라고 하였다. (范正芳 2001:90) 이에 '冬'자는 고대시기부터 사계절 중 마지막 계절의 의미로 사용되었다는 것을 알 수 있다. 그러나 許進雄은 '冬'의 자형과 자의에 대해 다음과 다른 의견을 주장하였다. "甲骨文의 '冬'자는 나뭇잎이 시들어 떨어진 경치의 형상이다. 商代에는 '終'자로 사용되었다. 대개 그 의미는 수목의 생장이 끝났다는 것으로부터 왔으며, 1년의 계절이 끝났다는 의미는 아니었다. 따라서 원래 처음에는 겨울을 1년의 시작으로 삼았었다."라고 하였다. (許進雄 1988:467) 문헌에 기록된 의미와 달리 許進雄만이 겨울의 순서를 사계절 중 처음으로 여겼다는 설을 주장하고 있다. 이에 필자는 許進雄의 주장에 동의하지 않으며, 여러 자료들을 근거로 볼 때 고대에도 현대와 같이 사계절의 마지막 계절을 나타내는 한자로 사용되었을 가능성이 높다고 판단된다.

종합해보면, '冬'의 자형은 끝부분에 매듭을 지어놓은 형상으로 어떤 것이 마무리되었다는 의미를 나타내며 즉 계절로 볼 때 사계절의 끝인 겨울을 의미한다고 볼 수 있다. 商代에는 겨울을 1년의 시작으로 삼았지만 현대로 와서 겨울은 1년의 계절이 끝난 것을 의미한다.

4) 소결

본 장에서는 천문현상과 관련된 한자 17자의 字形 분석을 통해 本義와 引申義를 파악하고 문화적 함의를 탐구하였다.

천체 및 관측기구에서는 천체에 관계된 한자 '日, 月, 星'3자와 천체 관측기구에 관계된 한자 '圭'1자를 분석하였다. 분석결과 '日'과 '月'은 본의인 천체라는 뜻에서 더 나아가 하루와 한 달 이라는 날짜 개념까지 함의하고 있음을 알 수 있었고, '星'은 밤하늘에 빛나는 것들을 통칭하여 부르는 한자임을 알 수 있었다. ‘圭’는 『說文』에 나온 瑞玉이라는 의미 외에 『漢語大字典』에서 설명하고 있는 관측기구의 의미도 갖고 있다는 것을 알 수 있었다.

시간관념 및 날짜 기록방법에서는 하루의 구분에 관계된 한자 ‘夙, 朝, 旦, 昃, 莫, 夕’ 6자와 날짜 기록방법에 관계된 한자 ‘旬, 年’ 2자를 분석하였다. 분석결과 하루의 구분에 관계된 한자의 자형에는 천체가 운행하는 과정이 반영되어 있음을 알 수 있었다. 날짜 기록방법에 관계된 한자에서는 ‘旬’은 10일이라는 본의를 그대로 사용하고, ‘年’은 ‘곡식이 무르익다’라는 본의에서 곡식이 익기까지는 1년이라는 시간이 걸리므로 인신되어 礸년’임을 나타낸다는 것을 알 수 있었다.

계절의 변화에서는 甲骨文에서 봄을 뜻하는 한자인 ‘屯’자와 사계절을 구성하고 있는 한자인 ‘春, 夏, 秋, 冬’ 4자를 분석하였다. 분석 결과 ‘屯’은 甲骨文에서는 봄을 뜻하는 의미로 쓰였으나 현대에는 ‘수비하다, 어렵다’라는 의미로 사용되고 있음을 알 수 있었다. 또한 사계절을 구성하고 있는 한자에는 날씨에 따른 자연현상과의 관계가 반영되어 한자가 만들어졌음을 알 수 있었다.

| 제7장 |

한자에 반영된 중국의 교통문화

언어는 그 언어를 사용하는 민족과 국가의 문화를 반영한다. Sapir는 "언어의 배후에는 내용이 있다. 그리고 언어는 문화를 떠나서는 존재할 수 없는데 소위 문화라는 것은 사회가 전해 내려온 습관과 신앙의 총화로서 그것이 우리의 생활조직을 결정한다."(E. Sapir 1921:221)"라고 하였는데 이 말은 우리가 언어를 통해서 그 언어를 사용하는 사람들의 문화를 연구할 수 있다는 근거를 제시한다.

한자는 "한민족이 고대로부터 줄곧 한어를 기록하고 사상을 교류하는 도구로 사용하였고, 한족의 조상이 생산노동과 생활실천 중에서 창조해낸 것이다."(中國大百科全書出版社編輯部 1992:195) 한자의 주된 사회적 기능은 한어를 문어형식으로 고정시켜서 시간적 공간적인 장애를 제거하고 한민족의 사상교류와 정보전달을 촉진하는데 있다.

한자는 한어를 기록하는 기본적인 임무 외에도 상당히 풍부한 문화적인 요소를 포함하고 있다. 한자는 표의성이 강한 문자이기 때문에 매 한자마다 독특한 구성방식과 문화적인 내용을 내포하고 있는 것이다. 따라서 한자는 중국문화의 활화석이라고 말할 수 있으며, 중국문화를 연구하는 매우 중요한 재료 중의 하나이다.

중국인들은 기본적인 생활을 언급할 때 衣食住와 더불어 行(여행)을 열거한다. 사람은 사회적인 동물이므로 타인과 교류를 하면서 살아간다. 타인과 교류를 하자면 가까운 곳은 걸어서 가게 될 것이고 먼 곳은 수레나 가마 혹은 선박과 같은 교통도구를 이용하게 될 것이다. 그만큼 교통은 인간생활에 있어서 필수 불가결한 요소일 것이다.

본 장은 한자가 중국문화를 반영하고 있다는 점에 착안하여 한자를 통해서 중국의 교통문화에 대하여 연구하는 것을 목적으로 한다.

따라서 본고에서는 교통과 관련된 한자들을 보행, 도로, 거마, 가마, 선박, 여관 등으로 분류한 후 고문자 자료를 이용하여 각각의 한자의 본의를 파악하고 문화적인 의미를 탐구할 것이다.

1) 한자와 보행

 合31080	 亞𠅹止鼎		止
甲骨文	金文	小篆	楷書

인간의 가장 초보적인 교통수단은 발이다. 甲骨文에서 발은 ''와 같이 표기되었는데 사람의 발 모양을 그대로 그려낸 것이다.

 合13463 .	 子且辛步尊		步
甲骨文	金文	小篆	楷書

사람이 걸을 때에는 두 발을 차례대로 앞으로 움직여서 전진하므로 '止'자를 상하로 배열하여 '보행'이라는 의미의 '步'자를 만들었다. 사람들은 길에서 걸으므로 때로는 길을 의미하는 '行'자를 첨가하기도 하였다.

 合10165	 頌簋蓋		出
甲骨文	金文	小篆	楷書

'出'자는 발이 동굴에서 나가는 모습을 그려낸 문자이다. 문자의 상부는 발의 모양이고 하부는 동굴의 모양이다. 어떤 문자에는 '行'을 첨가하여 의미를 더욱 부각시켰다.

 合11654	 毛公鼎		之
甲骨文	金文	小篆	楷書

'之'자는 발이 땅에서 출발하여 목적지를 향하여 나아가는 것을 그려낸 문자로 본의는 "나가다. (出也.)"(許愼 1992:127)이다. 『戰國策·齊策三』: "신은 군주를 위하여 楚에 가기를 청합니다. (臣請爲君之楚.)"에서 사용한 것은 본의이다.

 合27310	 厚趠方鼎	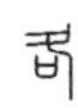	各
甲骨文	金文	小篆	楷書

'各'은 발이 동굴로 돌아오는 모습을 그려낸 것으로 본의는 '도착하다, 오다'라는 의미이다. '各'에서 파생된 문자에는 '客(집에 오다)', '賂(재물을 보내오다)' 등이 있으며, 각양각색의 '各'은 가차의이다.

 合5131	 哀成叔鼎		去
甲骨文	金文	小篆	楷書

'去'자는 사람이 혈거를 떠나는 모습을 그린 문자로 '出'자의 의미와 같다. 『說文·去部』: "'去'는 사람이 떠나는 것이다. (去, 人相違也.)"라고 하였으니 본의는 '떠나다'이다. 고대 사람들은 마음이 떠나면 공포를 느끼게 되므로 '忄'을 첨가하여 '怯'자를 만들었다.

 合27041	 遷方鼎		正
甲骨文	金文	小篆	楷書

'正'자는 '口'와 '止'를 따른다. '口'는 동혈이 아니라 聚落을 대표하는 '口'이다. '正'자는 발을 들어 하나의 성읍으로 가는 모양을 그려낸 문자이다. 원시사회는 인구가 적고 성읍의 거리가 멀었으므로 '正'의 본의는 '가다'이다. 성읍으로 갈 때는 방향이 매우 중요하므로 '바르다'라는 의미로 인신되었다.

 合15515	 利簋		征
甲骨文	金文	小篆	楷書

'征'자는 성읍으로 나아가는 노상에 있는 것을 표시하며 본의는 '가다'이다.

 合17993	 大盂鼎		走
甲骨文	金文	小篆	楷書

'走'자는 사람이 빨리 걷기 위해서 팔을 흔드는 모습과 보행시 사용하는 '발(止)'을 첨가한 문자이다. '走'의 상부는 '大'의 모습을 변형시킨 것이다. 金文에 보면 '彳'을 첨가한 것과 두 사람을 그림 모습도 보인다.

 合19875	 大盂鼎		奔
甲骨文	金文	小篆	楷書

‘奔’자는 사람이 팔을 흔들면서 걷는 모습에 세 개의 발을 첨가함으로서 매우 빠르게 달린다는 의미를 표현하고 있다. 金文에는 역시 ‘彳’을 첨가한 문자가 있으며, 석고문에는 세 사람과 세 개의 발을 그린 모양도 보인다.

 甲3796	 伯遲父鼎		遲
甲骨文	金文	小篆	楷書

‘遲’자는 한 사람이 다른 사람을 업고 가는 모습을 그려낸 문자이다. 사람을 업고 길을 가면 일반 걸음걸이보다 느리므로 ‘늦다, 더디다’라는 의미를 갖게 되었다.

 合22287	 作冊夨令簋		後
甲骨文	金文	小篆	楷書

‘後’자는 길을 가는데(彳) 발(夊)이 끈에 매여(幺) 빨리 걷지 못하므로 앞으로 나아가지 못함을 나타낸 한자이다. 그러므로 ‘뒤’라는 의미를 갖게 되었다.

이상에서 살펴본 바와 같이 보행과 관계있는 한자들은 대부분 ‘止’, ‘彳’, ‘辵(辶)’ 등을 구성요소로 가지고 있음을 알 수 있다.

2) 한자와 도로

부족 간의 교류의 증가로 인하여 성읍 사이에 도로가 형성되었다. 최초의 도로는 인공적으로 만든 것이 아니라 사람들이 습관적으로 반복하여 다니던 길이었을 것이다. 원시사회 후기에 성읍이 많아지고 사람들의 교류가 활발해지면서 부족의 통치력이 강화되고 수레나 城堡가 출현하면서 사람들을 동원하여 도로를 만들게 되었다.

 合27978	 行父辛觶		行
甲骨文	金文	小篆	楷書

'다니다'를 의미하는 한자 '行'은 본래 사거리의 모습을 그린 상형자이다. 길이란 사람들이 다닐 수 있도록 만들어진 것이므로 '다니다'라는 의미를 갖게 되었다. 사람이 다니는 길이나 여행과 관계 있는 한자는 대부분 '行'을 형부로 사용하고 있다. 은허에서 발굴된 甲骨文의 연구결과에서 알 수 있듯이 상대에는 여러 방국들과 왕래가 빈번하였으므로 제대로 닦인 도로가 필요했을 것이다. 甲骨文에 이미 '車'자가 발견이 되고 인위적으로 정리된 도로의 모양을 본뜬 '行'자가 존재하고 당시 여러 주변 제후국들과의 왕래가 있었다는 사실은 도로의 존재를 직간접적으로 증명하고 있다. 『詩經·七月』에 "저 작은 길을 따라간다. (遵其微行.)"(金學主 1988:240)는 구절은 '行'의 본의로 사용된 예이다. 『詩經·大同』 편에는 "주나라의 길은 숫돌과 같이 평평하고, 그 곧기는 화살과 같다. (周道如砥, 其直如矢.)"(金學主 1988:347)는 구절이 있는데 그 당시 도로가 얼마나 발달되어 있는지를 보여주는 예라 하겠다.

 京都2033			律
甲骨文	金文	小篆	楷書

작은 길은 사람이 다니다 보면 자연스럽게 만들어지지만 '行'자와 같은 규모를 갖춘 길을 만들기 위해서는 자세한 설계가 필요했을 것이다. '律'자는 길과 손에 붓을 쥔 '聿'자로 구성되어 있다. 이것은 길을 만들기 위해 붓으로 그림을 그리는 것을 말한다.

 合36908	 中山侯鉞		建
甲骨文	金文	小篆	楷書

길을 건설하는 데는 일정한 규범이 있었으므로 이 문자는 '규범'을 의미하게 되었다. '建'자는 '律'자에 '止'를 첨가하여 '건설하다'라는 의미로 사용하였다.

	 貉子卣		道
甲骨文	金文	小篆	楷書

'道'자는 小篆에서 '辵'과 '首'를 따른 회의자이다. '道'자가 '辵'을 따른 것은 '辵'이 '다니다'라는 의미와 관계가 있기 때문이다. 甲骨文에서 '辵'은 ''로 쓰이는데 이것은 '行'과 '止'로 구성된 회의자로서 십자로에서 발이 다니고 있음을 표시한다. '辵'은 '行'의 생략된 형태이다. 또 '行'을 따른 문자는 대부분 오른쪽 편방을 생략하여 '彳'으로 쓰기도 하나 그 의미는 '行'과 같다. '道'자가 '首'를 따르는 것은 "사람의 머리가 향하는 곳 (首所向也.)"(高樹藩 1980:996)이기 때문이다.

	 史懋壺		路
甲骨文	金文	小篆	楷書

'路'는 '足'을 따르고 '各'의 聲을 따르는 형성자인데, '足'을 따르는 것은 도로 또는 다니는 것과 관계가 있기 때문이다.

 合6032			途
甲骨文	金文	小篆	楷書

'途'자는 『說文』에는 보이지 않으나 甲骨文에는 '止'를 따르고 '余'의 聲을 따른 형태로 발견된다. 혹자는 '途'자의 상부 '余'를 고대에 여행이나 사신의 자격으로 길을 갈 때 지니던 부절로 해석하기도 한다. (許進雄 1995:382) 그렇다면 '途'자는 신분을 증명하는 부절을 가지고 길을 가는 모습을 그려낸 문자로 볼 수 있다.

농경생활을 거처 도시를 건설할 때 도로를 닦는 것은 매우 중요한 일이었다. '街', '巷' 등 도로와 관계된 고유명사는 그에 따라 파생되었다. 앞에서 살펴본 바와 같이 '行'은 사방으로 통하는 거리였으나 고서에서는 '行'자가 가진 형태와 의미가 퇴색하였다. 『詩經』에서는 '周行'과 '微行'으로 대로와 소로를 각각 지칭하고 '行'은 단지 도로의 통칭으로 쓰이게 되었다. '行'을 형부로 삼아서 파생된 명사들은 대부분 성읍 중의 길로서 그 중 『說文』에 보이는 것은 '術', '街', '衢', '衝', '衕' 등이다.

'術'은 '行'을 따르고 '朮'의 聲을 따르며, 성읍 중의 도로를 가리킨다. 의미가 발전되어 수단과 방법을 표시하게 되었는데 기술, 방술, 도술, 학술 등은 모두 어떤 목적에 도달하기 위한 길을 가리킨다. '街'는 '行'을 따르고 '圭'의 聲을 따르는 문자이고 '衢'는 '行'을 따르고 '瞿'의 聲을 따르는 문자로 모두 사통팔달한 도로를 의미한다. ‘衝’은 ‘行’을 따르고 ‘重’의 聲을 따르는 문자로 의미는 역시 사통팔달한 길이다. ‘衕’은 ‘行’을 따르고 ‘同’의 聲을 따르는 문자로 의미는 통하는 길이다. ‘衝’과 ‘通’, ‘衕’과 ‘通’은 각각 첩운 관계이므로 같은 어원에서 파생되었다고 할 수 있다. ‘衕’자는 현재 ‘同’이라고 쓰는데, 북경에서는 ‘胡同’을 ‘衚衕’이라고도 쓴다. 徐灝에 의하면 ‘衚衕’은 ‘衖’의 소리를 맞춘 것으로 聲이 전환되어 ‘巷’이 되고 音이 변하여 ‘弄’이 되었다.”고 하였다. 남방에서는 작은 골목을 ‘弄’이라고 하고 ‘衖’또는 ‘⿴行弄’이라고도 쓴다. ‘⿴行弄’은 ‘行’을 따르고 ‘弄’의 聲을 따르는 파생자이다. 오늘날 북경에서 말하는 ‘胡同’, 상해에서 말하는 ‘弄’, 호북성과 호남성에서 말하는 ‘巷’은 모두 어원을 같이 한다고 할 수 있다. (何九盈 1995:313)

 乙3184	 申簋蓋		足
甲骨文	金文	小篆	楷書

성읍의 도로는 대부분 ‘行’에서 파생된 반면 산과 들과 밭 사이의 길은 ‘足’, ‘彳’, ‘止’, ‘阜’, ‘田’ 등을 형부로 삼고 있다. 예를 들면 ‘蹊’, ‘徑’, ‘歧’, ‘阡’, ‘陌’, ‘畛’ 등이다.

			彳
甲骨文	金文	小篆	楷書

‘蹊’는 ‘足’을 따르고 ‘奚’의 聲을 따르는 형성자로 ‘徯’라고도 쓴다. ‘徑’은 ‘彳’을 따르고 ‘巠’의 聲을 따르는 형성자로 ‘逕’이라고 쓰기도 한다. ‘足’, ‘彳’, ‘辵’ 등은 모두 ‘걷다’라는 의미가 있으므로 서로 통한다. ‘蹊’와 ‘徑’은 모두 ‘보도’의 의미로 ‘사람은 통행할 수 있으나 馬車는 통행할 수 없는 길’을 가리

킨다. ‘蹊’는 또 ‘邪道’를 가리키기도 하는데 이는 가까운 길을 가고자 하는 사람이 정도를 따르지 않고 가기 때문이다. ‘蹊’와 ‘邪’는 어음상으로 서로 통하기 때문이다. ‘徑’은 잘못 난 가까운 길을 간다는 의미이다. ‘徑’은 ‘곧다. (直)’는 의미와 ‘잘못 난 길’이란 의미를 동시에 가지고 있는 이는 ‘徑’이 正路에 대해서는 잘못 난 길이지만 거리상으로는 곧게 난 길이기 때문이다. ‘歧’는 ‘止’를 따르고 ‘支’의 聲을 따르는 형성자이다. 의미는 ‘갈림길이 있는 도로’를 가리킨다. ‘阡’은 ‘阜’를 따르고 ‘千’의 聲을 따르는 형성자로 ‘남북으로 난 길’을 의미하고 ‘陌’은 ‘阜’를 따르고 ‘百’의 聲을 따른 형성자로 ‘동서로 난 길’을 가리킨다. 문자의 사용과정에서 두 글자는 의미의 구별 없이 ‘阡陌’으로 연용되어 ‘밭 사이에 난 소로’를 가리키게 되었다. ‘畛’은 ‘田’을 따르고 ‘参’의 聲을 따르는 형성자로 ‘井田 사이의 소로’를 의미한다.

 合19790			阜
甲骨文	金文	小篆	楷書

『周禮』에서는 도로를 넓이에 따라 ‘徑, 畛, 涂, 道, 路’다섯 가지 등급으로 나누었다. 정현의 주에 의하면 “‘徑’은 우마가 다닐 수 있고, ‘畛’은 大車가 다닐 수 있고, ‘涂’는 乘車 한 대가 다닐 수 있고, ‘道’는 乘車 두 대가 다닐 수 있고, ‘路’는 乘車 세 대가 다닐 수 있다. (徑容牛馬, 畛容大車, 涂容乘車一軌, 道容二軌, 路容三軌.)”고 한다.

 合33211	 田農鼎		田
甲骨文	金文	小篆	楷書

춘추시대에는 상업의 발달과 잦은 전쟁으로 인하여 더욱 규격화된 도로를

필요로 하게 되었다. 진대에는 중국을 통일 한 후 효과적으로 통치하기 위하여 더욱 넓은 길을 만들었다. 『漢書·賈山傳』의 기록에 의하면 “동쪽으로는 연과 제에 도달하고 남쪽으로는 오월에 미쳤으며, 강호의 위와 바다에 다 이르렀다. 도로의 넓이는 50보이며 3장 폭으로 나무를 심고, 그 밖은 두텁게 벽을 쌓고 쇠말뚝을 박고 청송을 심었다. (東窮燕齊, 南極吳越, 江湖之上, 濱海之觀畢至. 道廣五十步, 三丈而樹, 厚築其外, 隱而金椎, 樹以靑松.)”고 한다. (班固 1992:219)

3) 한자와 거마

전설에 의하면 수레는 黃帝가 만들었다고 한다. 황제는 호를 軒轅氏라고도 하는데 헌원이란 수레의 끌채를 가리키는 말이다. 또 일설에 의하면 수레는 奚仲이 발명했다고 한다. 『管子·形勢解』: “해중이 수레를 만들었는데 방원곡직은 모두 자와 먹줄에 맞추었다. 그래서 기계의 회전이 서로 맞아 그것을 사용하매 튼튼하고 이익이 많았으니 견고하게 만들어졌다. (奚仲之爲車機也, 方圓曲直皆中規矩鉤繩, 故機旋相得, 用之牢利, 成器堅固.)”(戴望 1986:327) 『左傳·定元年』: “해중이 하나라의 장거복대부가 되었다. (奚仲爲夏掌車服大夫.)”위의 기록에 따르면 해중이 만든 수레는 상당히 정교하고 견고함을 알 수 있다. 수레가 발명된 시대도 하대 이전, 즉 대략 신석기시대 후기이다. 현재 고고학 상으로 발견된 최초의 수레는 하남성 안양현 은허에서 발견된 것이다. 이것은 두 필의 말이 끄는 수레인데 상말 주초에 이르러서 비로소 네 필의 말이 끄는 수레가 발명되었다. 상대에 수레가 이 정도로 발전되었다면 하대에 이미 수레가 있었다는 사실은 충분히 가능성이 있다.

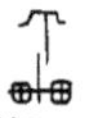 前7	 盂鼎		車
甲骨文	金文	小篆	楷書

‘車’자는 도화적인 색채가 매우 강한 문자로 수레의 형체를 그대로 그렸다. 문자의 형체는 하나의 차축과 두 개의 바퀴, 수레의 몸체, 중앙축 그리고 두 개의 멍에 등으로 구성되어 있다. 처음에는 수레의 전체 모양을 그렸으나 小篆에 이르러서는 하나의 바퀴만을 그려낸 문자로 간화되었다.

	 轉盤		轉
甲骨文	金文	小篆	楷書

수레의 특징은 바퀴를 이용하여 운행되는 것이므로 ‘轉’자를 살펴보기로 하자. ‘轉’자는 ‘車’를 따르고 ‘專’의 聲을 따르는 형성자이다. ‘轉’자가 ‘車’를 따르는 것은 車輪의 회전을 통해서 ‘轉’의 의미를 나타내기 때문이고 ‘專’을 聲으로 삼은 것은 소리와 의미가 ‘專’자에서 비롯되었기 때문이다.

 合16218	 專鐃		專
甲骨文	金文	小篆	楷書

‘專’자는 ‘寸’을 따르고 ‘叀’의 聲을 따른 문자이다. 甲骨文에서 ‘專’은 손으로 紡錘(북)를 돌리는 형상을 그린 것으로 ‘轉’자의 초문이다. 초문 ‘叀’은 세 개 혹은 네 개의 실이 묶여 있는 방추의 모습이다. 후에 ‘叀’자를 쓰지 않고 ‘專’자를 사용하여 방추의 의미를 나타내게 되었고 또 ‘專’자에 ‘車’를 첨가하여 동사 ‘轉’자를 만들게 되었다.

옛날 사람들은 紡車(물레)의 원주운동을 통해서 회전을 이해하게 되었고,

그 후에 紡輪과 도자기를 만드는데 사용되는 陶車를 만들게 되었다. 이런 과정을 거친 이후에 비로소 바퀴를 이용한 수레가 등장하게 되었다. 성인은 “날아다니는 쑥풀이 구르는 것을 보고 수레 만드는 것을 알았다. (見飛蓬轉而知爲車.)”(劉安 1986:279)는 기록으로 볼 때 자연현상으로부터 계시를 얻은 바도 크다는 사실을 알 수 있다.

가장 원시적인 바퀴는 사람들이 물건을 운반하는 과정에서 생겨난 것으로 생각된다. 둥근 물건을 운반할 때 땅에 끄는 것보다 굴리는 것이 훨씬 힘이 덜 들었으므로 다른 물건을 옮길 때도 아래에 원목을 받치고 운반하였는데 이것이 최초의 바퀴라고 할 수 있다. 그러나 이것도 여전히 굴리는데 힘이 들었으므로 둥근 나무를 잘라서 원판을 만들어서 쓰거나 목판을 조합하여 사용하였다. 이것을 사람들은 ‘椎輪’또는 ‘輇’이라고 한다. ‘輇’은 ‘車’를 따르고 ‘仝’의 聲을 따르는 형성자로 바퀴살이 없는 바퀴를 말한다.

바퀴는 수레의 가장 중요한 부품으로 바퀴를 발명한 이후 수레의 제작은 어렵지 않게 되었다. 하대에는 우임금이 “육지를 다닐 때는 수레를 탔다. (陸行乘車.)”(司馬遷 1992:11)는 기록이 있다. 해중은 일찍이 우임금의 車正이 되어 수레의 形制를 개량하는데 큰 공헌을 하였다. 상대에 이르러 수레는 이미 완전하게 발전되었다. 춘추말엽의 공자도 상대의 車制를 매우 이상적으로 여겼던 것으로 전해진다.[34] 지하에서 출토된 실물을 볼 때 상대의 수레는 한대 이전의 한 개의 끌채를 가진 수레의 윤곽을 갖추고 있었음을 알 수 있다.

 合28180	 復公子簋		登
甲骨文	金文	小篆	楷書

34) 楊伯峻(1987:164): “顔淵問爲邦. 子曰: ‘行夏之時, 乘殷之輅, 服周之冕, 樂則韶舞. 放鄭聲, 遠佞人. 鄭聲淫, 佞人殆.”

상대의 수레는 높아서 쉽게 올라 탈 수 없었으므로 귀족들은 받침대를 사용하였다. '登'은 두 손으로 잡고 있는 발판을 두 발이 밟고 오르는 모습을 그려낸 한자이다. 登자는 본래 '마차에 오르다'라는 의미였으나 후에 인신되어 어떤 사물에 올라가는 것을 뜻하게 되었다. 『詩經·白華』: "나직하게 닳은 돌은 밟아서 낮아진 것일세, 우리 님은 멀리 가셔서 나를 병나게 하셨네. (有扁斯石, 履之卑兮. 之子之遠, 俾我疷兮.)"(金學主 1988:395)라는 구절의 斯石은 바로 승석을 의미한 것이다. 귀족들은 수레에 오를 때 더욱 정교한 받침돌을 이용했으므로 乘石은 문학작품에서 통치자의 의미로 쓰이게 되었다.

수레는 무거운 짐을 멀리 운반할 수 있었으므로 교역에 중요한 역할을 하였다. 그러나 이것을 만드는데는 많은 돈이 들었으므로 귀족들만이 사용할 수 있었고 따라서 신분을 상징하는 물건이 되었다. 귀족들은 사냥이나 전쟁을 위해서 마차를 사용했으며, 소유주가 죽으면 저승에 가서 사용할 수 있도록 함께 매장하였다.

4) 한자와 가마

	 輦作[illegible]癸卣		輦
甲骨文	金文	小篆	楷書

동물이 수레를 끌기 전에는 사람이 수레를 끌었다. '輦'자는 두 사람이 바퀴 달린 수레를 끌고 가는 모습을 그려낸 것이다. '輦'자는 처음에는 '사람이 끄는 수레'만을 의미하다가 후에 인신되어 '사람의 힘으로 드는 가마'를 가리키게 되었다.

 合31780	 多友鼎		興
甲骨文	金文	小篆	楷書

‘興’자는 가마 또는 어떤 들것을 네 개의 손이 사방에서 들고 있는 모습을 그려낸 문자이다. 이 문자는 ‘들어올리다, 일어서다’라는 의미로 사용되었다.

 佚945	 闕輿戈		輿
甲骨文	金文	小篆	楷書

‘輿’자는 네 개의 손으로 가마를 들고 있는 모습을 나타낸다. ‘輿’자는 형태상 ‘興’자와 매우 비슷하지만 ‘興’자가 동사적인 의미로 사용되는 반면 ‘輿’자는 명사적인 의미, 즉 ‘가마’라는 물체를 가리킨다.

가마는 원래 산이나 고개를 넘을 때 사용되던 교통도구였다. 그러나 사용범위가 점점 넓어져서 우선 통치자들의 향락의 도구가 되었다. 晉代에는 황궁에서 ‘輦’의 바퀴를 떼어버린 후 사람으로 하여금 지게 하였는데 이것을 ‘步輦’이라고 한다. 약칭하여 ‘輦’이라고도 하는데 이것은 황제와 황후의 교통도구였다. 『晉書』에는 가마를 타는 기풍이 날로 더하여져서 30명이 타는 가마를 만들어 200명이 메었다는 기록도 전해진다. (李延壽 1992:302) 위진 이후에는 통치자들이 가마에 관한 규정을 만들어 계급제도를 유지하려고 하였다. 이러한 규정은 귀족들의 가마를 향락의 도구로 삼으려는 열망을 제한할 수 없었을 뿐만 아니라 오히려 가마의 기풍을 조장하여 가마의 기형적인 발전을 가져왔다. 가마는 마차를 타는 것보다 훨씬 안락하였으므로 귀족들이 선호하는 교통수단이 되었으며, 따라서 ‘乘輿’와 ‘輦’은 ‘乘石’과 마찬가지로 통치자를 상징하는 대명사가 되었다.

5) 한자와 선박

 合8322	 倗生簋		涉
甲骨文	金文	小篆	楷書

물은 인간이 살아가는데 필수 불가결한 요소이면서도 교통에 있어서는 장애가 되는 요소이다. 인간은 문명의 초기에 물가에 정착했지만 생활의 필요에 따라 자주 물을 건너야 했다. '涉'자는 흐르는 물을 두 발로 건너는 모습을 그려낸 것이다.

 合39858			砅
甲骨文	金文	小篆	楷書

'砅'자는 흐르는 물에 돌을 놓아서 만든 징검다리를 그려낸 문자이다. '砅'자는 '濿'자의 異體字이다.

얕은 물은 징검다리를 놓아서 건널 수 있었겠지만 물이 깊고 넓은 경우에는 배를 사용해야 했을 것이다. 대나무나 나무를 엮어서 만든 수상 교통도구를 '泭'라고 하는데, '泭'는 '桴'라고도 한다. 전설에 의하면 복희씨가 처음으로 뗏목에 탔다고 한다. 뗏목은 언제 만들어졌는지 확정할 수 없지만 뗏목은 가장 원시적인 배보다도 만들기 쉬우므로 배가 만들어지기 전에 뗏목이 있었으리라는 점을 단정할 수 있다. '泭'자는 '水'를 따르고 '付'의 聲을 따른 문자로 『說文·水部』에서 본의를 "나무를 엮어서 물을 건너다.(編木以渡也.)"라고 하였다.

 合4883	 小臣艅犀尊		兪
甲骨文	金文	小篆	楷書

‘兪’자는 나무의 속을 파서 만든 배이다. 전설에 의하면 고인들은 속이 빈 나무가 물에 뜨는 것을 보고 배 만드는 것을 알았다고 한다. 『說文·舟部』: “兪는 속이 빈 나무로 만든 배이다. (兪, 空中木爲舟也.)”최초의 배는 속이 빈 나무를 이용하였지만 이후에는 나무 속을 파내서 배를 만들었을 것이다.

뗏목이나 통나무배는 매우 편리하였으나 강을 건널 때 방향을 조절하거나 물결을 거슬러 올라갈 수 없었다. 이에 따라 자연히 노를 발명하여 배의 방향을 조절하거나 물결을 헤치고 나갈 수 있게 되었다. 고고학의 발굴 결과에 의하면 신석기 시대의 유적지에서 많은 통나무배와 노가 발견되었다. (何九盈 1995:325) 이러한 출토물은 지금부터 육 칠 천년 전의 것으로 전설 중의 황제시대에 해당한다.

뗏목과 통나무배의 발명은 인류의 활동범위를 육지에서 수역으로 넓혔다. 그러나 뗏목과 통나무배는 많은 단점이 있었으므로 사람들은 궁리 끝에 배를 만들어 내게 되었다.

 合27816	 孜作父癸觶		舟
甲骨文	金文	小篆	楷書

‘舟’자는 많은 판자를 연결하여 만든 배의 모양을 그려낸 한자이다. 『說文·舟部』: “주는 배이다. 고대에 공고, 화적 두 사람이 나무의 속을 파내어 배를 만들고 나무를 깎아서 노를 만들어서 통하지 않는 곳을 건넜다. 상형문자이다. (舟, 船也. 古者, 共鼓貨狄, 刳木爲舟, 剡木爲楫, 以濟不通. 象形.)”우리는 이 한자를 통해서 상대에 이미 목판으로 만든 배가 존재했다는 사실을 확인할 수 있다. ‘船’은 ‘舟’와 같은 의미로 ‘舟’를 따르고 ‘㕣’의 聲을 따르는 형성자이다. 단옥재에 의하면 “古人들은 ‘舟’라하고 漢人들은 ‘船’이라 한다. (古人言舟, 漢人言船.)”고 하였고, 양웅의 『方言』에서는 “‘舟’는 함곡관 서쪽에서는 ‘船’이라 하

고 함곡관 동쪽에서는 '舟'라고 한다. (舟自關而西謂之船, 自關而東或謂之舟.)"라 하였다.

배의 추진을 위해서 필수적인 것이 '篙(삿대)'이다. '篙'는 '竹'을 따르고 '高'의 聲을 따른 문자이다. '竹'을 따른 것은 '篙'가 대나무로 만들어졌기 때문이며 '高'를 따른 것은 '篙'가 일정하게 길어야 강바닥을 밀고 전진할 수 있기 때문이다. '篙'는 본래 뗏목을 전진시키는 도구로 배의 발명시기보다 빠르다고 할 수 있다. '篙'는 긴 대나무의 잔가지를 잘라내면 되었으므로 만들기에 매우 간단했다. '篙'를 이용하여 강바닥을 밀면 반대 방향으로 전진할 수 있었다.

'篙'는 비록 편리하였지만 물이 깊어 바닥에 닿지 않으면 사용할 수 없었으므로 '楫'을 사용하게 되었다. 고인들은 나무를 가지고 위쪽은 둥글게 깎아서 손잡이를 만들고 아래쪽은 판형으로 깎아서 노를 만들었다. '楫'은 '木'을 따르고 '咠'의 聲을 따르는 형성자이다. 또 '檝'이라고도 쓰는데 이것은 '戈'를 따르고 '楫'의 聲을 따르는 형성자이다. '檝'자가 '楫'을 따른 것은 노가 나무로 되어 있기 때문이며, '戈'를 따른 것은 '戈'가 적을 치는 것과 같이 물을 치면서 전진하기 때문이다.

 合33146	 天亡簋		凡
甲骨文	金文	小篆	楷書

'凡'자는 돛의 모양을 그린 문자이다. (許進雄 1995:373) '凡'자는 본래 바람을 의미했으므로 후에 '風'자의 성부로 사용되었다. 돛은 천으로 만들어졌기 때문에 형부 '巾'을 첨가하여 '帆'자를 만들게 되었다.

6) 한자와 여관

여행자들은 숙박을 하거나 음식을 먹으면서 쉴 수 있는 곳이 필요했다. 상대에는 제후국들과의 왕래가 빈번했고 사냥이나 대규모 군사작전도 행하여졌다. 하상대에는 이미 '車正'이라는 관직을 두어 전문적으로 여행과 교통을 관장하게 하였다. 기록에 의하면 서주시대에 이미 국가의 도로를 건설하고 교통을 관리하고 사신을 접대하고 연도에 음식을 먹고 숙박할 수 있는 곳을 전문적으로 관장하는 관리가 있었다. 『周禮·地官·遺人』: "무릇 國野의 도로는 십 리에 '廬'가 있고 '廬'에는 음식이 있으며; 삼십 리에 '宿'이 있고 '宿'에는 '路室'이 있고 '路室'에는 '委'가 있으며; 오십 리에는 '市'가 있고 '市'에는 '候館'이 있고 '候館'에는 '積'이 있다." 鄭玄의 주에 의하면 "市 사이에 세 개의 '廬'와 한 개의 '宿'이 있다. (凡國野之道, 十里有廬, 廬有飮食; 三十里有宿, 宿有路室, 路室有委; 五十里有市, 市有候館, 候館有積." 鄭玄注: "一市之間有三廬一宿.)" 여기의 '廬', '宿', '路室', '市', '候館'은 모두 여행하는 손님들이 연도에서 휴식하고 음식을 먹고 투숙할 수 있는 곳이다. '委'와 '積'은 모두 예비된 재물을 의미한다.

	 舍父鼎		舍
甲骨文	金文	小篆	楷書

'舍'는 집의 모양을 그린 문자이다. 『說文』에서 "빈객이 머무는 집을 사라고 한다. (市居曰舍)"라고 하였다. 金文을 보면 '口'을 따르고 '余'의 聲을 따르는 문자이다. '余'는 甲骨文에서 일인칭으로 사용되었지만 이것은 가차의이다. 허진웅에 따르면 '余'자는 숙소 앞에 설치한 종족이나 직위를 나타내는 부절로 해석하기도 하였다. (許進雄 1995:382)

甲骨文	金文	小篆	楷書
	 師湯父鼎		廬

"'廬'는 기거하는 곳이다. 가을과 겨울에 떠났다가 봄과 여름 동안 거주한다. '广'을 따르고 '盧'의 聲을 따른다. (寄也. 秋冬去, 春夏居, 从广盧聲.)" '廬'는 본래 농번기에 들판에 거주할 때 묶는 천막집이다. 이것은 간단하고 누추한 집을 가리킬 때 사용된다.

甲骨文	金文	小篆	楷書
 合29351	 室叔簋		宿

'宿'은 숙소를 나타내는 한자이다. 甲骨文은 집안에서 사람이 자리에 누워 자는 모습을 그려낸 한자이다. '宿'자는 본래 동사이나 후에 인신되어 명사로 쓰였다.

甲骨文	金文	小篆	楷書
 合13567	 呂方鼎		室

'室'자는 '宀'을 따르고 '至'의 聲을 따른 형성자로 "집의 안 사람이 편안히 머무는 곳 (堂之內, 人所安止也.)"의 의미이다. 인신되어 사람이 사는 것은 모두 '室'이라고 하게 되었다. (段玉裁 1992:341) 甲骨文에서 '宀'은 집을 나타내고 '至'는 화살이 땅에 거꾸로 박힌 모습으로 '도달하다'라는 의미이다.

정현의 주에 의하면 "후관은 망루로서 관망할 수 있는 것이다. (候館, 樓, 可以觀望者也.)"(『周禮』: 205)라고 하였다. '候'는 "엿보아 살피다. (候, 伺望也.)"(許愼 1992:165)라는 의미이다.

도로, 거마, 客舍와 더불어 생긴 것이 驛傳제도이다. 이와 관계 있는 한자가 '馹'과 '傳'자이다.

 前5趍			
甲骨文	金文	小篆	楷書

'馹'은 '馬'를 따르고 '日'의 聲을 따르는 형성자로 『說文』에 의하면 역참의 전용차이다. 고대에 소식을 전할 때는 수레와 말이 함께 하였으므로 '馬'를 따랐다. 甲骨文에 보이는 ''은 '馹'의 본자이다. 어원상으로 보면, "'馹'은 '臸'를 말하며, '臸'는 '到'를 말하는 것이니, 전차가 급히 나아가 속히 도달하는 것을 기약하는 것이다."(『說文解字約注』)

 合8383	 小臣傳簋		傳
甲骨文	金文	小篆	楷書

'傳'은 '人'을 따르고 '專'의 聲을 따르는 형성자이다. 『說文』에서 "'傳'은 '遽'이다"라고 해석하고 있는데, '遽'는 '辵'을 따르고 '豦'의 聲을 따르는 형성자로 의미는 '전하다'이다. '傳'과 '遽'는 자주 연용되어 驛車 혹은 驛馬를 가리킨다. 朱駿聲에 의하면 "수레로 전하는 것은 '傳'이고 또 '馹'이라고 하며, 말로 전하는 것은 '遽'라 하고 또 '驛'이라 한다. (以車曰傳, 亦曰馹; 以馬曰遽, 亦曰驛.)"(朱駿聲 1984:765) 단옥재에 의하면 "'馹'은 신분이 높은 자의 傳用車이니, '遽'는 비천한 자가 소식을 전하는데 타는 말임을 알 수 있다. (馹爲尊者之傳用車, 則遽爲卑者之傳用騎可知.)"(段玉裁 1992:381) '傳'은 또 傳舍를 가리키는데 후대의 驛站과 유사한 것이다. '遽'는 또 사절단이 소식 전하는 것을 접대하는 기구이므로 고서에서 변경의 경보를 '邊遽'라고 한다.

변경의 통신기구를 또 '郵'라고도 한다. '郵'는 "국경상의 문서를 전하는 객사이다. '邑'과 '垂'를 따른다. '垂'는 변경의 의미이다. (郵, 境上行書舍, 从邑垂, 垂, 邊也.)"(許愼 1992:132) '郵'의 본의는 변경에서 문서를 전달하고 숙식과 거마를 제공하는 역참이다.

'驛'자는 '馬'를 따르고 '睪'의 聲을 따르는 형성자이다. '驛'은 "역참의 말. (驛, 置騎也.)"이다. (許愼 1992:201) '驛'은 본래 역마, 역참을 가리켰으며, 그 의미는 현재 한국어와 일본어에 반영되어 있다.

7) 소결

본 장에서는 한자를 근거로 하여 고대의 교통문화를 살펴보았다. 본론의 고찰을 통하여 한자는 어원을 살펴보면 발생된 시대의 문화를 반영하고 있음을 알 수 있었다.

보행과 관련된 한자는 '止', '步', '出', '之', '各', '去', '正', '征', '走', '奔', '遲', '後' 등을 살펴보았다. 이 한자들은 대부분 발을 표시하는 '止', 사람을 표시하는 '大', 거리에서 걸음을 표시하는 '辵' 등을 구성요소로 삼고 있었다.

도로와 관련된 한자는 '行', '道', '途', '律', '建', '路' 등을 살펴보았다. 이 한자들은 대부분 도로의 의미인 '行'또는 행의 생략형인 '彳', 그리고 '彳'과 '止'의 결합형인 '辵'을 구성요소로 삼고 있었다.

거마와 관련된 한자는 '車', '轉', '專', '登' 등을 살펴보았다. 이 한자들은 대부분 수레를 의미하는 '車'를 구성요소로 삼고 있었다.

가마와 관계가 있는 한자는 '輦', '輿', '輿' 등을 살펴보았다. 수레와 가마를 나타내는 한자들은 사회적인 신분을 나타내는 단어와 밀접한 관계가 있음을 알 수 있었다.

선박과 관계 있는 한자는 '涉', '砅', '兪', '舟' 등을 살펴보았다. 이 한자들을 통해서 배의 발생과 발전과정을 살펴볼 수 있었다.

여관과 관련된 한자는 '舍', '宿', '室', '馹', '傳' 등을 살펴보았다. 이 한자들을 통해서 고대의 숙박기구와 역참제도의 기원을 살필 수 있었다.

| 제8장 |

노예와 관련된 한자

본 장에서 노예와 관련된 '臣'과 '民' 등의 한자를 연구대상으로 삼아 본의와 파생의미를 분석하기로 한다.

우선 본 장은 완전히 동일하지는 않지만 그 공통점에 초점을 두어 고대 중국의 노비와 노예를 같은 대상으로 보고 서술하고자 한다.[35] 노예상태가 의미하는 기본 원칙은 노예가 어떠한 법률행위의 주체도 될 수 없으며 그저 주인의 사유물이라는 것이다.

노예제사회에서는 생산관계의 기초를 이루는 것이 노예주가 점유하고 있던 생산 재료와 생산도구인 노예였다. 상왕조의 역대 왕 역시 전국의 토지와 모든 사회적 부를 장악하였을 뿐 아니라 생산노동자인 노예도 점유하고 있었다. 그들은 농경지와 수공업 작업장, 가정 등지에서 노예들에게 과중한 노동을 강요하였고, 노예를 동물과 같이 취급하여 매매하거나 상으로 수여하기도 하고 심지어 도살도 서슴지 않았다. 노예는 귀족들 옆에서 평생을 시중드는 생활을 했으며 그 종류는 대략 '小臣(侍役), 婢, 妾, 僕, 豎(내시)' 등이 있다. 노예는 주인의 소유물이며 주인 마음대로 저당을 잡히거나 매매할 수 있고 심지어 순장 등의 재물로 사용되곤 하였다. (전명용 1997:35)

35) 고대 중국의 노비가 서양의 노예와 다른 점은 완전한 인격의 상실자로서의 物的 存在는 아니었고, 半人半物의 성격을 가진 존재라는 점이다. (김명희 1987:209)

노예제 사회의 기본적인 조건인 노예 공급의 원천은 노예가 노예상태로 전락하는 과정과 노예주가 노예를 획득하는 과정으로 나누어 볼 수 있다. 전자는 대개 ① 전쟁포로, ② 납치, ③ 공물 또는 납세의 형태, ④ 부채, ⑤ 범죄에 대한 형벌, ⑥ 아동의 유기 또는 매매, ⑦ 스스로 노예의 길을 선택, ⑧ 태생에 의함 등이며, 후자는 전자의 8가지 길을 통해 직접 또는 ① 제3자로부터 매수, ② 증여, ③ 노예가 지불수단이 되었을 때 등으로 구분할 수 있다. (양동걸 2000:398) 다시 말해 노예가 생기게 된 대표적인 원천은 전쟁포로와 생계가 곤란하여 빚을 지고 담보로 잡힌 사람 그리고 죄인 세 가지라고 할 수 있다.

이렇게 여러 경로를 통해 노예가 된 사람들은 곧 비참한 생활에 처하게 되었다. 먼저 노예는 신체의 자유가 없었으며, 노예주나 영주는 임의로 그들을 죽일 수 있었다. 『說文·示部』에서는 '祭'에 대해 "祭, 제사지내다. '示'를 義符로 하고, 손으로 고기를 잡고 있는 것이다. (祭, 祭祀也. 从示, 以手持肉.)"라고 하였다. 제사를 지낼 때는 제물로 쓸 희생물을 죽여야 하는데, '손으로 고기를 잡고 있는 것'은 바로 희생물을 죽이는 모습이다. 甲骨文 '[illegible](祭)'는 바로 손에 피가 줄줄 흐르는 고기 덩어리를 잡고 있는 모습을 그린 것이다. 노예사회에서는 제사를 지낼 때 가축이나 사람을 희생물로 바쳤는데, 이때 희생물로 쓰인 사람이 바로 노예이다.

또한 노예는 노예사회와 봉건사회에서 중요한 노동력이었다. 『說文』에서는 '宰, 妾, 仆' 등의 글자에 대해 모두 '일을 하는 사람'이라는 말로 풀이하였는데, 이는 노예가 힘쓰는 일에 종사한다는 것을 나타내는 것이다. 殷商에서 秦漢까지 상공·농림·목축·어업 등 각 업계에서는 모두 대량의 노예들이 피땀을 흘렸다. 또한 통치자가 크게 토건사업을 전개하면 죄인과 노예가 육체노동의 주요 담당자가 되었다. 秦始皇은 육국을 멸한 후에 토목을 크게 일으켜 아방궁을 지었는데, 거기에 70여만 명의 죄인들이 징발되었다. 여기서 죄인은 대부분 노예를 말하는 것이다.

그리고 몇몇 업무는 비록 큰 힘을 쓰는 것은 아니었지만 그 일이 미천한 것에 속하면 역시 노예가 담당하였다. 예를 들어 문지기 업무는 고대에 모욕적인 일로 여겨져 노예인 혼인(閽人)이 그 일을 하였다. 『說文·門部』에서는 "閽, 해가 지면 문을 닫는 노예이다. '門'과 '昏'으로 이루어진 회의자로, '昏'은 音符도 나타낸다. (閽, 常以昏閉門隸也. 从門昏, 昏亦聲.)"라고 하여, '閽'이 '해가 지면 문을 닫는 노예'라고 하였으며, 『禮記·祭統』에서도 '閽'에 대해 "문을 지키는 천한 자이다. (閽者, 守門之賤者也.)"라고 하였다. 『周禮·冢宰』에서는 '혼인(閽人)'이라는 직책을 두었다고 하였는데, 鄭玄은 이에 대해 "혼인은 해가 지면 문을 닫는 사람으로 묵형을 받은 죄인이 문을 지켰다. (閽人司昏晨以啓閉者, 刑人墨者使守門.)"라고 하였다. 鄭玄의 말에서 혼인이 형벌을 받은 노예라는 것을 알 수 있다. 이렇듯 노예는 힘이 많이 드는 고된 일이나 일반인들이 하기 꺼려하는 천한 일에 주로 종사하였다.

노예는 또한 평소에는 노동과 생산을 담당하다가 전쟁 시에는 사병으로 전쟁에 참가하였다. 기원전 1066년, 주(周) 무왕이 주(紂)를 정벌할 때, 당시 주(紂)는 17만 명의 군대를 보유하고 있었다. 17만 명 중에서 소수는 자유민이고, 대부분은 노예였다. 이 전쟁에서 무왕이 승리한 주요 원인은 주(紂)의 노예사병이 전장에서 창을 거꾸로 들어 주(紂)를 배신했기 때문이다. 또 秦始皇 시기에는 소위 '인노산자(人奴産子)'라는 노예의 아들이 있었는데, 평소 조정에서 일할 사람을 징발할 때 우선 그들을 뽑았다.

그 밖에도 노예는 매매의 대상이 되었다. 秦代에는 이미 노비를 거래하는 노비시(奴婢市)가 있었는데, 당시 노비는 우마(牛馬)와 같은 우리에 넣어져 있었다고 한다. 노비시는 漢代 이후에도 존재했을 뿐 아니라 실제로도 노비가 매매되고 있었다고 전해진다. 노예 한 명의 몸값은 西漢에서 1만에서 2만전이었다. 많은 대상과 대지주들은 일꾼을 고용해서 쓰기보다는 노예를 샀다. 당시 노비를 판매하는 것이 이미 공개적으로 시장을 여는 정도에 까지 이른 것이다.

(王寧·謝棟元·劉方 2000:52) 이는 『唐律』에서 '노비는 資材와 같다'라고 한 말과 같이, 노비가 어떤 면에서는 물건으로 취급되고 있었음을 의미한다. 물건과 동일시되는 노비는 주인을 위해 일하고 그 결실은 모두 주인에게 환원되었다.

또한 노예는 각종 고통스런 형벌을 받았다. 앞에서 언급한 혼인(閽人)은 바로 묵형을 받은 노예이다. 『說文』에서는 묵형을 나타내는 '黥'에 대해 '얼굴에 묵형을 받은 것'이라고 풀이하였다. 이 형벌은 먼저 칼로 이마에 글자를 새긴 다음 먹물을 칠하는 것으로 상처가 아물면 검은 글자가 영원히 이마에 남게 된다. 이는 개인의 사건을 영원히 이마에 공개하는 것으로 시시때때로 인격적인 모독을 받게 된다.

이외에도 '斀'이라는 형벌이 있었는데, 이는 '宮, 腐'와 같은 것으로 생식기를 못 쓰게 하는 형벌이다. 『說文·攴部』에서는 "생식기를 제거하는 형벌이다. '攴'을 義符로 하고 '蜀'을 音符로 한다. 『周書』에서 '刖, 劓, 斀黥'이라 하였다. (斀, 去陰之刑也. 从攴蜀聲. 『周書』 曰: '刖, 劓, 斀黥.')"라고 하여, '斀'이 '생식기를 제거하는 형벌'이라고 하였다. 또한 탁형(斀刑)을 받은 사람을 탁인(斀人)이라 하는데, 이는 바로 노예를 말한다. '斀'을 『詩經』에서는 '椓'이라고 썼는데, 이는 두 글자가 음이 같기 때문이다. 이렇듯 노예는 각종 잔인한 형벌에 처해져 더욱 고된 인생을 살아야만 했다.

지금까지 노예의 원천과 고통스런 생활에 대해 간략하게 알아보았는데, 이러한 역사적 사실은 노예와 관련된 한자뿐만 아니라 이를 자소로 한 한자에도 반영되었다. 따라서 이런 내용을 먼저 아는 것은 다음에 살펴볼 노예와 관련된 한자를 자소로 하는 한자의 의미를 이해하는 데 도움이 될 수 있을 것이다.

본 장에서는 고대 중국의 노예와 관련된 한자로 일반적인 노예를 나타내는 '臣'과 형벌을 받은 노예를 나타내는 '民'을 자소(字素)로 하는 한자를 선정하였다.

노예를 나타내는 한자는 이 외에도 '童', '僕', '卩', '匕', '執', '奴' 등 여러

가지가 있다. 그러나 '童', '僕'은 형벌도구를 나타내는 '䇂'을 자소로 하는 한자로, 뒤에서 살펴볼 형벌과 관련된 한자와 중복되기 때문에 노예와 관련된 한자에서는 제외하였다.

그리고 단순히 '꿇어앉아 있는 사람'의 모습을 형상화한 '㔾'이나 '匕'는 이를 자소로 한 한자가 『說文』에 적지 않지만 '노예'라는 특정한 대상을 나타내는 글자로 선택하기에는 기준이 모호하고 이견도 많아 연구범위에서 제외하였다. 즉 '㔾'은 '令', '印'에서는 '노예'의 의미로 쓰였다고 할 수 있지만 그 외에 '卸', '卿', '卯', '卮' 등에서는 주로 신표나 병부의 의미로 사용되었다. 그리고 '匕'를 자소로 한 한자 역시 '化', '眞', '匙', '頃' 등과 같이 대부분 '匕'를 똑바로 서 있지 않은 사람의 의미로 사용하였다.

다만 '奴'는 '노예'라는 의미가 분명하지만, 의미상 노예와 관련된 한자가 적고 눈을 형상화 한 '臣'이나 '자형(剌刑)'을 반영한 '民'처럼 형태상으로 연관성이 없어 연구대상에서 제외하였다. 즉 『說文』에서 '奴'를 자소로 한 한자는 '呶', '怒', '駑', '怓', '砮', '笯', '弩', '帑', '拏', '絮'가 있는데, 이 중 의미상 노예와의 연관성을 찾을 수 있는 것은 '呶'(지껄이다), '怒'(성내다), '駑'(둔하다), '怓'(어지럽다) 뿐이다. 그리고 '執'역시 '노예'를 가리키는 한자이지만 자형 상 형벌도구와 관련이 많고 이를 자소로 한 한자들이 대부분 의미상 노예와 관련이 적어 연구대상에 포함시키지 않았다.[36] 즉 『說文』에서 '執'을 자소로 한 한자는 '摯', '蟄', '墊', '褺', '驇', '鷙', '慹', '縶', '蓻', '讋' 등이 있는데, 이 중 의미상 '노예'와의 연관성을 찾을 수 있는 것은 '慹(두려워하다), 縶(매다), 讋(수다스럽다)'뿐이다.

36) '執'에서 '䇂'은 수갑의 모습을 나타낸 것이다.

1) '臣'을 자소로 하는 한자

눈은 머리 부위에서 가장 두드러지고 활동이 활발한 기관이기 때문에 상형문자에서는 항상 눈이 머리 혹은 전신을 대표하고 있다. 甲骨文 '(臣)'은 위로 치켜뜬 눈의 모양으로, 머리를 들어 위를 바라볼 때의 눈을 표시하고 있다. 계급이 엄격했던 고대시기에 노예가 감히 얼굴을 들어 주인을 쳐다본다는 것은 불가능했을 것이다. 마찬가지로 낮은 곳에 위치한 하급자는 머리를 들어 높은 곳에 자리한 상급관리를 바라보아야 했을 것이다. 그래서 '臣'은 본래 전쟁포로나 노예(주로 남자 노예)를 지칭하며, 비천한 사람을 뜻했다. 이후 신하가 이를 임금에 대한 자신의 겸칭으로 사용함으로써 '신하'라는 뜻이 보편적으로 사용되게 되었다. (하영삼 1997:111) 또한 '신하'의 뜻으로 쓰이는 '臣'자는 '백성'의 뜻으로도 쓰였는데, 백성은 모두 임금의 신하라 할 수 있기 때문이다. 그리고 때로는 '臣妾'에서처럼 여성이 자신을 낮추어 부르는 말로도 쓰인다. 다음에서 '臣'을 자소로 한 한자 중 노예와 관련된 한자들을 살펴보도록 한다.

(1) 노예를 가리키는 경우

① 臣(신)

 合5588	 小臣鼎		臣
甲骨文	金文	小篆	楷書

'臣'의 甲骨文 자형은 세로로 선 눈을 본뜬 것으로, 이는 일반적인 눈을 나타내는 '目'과 달리 굴복적인 모습으로 눈을 올려 뜬 것을 나타낸다.

'臣'에 대해 『說文·臣部』에서는 "끌려가는 사람이다. 임금을 섬기는 사람이다. 굴복한 모습을 본뜬 것이다. 무릇 '臣'이 있는 글자는 모두 '臣'을 따른다. (牽也. 事君也. 象屈服之形. 凡臣之屬皆从臣.)”고 풀이하였다. 許愼의 풀이는 전쟁포로를 묶어 끌고 간다는 각도에서 해석한 파생의미로, ‘臣’의 본의는 ‘전쟁포로’이다.

段玉裁는 許愼의 해석에 대해 『說文解字注』에서 “‘臣, 牽也’는 첩운으로 해석한 것이다. 『春秋』, 『廣雅』에서는 모두 ‘臣, 堅也’라고 하였다. 『白虎通』에서는 ‘臣’이란 묶여있는 사람이라고 하였다. (臣, 牽也. 以疊韻釋之. 春秋說, 『廣雅』 皆曰臣, 堅也. 『白虎通』 曰, 臣者, 繵也.)”라고 하여, ‘臣, 牽也’라고 한 것은 ‘臣’과 발음이 비슷한 ‘牽’을 이용해 의미를 해석한 것이라고 하였다. 楊樹達은 이에 대해 『臣牽解』에서 본래 ‘臣’은 ‘전쟁포로’를 일컫는 말이었는데, 전쟁포로가 한 둘이 아니었기 때문에 줄을 이용해 그들을 묶어서 끌고 가게 되었고 여기서 끌려가는 사람을 ‘臣’이라 부르게 되었다고 하였다.

이 외에도 『廣韻』에서는 ‘臣’이 천한 사람을 가리키는 말이라고 하였으며, 『孟子·萬章下』에서는 “국가 영역에 있는 것을 ‘市井之臣’이라 하고 영역 밖에 있는 것을 ‘草莽之臣’이라고 하는데 이는 모두 서민을 일컫는 말이다.”라고 하여 ‘臣’이 ‘서민’이란 뜻이라고 하였다. 또한 『左傳·襄公九年』에서는 “임금이 현명하고 신하가 충성되면 윗사람들은 서로 양보하고 아랫사람들은 서로 경쟁한다.”고 하여 ‘臣’이 군주제 시대의 관리를 의미한다고 하였다. 그리고 ‘臣’은 자신을 가리키는 겸칭으로도 쓰였는데, 삼국(三國)시대 촉(蜀)의 諸葛亮은 『出師表』에서 ‘臣’을 이용해 자신을 나타내었다.

이후 ‘臣’은 ‘신하의 본분을 다하다, 부리다’ 등 동사로서의 의미도 가지게 되었는데, 『論語·顔淵』에서는 “임금과 신하, 아버지와 아들이 각자 자기의 본분을 다해야 한다. (君君, 臣臣, 父父, 子子.)”라고 하여 ‘臣’을 ‘신하의 본분을 다하다’는 의미로 사용하였으며, 『戰國策·秦策四』에서는 “힘으로 천하를 다스리려고 하면 부리는 데 후환이 있을까 두렵다. (而欲以力臣天下之主, 臣恐有後

患.)”고 하여 ‘臣’을 ‘부리다’는 의미로 해석하였다.[37] 이를 통해 ‘臣’은 본래 ‘전쟁포로’를 가리키는 안 좋은 말이었으나 후에 그 범위가 확대되어 굴욕적이거나 누군가의 명령에 따르는 ‘노복, 백성, 관리’ 같은 사람을 가리키게 되었고 여기서 파생되어 1인칭 겸칭으로 사용되거나 ‘부리다’ 등의 동사의미로 쓰였다는 것을 알 수 있다. 여기서 ‘노복’은 부정적인 성격의 의미지만 ‘백성, 관리’는 중성적이라고 할 수 있다. ‘臣’의 의미파생 과정은 다음과 같이 정리해 볼 수 있다.

전쟁포로 → 천한사람 → 노복
→ 백성
→ 관리 → 신하의 본분을 다하다
→ 부리다
→ 1인칭 겸칭

② 臧(장)

 合3297	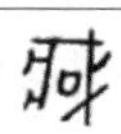 曩伯子庭父盨		臧
甲骨文	金文	小篆	楷書

‘臧’역시 노예를 가리키는 대표적인 한자라고 할 수 있다. ‘臧’의 甲骨文 자형은 눈을 창에 찔린 사람을 본뜬 것으로, 이는 전쟁포로 중 노예가 된 사람을 가리킨다. 전쟁포로가 노예가 된 경우 초기에는 대부분 반항심이 남아 있어 통제가 어렵기 때문에 한쪽 눈을 찔러 반항심을 줄이는 ‘자형(刺刑)’이 보편적으

37) 본 장에서 『說文』과 『說文解字注』를 제외한 참고문헌은 모두 『漢語大字典』의 釋義에서 재인용하였다.

로 행해졌다. '臧'은 바로 이를 반영한 글자이다. 따라서 '臧'의 본의는 '전쟁 중 포로로 잡혀 노예가 된 사람'이다.

'臧'은 『說文·臣部』에서 "착하다. '臣'을 義符로 하고 '戕'을 音符로 한다. (善也. 从臣戕聲.)"고 하였다. 한쪽 눈을 실명한 포로는 좀 더 고분고분하게 노예로서의 임무를 수행했기 때문에 『說文』에서 '臧'을 '착하다, 좋다'는 의미로 해석한 것이다. 이는 파생의미이다.

『說文解字注』에서는 "무릇 사물에서 좋은 것은 반드시 안에 숨어 있다. (凡物善者必隱於內也.)"라고 하여, 『說文』의 풀이에서 더 나아가 '臧'이 사물의 내부에 존재하는 것을 가리킨다고 하였다. 이는 '臧'이 후에 '臟'으로 분화되어 내장의 의미를 나타내는 것과 관련이 있다.

顔師古는 『漢書·司馬遷傳』에서 '臧獲'과 '婢妾'에 대해 쓴 글에서 '臧獲'이 '전쟁 중 노획되어 노예가 된 사람'을 가리킨다고 하였다. 이는 또 '다른 사람에게 노역을 제공하는 사람을 천하게 부르는 말'로도 쓰였는데, 『方言』 3권에서는 형(荊)·회(淮)·해(海)·대(岱)지역과 제(齊)나라 사이에서는 노비를 욕하여 '臧'이라 부른다고 하였다. 또한 『方言』 3권에서는 '臧'이 노비를 부인으로 맞은 사람이나 그 노비가 낳은 자식 혹은 떠돌아다니는 노복을 가리키기도 한다고 하였다.

이후 '臧'은 『說文』의 해석과 같이 '착하다, 좋다'는 뜻으로도 파생되었는데, 『爾雅·釋詁上』에서는 "臧, 착하다. (臧, 善也.)"라고 하여, '臧'이 '착하다'는 뜻이라고 하였다. 楊樹達은 『釋臧』에서 "전쟁에서 패한 사람은 잡혀서 노비가 되는데, 이들은 함부로 행동할 수 없었기 때문에 '착하다'는 파생의미를 가지게 되었다. (戰敗者被獲爲奴, 不得橫恣, 故臧引伸有善義.)"라고 하였다. 이 외에도 『字彙·臣部』에서는 "臧, 숨기다. (臧, 匿也.)"라고 하여, '臧'이 '숨기다'는 뜻이라고 하였으며, 淸代 徐灝는 『說文解字注箋·臣部』에서 "臧, '臟腑'의 글자는 옛날에 '臧'으로도 썼다. (臧, 臟腑字古亦作臧.)"라고 하여, '臧'이 내장을 가리키는 글자라고 하였다. '숨기다, 내장' 등의 의미는 후에 편방을 더해 의미를 분화하였는데, '숨기다'는 뜻은 '藏'이라고 쓰고, 여기서 파생된 '내장'이라는 뜻은 '藏'에 다시 '月'편방을 더해 '臟'이라고 썼다.

종합해보면 '臧'은 눈을 창에 찔린 전쟁포로를 의미하는 것에서 '노비, 노비가 낳은 자식'을 가리키게 되었고 이는 다시 노비의 성질을 나타내는 '착하다, 좋다'는 의미로 파생되었다. 또한『說文解字注』의 풀이를 참고하면 '臧'은 사물의 내부에 존재하는 것을 가리킨다는 점에서 '내장'을 가리키기도 하였는데 이는 후에 '臟', '藏' 등의 글자로 분화되었다. 이렇게 '臧'이 본의인 '노예가 된 전쟁포로'에서 위와 같은 다양한 의미로 파생된 것은 한자 자의(字義)의 강한 파생능력을 보여주는 한 예라고 할 수 있다. 또한 '臧'은 의미의 성격이 부정적인 것에서 긍정적, 중성적인 것으로 변화한 것을 알 수 있다. '臧'의 의미파생 과정은 다음과 같이 정리해 볼 수 있다.

눈을 창에 찔린 전쟁포로 → 노예
→ 노비가 낳은 자식 → 착하다
→ 좋다
→ 숨기다 → 내장

③ 宦(환)

	 仲宦父鼎		宦
甲骨文	金文	小篆	楷書

'宦'의 金文 자형은 한 사람을 대표하는 눈이 감옥 속에 갇혀 있는 모습으로,『說文·宀部』에서는 '宦'을 "벼슬하는 사람이다. '宀'과 '臣'으로 이루어진 회의자이다. (仕也. 从宀从臣.)"라고 풀이하였다. 한 죄수가 관리자와 합작하기

를 원하여 자기 동료의 감시를 돕는 사람이 되면 당연히 하급관리로 발탁될 가치가 있다. '宦'에 하급관리라는 뜻이 있는 것은 반드시 여기에서 유래되었을 것이다.

이에 대해 『說文解字注』에서는 "『說文·人部』에서 '仕'는 배우는 사람이라고 하였다. 服虔은 '宦'이 배우는 사람이라고 하였다. 『曲禮』에서 '宦'은 일을 배우는 전문가라고 하였다. 注에서 '宦'은 벼슬하는 사람이라고 하였다. 熊氏는 '宦'이 관의 일을 배우는 사람이라고 하였는데, 여기서 배운다는 것은 육예를 익히는 것을 말한다. 『左傳』에서는 '妾'이 宦女라고 하였는데, '仕'에 따르면 이는 하는 일을 익히는 사람이다. (人部曰仕者, 學也. 服虔云宦, 學也. 曲禮宦, 學事師. 注云宦, 仕也. 熊氏云宦謂學官事, 學謂習六藝. 左傳妾爲宦女, 按仕者, 習所事也.)"라고 하여, '仕'가 '배우는 사람'이라고 하였으며, 服虔은 '宦'이 배우는 사람이라고 하였다. 그리고 이를 통해 『曲禮』에서는 '宦'이 일을 배우는 전문가라고 하였으며, 『曲禮注』에서는 벼슬하는 사람이라고 하였음을 알 수 있고, 이밖에도 『左傳』에서는 '妾'은 '宦女'로, 하는 일을 익히는 사람이라고 하였다는 것을 알 수 있다.

『廣韻』에서는 "宦, 배우다. (宦, 學也.)"라고 하여, '宦'이 '배우다, 벼슬을 하다'는 뜻이라고 하였으며, 『漢書·疏廣傳』에서는 "관직을 하여 명예를 세운다. (宦成名立.)"라고 하여 '宦'을 '관직'의 의미로 사용하였다. 이는 다시 '귀족의 노복 일을 하다, 내시' 등의 의미로 파생되었는데, 『集韻』에서는 "宦, 내시. (宦, 閹人.)"라고 하였다. 그리고 '내시'라는 의미에서 '宦'은 후에 '거세하다'는 뜻도 가지게 되었다. 이를 통해 '宦'은 본래 부정적인 의미에서 중성적인 의미로 파생되었으나 후에는 주로 부정적인 의미로 쓰였다는 것을 알 수 있다.

그러나 만일 '宦'에서 '宀'을 '감옥'이 아닌 '집'으로 생각한다면 '宦'은 곧 (귀족의) 집에서 일하는 노예를 가리킨다고 할 수 있다. 관리와 군왕의 관계는 노예와 주인의 관계와 같기 때문에 여기서 '宦'이 궁에서 임금을 모시는 관리인 태감, 즉 '내시'의 의미로 파생된 것이라고 할 수 있다. (谷衍奎 2003:504) 혹은 그 노예가 다른 노예보다 재능이 뛰어났기 때문에 집안에서 일하게 된 것이라고 본다면 '宦'은 주로 사무적이거나 전문적인 일을 담당하는 노예라고 할 수 있다. 이는 관리의 사무를 배우거나 벼슬하는 사람으로 의미가 파생되었다고 할 수 있는데, 넓은 의미에서 보면 상층 노예는 일반 관리와 하는 일이 비슷하기 때문이다. 그리고 이렇게 의미가 파생된 '宦'은 후에 더욱 의미가 분화되어 관리 중에서도 주로 '내시'를 의미하게 된 것이라고 볼 수 있다. '宦'의 의미 파생 과정은 다음과 같이 정리해 볼 수 있다.

감옥에 갇힌 사람 → 벼슬하는 사람
→ 하급관리 → 내시 → 거세하다
→ 배우다
→ 벼슬을 하다

(2) 노예의 성질 특성을 가리키는 경우

① 臤(견)

 合1590	 臤父癸簋		臤
甲骨文	金文	小篆	楷書

'臤'은 甲骨文 자형이 손으로 눈을 찌르는 모양이다. 고대에는 전쟁포로를 잡아 한 쪽 눈을 멀게 한 뒤 노예로 썼는데, '臤'은 바로 이러한 '자형(刺刑)' 과정을 나타내는 한자라고 할 수 있다. 『說文·臤部』에서는 '臤'을 "견고하다. '又'를 義符로 하고 '臣'을 音符로 한다. 무릇 '臤'이 있는 글자는 모두 '臤'을 따르고, 금옥소리를 형용하는 '鏗鏘'의 '鏗'과 같이 읽는다. 古文은 '賢'자를

빌려 썼다. (堅也. 从又臣聲. 凡臤之屬皆从臤, 讀若鏗鏘之鏗. 古文以爲賢字.)"고 풀이하였다.

『說文解字注』에서도 "굳게 잡은 것을 말한다. 그래서 '又'를 義符로 한다. (謂握之固也. 故从又.)"라고 하여, 許愼의 견해를 뒷받침하여 '(손으로) 굳게 잡은 것을 말한다.'고 하였다. 그러나 혹자는 '臤'의 본의가 '전쟁포로를 많이 잡다'이며, 이는 나중에 '힘들다, 수고하다', '능력이 뛰어나다'는 뜻으로 파생되었다고 하였다. (谷衍奎 2003:343) 이 견해에 따르면 '臤'의 파생의미가 노예의 처지나 상태를 나타낸다고 할 수 있으며, '臣'이 義符로서도 기능한다고 할 수 있다. '臣'을 자소로 한 한자 중에서도 '臤'을 자소로 한 한자는 '단단하다'는 의미와 연관된 것이 많으며, 그 의미는 대부분 중성적인 성격을 띠고 있다. '臤'의 의미파생 과정은 다음과 같이 두 가지로 정리해 볼 수 있다.

① 손으로 눈을 찔린 전쟁포로 → 노예 → 굳게 잡다

② 전쟁포로를 많이 잡다 → 힘들다
→ 수고하다 → 능력이 뛰어나다

② 緊(긴)

			緊
甲骨文	金文	小篆	楷書

'緊'은 '단단하다'는 의미를 나타내는 '臤'과 실을 나타내는 '糸'가 더해진 것으로, 『說文·臤部』에서는 '緊'을 "실을 팽팽하게 감은 것이다. '臤'과 생략된 '絲'로 이루어진 회의자이다. (纏絲急也. 从臤从絲省.)"라고 풀이하였다. '緊'의 본의는 '실을 팽팽하게 감다. (혹은 당기다)'이다.

『說文解字注』에서는 "'緊'과 '急'은 쌍성이다. 이 글자는 또 '絚'이라고도

쓴다. 『釋名』에서는 비단이 '絚'하다고 하였다. 이는 그 실이 팽팽하고 두꺼우면서도 공기가 잘 통하는 것을 말한다. 이는 글자가 잘못 변하여 오래된 것이다. (緊急雙聲, 此字別作絚. 釋名云絹絚也. 其絲絚厚而疏也. 是其譌久矣.)"라고 하여, '緊'이 실이 팽팽하고 두꺼우면서도 통풍이 잘 되는 비단을 말한다고 하였다.

이후 '緊'은 '실이 당겨져 팽팽한 상태'라는 의미에서 '무릇 긴장되고 급박한 상태'를 가리키는 것으로 의미가 파생되었는데, 吳芳吉는 『婉容詞』에서 "들이 넓고 가을바람 세게 부는데, 강가 저물어 달빛 비스듬히 떨어지네. (野闊秋風緊, 江昏落月斜.)"라고 하여, '緊'을 이용해 넓은 들에 가을바람이 세게 부는 모습을 묘사하였다. 그리고 『管子·問』에서는 "창은 가는 정도에 따라 단단한 정도가 다르다. (戈戟之緊, 其厲何若.)"고 말하면서 '緊'을 '단단하다'는 의미로 사용하였고 『廣雅·釋詁一』에서는 "緊, 급하다. (緊, 急也.)"라고 하여, '緊'이 '급하다'는 뜻이라고 하였다. 또한 『素問·氣交變大論』에서 "그 변화가 긴박한 것이다. (其化緊斂.)"이라고 한 것에 대해 王冰은 "緊, 수축하다. (緊, 縮也.)"라고 하여, '緊'이 '수축하다'는 뜻이라고 하였는데, 이는 모두 '緊'이 '긴장되고 급박한 상태'를 가리키는 것에서 파생된 것이다. 이 외에도 『三國演義』 제49회에서는 "중요하게 할 말이 있으니 잠시 머물다 가자. (請暫少住, 有緊話說.)"고 하여 '緊'을 '중요하다'는 의미로 사용하였다.

이상에서 말한 '긴장되다, 수축하다' 등의 파생의미는 모두 '臤'의 '단단하다'는 의미와 관련이 있으며, '중요하다'는 의미는 중요한 일을 할 때 평소보다 더 긴장한다는 점에서 다른 의미와의 연관성을 찾을 수 있다. 그리고 이러한 의미들은 모두 중성적인 성격을 가진다. '緊'의 의미파생 과정은 다음과 같이 정리해 볼 수 있다.

실이 당겨져 팽팽한 상태 → 긴장되다 → 수축하다 → 중요하다
→ 급하다 → 빠르다

③ 堅(견)

			堅
甲骨文	金文	小篆	楷書

'堅'은 '臤'과 '土'가 합쳐져 이루어진 글자로, 본의는 '단단하다'이다. 『說文·土部』에서는 '堅'을 "굳세다. '臤'과 '土'로 이루어진 회의자이다. (剛也. 从臤从土.)"라고 풀이하였다. 이는 곧 '단단한 흙' 혹은 '땅이 단단하다'는 것을 나타낸다.

『說文解字注』에서는 "굳센 것이다. 무릇 사물이 굳센 것으로 파생되었다. '臤'이 '堅'이라고 한 것도 옳은 것이다. (剛也. 引伸爲凡物之剛. 如云臤堅也是也.)"라고하여, '땅이 단단하다'는 의미가 일반 사물이 단단한 것으로 파생되었다고 하였다.

『呂氏春秋·誠廉』에서는 "돌을 깰 수는 있지만 그 단단함은 뺏을 수 없고, 단사(丹砂)는 갈 수는 있지만 그 붉음은 뺏을 수 없다. (石可破也, 而不可奪堅; 丹可磨也, 而不可奪赤.)"고 하면서 '堅'이 '단단하다'는 뜻이라고 하였다. 이후 '堅'은 의미가 추상적으로 파생되어 『爾雅·釋詁』에서는 "堅, 굳다. (堅, 固也.)"라고 하여, '堅'이 '옹골지다, 굳다'는 뜻이라고 하였으며, 『廣雅·釋詁一』에서는 "堅, 강하다. (堅, 强也.)"라고 하였다. 또한 唐代 孟郊는 『擇友』에서 "만일 진인(眞人)을 본받는다면 그 마음이 쇠처럼 단단하게 동요하지 않을 것이다. (若是傚眞人, 堅心如鐵石.)"라고 하여 '堅'을 '동요하지 않다'는 의미로 사용하였다. 이 외에도 唐代 劉禹錫는 『祭楊庶子文』에서 "일을 조사한 적이 많지 않아 책을 지나치게 믿는다. (閱事未多, 信書太堅.)"고 하여 '고집스럽다'는 의미로 '堅'을 사용하였다. 즉 '堅'은 '단단한 땅'이라는 사물을 가리키던 것에서 이후 사람의 성품이 '강경하다, 고집스럽다'는 것을 나타내게 된 것이다. 이를 통해 '堅'이 대부분 중성적인 성격의 의미를 나타낸다는 것을 알 수 있는데, '堅'의 의미파생 과정은 다음과 같이 정리해 볼 수 있다.

땅이 단단하다 → 일반 사물이 단단하다 → 옹골지다 → 고집스럽다

→ 굳다

→ 강하다

④ 賢(현)

	 賢簋		賢
甲骨文	金文	小篆	楷書

‘賢’의 甲骨文 자형은 위에서 언급한 ‘臤’과 같으나 金文에서는 ‘貝’가 추가되었다. ‘賢’의 金文 자형은 노예가 손으로 조개를 모으는 모습을 그린 것이라고 할 수 있다. 『說文·貝部』에서는 ‘賢’을 “재능이 많은 것이다. ‘貝’를 義符로 하고 ‘臤’을 音符로 한다. (多才也. 从貝臤聲.)”고 풀이하였다.

『說文解字注』에서는 “‘賢’은 본래 재물이 많은 것을 지칭하는 말이다. 파생되어 많은 것은 모두 ‘賢’이라 한다. 사람이 재능이 많은 것을 일컫는 말로, 파생의미가 습관적으로 쓰이고 그 본의는 없어졌다. 전하는 바에 따르면 賢이 힘써 일하는 것이라고 한다. 이는 일이 많으면 힘써서 일해야 하기 때문이다. (賢本多財之偁. 引伸之凡多皆曰賢. 人偁賢能, 因習其引伸之義而廢其本義矣. 傳曰, 賢, 勞也. 謂事多而勞也.)”라고 하여, ‘賢’이 본래 재물이 많은 것을 가리키는 글자였는데, 후에 단순히 많은 것을 가리키는 말에서 재능이 많은 것을 가리키게 되었다고 하였다. 이는 노예 중에서 재물을 많이 모을 수 있을 만큼 재능이 많고 현명한 사람을 가리키는 말이라고 생각할 수 있다.

『六書故·動物四』에서는 “賢, 사람에게 재물이 많은 것. (賢, 貨貝多於人也.)”이라고 하였으며, 『玉篇·貝部』에서는 “賢, 능하다. (賢, 能也.)”라고 하여, ‘賢’이 ‘능하다, 많다’는 뜻이라고 하였다. 『正字通·貝部』에서는 “賢, 이기다. (賢, 勝也.)”라고 하였는데, 이는 ‘많다’는 의미에서 파생된 것이라고 할 수 있다. 또

한 『廣雅·釋詁一』에서는 “賢, 일하다. (賢, 勞也.)”라고 하여, ‘賢’이 ‘일하다, 힘쓰다’는 뜻이라고 하였는데, 이는 ‘賢’이 본래 재물이 많은 것을 가리키는 것과 관련된 것으로, 재물을 많이 모으려면 그만큼 더 열심히 일해야 하기 때문이다. 이 외에도 『禮記·禮運』에서 “용감하고 지혜로운 것을 숭상한다. (以賢勇知.)”고 한 것에 대해 孔穎達은 “賢, 숭상하고 존중하는 것과 같다. (賢, 猶崇重也.)”라고 하여, ‘賢’이 ‘숭상하고 존중하다’는 의미라고 하였으며, 『廣雅·釋詁一』에서는 “賢, 크다. (賢, 大也.)”라고 하였다. 이는 모두 ‘賢’이 ‘재능이 많은 사람, 덕이 있는 사람’을 가리키는 것에서 파생된 것이며, ‘賢’은 제2인칭 경칭으로 쓰이기도 한다.

종합해보면 ‘賢’은 ‘재물이 많다’는 본의에서 ‘능하다, 많다, 이기다, 힘쓰다, 피로하다’ 등의 의미로 파생되었는데, 이를 통해 ‘賢’이 중성적인 의미뿐만 아니라 긍정적인 의미로도 많이 파생되었다는 것을 알 수 있다. 한 글자의 의미가 얼마나 많이 또 추상적으로 파생되었는지는 그 글자를 얼마나 광범위하게 사용하였는지의 여부와 관련된다고 할 수 있다. 왜냐하면 많이 사용할수록 비슷한 의미로 계속해서 그 글자를 응용하게 되기 때문이다. 그런 점에서 보면 ‘賢’은 오랜 세월 도태되지 않고 여러 의미로 발전하면서 적극적으로 자신의 존재를 유지해 왔다고 할 수 있다. ‘賢’의 의미파생 과정은 다음과 같이 정리해 볼 수 있다.

재물을 모으다 → 재물이나 재능이 많다 → 많다 → 능하다 → 일하다 → 피로하다

→ 재능이 많은 사람

→ 덕이 있는 사람 → 숭상하고 존중하다

→ 크다

→ 제2인칭 경칭

(3) 노예의 역할이나 행동을 가리키는 경우

① 監(감)

 合27740	 雁監甗		監
甲骨文	金文	小篆	楷書

‘監’의 甲骨文 자형은 사람이 꿇어앉아 그릇에 담긴 물을 통해 자신을 비추어 보는 모습으로, 본의는 ‘그릇에 담긴 물로 얼굴을 비추어 보다’이다. 이는 ‘臣’이 본래 ‘눈’을 형상화 한 것이라는 점에서 의미상 연관성을 찾을 수 있다. 『說文·臥部』에서는 ‘監’에 대해 “높은 곳에서 아래를 내려다보다. ‘臥’를 義符로 하고 생략된 ‘𨚖’을 音符로 한다. ‘譼’은 古文 監자로, 言을 義符로 한다. (臨下也. 从臥𨚖省聲. 譼, 古文監从言.)”고 풀이하였다.

‘監’은 단순히 ‘바라보다’는 의미에서 높은 곳에서 아래를 내려다본다는 뜻으로 파생되어 ‘감시하다’는 의미를 나타낸다. 노예 중에서도 직위가 높은 노예는 주인을 대신해 다른 노예들을 관리하고 감시하는 역할을 하였는데, ‘監’은 바로 그러한 노예가 하는 일을 가리킨다.

『說文解字注』에서 “『小雅』와 『毛傳』에서는 ‘監’을 보는 것이라고 하였다. 許愼은 ‘瞷’을 보는 것이라고 하였다. ‘監’은 아래를 내려다보는 것이다. 옛 글자는 수가 적어서 의미를 고루 갖추고 있었다. 지금은 글자 수가 많아져 의미가 구별되어 쓰인다. (小雅毛傳監, 視也. 許書瞷, 視也. 監, 臨下也. 古字少而義晐. 今字多而義別.)”라고 하였는데, 이를 통해 『小雅』와 『毛傳』에서 ‘監’이 ‘보다’는 뜻이라고 하였다는 것을 알 수 있고, ‘그릇에 담긴 물로 얼굴을 비추어 보다’는 ‘監’의 본의에서 파생된 의미라는 것을 알 수 있다.

『六書故·工事四』에서는 “監, 그릇종류. (監, 盆類.)”라고 하였으며, 『廣韻』에서는 “鑑, 거울, ‘監’으로도 적는다. (鑑, 鏡也. 亦作監.)”라고 하여, ‘거울’을 뜻

한다고 하였다. '監'은 여기서 나아가 '거울'과 관련된 동작인 '비추어보다, 살펴보다'는 뜻을 가지게 되었는데, 『爾雅·釋詁下』에서는 "監, 보다. (監, 視也.)"라고 하였다. 또한 『書·大誥』에서는 "무왕이 죽자 삼감(三監)과 회이(淮夷)가 배반하였다. (武王崩, 三監及淮夷叛.)"고 하여 '監'을 '관원'의 의미로 사용하였는데, 이는 '보다'는 의미에서 파생된 것이라 할 수 있다.

그리고 『方言』 12권에서는 "監, 살피다. (監, 察也.)"라고 하였으며, 『三國演義』 제102회에서는 "공명(孔明)이 정문(鄭文)을 하옥시키라고 명하였다. (孔明令將鄭文監下.)"라고 하여 '監'을 '가두다'는 의미로 사용하였다. 또한 『大金國志·章宗皇帝上』에서는 "대금(大金)에는 궁감(宮監)이란 곳이 있는데, 병사들이 잡은 부녀자 중 아름다운 여자는 모두 여기에 넣는다. (大金有宮監, 凡用兵所擄婦女良者皆入此監.)"고 하여 '監'을 '감옥'이란 의미로 사용하였다. 이는 '가두다'는 의미에서 파생된 것이다.

종합해보면 '監'은 '그릇에 담긴 물로 자신의 모습을 비추어보다'는 본의에서 '보다'는 행동과 관련된 '비추어보다, 살펴보다'는 의미로 파생되었으며, 이는 나아가 '감옥'을 의미하게 되었다. 흥미로운 것은 '監'이 처음엔 자신을 비추어 보는 것에서 갈수록 남을 살펴보고 감시하는 것으로 의미가 파생되었다는 것이다. '監'은 대부분 중성적인 성격의 의미를 나타내는데, 그 의미파생 과정은 다음과 같이 정리해 볼 수 있다.

비추어 보다 → 내려다보다 → 살피다 → 감시하다 → 관원
→ 거울 → 가두다→ 감옥

② 臨(임)

			臨
甲骨文	金文	小篆	楷書

‘臨’의 金文 자형은 사람이 고개를 숙이고 눈물을 흘리는 모습으로, 죽은 사람을 애도한다는 의미를 나타낸다. (谷衍奎 2003:448) 『集韻』에서도 “臨, 울다. (臨, 哭也.)”라고 하였다. 『說文·臥部』에서는 ‘臨’을 “높은 곳에서 아래를 내려다보며 감시하다. ‘臥’를 義符로 하고 ‘品’을 音符로 한다. (監臨也. 从臥品聲)”고 풀이하였다. 즉 산 사람이 죽은 사람을 위에서 내려다보며 눈물을 흘리는 것에서 ‘감시하다’는 의미가 파생된 것이다.

『爾雅·釋詁下』에서는 “臨, 보다. (臨, 視也.)”라고 하였는데, 郭璞은 “살펴보는 것을 말한 것이다. (謂察視也.)”라고 하였다. 『書·大禹謨』에서는 “아랫사람을 다스릴 때는 꼼꼼하게 하고, 여러 사람을 다스릴 때는 너그럽게 하라. (臨下以簡, 御衆以寬.)”고 하여 ‘臨’을 ‘다스리다, 통치하다’는 의미로 사용하였는데, 이는 앞에서 말한 ‘살펴보다’는 의미에서 파생된 것이라고 할 수 있다. 또한 『正字通·臣部』에서는 “臨, 높은 곳에서 낮은 곳에 임하는 것. (臨, 自上臨下也.)”이라고 위에서 아래로 내려온다는 의미라고 하였다. 『廣韻』에서는 “臨, 다다르다. (臨, 莅也.)”라고 하였으며, 『吳子·料敵』에서는 “조나라는 우리의 북쪽을 향하여 있고, 제나라는 동쪽에 인접하다. (趙衝吾北, 齊臨吾東.)”는 말에서 ‘접근하다’는 의미로 ‘臨’을 사용하였다. 그리고 『詩·小雅·小旻』에서는 “깊은 연못을 대하듯이, 살얼음을 걷듯이. (如臨深淵, 如履薄氷.)”라고 하여 ‘臨’을 ‘대하다’는 의미로 사용하였는데, 이는 모두 ‘위에서 아래로 내려오다’는 의미에서 파생된 것이라고 할 수 있다.

‘臨’은 ‘보다, 감시하다’는 의미를 나타낸다는 점에서는 위에서 말한 ‘監’과 비슷하지만 이후 ‘다다르다, 접근하다’ 등의 의미로 파생되었다는 점에서 차이가 있다는 것을 알 수 있다. 이는 ‘臨’의 金文 자형과 관계있다고 할 수 있는데, 즉 죽은 사람을 위에서 눈물을 흘리며 바라보는 모습에서 눈물이 아래로 떨어지는 것에 중점을 두면 ‘위에서 아래로 내려오다, 다다르다, 접근하다’ 등의 의미가 나올 수 있는 것이다. ‘臨’도 앞에 나온 ‘監’처럼 주로 중성적인 성격의 의미를 나타내는데, 그 의미파생 과정은 다음과 같이 두 가지로 정리해 볼 수 있다.

① 죽은 사람을 애도하다 → 울다

② 위에서 내려다보다 → 살펴보다 → 감시하다 → 다스리다

→ 위에서 아래로 내려오다 → 임하다 → 대하다

→ 다다르다 → 접근하다

③ 朢(망)

 合7223	 小臣傳簋		朢
甲骨文	金文	小篆	楷書

'朢'의 甲骨文 자형은 한 사람이 봉긋 솟아오른 땅 위에서 어딘가를 바라보는 모습으로, '눈'을 강조하여 먼 곳을 바라본다는 것을 나타냈다. '朢'의 본의는 바로 '눈을 들어 멀리 바라보다'이다. 『說文·壬部』에서는 '朢'에 대해 "달이 가득 찰 때는 해와 멀리 떨어져 마주 보게 된다. 이때 신하는 임금을 알현한다. '月'과 '臣', '壬'으로 이루어진 회의자이다. '壬'은 조정을 나타낸다. '𦣠'은 古文 '朢'의 생략된 형태이다. (月滿與日相朢, 朝君也. 从月, 从臣, 从壬. 壬, 朝廷也. 𦣠, 古文朢省.)"라고 풀이하였다. 이는 小篆에 근거한 해석으로 본의가 아니다.

『說文解字注』에서도 "해가 달을 비추기 때문에 달이 빛나는 것이다. 사람들은 지구에서 그것을 본다. 그 빛의 가득함을 볼 수 있다. 삭은 해가 달을 비출 때 빛이 해 아래에 있어 사람들이 볼 수 없다. 옆에서 보기 때문에 일그러져 있는 것이다. '壬'은 '廷'의 가차자로 '壬'의 본의와 다르다. (日兆月, 而月乃有光. 人自地視之. 惟於朢得見其光之盈. 朔則日之兆月, 其光嚮日下. 民不可得見. 餘以側見而闕. 壬爲廷之叚借字. 與壬本義別.)"라고 하여, '朢'을 보름과 관련시켜 해석하였다. 혹자는 '朢'이 '멀리 바라보다'는 본의에서 '바라보다, 바라다' 등의 뜻으로

파생되었으며, 사람들은 희망이 이루어지지 않으면 탓하기 때문에 '원망하다'는 의미로도 파생되었다고 하였다. (谷衍奎 2003:544)

종합해보면 보름은 신하가 임금을 알현하는 때로, '朢'은 임금을 알현하는 주체(臣)와 보름이라는 시간(月), 조정이라는 장소(壬)로 이루어진 회의자라고 할 수 있다. 때문에 신하가 임금을 알현한다는 점에 초점을 두면 '보다'는 뜻이 되고, 시간에 초점을 두면 '보름'이라는 뜻이 되는 것이다. '朢'의 의미파생 과정은 다음과 같이 두 가지로 정리해 볼 수 있다.

① 눈을 들어 멀리 바라보다 → 바라보다 → 바라다 → 원망하다

② 신하가 조정에서 임금을 알현하는 때 → 보름

④ 臥(와)

			臥
甲骨文	金文	小篆	楷書

'臥'의 자형은 한 사람이 머리를 숙이고 아래를 굽어보는 모습으로, 본의는 '머리를 숙이고 아래를 굽어보다'이다. '臥'에 대해 『說文·臥部』에서는 "쉬다. '人'과 '臣'으로 이루어진 회의자로, '臣'자의 굴복하다는 의미를 취하였다. 무릇 '臥'가 있는 글자는 모두 '臥'를 따른다. (休也. 从人臣, 取其伏也. 凡臥之屬皆从臥.)"고 풀이하였다. 이는 본의에서 파생된 의미이다.

『說文解字注』에서는 "'臥'와 '寑'은 다르다. '侵'은 침상에서 자는 것이고, '臥'는 책상에 엎드리는 것이다. 고로 '伏'이라고 하였다. '尸'의 전서 밑에 누워있는 모습을 본떴다고 하였다. 『曲禮』에서 '寢'은 엎드리지 않는 것이라고 하였다. 즉 '寢'은 침상에서 자는 것으로 엎드리지 않는 것이라는 말이다. 확장되어 무릇 휴식하는 것을 가리키는 말이 되었다. (臥與寑異. 寑於牀, 臥於几. 故曰

伏. 尸篆下曰象臥之形是也. 曲禮云寢毋伏. 則謂寢於牀者毋得俯伏也. 引伸爲凡休息之偁.)"라고 하여, '臥'가 '책상에 엎드려 쉬는 것'이라고 하였다. 즉 '臥'는 노예주가 노예를 위에서 내려다본다는 의미에서 '사람이 머리를 숙이고 졸다'는 의미로 파생된 것이다. 그리고 이는 다시 '엎드리다, 눕다, 자다'는 의미로 파생되었다. (谷衍奎 2003:342-343)

『孟子·公孫丑下』에서는 "앉아서 말하니 응하지 않아 자리에 기대어 쉬었다. (坐而言, 不應, 隱几而臥.)"고 하여 '臥'를 '쉬다'는 의미로 사용하였으며, 『玉篇·臥部』에서는 "臥, 자다, 쉬다. (臥, 眠也, 息也.)"라고 하여, '臥'가 '자다, 쉬다, 멈추다'는 뜻이라고 하였다. 이 외에도 『廣雅·釋詁四』에서는 "臥, 쓰러지다. (臥, 僵也.)"라고 하여, '臥'가 '쓰러지다, 엎드리다'는 뜻이라고 하였는데, 이는 '자다'는 의미와 관련된 것이다. '臥'는 그 자형이 아래를 굽어보는 모습이란 점에서는 '監'이나 '臨'과 비슷하지만 그 의미는 차이가 크다고 할 수 있다. 즉 '臥'는 눈을 뜨고 무엇을 보는 것이 아니라 고개를 숙이고 존다는 점에서 '살펴보다, 감시하다'가 아닌 '쉬다, 자다' 등의 의미로 파생되었으며, 이러한 의미들은 대부분 중성적인 성격을 띤다. '臥'의 의미파생 과정은 다음과 같이 정리해 볼 수 있다.

머리를 숙이고 내려다보다 → 머리를 숙이고 졸다 → 엎드리다

→ 눕다 → 자다

→ 쉬다 → 멈추다

(4) 기타

① 掔(견)

			掔
甲骨文	金文	小篆	楷書

'掔'은 한 글자에 손을 가리키는 한자가 두 개라는 점에서 의미상 '손'과 관련 있다는 것을 알 수 있다. 『說文·手部』에서는 "단단하다. '手'를 義符로 하고 '臤'을 音符로 한다. 『詩經』에 있는 '赤舃掔掔'의 '掔'처럼 읽는다. (固也. 从手臤聲. 讀若詩赤舃掔掔.)"고 풀이하였다.

『說文解字注』에서도 "'掔'이란 단단하고 굳은 것으로, 손으로 잡았을 때 딱딱한 것을 말한다. 혹은 '牽'으로 가차되기도 한다. (掔之言堅也, 緊也, 謂手持之固也. 或叚借爲牽字.)"라고 하여, '掔'이 '단단하고 굳다'는 뜻이라고 하였다. 마찬가지로 『爾雅·釋詁上』에서도 "掔, 단단하다. (掔, 固也.)"라고 하였는데, 『爾雅·釋詁下』에서는 "掔, 두텁다. (掔, 厚也.)"라고 하였다. 또한 『集韻』에서는 "掔, 끌다. (掔, 牽也.)"라고 하였으며, 『漢語大字典』에서는 "'腕'과 같다. (同'腕'.)"라고 하였는데, 이를 통해 顏師古가 '掔'이 옛날에 팔을 가리키는 글자라고 하였다는 것을 알 수 있다. 종합해보면 '掔'은 '단단하다'는 의미의 '臤'에 '手'가 더해진 것으로, 노예를 손으로 강하게 잡아끈다는 의미로 해석할 수 있다. 때문에 '掔'이 후에 '단단하다, 끌다' 등의 의미로 파생된 것이다. 그리고 '掔'은 자형에 손이 두 개란 점에서 팔을 가리키는 '腕'과도 통한다고 할 수 있다. '掔'의 의미파생 과정은 다음과 같이 정리해 볼 수 있다.

손으로 강하게 잡아끌다 → 단단하다

→ 굳다 → 두텁다

본 절에서 분석한 '臣'을 자소로 한 한자는 총 12자이다. 이 중 '臣'의 본래 의미인 '노예'를 직접적으로 가리키는 한자가 3자이고, 노예의 성질이나 특성을 가리키는 한자는 4자이며, 노예의 역할이나 행동을 나타내는 한자가 4자, 기타 노예와 관련된 한자가 1자이다. 이를 통해 '臣'을 자소로 한 한자 중 의미상 노예와 관련이 있는 한자는 주로 노예의 역할이나 특성과 관련된 의미를 나타낸다는 것을 알 수 있다.

그리고 '臣'은 대부분의 글자에서 '노예'라는 의미로 쓰였는데, '監, 臨, 朢' 등의 글자에서는 '臣'이 '눈'이라는 의미로도 사용되었다는 것을 알 수 있다. 또한 '臤'이 포함된 글자는 '緊, 堅, 掔'처럼 대부분 '단단하다'는 의미와 관련이 있다. 이 외에도 '臣'을 자소로 한 한자들의 의미를 살펴본 결과 처음에는 주로 부정적인 의미를 나타내던 것에서 후에는 중성적이거나 긍정적인 의미로 파생된 경우도 적지 않았다.

2) '民'을 자소로 하는 한자

'民'도 '臣'과 마찬가지로 전쟁포로, 노예를 가리키는 단어로 쓰였다. '民'의 甲骨文 자형은 왼쪽 눈을 예리한 침에 찔린 모습으로, 이는 바꾸어 말하면 노예가 된 자의 불복종을 의미한다고 할 수 있다.

郭沫若은 『甲骨文字硏究』에서 "주나라 사람들은 적군을 자기 나라 백성으로 만들 때, 그 왼쪽 눈을 멀게 하고 노비로 삼았다. (周人初以敵囚爲民時, 乃盲其左目以爲奴徵.)"라고 하였다. 즉 '民'은 전쟁에서 포로로 잡혀 왼쪽 눈을 실명한 뒤 노예가 된 사람을 가리키는 글자이다.

이렇게 죄인이나 포로로서 눈을 자해당하고 노예가 되었던 '民'은 나중에 지위의 상승과 함께 '백성'이라는 뜻으로 쓰이게 되었다. '民'의 개념은 시대가 발전함에 따라 변화하였는데, 이후 그 지위가 계속적으로 상승하여 오늘날에 이르러서는 한 국가의 요체로 자리 잡게 되었다. 다음에서 '民'을 자소로 한 한자 중 노예와 관련된 한자들을 살펴보도록 한다.

(1) 노예를 가리키는 경우

① 民(민)

 合20231	 大盂鼎		民
甲骨文	金文	小篆	楷書

'民'은 오늘날 백성, 국민을 가리키는 대표적인 한자인데, '民'의 金文 자형은 뾰족한 물체로 왼쪽 눈을 찌르는 모습을 그린 것이다. 이는 자형(刺刑)을 말하는 것으로, 고대에는 전쟁터에서 잡은 포로를 왼쪽 눈을 멀게 한 뒤 노예로 썼다. '民'은 바로 앞에서 나온 '臧'과 같은 의미의 한자라고 할 수 있으며, 본의는 '노예'이다.

『說文·民部』에서는 '民'에 대해 "뭇사람이 무지한 모양이다. 古文의 형체에서 조금씩 정리되었다. 무릇 '民'이 있는 글자는 모두 '民'을 따른다. (衆萌也. 从古文之象. 凡民之屬皆从民.)"고 풀이하였다. 이는 본의에서 파생된 의미이다.

『說文解字注』에서는 "'萌'은 옛날에 모두 틀리지 않았는데, 毛本에는 '氓'이라고 되어 있으니 이는 틀린 것이다. 옛날에는 '民'을 '萌'이라고 하였다. 한나라 사람들은 이를 셀 수 없이 많이 썼다. 오늘날 『周禮』에서는 백성이 서로 돕는 조직을 부흥시켜 무지한 백성(甿)을 이롭게 하도록 했다. 許愼은 『說文·耒部』에서 이를 인용하여 백성이 서로 돕는 조직을 부흥시켜 백성(萌)을 이롭게 한다고 하였다. '愚'는 鄭本에서 또한 '萌'이라고 한다고 하였다. 때문에 注하여 '民'이 변하여 '萌'이라 한다고 하였는데, 이는 안팎이 다르다. '萌'은 어리석어 아무것도 모르는 모양이다. 대저 한나라 사람들 중 지식이 얕은 사람들은 '萌'자를 주로 '氓'이라고 바꾸어 썼다. '萌'으로 '民'을 해석하는 것은 둘을 혼용하였기 때문이다. (民, 萌古本皆不誤. 毛本作氓, 非. 古謂民曰萌. 漢人所用不可枚數. 今周禮以興耡利甿. 許耒部引以興耡利萌. 愚謂鄭本亦作萌. 故注云變民言萌, 異外內也. 萌猶懵懵無知皃也. 大氐漢人萌字, 淺人多改爲氓. 以萌釋民者, 渾言之也.)"라고 하여, '民'과 '萌', '氓'의 관계를 밝히면서 『說文』과 마찬가지로 '民'이 '어리석은 백성'이라고 풀이하였다.

『淮南子·主術』에서는 "먹는 것은 사람의 본성이다. (食者, 民之本也.)"라고 하여 '民'이 '인류, 사람'을 뜻한다고 하였으며, 梁啓超는 『太古及三代載記·附三苗九黎蚩憂考』에서 "그들이 어리석기 때문에 民이라고도 한다. (因其冥昧, 亦謂之民.)"에 대해 "'民'의 본의는 노예이다. (民之本義爲奴虜.)"라고 注하였다. 淸代 顧炎武는 『日知錄』 8권에서 "관리가 많을수록 백성은 어지럽다. (官愈多而民愈擾.)"고 하여 '民'을 '백성'의 의미로 사용하였으며, 『禮記·王制』에서는 "태사(太師)에게 시를 수집하라고 명하여 민간의 풍속을 살피다. (命太師陳詩, 以觀民風.)"라고 하여 '민간, 민간의'라는 의미로 '民'을 사용하였다. 앞에서 말한 '백성, 민간의' 등의 의미는 모두 '民'의 본의에서 파생된 것이라고 할 수 있다.

또한 淸代 朱駿聲은 『說文通訓定聲·坤部』에서 "토착민을 '民'이라 하고 외부에서 온 사람을 '氓'이라 한다. (按土着曰民, 外來者曰氓.)"라고 하여, '民'과 '氓'을 구분하였다. 처음에는 노예가 된 전쟁포로를 가리키던 글자에서 이후 주로 한 국가의 주인인 국민을 나타내는 말로 쓰인다는 점에서 '民'의 의미가 많이 미화(美化)되었다는 것을 알 수 있다. '民'의 의미파생 과정은 다음과 같이 정리해 볼 수 있다.

자형(刺刑)을 받고 노예가 된 전쟁포로 → 어리석고 무지한 사람 → 백성 → 민간의 → 인류

② 氓(맹)

			氓
甲骨文	金文	小篆	楷書

‘氓’은 잃는다는 의미의 ‘亡’과 백성을 의미하는 ‘民’이 합쳐진 글자로, ‘氓’은 곧 자신이 살던 나라나 땅을 잃고 떠나온 백성이란 뜻이다. 그러나 보통은 일반적인 백성을 가리킨다. 『說文·民部』에서는 ‘氓’을 “백성이다. ‘民’을 義符로 하고 ‘亡’을 音符로 한다. ‘盲’과 같이 읽는다. (民也. 从民亡聲. 讀若盲.)”고 풀이하였다.

『說文解字注』에서도 “전하는 말에 ‘氓’은 백성이라고 하였다. 『方言』에서도 ‘氓’이 ‘民’이라고 하였다. 孟子는 곧 천하의 백성들이 모두 기뻐하며 ‘氓’이 되기를 바란다고 하였다. 趙氏는 注하여 말하길 ‘氓’이라는 것은 그 백성을 일컫는다고 하였다. 이에 따라 ‘氓’과 ‘民’은 차이가 별로 없다. 무릇 자신의 나라나 지방을 떠나온 백성을 ‘氓’이라고 하는데, 때문에 ‘民’과 ‘亡’을 義符로 한다. (氓, 傳曰氓, 民也. 方言亦曰氓, 民也. 孟子則天下之民皆悅而願爲之氓矣. 趙注氓者, 謂其民也. 按此則氓與民小別. 蓋自他歸往之民則謂之氓. 故字从民亡.)”라고 하여, ‘氓’이 ‘백성’ 혹은 그 중에서도 ‘자신의 나라나 지방을 떠나온 백성’을 의미한다고 하였다.

『廣韻』에서는 “氓, 백성. (氓, 民也.)”이라고 하였으며, 『戰國策·秦策一』의 “저 망한 나라를 지키는 모습이라니, 그 백성과 유민은 걱정하지도 않는다. (彼固亡國之形也, 而不憂其民氓.)”에 대해 高誘는 “유민을 ‘氓’이라고 한다. (野民曰氓.)”라고 注하였다. 이 외에도 『漢語大字典』에서는 “원래는 직업이 없는 유민을 가리켰는데, 후에 품성과 자질이 나쁘고 생업에 종사하지 않는 불량배를 가리키게 되었다. (原指無業游民, 後來指品質惡劣, 不務正業, 爲非作歹的人.)”라고 하였다. 사람이 자기가 살던 곳을 떠나 새로운 땅에 정착하고 살려면 그만큼 더 많은 고생을 하게 된다. 따라서 유민은 토착민과 달리 비루한 곳에 살게 되는 것이다. 또한 새로운 곳에 정착을 잘 하지 못하고 살기가 더욱 힘들어지면 분명 사회가 정한 법규를 어기고 힘으로 남의 것을 빼앗으려는 사람이 생기게 된다. '氓'이 이후 '불량배'를 의미하게 된 것은 이와 관련이 있다고 할 수 있다.

종합해보면 '氓'은 '民'과 마찬가지로 주로 '백성'이란 뜻을 나타내며, '잃다'는 의미의 '亡'이 더해졌다는 점에서 '유민, 불량배' 등의 의미를 나타내기도 한다. 즉 '氓'은 그 의미가 중성적인 것에서 부정적인 것으로 파생되었는데, '氓'의 의미파생 과정은 다음과 같이 정리해 볼 수 있다.

백성, 자신의 나라나 지방을 떠나온 유민→ 불량배

(2) 노예의 성질 특성을 가리키는 경우

① 敃(민)

	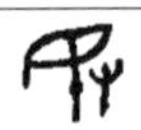 師望鼎		敃
甲骨文	金文	小篆	楷書

'敃'은 노예를 나타내는 '民'과 손으로 몽둥이를 잡고 친다는 의미의 '攵'이 결합한 글자로, 『說文·攴部』에서는 "용맹스럽다. '攴'을 義符로 하고 '民'을 音符로 한다. (彊也. 从攴民聲.)"고 풀이하였다. 이는 노예가 손에 몽둥이나 막대를 들고 강하게 주인에게 대항하거나 혹은 도구를 손에 들고 열심히 일하는 모습이 아주 강하고 용맹해 보였던 것에서 의미가 유래된 것이라고 할 수 있다. 그런 점에서 보면 여기서 '民'은 音符로서 뿐만 아니라 義符로서의 기능도 한다고 할 수 있다.

『說文解字注』에서는 "許愼은 『爾雅』에 근거해 '敃'이라고 쓰고 강한 것이라고 하였다. 『玉篇』에서는 '敃'과 '敯'이 같은 글자라고 하였는데 이는 맞는 것이다. (許所據爾雅作敃, 强也. 玉篇謂敃敯同字是也.)"라고 하여, '敃'이 '강하다'는 뜻이라고 하였으며, 『廣韻』에서는 "'敃'은 '敯'과 같다. ('敃', 同'敯'.)"라고 하여, '敃'이 '暋'과 마찬가지로 '횡포하다, 강요하다'는 뜻이라고 하였다. 그리고 『玉篇·攴部』에서도 "敃, 힘쓰다. (敃, 勉也.)"라고 하여, '敃'이 '힘쓰다, 강요하다'는 의미를 나타낸다고 하였다. 각자 '敃'의 의미를 해석하는데 있어 약간 차이가 있긴 하지만 모두 '강한 힘'에 중점을 두었다는 점에서는 공통점이 있다. 즉 '敃'은 노예가 강한 힘을 가지고 있다는 것과 이 힘을 때로는 주인에게 대항하는데 사용하기도 했다는 것을 나타내는 글자라고 할 수 있다. '敃'은 주로 부정적인 의미로 파생되었는데, 그 과정은 다음과 같이 정리해 볼 수 있다.

노예가 몽둥이를 들고 대항하다 → 용맹스럽다
→ 강하다 → 횡포하다
→ 강요하다
→ 힘쓰다

② 敯(민)

			敯
甲骨文	金文	小篆	楷書

『說文·攴部』에서는 '敯'을 "당돌하다. '攴'을 義符로 하고 '昬'을 音符로 한다. 『周書』에서는 당돌하여 죽음을 두려워하지 않는다고 하였다. (冒也. 从攴昬聲. 周書曰暋不畏死.)"라고 풀이하였다. 이는 노예를 나타내는 '民'과 관련지어 생각할 수 있다. 즉 '敯'은 포로로 잡혀 노예가 된 자가 주인의 명령에 복종하지 않고 당돌하게 손에 무기를 들고 주인에게 반항하는 것을 의미한다고 할

수 있는데, 이는 부정적인 의미이다.

③ 怋(민)

			怋
甲骨文	金文	小篆	楷書

『說文·心部』에서는 '怋'을 "어지럽다. '心'을 義符로 하고 '民'을 音符로 한다. (怓也. 从心民聲.)"고 풀이하였다. 이는 포로로 잡혀 노예가 된 사람의 마음이 어지러운 것을 나타낸다.

『廣韻』에서는 "怋, 어지럽다. (怋, 亂也.)"라고 하였으며, 『玉篇·心部』에서는 "怋, 번민하다, 어둡다. (怋, 悶也, 不明也.)"라고 하였다. 여기서 '(마음이)어둡다'는 뜻은 '어지럽다, 번민하다'는 의미에서 파생된 것이라고 할 수 있다. 전쟁 중에 포로로 잡혀 노예가 된 데다 한쪽 눈까지 멀었으니 얼마나 마음이 복잡하고 어지럽겠는가. 때문에 '怋'은 주로 부정적인 의미를 나타낸다. '怋'의 의미 파생 과정은 다음과 같이 정리해 볼 수 있다.

어지럽다 → 번민하다 → (마음이) 어둡다

④ 愍(민)

			愍
甲骨文	金文	小篆	楷書

'愍'에 대해 『說文·心部』에서는 "비통하다. '心'을 義符로 하고 '敃'을 音符로 한다. (痛也. 从心敃聲.)"고 풀이하였다. 이는 노예의 마음이 비통하고 근심으로 가득하다는 것을 말한다.

『玉篇·心部』에서는 "愍, 슬프다. (愍, 悲也.)"라고 하였으며, 『字彙·心部』에서는 "愍, 불쌍히 여기다. (愍, 恤也.)"라고 하여, '근심하다, 불쌍히 여기다'는 뜻이라고 하였다. 또 『集韻』에서는 "愍, 마음이 어지럽다. (愍, 心亂.)"라고 하였으며, 『廣雅·釋詁一』에서는 "愍, 사랑하다. (愍, 愛也.)"라고 하여, '愍'이 '사랑하다, 어여삐 여기다'는 뜻이라고 하였는데, 이는 '불쌍히 여기다'는 뜻에서 파생된 의미이다. 이 외에도 전쟁에서 포로로 잡혀 노예가 된 사람은 자기가 원해서 된 것이 아니기 때문에 '愍'은 '억지로, 강제로'라는 뜻을 나타내기도 하는데, 『集韻』에서는 "愍, 강제로 하다. (愍, 强也.)"라고 하여, '愍'이 '강제로'라는 의미를 나타낸다고 하였다. 종합해보면 '愍'은 노예의 비통한 심리상태와 처지 그리고 그런 노예를 대하는 자애로운 마음을 의미하는 글자라고 할 수 있다. '愍'은 대부분 중성적인 의미를 나타내는데, 그 의미파생 과정은 다음과 같이 정리해 볼 수 있다.

비통하다, 슬프다 → 근심하다
→ 마음이 어지럽다 → 불쌍히 여기다 → 사랑하다

본 장에서 분석한 '民'을 자소로 한 한자는 총 6자이다. 이 중 '民'의 본래 의미인 '노예'를 직접적으로 가리키는 한자가 2자이고, 노예의 성질이나 특성을 나타내는 한자가 4자이다. 이를 통해 '民'을 자소로 한 한자 중 의미상 '노예'와 관련된 한자는 주로 노예의 성질이나 특성과 관련된 의미를 나타낸다는 것을 알 수 있다.

그리고 자형 상의 특징에서 보면, '民, 氓'은 직접적으로 '노예'를 의미했는데, '敃, 散, 愍'처럼 '敃'이 포함된 글자는 주로 노예의 성질이나 심리상태를 나타냈다. 또한 '民'을 자소로 한 한자들은 주로 그 의미가 중성적이거나 부정적인 것으로 파생되었다.

| 제9장 |

형벌과 관련된 한자

法과 벌은 서로 보완하고 도우면서 이루어진다. 법은 한 사회의 사람들이 저마다 따르고 준수하는 행위준칙이며, 벌은 그 법이 순조롭게 시행되도록 도와주는 수단이다.

사회가 진보하면서 그 법규도 갈수록 복잡해지게 되었다. 법과 관습은 모두 사회의 제약으로, 국가는 사람들이 법과 규칙을 준수하여 사회가 안정되고 분규가 생기지 않기를 바란다. 만일 한 사람의 행위가 사회의 허용범위를 벗어나면 그 사람은 징벌을 받게 되고, 이는 다른 사람들의 본보기가 된다.

사유재산이 출현한 날부터 '범죄'라는 어두운 그림자는 줄곧 인류사회의 부단한 발전을 따라 변화하고 만연해졌다. 동시에 그것은 자신의 대립적인 존재인 '형벌'의 등장과 발전을 촉진하였다. 한자와 형법은 긴밀한 관련이 있는데, '刖, 劓, 縣'처럼 형벌의 이름으로 만들어진 한자는 직관적으로 고대 형법의 내용을 반영한다. 설사 형벌의 명칭과는 무관하게 생긴 글자라고 하더라도 종종 심판처벌행위를 보여주는 경우가 있는데, (何九盈·胡雙寶·張猛 1995:224-225) 앞에서 말한 '宮'이 그 예이다.

계급이 출현한 뒤 노예주의 통치를 유지하기 위해서는 반드시 형벌이 있어야했다. 가장노예제 시기의 형벌은 고정적인 조례가 없고, 다만 '관습법'이 있었다. 부락의 추장과 마을의 우두머리는 '관습법'을 실행하는 사람으로, 당시는 완전히 인치(人治)였다. 소위 '관습법'은 민족풍속을 유지하는 것 외에 추장이나 두령의 권위보호와 백성과 노예에 대한 통치가 가장 중요하였다. 또한 가장이 사적으로 노예를 때리고, 묶고, 죽이는 것은 모두 '관습'에 부합하는 것으로 아무도 간섭하지 않았다. 가장노예제에서 완전노예제로 발전한 이후 이런 현상은 더욱 보편화되어 관습법을 어긴 백성과 노예를 처벌하는 형벌의 수단과 방법이 더욱 다양해졌다.

노예로 전락한 죄인 중 몇몇은 눈이 아닌 코에 조치가 취해졌는데, 이는 바로 고대 중국의 대표적 형벌 중 하나인 '의형(劓刑)'을 말한다. 甲骨文 '(劓)'는 칼로 코를 베어낸 모습으로, 의형은 곧 코를 베는 형벌을 의미한다. 金文의 자형에는 때로 '鼻' 아래에 나무가 그려져 있는 부호가 있는데, 이것은 대개 베어낸 코를 나무 위에 높직이 걸어놓아 다른 사람에게 경고한다는 뜻을 표시하는 것이다.

이와 비슷한 방법의 형벌로 다리를 자르는 '월형(刖刑)'이란 것이 있었는데, 甲骨文 '(刖)'은 손에 톱을 잡고 어떤 사람의 다리를 잘라내는 모습으로, 톱으로 다리가 잘려지면 행동이 불편한 절름발이가 된다.

또한 죄인에 대한 조치 중 소위 '경형(黥刑)' 혹은 '묵형(墨刑)'이라고 하는 것이 있었는데, 이 역시 고대 중국의 대표적인 형벌 중 하나였다. 사람의 얼굴에 '기호를 남기는'이런 처리방식은 육체적인 고통이 아니라 '구분'에 중점을 둔 것이다. 즉 죄인의 얼굴에 영원히 씻을 수 없는 '나는 악인이다', '나는 노예다'라는 글을 써서 여러 사람들 사이에서도 쉽게 식별하고 관리하는 것이다. 오늘날 우리가 색깔로 주로 쓰는 '黑'자 역시 이런 묵형을 반영한 글자이다. '黑'자의 金文 자형은 한 사람의 얼굴부위를 과장하여 머리에 먹물이 흐르는 가로세로 선이 있고, 먹물이 사방에 떨어지는 것을 형상화한 것이다.

이 외에도 고대 중국의 대표적인 형벌로 '궁형(宮刑)'이란 것이 있었는데, 이는 생식기를 베어내어 생육을 할 수 없게 만드는 형벌이다. 다른 육형은 그 형벌이름에서 형벌방법을 알 수 있는데 궁형은 그렇지 않다. 甲骨卜辭에서

‘(宮)’자는 아마도 종묘·사당·시(市) 등이 미처 분화되지 않은 채 서로 중복되어 기능하던 고대 궁묘(宮廟)의 원형으로 추정되는 복층(復層) 혹은 이실(二室) 형식의 대형가옥 형태의 상형문자만 보인다. 오히려 商代 궁형의 용례는 생식기를 거세하는 형상을 하고 있는 고자(古字) ‘(椓)’자나 혹은 ‘(刵)’자에서 찾을 수 있다. (이성원 1999:16-17) 자손의 생산을 중시하던 과거에 이는 가장 참혹하고 비인도적인 형벌 중 하나였다.

그러나 형벌 중에 가장 무거운 것은 당연히 죽임을 당하는 것이었다. 옛날에는 다른 사람들에 대한 경고의 의미로 잘라낸 머리를 매달아 사람들에게 보였다. 金文 ‘(縣)’은 지금의 ‘懸’으로 나무에다 끈으로 묶어 사람의 머리를 걸어놓은 것을 그린 것이다. 성문은 사람들이 출입하는 길로 가장 큰 전시효과를 거둘 수 있었으므로, 뒤에 오면서 성문이 효수(梟首)의 장소가 되었다. (許進雄 著 洪熹 譯 1993:508-509)

본 장에서는 고대 중국의 형벌과 관련된 한자로 ‘형벌도구’를 반영하는 한자인 ‘辛’과 ‘형벌방법’을 반영하는 한자로 묵형과 관계된 ‘黑’을 자소로 하는 한자를 살펴보고자 한다.

‘辛’은 송곳 모양의 형벌을 행하는 도구로, 주로 묵형을 실행하는데 이용되었다. ‘형벌도구’와 관련된 한자는 이 외에도 ‘刖’, ‘刑’, ‘劓’ 등에 쓰인 칼을 나타내는 ‘刂’와 ‘執’, ‘報’ 등에 쓰인 수갑을 나타내는 ‘幸’ 등 여러 가지가 있다. 그러나 ‘刀(刂)’는 『漢語大字典』에서 “자르기, 베기, 깎기 등에 쓰이는 기구의 총명으로 쓰이고, 병기의 이름으로도 쓰인다. (用于切, 割, 砍, 削的器具的總名. 也用作兵器名.)”라고 하여, ‘자르기, 베기, 깎기 등에 쓰이는 기구의 총명’이라고 정의했을 정도로 ‘형벌도구’보다는 주로 기구나 병기(兵器)의 의미로 사용되는 만큼 형벌과 관련된 연구대상으로 삼기에 적합하지 못하다. 그리고 ‘幸’은 ‘圉(감옥)’, ‘執(잡다)’과 같은 글자에서는 모두 형벌도구를 나타내지만 이를 자소로 한 한자 중 대부분은 ‘執’을 자소로 한 한자와 중복되고 의미상 형벌과 관련된 것이 너무 적어 연구대상에 포함시키지 않았다.

1) '辛'을 자소로 하는 한자

'辛'은 甲骨文 자형이 구멍을 뚫는 도구모양인데, 후에 전문(篆文)에서는 자형이 세 가지로 나누어져 예변(隸變)[38] 후 楷書에는 각각 '䇂', '辛', '丵'이라고 쓴다. 이 중 '䇂', '丵'은 편방으로만 쓰인다.

甲骨文 '妾', '童', '僕' 등의 노예명칭은 모두 머리에 '辛'이 있는 모양으로 '辛'은 바로 묵형을 시행하는 도구이다. 옛날에 '辛' 모양의 도구로 묵형을 당하는 사람은 아마도 뼈에 사무치는 고통이 있었을 것이다. 따라서 '千辛萬苦'에서처럼 '辛'은 '고생하다'나 '혹독하다'는 뜻도 지니게 되었다. 마찬가지로 매운 맛 역시 참기가 쉽지 않기 때문에 '맵다'는 뜻으로도 쓰였다.

'辛'은 이후 형벌도구를 가리키는 것에서 '죄'를 의미하게 되었다. 또 음양오행에서 방향으로는 서쪽, 계절로는 가을에 해당된다. 가을은 만물이 쇠락하기 시작하는 계절로, 그 계기가 되는 것은 서리이다. 그만큼 서리는 만물에게 무서운 존재이다. 그래서 조선 시대에는 현재의 법무부를 秋官(추관)이라고 하였다. 이 외에도 '辛'은 간지로도 사용되는데, 이는 가차의미이다. 다음에서 '辛'을 자소로 한 한자 중 형벌과 관련된 한자들을 살펴보도록 한다.

---

38) 예변(隸變)은 한자 자체(字體)가 전서(篆書)에서 예서(隸書)로 변한 것을 말하는데, 이는 마땅히 한자의 형체 상에서 가장 중요한 한 차례의 간화(簡化)라고 보아야 할 것이다. 이때 자부(字符)의 서사법은 더욱 크게 변하여 절대 다수는 상형의 맛을 완전히 잃어버린 점(點)·획(劃)·별(丿)·날(捺) 등 필획으로 이루어진 부호로 변하였다. 이것을 '필획화(筆劃化)'라고 할 수 있다. (이홍진 2001:66-67)

(1) 형벌도구를 가리키는 경우

① 䇂(건)

			䇂
甲骨文	金文	小篆	楷書

'䇂'의 甲骨文 자형은 묵형을 행할 때 쓰는 구부러진 칼을 옆에서 본 모습으로, 오늘날 목공예 할 때 쓰는 둥근 송곳과 비슷하며 아래가 뾰족한 것이다. 『說文·䇂部』에서는 '䇂'에 대해 "죄이다. '干'과 '二'로 이루어져 있는데, '二'는 古文에서 '上'자이다. 무릇 '䇂'이 있는 글자는 모두 '䇂'을 따른다. '愆'과 같이 읽는다고 하였는데, 이는 張林의 주장이다. (辠也. 从干二, 二古文上字. 凡䇂之屬皆从䇂. 讀若愆張林說.)"라고 풀이하였다. 이는 본의에서 파생된 의미로, 묵형이 주로 죄인에게 행해졌기 때문에 '죄' 혹은 '법을 어기다'는 의미를 나타내게 된 것이다. 이를 통해 '䇂'이 주로 부정적인 의미로 파생되었음을 알 수 있는데, 그 의미파생 과정은 다음과 같이 정리해 볼 수 있다.

구부러진 칼 모양의 형벌도구 → 죄

→ 법을 어기다

② 辛(신)

 合32385	 父辛鼎		辛
甲骨文	金文	小篆	楷書

'辛'은 '䇂'과 같이 묵형을 행할 때 사용했던 송곳 모양의 도구로, '剞' 또는 '劂'이라고 한다. 『說文·辛部』에서는 '辛'을 "가을에는 만물이 성숙한다. 쇠는

단단하다. 매운 맛은 통증을 느끼게 해서 눈물이 난다. '一'과 '辛'으로 이루어졌으며, '辛'은 죄악이란 뜻이다. '辛'은 (간지에서) '庚'다음이며, 사람의 다리와 같다. 무릇 '辛'이 있는 글자는 모두 '辛'을 따른다. (秋時萬物成而孰, 金剛, 味辛辛痛卽泣出. 从一从辛, 辛, 辠也. 辛承庚, 象人股. 凡辛之屬皆从辛.)"고 풀이하였다.

『說文』의 해석은 당시의 사회사상에 근거해 小篆을 보고 견강부회한 것으로, 본의는 구멍을 뚫는 도구 즉 죄수를 문초하는 형벌도구이다. 여기서 파생되어 '辛'은 '죄, 형벌'의 의미도 나타낸다. (谷衍奎 2003:302)

『律書』에서는 '辛'이 처음 난 것을 말한다고 하였다. 그리고 『說文解字注』에서는 "『律書』에서 '辛'이란 만물이 처음 난 것을 말하며, 고로 '辛'이라 한다고 하였다. 『律曆志』에서는 '辛'에서 다하고 새로워진다고 하였다. 『釋名』에서는 '辛'이 새로운 것이라고 하였다. 금속의 맛을 '辛'이라 한 것은 성숙한 맛이라는 의미이다. 매서운 아픔에 눈물을 흘리는 것은 죄인의 모습이다. (律書曰辛者, 言萬物之新生. 故曰辛. 律曆志曰悉新於辛. 釋名曰辛, 新也. 金剛味辛, 謂成孰之味也. 辛痛泣出. 辠人之象.)"라고 하여, 매서운 아픔에 눈물 흘리는 것은 죄인의 모습이라고 하고 '辛'에 '맵다'는 의미가 있다는 許愼의 견해를 뒷받침하였다.

清代 朱駿聲은 『說文通訓定聲·坤部』에서 '辛'이 '큰 죄'를 뜻한다고 하였으며, 『玉篇·辛部』에서는 "辛, 맵다. (辛, 辣也.)"라고 하였다. 그리고 唐代 白居易는 『苦熱』에서 "농부는 더욱 힘들다. (農夫更苦辛.)"라고 하여 '辛'을 '힘들다, 고되다'는 의미로 사용하였으며, 삼국시대 위나라의 曹植는 『贈白馬王彪』에서 "갑자기 가족을 잃었는데 슬프지 않을 수 있겠는가? (倉卒骨肉情, 能不懷苦辛?)"라고 하여 '슬프다, 고통스럽다'는 의미로 '辛'을 이용하였다. 또한 『素問·氣厥論』에서는 "쓸개의 열이 뇌로 옮겨 가면 머리가 시큰거리며 아프고 코에서는 콧물이 계속 흐른다. (膽移熱於腦, 則辛頞鼻淵. 鼻淵者, 濁涕下不止也.)"고 하였는데, 여기서 '辛'은 '시큰거리고 아프다'는 의미로 해석할 수 있다. 이 외에 '辛'은 천간의 이름으로도 쓰이는데, 이는 가차의미로, 옛날에는 주로 천간

과 지지를 이용해 날짜나 시간을 기록하였다.[39)]

종합해보면 '辛'은 원래 송곳 모양의 형벌도구에서 후에 '죄, 맵다, 고생하다' 등의 의미로 파생되었는데, 이는 모두 죄수가 '辛'으로 형벌을 받는 것과 관계가 있다. 즉, 죄를 지은 죄수는 '辛'으로 형벌을 받으며 참을 수 없는 고통을 느끼게 되는데 이것이 '맵다, 고생하다' 등의 의미로 파생되어 쓰이게 된 것이다. 바늘로 살을 뚫는 고통은 당해보지 않아도 능히 짐작할 수 있는 것으로, 그 파생의미를 이해하는데 별로 어려움이 없다고 하겠다. '辛'은 그 본의가 형벌도구를 가리키는 만큼 주로 부정적인 의미로 파생되었는데, 파생과정이 진행될수록 중성적인 의미도 나오게 되었다. '辛'의 의미파생 과정은 다음과 같이 정리해 볼 수 있다.

형벌도구 → 죄
→ 형벌 → 고통스럽다 → 고생하다 → 시큰거리고 아프다 → 맵다
→ 슬프다

(2) 죄를 가리키는 경우

① 辠(죄)

			辠
甲骨文	金文	小篆	楷書

『說文·辛部』에서는 '辠'를 "법을 어기는 것이다. '辛'과 '自'로 이루어진 회의자이다. 이는 법을 어긴 사람이 코를 찡그리고 고통스럽게 괴로워하는 것을

39) 본 장에서 『說文』과 『說文解字注』를 제외한 참고문헌은 모두 『漢語大字典』의 釋義에서 재인용하였다.

말한다. 진시황은 '辠'가 '皇'자와 비슷하여 '罪'로 고쳤다. (犯法也. 从辛从自. 言辠人蹙鼻苦辛之憂. 秦以辠似皇字改爲罪.)"고 풀이하였다.

『玉篇·辛部』에서는 "辠, 공법(公法)을 어기는 것으로, 지금은 '罪'라고 쓴다. (辠, 犯公法也. 今作罪.)"라고 하였다. 죄를 지은 사람은 형벌을 받기 때문에 형벌도구인 '辛'이 자형에 포함되어 있다. 그리고 '辛'으로 묵형을 받은 사람은 매우 괴롭기 때문에 자연히 코를 찡그리게 되므로 '自'가 義符로 쓰인 것이다. 따라서 '辠'는 주로 부정적인 의미를 나타내는데, 그 의미파생 과정은 다음과 같이 정리해 볼 수 있다.

법을 어기다 → 죄

② 辜(고)

			辜
甲骨文	金文	小篆	楷書

'辜'에 대해 『說文·辛部』에서는 "죄이다. '辛'을 義符로 하고 '古'를 音符로 한다. 古文 '辜'는 '死'를 義符로 한다. (辠也. 从辛古聲. 古文辜从死.)"고 풀이하였다. '辜'는 위에서 말한 '辠'와 같은 의미를 나타낸다.

『說文解字注』에서 "『周禮』에서 '왕의 친척을 죽인자를 "辜"한다.'라고 하였는데, 鄭注에서 '"辜"라는 것은 찢어 죽이는 것이다.'라고 하였다. '辜'는 본래 重罪에 해당하는데, 인신되어 죄가 있는 것을 가리킨다. (周禮殺王之親者辜之. 鄭注辜之言枯也. 謂磔之. 按辜本非常重罪. 引申之凡有罪皆曰辜.)"라고 하였는데, 이를 통해 『周禮』에서는 왕을 죽인 가족을 '辜'한다고 하였고, 鄭玄은 '辜'는 '枯'를 말하는 것으로, 죄인을 기둥에 묶어 찢어 죽이는 책형(磔刑)이라고 하였는 것을 알 수 있다. 이렇듯 '辜'는 본래 아주 무거운 죄를 가리켰으나 후에는 의미가 확장되어 죄가 있는 것은 모두 '辜'라고 하였다.

『說苑·善說』에서는 "썩은 자는 그 재를 날리고, 아직 썩지 않은 자는 그 시체의 사지를 나눈다. (朽者揚其灰, 未朽者辜其尸.)"고 하였는데, 여기서 '辜'는 '사지를 나누다'는 의미로 해석할 수 있다. 또한 『漢書·王莽傳』에서는 "살아 있는 사람들에게 두루 해가 미치고, 이미 죽어 썩은 뼈에까지 재난이 미친다. ("害徧生民, 辜及朽骨.)"고 하여 '辜'를 '재난'이란 의미로 사용하였다. 이외에도 『漢語大字典』에서는 "'固'와 통해 '固定'과 '반드시'의 뜻을 나타낸다. (通'固'. 固定, 必定.)", "'故'와 통해 '緣故'의 뜻을 나타낸다. (通'故'. 緣故.)", "'苦'와 통해 '곤궁'과 '아픔'의 뜻을 나타낸다. (通'苦'. 困苦; 痛苦.)"라고 하였는데, 이를 통해 '辜'는 발음이 같은 '固', '故', '苦'와도 의미가 통한다는 것을 알 수 있다. 앞에서 말한 '재난'이란 의미는 '辜'의 의미항목 중 '죄'에서 파생된 것인데, '辜'가 본래 사지를 나누는 형벌을 나타냈다는 점에서 그 범죄나 재난의 정도가 아주 심했다는 것을 알 수 있다. 이렇게 '辜'는 그 의미가 주로 부정적인 것으로 파생되었는데, 그 의미파생 과정은 다음과 같이 정리해 볼 수 있다.

사지를 찢어 죽이는 책형(磔刑) → 중죄 → 죄 → 재난

(3) 죄인이나 노예를 가리키는 경우

① 童(동)

 合30178	 番生簋蓋		童
甲骨文	金文	小篆	楷書

'童'의 金文자형은 머리에 형구가 있고 등에 물건을 맨 사람을 나타낸 모습으로, 남자가 죄를 지어 머리를 깎이는 형벌을 받고 노예가 된 것을 의미한다. (谷

衍奎 2003:719) 『說文·䇂部』에서는 '童'에 대해 "남자가 죄가 있으면 '奴'라고 하는데, '奴'는 '童'이라고 한다. 여자가 죄가 있는 것은 '妾'이라고 한다. '䇂'을 義符로 하고 생략된 '重'을 音符로 한다. '𥫅'은 주문 '童'자이다. '童'의 가운데 부분과 '竊'의 가운데 부분은 모두 '廿'을 따르는데, 古文에서는 '廿'을 '疾'자로 보았다. (男有辠曰奴, 奴曰童, 女曰妾. 从䇂重省聲. 𥫅籒文童, 中與竊中同从廿, 廿以爲古文疾字.)"고 풀이하였다. 그리고 『說文解字注』에서 "『說文·女部』에서 노비는 모두 옛날에 법을 어긴 죄인이라고 하였다. 『周禮』에서 남자 노비는 '辠隸'에 속하고 여자 노비는 '舂稾'에 속하였다. (女部曰奴婢皆古之辠人也. 㑹周禮其奴男子入于辠隸. 女子入于舂稾.)"라고 하였는데, 이를 통해 『說文·女部』에서는 노비가 모두 옛날에 법을 어긴 죄인이라고 하였다는 것을 알 수 있다.

『玉篇·辛部』에서는 "童, 남자가 죄가 있어 노예가 된 것을 '童'이라고 한다. (童, 男有罪爲奴曰童.)"라고 하여, '童'이 '죄가 있는 남자노비'를 말한다고 하였는데, 이후 '童'은 일반 남자 노비에서 미성년 노복만을 가리키게 되었으며, '어린 아이, 어리석다'는 의미로도 파생되었다. 즉 『穀梁傳·昭公十九年』에서는 "어린 아이를 고삐를 꿰어 메워두고 스승을 구해주지 않는 것은 아버지의 죄이다. (羈貫成童, 不就師傅, 父之罪也.)"라고 하여 '童'을 '어린 아이'라는 의미로 사용하였다. 또한 『國語·晉語四』에서는 "어리석으면 일을 시키거나 정사를 의논할 수 없다. (童昏不可使謀.)"고 하였는데, 이에 대해 韋昭는 "童, 무지하다. (童, 無智.)"라고 注하였다. 또한 『釋名·釋長幼』에서는 "소나 양이 뿔이 없는 것을 '童'이라 한다. (牛羊之無角者曰童.)"라고 하였고, 『漢語大字典』에서는 "산에 초목이 없거나 초목이 모두 벌목된 것. (山無草木或草木伐光.)"이라고 하였다. 清代 汪中은 『述學·釋童』에서 "'童'은 '禿'을 말하는데, 이는 말이 변화되어 달라진 것. (童之爲言禿也. 語轉而異.)"이라고 하여, '童'이 말이 변화되어 '대머리'를 의미한다고 하였다.

종합해보면 '童'은 '미성년 노복, 어린 아이, 어리석다' 등의 의미를 나타내는데, '童'이 일반 남자 노비에서 미성년 노복을 가리키게 된 이유는 '童'이 원래 형벌로 머리를 깎인 노예를 가리켰는데 미성년 노복은 아직 머리가 많이 자라지 않아 짧았기 때문이다. 그리고 이는 다시 '어린 아이'라는 의미로 파생되었는데, 어린 아이는 아직 지적으로 미성숙하기 때문에 '어리석다'는 의미로 파생되었다. 이 외에도 '童'은 '뿔이 없는 것, 정수리가 벗겨진 것' 등을 가리키는데, 이는 머리카락이 없는 것을 가리키는 '秃'과 음이 서로 변화하여 '童'이 '秃'의 의미를 나타내게 된 것과 관계가 있다. '童'은 부정적인 의미에서 주로 중성적인 의미로 파생되었는데, 그 의미파생 과정은 다음과 같이 두 가지로 정리해 볼 수 있다.

형벌을 받고 노비가 된 남자 → 일반 남자 노비 → 미성년 노복 → 어린 아이 → 어리석다

머리카락이 없는 것 → 뿔이 없는 것
→ 정수리가 벗겨진 것
→ 산에 초목이 없는 것

② 妾(첩)

 合13938	 伊簋		妾
甲骨文	金文	小篆	楷書

'妾'의 甲骨文 자형은 머리 위에 형구가 있는 여자의 모습이다. 즉 '妻' 위에 있는 머리 장식의 부분을 '䇂'으로 바꾸면 '妾'이라는 글자가 된다. 『說文·䇂部』에서는 '妾'을 "죄가 있는 여자이며, 일을 하고 첩의 책임을 다해 주인을 모셔야 하는 여자이다. '䇂'과 '女'로 이루어진 회의자이다. 『春秋』에서 만일 딸이면 다른 사람의 첩이 된다고 하였다. 첩은 고대 혼례 제도에서 '娉(問

名)'[40]의 예를 거행하지 않아도 되었다. (有辠女子, 給事之得接於君者. 从辛从女. 春秋云女爲人妾, 妾不娉也.)"고 풀이하였다. 이렇듯 '妾'은 본래는 죄를 범하든가, 전쟁에서 포로로 납치된 결과 노예가 되어 사역당하는 여성을 의미하는 글자였다.

『說文解字注』에서는 "죄가 있는 여자는 일을 한다는 것은 『周禮』에 있는 '女酒, 女漿, 女籩, 女醢, 女醯, 女鹽, 女祝, 女史, 內司服, 縫人, 女御, 女工, 女舂抌, 女饎, 女稾' 등과 같은 것이다. 鄭玄은 '女酒'란 여자 노비로 술을 담그는 사람이라고 注하였다. 鄭玄은 '女御'가 있는 사람은 옷을 바치는데, 혹은 왕에게 바쳐야 한다고 하였다. (有罪女子給事若周禮女酒女漿女籩女醢女醯女鹽女祝女史內司服女御縫人女御女工女舂抌女饎女稾各若干人, 各有奚若干人是也. 鄭注女酒, 女奴曉酒者. 鄭云有女御者以衣服進. 或當於王.)"라고 하여 『周禮』를 인용해 여자 노예를 하는 일에 따라 구체적으로 열거하였다.

『書·費誓』에서는 "소나 말을 훔치고 여자 노예를 유인한다. (竊馬牛, 誘臣妾.)"고 하여 '妾'이 '여자 노예'를 의미한다고 하였으며, 『孟子·離婁下』에서는 "제나라 사람은 처 하나와 첩 하나를 두고 산다. (齊人一妻一妾而處室者.)"고 하여 '妾'이 '정처 외에 맞은 여자'를 의미한다고 하였다. 이 외에도 '妾'은 부녀자가 자신을 겸손하게 칭하는 말로도 쓰였는데, 宋玉는 『高唐賦』에서 "첩은 무산의 딸입니다. (妾巫山之女也.)"라고 하여 자신을 '妾'이라 칭하였다. 위의 『說文』에서도 말했듯이 옛날에는 죄 있는 여자가 일을 하는 것 외에도 첩의 책임을 다해 군왕을 모셔야 했으므로 이후 정처 이외의 애인을 '妾'이라고 부른

---

40) 娉(問名)은 중국 주(周)나라 때의 혼인절차인 六禮(納采, 問名, 納吉, 納徵, 請期, 親迎) 중 두 번째로, 남자 측에서 여자 측에 신부될 규수의 어머니가 누구인가를 묻는 것이다. 딸은 어머니가 가르치는 것이기 때문에 어머니가 누구인가를 알면 신부될 그 딸이 어떤가를 알 수 있어서이다. 이때 사주도 물어보게 되는데, 이렇게 얻은 여자의 이름과 사주로서 조상의 사당에서 궁합을 보아 좋다는 길조가 나오면 그 좋은 소식을 예물과 함께 여자 집에 알린다. 이것이 바로 세 번째 절차인 납길(納吉)이다. (조효순 1997:34) 참고

것이다. 종합하면 '妾'은 죄가 있는 여성이 겪어야 했던 힘든 생활을 반영하는 글자라고 할 수 있다. '妾'은 주로 부정적인 의미로 파생되었는데, 그 의미파생 과정은 다음과 같이 정리해 볼 수 있다.

죄를 지은 여자 노예 → 정처 외에 맞은 여자

→ 부녀자가 자신을 겸손하게 칭하는 말

③ 宰(재)

 佚518背	 吳方彝蓋		宰
甲骨文	金文	小篆	楷書

'宰'는 '宀'과 '辛'이 더해져 이루어진 글자로, 甲骨文 자형은 실내에서 일하는 노예를 나타낸다. 『說文·宀部』에서는 "집안에서 일을 하는 죄인이다. '宀'과 '辛'을 義符로 한다. 辛은 죄인을 나타낸다. (辠人在屋下執事者. 从宀从辛. 辛辠也.)"고 하였다.

집안에서 일하는 것은 실외에서 일하는 것보다 조건이 좀 더 좋다. 실내에서 일하는 노예는 일을 잘 해서가 아니라, 바로 기술이 있는 기술 공노(工奴)이기 때문에 집안에서 일하는 것이다. 은상시대의 '宰'는 일부는 주방에서 일하는 노예이고, 나머지 일부는 수공업노예이다. '宰'를 감독하고 관리하는 사람을 백공(百工)이라고 했으며, 백공을 관리하는 사람을 총재(冢宰)라고 했다. 백공은 세대로 전해지는 전문 기술을 가지고 있었으며, 공노는 백공의 지휘아래 각종 수공업 생산에 종사하였다. 상대에 전해져 내려오는 대규모의 수공업품과 정교하고 아름다운 예술품은 모두 당시 수공업노예인 '宰'와 백공의 지혜와 힘의 결정체라고 할 수 있다. (王寧·謝棟元·劉方 2000:43-44)

『說文解字注』에서는 "죄인이 집에서 일을 하는 것이 '宰'의 본의이다. 파생되어 통괄해서 지배하다는 의미가 되었다. (辠人在屋下執事者, 此宰之本義也. 引申爲宰制.)"라고 하여, '宰'가 집에서 일하는 죄인을 의미하는 것에서 '통괄해서 지배하다'는 의미로 파생되었다고 하였다. 이후 '宰'는 '주재하다'는 파생의미에서 관직명으로도 사용되었는데, 『集韻』에서는 '宰'가 '관직이름'이라고 하였다. 때문에 후세에는 신하 중에 권리가 가장 크고 지위가 가장 높은 사람을 '元宰', '宰相' 등으로 불렀다.

'宰'는 또 지배적인 위치에 있는 주재자(主宰者)를 의미하기도 하는데, 『正字通·宀部』에서는 "宰, 무릇 사물의 주인을 '宰'라 하기도 한다. (宰, 凡爲事物之主者亦曰宰.)"라고 하였으며, 『玉篇·宀部』에서 "宰, 다스리다, 제어하다. (宰, 治也, 制也.)"라고 하고, 『廣雅·釋言』에서 "宰, 제어하다. (宰, 制也.)"라고 하여, '宰'가 '다스리다', '제어하다'의 뜻이라고 하였다. '宰'는 이후 사무를 관장하는 직책에서 '(제물이나 가축을)죽이다'는 의미로도 파생되었는데,[41] 『漢書·宣帝紀』에서는 "태관(太官)에게 명해 반찬을 줄이고 가축을 덜 죽이라고 하였다. (其令太官損膳省宰.)"라는 말에서 '宰'를 '죽이다, 도살하다'는 의미로 사용하였다. 이는 어떤 사물을 주재하고 다스리는 것과 관련된 의미라고 할 수 있다. 그리고 『公羊傳·僖公三十三年』에서는 "무덤 위에 있는 나무가 두 팔로 안을 만하다. (宰上之木拱矣.)"라고 하여 '宰'를 '무덤'이란 의미로 사용하였다. 이는 가축 등을 죽인 후에는 보통 그 뼈를 땅에 묻기 때문에 '무덤, 분묘'라는 의미가 파생된 것이다. 이후 '(가축을)죽이다'는 의미는 사회의 발전에 따라 현재는 사람에게도 쓰일 수 있게 되어 서비스업계에서 고객에게 바가지 씌우는 것을 '宰客'이라고 한다.

종합하면 '宰'는 실내에서 일하는 노예를 가리키던 것에서 그 노예의 뛰어

41) '宰'의 본의가 '실내에서 제사에 쓸 제물을 죽이는 일을 하는 노예'라고 주장하는 견해도 있다. 이 견해에 따르면 '죽이다'는 의미는 바로 이 본의에서 파생된 것이라고 한다. (谷衍奎 2003:599)

난 능력에 중점을 두어 '주재하다, 지배하다' 등의 의미로 파생되었으며, 이는 다시 '죽이다, 무덤' 등의 의미로 파생되었다. 형벌을 받은 죄인이지만 그 능력을 인정하여 어떤 사람이나 사물을 관장하는 주재자로 등용했다는 것은 '宰'의 재주가 얼마나 뛰어났는지를 반영하는 것이라고 할 수 있다. 이처럼 '宰'는 처음의 부정적인 의미에서 이후 주로 중성적이거나 긍정적인 의미로 파생되었는데, 그 의미파생 과정은 다음과 같이 정리해 볼 수 있다.

집안에서 일하는 노예 → 주재하다
→ 다스리다
→ 주재자 → 관직이름
→ 죽이다
→ 도살하다 → 무덤
→ 바가지 씌우다

④ 僮(동)

			僮
甲骨文	金文	小篆	楷書

'僮'은 미성년 노비를 가리키는 '童'에 사람을 의미하는 '人'이 더해진 것으로, '미성년 남자'또는 '노비'라는 뜻이다. 『說文·人部』에서는 "아직 성년이 되지 않은 남자이다. '人'을 義符로 하고 '童'을 音符로 한다. (未冠也. 从人童聲.)"고 하였다.

『說文解字注·人部』에서는 "오늘날 경전에서는 '僮子'를 모두 '童子'라고 쓴다. 이는 옛날과 다른 것이다. 『襍記注』에서 '童'은 미성년을 일컫는 말이라고 하였으며, 『學記注』에서는 '成童'은 15세 이상을 말한다고 하였다. 『廣雅』

에서는 ‘僮’이 어리석다는 뜻이라고 하였는데, 「召南」에서 ‘僮僮’이 두려워하며 공경하는 것이라고 한 것과 같다. 즉 이는 또한 어리석다는 ‘愚’의 의미와 같다. (今經傳僮子字皆作童子. 非古也. 襍記注曰童, 未成人之偁. 學記注曰成童, 十五以上. 廣雅曰僮, 癡也. 若召南僮僮, 竦敬也. 則又如愚之義也.)”라고 하여, 경전에서 ‘僮子’를 모두 ‘童子’라고 한다고 하였다. 때문에 ‘僮’은 위에서 말한 ‘童’과 같이 ‘미성년 노비, 어리석다’ 등의 의미를 나타내는 것이다.

『廣雅·釋言』에서는 “僮, 어리다. (僮, 稚也.)”라고 하였으며, 『漢書音義』에서 “노비. (奴婢也.)”라고 하고, 『廣韻』에서 “僮, 종. (僮, 僮僕.)”라고 하여, ‘노비’, ‘종’을 뜻한다고 하였다. 또한 『正字通·人部』에서는 “僮, 무지한 모양. (僮, 無知貌.)”라고 하였으며, 『廣雅·釋詁三』에서는 “僮, 어리석다. (僮, 癡也.)”라고 하였다. 종합해보면 ‘僮’은 ‘미성년 남자, 노비, 어리석다’ 등의 의미를 나타내는데, 여기서 ‘童’은 ‘미성년 노비’를 의미한다는 점에서 義符의 기능도 한다고 할 수 있다. 즉 ‘僮’은 ‘童’에 ‘人’을 더해 의미하는 것이 ‘사람’이라는 점을 강조한 것이라 할 수 있다. ‘僮’은 주로 부정적인 의미로 파생되었는데, 그 의미파생 과정은 다음과 같이 정리해 볼 수 있다.

미성년 남자, 노비 → 어리다

→ 어리석다

⑤ 僕(복)

 合17961	 史僕壺蓋		僕
甲骨文	金文	小篆	楷書

‘僕’의 甲骨文 자형은 머리에 ‘辛’으로 형벌을 받은 사람이 손에 쓰레받기 모양의 도구를 들고 오물을 치우는 모습이다. 따라서 ‘僕’은 쓰레기를 버리

는 등의 천한 일을 하는 아주 낮은 신분에 속하는 사람이라는 것을 알 수 있다. 『說文·菐部』에서는 '僕'에 대해 "노역을 제공하는 사람이다. '人'과 '菐'으로 이루어진 회의자이며, '菐'은 音符로도 쓰였다. 古文은 '臣'으로 이루어져 있다. (給事者, 从人从菐, 菐亦聲. 古文从臣.)"고 풀이하였다. '僕'의 본의는 바로 '노역에 종사하는 노예'이다. 그러나 '僕'은 전쟁포로나 죄인이 형벌을 받고 노비가 된 것을 가리키는 한자로, '臣'을 자소로 한 일반 노예와는 차이가 있다.

『說文解字注』에서 "『周禮』의 注에서 '僕, 높은 사람을 모시는 사람을 일컫는 말이다.'라고 하였고, 『毛傳』에서 '僕, 따르는 사람이다.'라고 하였는데, 이는 인신된 뜻이다. (周禮注曰僕, 侍御於尊者之名. 毛傳僕, 附也. 是其引伸之義也.)"라고 하였는데, 이를 통해 『周禮』에서 '僕'은 높은 사람을 받들고 모시는 사람의 명칭이라고 하였으며, 『毛傳』에서는 '僕'이 따르는 것이라고 하였다는 것을 알 수 있다.

『廣韻』에서는 "僕, 시중을 드는 사람. (僕, 侍从人也.)"라고 하였으며, 『左傳·昭公七年』에서는 "하늘에는 10일이 있고, 사람은 10개의 등급이 있다. (天有十日, 人有十等.)"고 하였다. '僕'은 당시 10등급으로 나누어진 신분 등급에서 9등급에 속하였는데, 여기서 발전하여 이후 '僕'은 1인칭 겸칭으로도 쓰였다. 또한 唐代 玄應은 『一切經音義』 3권에서 "『廣韻』에서 '僕, 의지하다.'라고 하였는데, 다른 사람에게 의지하는 것을 말한 것이다. (『廣韻』 云: '僕, 附也.'謂附着於人也.)"라고 하였다. 노예는 주인에게 종속된 존재이므로 '僕'은 '의지하여 따르다'는 의미도 나타낸다. 종합하면 '僕'은 '童'과 마찬가지로 전쟁포로나 죄인이 형벌을 받고 노비가 된 경우로, '따르다'는 의미로 파생되기도 하였다. 또한 '僕'은 쓰레기 치우는 일을 할 만큼 아주 천한 신분에 속했기 때문에 후에 1인칭 겸칭으로 쓰인 것이다. 이렇듯 '僕'은 천한 신분에 속했기 때문에 그 의미도 주로 부정적인 것으로 파생되었는데, 그 의미파생 과정은 다음과 같이 정리해 볼 수 있다.

형벌을 받고 노비가 된 사람 → 시중드는 사람 → 제 1인칭 겸칭

→ 의지하여 따르다

(4) 죄인의 행동이나 심리상태를 가리키는 경우

① 辤(사)

	 [illegible]鎛		辤
甲骨文	金文	小篆	楷書

'辤'에 대해 『說文·辛部』에서는 "받아들이지 않다. '辛'과 '受'로 이루어진 회의자이다. 죄를 지으면 마땅히 사직해야 한다. (不受也. 从辛从受. 受辛宜辤之.)"라고 풀이하였다. 여기서는 '辛'이 형벌이나 죄과를 의미하여 '辤'가 죄를 받아들이지 않는 것을 의미하는 것이라고 할 수 있다. 때문에 『說文』에서 죄를 지어 형벌을 받으면 사직해야 한다고 말한 것이다.

『說文解字注』에서는 "『聘禮』에서 '辭'는 예가 아니라고 하였다. 注하여 말하길 '辭'는 받지 않는 것이라고 하였다. 경전에서 '辤'는 모두 '辭'라고 쓰고 있는 것으로 보아 이는 가차에 속한다. 한나라 사람들이 '辤'와 '辭'를 구별하지 않았을 뿐이다. (聘禮辭, 曰非禮也敢. 注曰辭, 不受也. 按經傳凡辤讓皆作辭說字. 固屬叚借. 漢人辤辭不別耳.)"라고 하여, '辤'가 '받아들이지 않다'는 뜻으로, 경전에서는 '辤'를 모두 '辭'라고 쓴다고 하였다. 즉 '辤'는 '辭'를 가차한 것인데, 한나라 사람들이 이를 구별하지 않고 썼다는 것이다. 『廣韻』에서도 "辤, '辭'와 같다. (辤, 同辭.)"라고 하였다. 정리하자면 '辤'는 '받아들이지 않다'는 의미를 나타내는 것으로, '辭'와 같은 글자라고 할 수 있으며, 그 의미가 부정적인 편이다.

② 辭(사)

	 師奎父鼎		辭
甲骨文	金文	小篆	楷書

『說文·辛部』에서는 ‘辭’가 “소송을 건다는 말이다. ‘𤔔’을 義符로 한다. ‘𤔔(辛)’은 죄를 다스린다는 것과 같다. ‘𤔔’은 다스린다는 뜻이다. (訟也. 从𤔔. 𤔔猶理辜也. 𤔔, 理也.)”라고 하였다. ‘辭’의 본의는 바로 ‘송사하다’이다.

『周禮·秋官·鄕士』에서는 “그 소송의 송사를 듣고 살핀다. (聽其獄訟, 察其辭.)”고 하여 ‘辭’가 ‘송사하다’는 의미라고 하였으며, 朱駿聲은 『說文通訓定聲·頤部』에서 “辭, 분쟁하고 소송하는 것을 ‘辭’라고 한다. (辭, 分爭辨訟謂之辭.)”라고 하였다. 이는 ‘말, 언사’의 의미로 파생되었는데, 『直音篇·辛部』에서도 “辭, 말. (辭, 言也.)”이라고 하였다. ‘辭’는 또 동사로 ‘거절하다’는 뜻을 나타내기도 하는데, 『洪武正韻·支韻』에서는 “辭, 거절하다, 받지 않다. (辭, 却, 不受也.)”라고 하였다.

그리고 魯迅의 『墳·摩羅詩力說』에서는 “비엔나 국립극장 시인 직책을 사직했다. (辭維也納國立劇場詩人之職.)”고 하여 ‘辭’를 ‘사직하다’는 의미로 사용하였다. 이 외에도 『左傳·襄公二十二年』에서 “여덟 명의 사람을 보내고 나서 왕이 이를 안정시켰다. (辭八人者, 而後王安之.)”라고 한 것에 대해 杜預는 “辭, 보내다. (辭, 遣之.)”라고 하였다. ‘사직하다, 보내다, 가다’ 등의 의미는 ‘거절하다’는 의미에서 파생된 것이라고 할 수 있다. ‘辭’는 앞에서 ‘辞’와 같다고 하였는데, 의미상으로는 약간 차이가 있다. 즉 ‘辭’는 죄를 다스리는 것을 의미하며, ‘소송을 걸다’는 뜻이 있다. 다시 말해 말로써 자신의 죄를 변명하거나 남의 잘못을 알리는 것이 ‘辭’이다. ‘辭’는 주로 중성적인 의미를 나타내는데, 그 의미 파생 과정은 다음과 같이 정리해 볼 수 있다.

송사하다 → 말

→ 언사

→ 거절하다 → 사직하다

→ 보내다

→ 가다

③ 辡(변)

			辡
甲骨文	金文	小篆	楷書

'辡'에 대해 『說文·辛部』에서는 "죄인이 서로 소송을 거는 것이다. 두 개의 '辛'으로 이루어진 회의자이다. 무릇 '辡'이 있는 글자는 모두 '辡'을 따른다.(辠人相與訟也. 从二辛. 凡辡之屬皆从辡.)"고 풀이하였다. 여기서 두 개의 '辛'은 형벌을 받는 두 명의 죄인을 의미한다고 할 수 있다.

혹자는 '辡'이 두 개의 송곳 모양으로, 본의가 '나누다'라고 하였다. 이 견해에 따르면 '辡'은 '나누다'는 본의에서 '논쟁하다, 말재주가 있다'는 의미로 파생되었다고 한다.(谷衍奎 2003:799)

饒炯은 『部首訂』에서 "辡, '논쟁하다'는 의미를 나타내는 '爭辯'의 本字로, 죄인들이 서로 소송하여 진위를 논쟁하고 각자 그 일을 설명하는 것을 의미하기 때문에 두 개의 '辛'으로 뜻을 나타낸 것이다.(辡, 卽爭辯本字, 謂辠人互訟, 爭論屈直, 各自疏解其事, 故从二辛見義.)"라고 하였다. 즉 '辡'은 두 죄인이 소송을 벌여 서로 자기에게 유리하도록 논쟁하는 것을 의미하는 글자라고 할 수 있다. 때문에 후에 '변명하다, 말재주가 있다'는 의미로 파생된 것이다. 이런 의미들은 대부분 중성적인 성격을 띠는데, '辡'의 의미파생 과정은 다음과 같이 정리해 볼 수 있다.

두 죄인이 송사하다 → 논쟁하다 → 변명하다

→ 말재주가 있다

④ 辯(변)

			辯
甲骨文	金文	小篆	楷書

'辯'은 두 개의 '辛'사이에 '言'이 있는 모습으로, 죄인을 말로 다스린다는 의미를 나타낸다고 할 수 있다. 『說文·辛部』에서는 '辯'을 "다스리다. '言'이 '辡'사이에 있는 것을 義符로 한다. (治也. 从言在辡之間)"고 풀이하였다. '辯'의 본의는 '다스리다'이다.

『說文解字注』에서는 "'治'란 다스린다는 것이다. 세속에서는 주로 '辨'과 구분을 하지 못한다. '辨'이란 판별하는 것이다. (治者, 理也. 俗多與辨不別. 辨者, 判也.)"라고 하여, '辯'과 자형이 비슷한 '辨'을 구분해서 설명하였으며, 杜預 역시 『左傳·昭公元年』에서 "맹주가 된 사람이 다스릴 수 있다. (主齊盟者, 誰能辯焉.)"고 한 것에 대해 '辯'이 여기서는 '다스리다'는 뜻이라고 하였다. 그리고 『廣雅·釋詁一』에서는 "辯, 시키다. ("辯, 使也.")"라고 하였는데, 이는 '다스리다'는 의미와 관련된 것이라 할 수 있다. 이 외에도 『玉篇·辛部』에서는 "辯, 바르다. (辯, 正也.)"라고 하였으며, 『廣雅·釋詁一』에서는 "辯, 총명하다. (辯, 慧也.)"라고 하여, '辯'이 '총명하다'는 뜻도 나타낸다고 하였다. 정리하자면 '辨'이 칼로 자르듯 분명히 구분하는 것을 나타낸다면, '辯'은 말로써 어떤 상황이나 사건을 분명히 하는 것을 가리킨다. 때문에 '辯'은 '다스리다, 바로잡다, 분명하다, 총명하다, 변론하다' 등의 의미를 나타내는 것이다. 이렇듯 '辯'은 주로 중성적이거나 긍정적인 의미로 파생되었는데, 그 의미파생 과정은 다음과 같이 정리해 볼 수 있다.

다스리다 → 바로잡다 → 바르다 → 분명하다 → 총명하다 → 변론하다
　　　　→ 시키다

⑤ 避(피)

			避
甲骨文	金文	小篆	楷書

‘避’는 법을 나타내는 ‘辟’과 가다는 의미의 ‘辶’이 더해진 글자로, ‘(법을) 피하다’는 뜻이다. 『說文·辵部』에서는 “회피하다. ‘辵’을 義符로 하고 ‘辟’을 音符로 한다. (回也. 从辵辟聲.)”고 풀이하였다. 이는 곧 죄인이 형벌을 받기 싫어 피한다는 의미이다. 그런 점에서 볼 때 여기서 ‘辟’은 義符로서도 기능한다고 할 수 있다.

『玉篇·辵部』에서는 “避, 회피하다, 가다. (避, 迴避也. 去也.)”라고 하였으며, 『呂氏春秋·介立』에서는 “약자는 찾아가서 죽음을 면하도록 빈다. (脆弱者拜請以避死.)”는 말에서 ‘避’를 ‘면하다’는 의미로 사용하였다. 그리고 『廣韻』에서는 “避, 위배하다. (避, 違也.)”라고 하였다. 즉 ‘避’는 ‘피하다’는 뜻에서 ‘가다, 면하다, 위배하다’ 등의 중성적인 의미로 파생되었는데, 모두 어디로부터 멀어진다는 의미를 나타낸다는 점에서 공통점이 있다. ‘避’의 의미파생 과정은 다음과 같이 정리해 볼 수 있다.

피하다 → 가다
　　　→ 면하다
　　　→ 위배하다

⑥ 僻(벽)

			僻
甲骨文	金文	小篆	楷書

'僻'은 앞에서 말한 '避'와 같은 글자로, 죄인이 형벌을 '피하다'는 뜻이다. 『說文·人部』에서는 "피하다. '人'을 義符로 하고 '辟'을 音符로 한다. 『詩經』에서는 돌아서 피한다고 하였다. 혹은 옆에서 견제하는 것이라고도 한다. (避也. 从人辟聲. 詩曰宛如左僻. 一曰从旁牽也.)"고 풀이하였다.

『集韻』에서는 "僻, 사악하다. (僻, 邪也.)"라고 하였으며, 『呂氏春秋·愼行』에서 "진(晉)이 우두머리가 된 것은 영토가 좋은 위치에 있었기 때문이며, 형주(荊州)는 외진 곳에 있기 때문에 함께 싸울 수 없다. (晉之覇也, 進於諸夏; 而荊僻也, 故不能與爭.)"고 한 것에 대해 高誘는 "僻, 멀다. (僻, 遠也.)"라고 注하여, '僻'이 '멀다, 외지다'는 뜻이라고 하였다. 또한 魯迅의 『且介亭雜文·答曹聚仁先生信』에서는 "너무 생소한 토속어는 쓸 필요가 없다. (太僻的土語, 是不必用的.)"고 하여 '僻'을 '생소하다'는 의미로 사용하였으며, 『列子·說符』에서는 "그가 대답한 것이 보통과 달라 나는 더욱 알 수가 없었다. (夫子答之僻, 吾惑愈甚.)"는 말에서 '僻'을 '다르다'는 의미로 사용하였다. 이 외에도 『廣韻』에서는 "僻, 그릇되다. (僻, 誤也.)"라고 하였는데, 이는 앞에서 말한 '다르다'와 의미상 연관이 있다.

혹자는 『集韻』의 풀이를 근거로 하여 '僻'의 본의가 '단정하지 않다, 사악하다'는 뜻이라고 하였다. 그리고 '바르지 않다'는 의미는 바르지 않은 지역 즉 외진 곳을 가리키게 되었으며, 지역이 외지면 자주 볼 수 없기 때문에 '생소하다'는 의미로 파생되었다고 하였다. (谷衍奎 2003:816) 종합해보면 '僻'은 '避'와 마찬가지로 '피하다'는 의미를 나타내는데, 후에 '외지다, 생소하다' 등의 의미로 파생되었다는 점에서 차이가 있다. 즉 '避'는 이동에 중점을 둔 반면, '僻'은 상태에 초점을 맞췄다고 할 수 있다. 이처럼 '僻'은 주로 부정적인 의미로 파생되었는데, 그 의미파생 과정은 다음과 같이 두 가지로 정리해 볼 수 있다.

① 피하다 → 멀다
→ 외지다 → 생소하다
→ 괴팍하다
→ 다르다 → 틀리다
→ 그릇되다

② 단정하지 않다, 사악하다 → 바르지 않다 → 외지다 → 생소하다

(5) 법을 의미하는 경우

① 辟(벽)

 合8108	 盄圜器		辟
甲骨文	金文	小篆	楷書

'辟'의 金文 자형은 한 사람이 꿇어앉아 '辛'으로 형벌을 받는 모습으로, 사람 옆에 있는 덩어리 모양은 잘려나간 신체부위를 가리킨다. 즉 '辟'은 형벌 중에서 능지처참(陵遲處斬)을 가리킨다. 『說文·辟部』에서는 "법이다. '卩'과 '辛'으로 이루어진 회의자로, 사람들이 죄를 짓는 것을 억제한다는 의미를 나타낸다. '口'를 구성요소로 하여 법을 집행하는 사람을 나타내었다. 무릇 '辟'이 있는 글자는 모두 '辟'을 따른다. (法也. 从卩从辛, 節制其辠也. 从口用法者也. 凡辟之屬皆从辟.)"고 풀이하였다. 이는 '형벌을 시행하다'는 본의에서 파생된 의미이다.

『說文解字注』에서 "『小雅』에서는 '辟'이 믿지 않는 것을 말한다고 하였다. 전하는 말로는 모두 '辟'이 법이라고 하였는데, 죄라는 의미로 파생되었다. 『釋詁』를 보면 법을 어긴다는 것은 곧 법을 집행하는데 있어 죄를 짓는 것이라고 하였다. 또 파생되어 제거하다, 대야, 한 쪽이라는 의미를 나타내게 되었다. 혹은 치우치다, 피하다, 비유하다, 열다, 벽, 주름 등을 나타내는 '僻, 避, 譬, 闢, 壁, 襞' 등의 글자들로 가차되었다. (辟, 小雅辟言不信. 傳皆曰辟, 法也. 引申之爲罪也. 見釋詁謂犯法者, 則執法以罪之也. 又引申之爲辟除. 又引申之爲盤辟. 又引申之爲一邊之義. 或借爲僻. 或借爲避. 或借爲譬. 或借爲闢. 或借爲壁. 或借爲襞.)"라고 하였는데, 이를 통해 『小雅』에서는 '辟'이 '죄'라는 의미로 파생되었다고 하였으며, 『釋詁』에서는 '辟'이 '개벽하다, 숨다'는 의미로 가차되어 이를 '闢', '避', '譬' 등으로 썼다고 하였다는 것을 알 수 있다. 따라서 '辟'과 '闢', '避', '譬'는 고금자(古今字)[42] 관계라고 할 수 있다.

『爾雅·釋詁一』에서는 "辟, 법, 임금, 죄. (辟, 法也, 君也, 辠也.)"라고 하였으며, 『尸子·廣澤』에서는 "'天, 帝, 后, 皇, 辟, 公, 弘, 廓, 宏' 등은 모두 '크다'는 뜻이다. (天, 帝, 后, 皇, 辟, 公, 弘, 廓, 宏, 皆大也.)"라고 하였다. 『玉篇·辟部』에서도 "辟, 다스리다. (辟, 理也.)"라고 하였는데, '크다, 다스리다'는 의미는 모두 '천자, 임금'이란 뜻에서 파생된 것이라고 할 수 있다. 이 외에도 『左傳·襄公二十五年』에서는 "선왕께서 죄가 있는 곳에는 각기 그에 맞는 징벌이 따라야 한다고 명하셨다. (先王之命, 有罪所在, 各致其辟.)"고 하여 '辟'을 '징벌하다'는 의미로 사용하였는데, 이는 '다스리다'는 뜻에서 파생된 것으로 볼 수 있다.

정리하자면 고대에는 관습법으로 백성을 다스렸는데, 이는 주로 추장이나 우두머리가 맡았기 때문에 '辟'은 '법'이란 의미에서 후에 군주(천자, 제후 포함)

---

42) 고금자(古今字)는 문자가 발전하는 과정에서의 파생현상으로, 고자(古字)가 먼저 생기고 나서 금자(今字)는 고자(古字)의 어떤 부분의미를 이어받아 만들어진 글자이다. 한 글자에 여러 의미가 있는 것이 고금자(古今字)가 생겨나는 주요 원인이다. (中國語言學大辭典編委會 1992:33)

를 가리키는 말로 파생되었다. 또한 '辟'은 '천자, 임금'이란 의미에서 '크다, 다스리다, 본받다' 등의 의미로도 파생되었다. 이처럼 '辟'은 주로 긍정적인 의미로 파생되었는데, 그 과정은 다음과 같이 정리해 볼 수 있다.

형벌을 시행하다 → 죄 → 법 → 군주 → 크다

→ 다스리다 → 징벌하다

② 辦(판)

			辦
甲骨文	金文	小篆	楷書

'辦'은 '나누다'는 의미의 '辨'에서 분화된 글자로, 전문(篆文)에서 '刀'가 '力'으로 변하면서 '힘써 일하다'는 의미를 나타내게 되었다고 한다. (谷衍奎 2003:91) 『說文·力部』에서는 '辦'을 "힘쓰다. '力'을 義符로 하고 '辡'을 音符로 한다. (致力也. 从力辡聲.)"고 풀이하였다.

『說文新附·力部』에서는 "辦, 힘쓰다. (辦, 致力也.)"라고 하였으며, 『三國志·蜀志·費禕傳』에서는 "임금이 믿을 수 있는 사람은 반드시 도적을 처벌할 수 있을 것이다. (君信可人, 必能辦賊者也.)"라고 하여 '辦'을 '처벌하다'는 의미로 사용하였다. 이는 '다스리다'는 뜻에서 파생된 것이며, '辦'은 다시 '갖추다'는 의미로도 파생되었는데, 『集韻』에서는 "辦, 갖추다. (辦, 具也.)"라고 하였다. 후에는 여기서 나아가 '창설하다, 경영하다'는 의미로 파생되기도 하였다.

'辦'을 자형 상으로 분석한다면 두 죄인이 서로 이기기 위해 힘쓴다는 의미로도 볼 수 있고, 혹은 죄인들을 힘으로 처벌하고 잘 다스린다는 뜻으로도 이해할 수 있다. 이렇게 본다면 '辡'은 여기서 義符로서도 기능한다고 할 수 있다. 정리하자면 '辦'은 '힘쓰다, 다스리다'는 뜻에서 '처벌하다, 갖추다'는 의미로 파생되었으며, 이는 다시 '창설하다, 경영하다'는 의미로 파생되었다. 이처럼 '辦'은 주로 중성적인 의미를 나타내는데, 그 의미파생 과정은 다음과 같이 정리해 볼 수 있다.

힘쓰다, 다스리다 → 처벌하다 → 갖추다 → 창설하다
→ 경영하다

본 절에서 분석한 '辛'을 자소로 한 한자는 총 17자이다. 이 중 '辛'의 본래 의미인 형벌도구를 나타내는 한자가 2자이고, '죄'를 뜻하는 한자가 2자, '辛' 모양의 도구로 형벌을 받은 죄인이나 노예를 가리키는 한자가 5자, 죄인의 행동이나 심리상태를 나타내는 한자가 6자, 이 밖에 형벌과 많은 관련이 있는 '법'을 의미하는 한자가 2자이다.

분석 결과 '辛'을 자소로 한 한자가 의미상 분류항목이 가장 많은데, 이는 '辛'이 다른 한자에 비해 파생의미가 많기 때문이라고 할 수 있다. 실제로 의미상 분류한 다섯 항목이 서로 밀접한 관련이 있다. 또한 분석 결과를 통해 '辛'을 자소로 한 한자 중 의미상 '형벌'과 관련된 한자가 대부분 형벌을 받은 노예나 죄인, 죄인의 행동이나 심리상태를 나타낸다는 점에서 모두 '죄인'과 관계 있다는 것을 알 수 있다.

그리고 자형 상의 특징으로 보면, '辛'을 자소로 한 한자 중 '법'을 의미하는 '辟'이 포함된 한자는 대부분 '다스리다' 등의 법과 관련된 의미를 나타내고, '辡'이 포함된 한자는 주로 그 의미가 두 죄인이 소송을 하는 것과 관련된다는 것을 알 수 있다. 이 외에도 '辛'을 자소로 한 한자 중 '죄'를 의미하는 한자는 이후에 주로 부정적인 의미로 파생된 반면, 노예나 죄인 혹은 '법'을 의미하는 한자들은 후에 그 의미가 중성적이거나 긍정적인 것으로 파생된 경우가 많았다.

2) '黑'을 자소로 하는 한자

고대의 형벌 중 대표적인 것으로 앞서 말한 묵형(墨刑), 의형(劓刑), 월형(刖刑), 궁형(宮刑), 대벽(大辟) 다섯 가지를 들 수 있다. 본 절에서는 다섯 가지 대표적인 형벌방법 중 하나인 묵형을 반영하는 '黑'을 자소로 하는 한자들을 살펴보고자 한다.

'黑'의 자원(字源)에 대해서는 학자들의 의견이 분분하다. 그러나 그 가운데 흔히 주장되는 견해를 살펴보면 다음의 두 가지가 있다. 하나는 小篆 자형을 기준으로 한 것으로, 윗부분의 굴뚝 모양과 아랫부분의 불꽃 모양이 합쳐져 굴뚝 위로 불꽃이 타오를 때에 남겨진 색깔에서 '검다'는 뜻이 유래되었다는 설이다. 다른 하나는 金文 자형을 기준으로 한 것으로, 사람 얼굴에 문신을 한 모양에서 '검다'는 뜻이 유래되었다는 설이다. 이 두 견해 가운데 후자의 설이 근래에 비교적 많은 학자들에 의해 주장되고 있는데, 이는 옛날에 죄인의 죄과를 드러내 보이려 할 때, 얼굴에 검은 먹물을 들였다는 점에 착안하여 밝혀낸 것이다.

묵형을 가리키는 '경형(黥刑)'은 '墨'이라고도 하는데, 이는 사람 이마에 범죄를 나타내는 기호를 새긴 다음 검은 먹으로 채워 영원히 없어지지 않도록 하는 형벌이다. '黥'자는 小篆에서 '黑'과 '刀'로 이루어져 있는데, 이는 모두 형벌도구이고, '墨'또한 형벌도구이다. 이런 형법은 '天'이라고도 불리어졌다. '天'은 곧 '顚(정수리)'로, 사람의 이마를 가리킨다. 甲骨文에서는 아래는 정면으로 서 있는 사람이고, 위의 '二'는 지사부호로, 인체의 가장 높은 부분을 가리킨다. 이는 바로 경형의 시행부위이기 때문에 후대에는 이 형벌을 '착전(鑿顚)'이라고도 불렀다. 즉 '黥'과 '天'은 실제로 같은 형벌의 다른 이름으로 모두 형벌을 받는 부위와 형벌도구를 나타냈다. 甲骨文에는 얼굴이 왼쪽을 향하고 손에는 물건을 받들고 있으며 뒤에 꼬리 장식이 있는 사람을 나타낸 글자가 있는데, 또한 머리에 '辛'자 모양이 있다. 이는 형벌도구를 나타낸 것이다. 이 글자는 바로 '黥'형의 회의자로, 형벌도구와 부위가 모두 나타나 있다. '경형(黥刑)'은 육형에 속하지만 죄인과 일반인을 구별하는데 주요한 목적이 있으며, 그것의 특징은 당하는 사람으로 하여금 치욕감을 느끼게 한다는 것이다. (何九盈·胡雙寶·張猛 1995:227)

'黑'은 현재 모든 문화권에서 불길한 조짐을 나타내는 색깔로 통하는 '검은색'을 주로 뜻한다. 땅 밑의 세계, 죽음의 세계가 검은 장소이기 때문에 검은색은 어두운 것, 그리고 죽음과 동일시되었다.

'검은색'을 뜻하는 '黑'자는 그 의미가 확대되어 '黑心'에서처럼 '나쁜 마음'을 나타낼 때에도 쓰인다. 아울러 해가 지고 어두워지면 컴컴해지므로 '黑夜'나 '暗黑'에서처럼 '어둡다'의 뜻으로도 쓰인다. (김종혁 1996:339) 때문에 '黑'이 들어간 글자는 대부분 '검다, 어둡다'는 의미를 나타낸다. 다음에서 '黑'을 자소로 한 한자들을 살펴보도록 한다.

(1) 묵형을 가리키는 경우

① 黑(흑)

 合6976	 [illegible]伯㱿簋		黑
甲骨文	金文	小篆	楷書

甲骨文 자형에 근거하면 '黑'은 사람 얼굴에 문신을 한 모습으로, 본의는 얼굴을 분명히 볼 수 없도록 검게 색을 칠한 것이다. 『說文·黑部』에서는 '黑'을 "불에 탄 색이다. 불꽃이 '囪'위로 솟아 올라오는 것을 따르며, '囪'은 古文 '窻'자이다. 무릇 '黑'이 있는 글자는 모두 '黑'을 따른다. (火所熏之色也. 从炎上出囪古窻字. 凡黑之屬皆从黑.)"고 풀이하였다. 이는 小篆 자형에 근거하여 잘못

해석한 것이다.

『說文解字注』에서도 "북방의 색이다. 이 네 글자는 본래 각 본에 없었다. 青赤白 세 部에서 각각 동방색, 남방색, 서방색이라고 하였다. '黃'아래에도 땅의 색이라고 하였다. 즉 마땅히 이 네 글자로 설명을 해주어야 한다. 이제 이를 더하였다. '熏'이라는 것은 연기가 위로 올라가는 것이다. 이는 불꽃이 일어나는 것을 따른다는 것을 말한다. (黑, 北方色也. 四字各本無. 依青赤白三部下云東方色, 南方色, 西方色. 黃下亦云地之色. 則當有此四字明矣. 今補. 熏者, 火煙上出也. 此語爲从炎起本.)"라고 하여, '黑'을 『說文』의 해석과 마찬가지로 불에 탄 검은색, 즉 북방의 색이라고 풀이하였다.

『書·禹貢』에서는 "흙을 파서 검은 무덤을 만든다. (厥土黑墳.)"고 하여 '黑'을 오색 중 하나인 '검은색'이란 의미로 사용하였으며, 『漢書·五行志下』에서는 京房의 『易傳』을 인용해 "다른 날 빛이 어둡고 큰 바람이 일고 하늘엔 구름이 없고 날은 어두웠다. (厥異日黑, 大風起, 天無雲, 日光晻.)"고 하여 '黑'을 '빛이 어둡다'는 의미로 사용하였다. 또한 『中國民間故事選·禹王爺和長白山』에서는 "밤낮으로 쉬지 않고 하루 동안 서른 개의 짐을 메었다. (白黑不住歇, 一天一夜挑三十担.)"라는 문장에서 '黑'을 '밤이 깊다'는 뜻으로 사용하였는데, 이는 '어둡다'는 의미에서 파생된 것이다. 이 외에도 '黑'은 흔히 '白'과 대비되어 시비를 나타내기도 하는데, 『春秋繁露·保位權』에 나온 "흑백이 분명해야 사람들이 갈 곳을 알고 나아간다. (黑白分明, 然後民知所去就.)"라는 말에서 '黑白'은 '옳고 그름'이란 뜻으로 해석할 수 있다. 또한 '黑'은 '검은색, 어둡다'는 의미에서 파생되어 '나쁘다, 은밀하다, 불법의, 잘못되다, 틀리다' 등의 의미로도 쓰인다. 종합해보면 '黑'은 원래 얼굴에 묵형을 받은 죄인이나 노예를 가리키는 글자였으나 후에 '검은색, 어둡다'는 뜻으로 파생되었으며, 이는 다시 '밤이 늦다, 나쁘다, 은밀하다, 불법의, 틀리다' 등의 의미로 파생되었다. '黑'의 파생의미를 보면 모두 그 뜻이 부정적이라는 것을 알 수 있다. 이는 묵형이라는 형벌

자체에 대한 반감과 그 문신의 색이 검다는 점에서 기인한 것이라고 할 수 있다. '黑'의 의미파생 과정은 다음과 같이 정리해 볼 수 있다.

얼굴에 문신을 새겨 검게 칠하다 → 검은색
→ 어둡다 → 밤이 늦다
→ 은밀하다 → 나쁘다
→ 틀리다
→ 불법의

② 黥(경)

			黥
甲骨文	金文	小篆	楷書

『說文·黑部』에서는 '黥'에 대해 "얼굴에 기호를 새긴 후 먹으로 메우는 형벌이다. '黑'을 義符로 하고 '京'을 音符로 한다. '剠'은 '黥'의 혹체(或體)[43]로, '刀'를 義符로 한다. (墨刑在面也. 从黑京聲. 剠, 黥或从刀.)"고 풀이하였다. 즉 '黥'은 '墨'과 마찬가지로 얼굴에 기호를 새긴 후 먹으로 메우는 묵형을 가리킨다. 이는 대체로 죄를 지은 죄수에게 가해졌다.

『說文解字注』에서는 "이 형벌은 또한 '墨'이라고도 한다. 『周禮·司刑注』에서 '墨'은 '黥'이라고 하였다. 먼저 얼굴에 칼로 새긴 뒤에 묵으로 그 부분을 메우는 것이다. (此刑亦曰之墨. 周禮司刑注曰墨, 黥也. 先刻其面, 以墨窒之.)"라

43) 『中國語言學大辭典』: 혹체자(或體字)란, 의미는 완전히 같지만 형체가 달라 어떤 경우에서든 서로 바꾸어 쓸 수 있는 글자를 말한다. '이체(異體)' 혹은 '이체자(異體字)'라고도 한다. 예를 들어, '恤', '卹' 등이 있다. 또는 특별히 정자(正字)와 음과 의는 같지만 모양이 다른 글자를 가리키기도 한다. 예를 들어, '恤'이 정자(正字)이면, '卹'이 이체자(異體字)가 된다. 39쪽.

고 하여, '黥刑'을 '墨'이라고도 한다고 하였다. 『玉篇·黑部』에서도 "黥, 묵형. (黥, 墨刑也.)"라고 하였다. 또한 '경형(黥刑)'은 죄수뿐만 아니라 도망을 막기 위해 노비나 병사에게도 행해져 넓은 의미로 고대의 문신풍속을 가리켰는데, 『南史·梁宗室傳·臨川靖惠王宏附正德』에서는 "노비와 종을 합치면 수백 명인데, 모두 얼굴에 문신을 새긴다. (蓄奴僮數百, 皆黥其面.)"고 하여 이를 뒷받침하였다. 『後漢書·東夷傳·倭』에서도 "남자는 모두 얼굴과 몸에 문신을 새기는데, 그 문신의 좌우 크기로 신분의 높고 낮음을 구별한다. (男子皆黥面文身, 以其文左右大小別尊卑之差.)"라고 하였다.

지금처럼 성형수술이 보편화되어 있다면 몇 번의 수술로 얼굴에 새겨진 굴욕적인 문신을 지워버릴 수 있겠지만 당시에는 한 번 묵형을 받으면 평생 얼굴을 들고 다닐 수 없게 된다. 때문에 묵형은 신체적으로는 손상이 적지만 심적으로는 무엇보다도 고통스러운 형벌이라고 할 수 있다. 그러나 '黥'은 형벌 중 하나를 가리킨다는 점에서 그 의미가 중성적이라고 할 수 있다.

③ 墨(묵)

			墨
甲骨文	金文	小篆	楷書

『說文·土部』에서는 '墨'을 "글을 쓰는데 쓰는 먹이다. '土'와 '黑'으로 이루어진 회의자이며, '黑'은 音符도 나타낸다. (書墨也. 从土从黑, 黑亦聲.)"고 풀이하였다. '墨'의 본의는 글씨를 쓰는데 사용하던 검은색 광물 안료(顔料)이다.

『說文解字注』에서는 "'聿'밑에서 쓰는 것이라고 하였다. 초나라에서는 '聿'이라고 하였고, 오나라에서는 '不律'이라고 하였다. 연나라에서는 '弗'이라고 하였으며 진(秦)나라에서는 '筆'이라고 하였다. 이는 '墨'이 먹으로 쓰는 것이라는 것을 말한다. 무릇 붓과 먹은 옛날부터 있던 것인데, 자연히 생겨난 것이 아니다. 대나무와 비단에 쓰는 것을 '書'라고 한다. 대나무는 까맣게 옻칠을 하고 비단은 반드시 먹으로 쓴다. 비단을 쓰는 것은 또한 진한에서 시작된 것이 아니다. 주나라 사람들은 옥새나 도장을 찍을 때 반드시 비단을 쓰고 대나무는 쓰지 않았다. 그러므로 옛날에 대나무만 썼다는 것은 믿을 수 없다. 파생되어 진(晉)나라 때는 관리가 욕심이 많아 재물을 탐하는 것을 말하는 데 쓰이기 시작했다. (聿下曰所以書也. 楚謂之聿. 吳謂之不律. 燕謂之弗. 秦謂之筆. 此云墨, 書墨也. 蓋筆墨自古有之. 不始於蒙恬也. 著於竹帛謂之書. 竹木以桼. 帛必以墨. 用帛亦必不起於秦漢也. 周人用璽書印章必施於帛. 而不可施於竹木. 然則古不專用竹木信矣. 引申之爲晉於是始墨. 爲貪以敗官爲墨.)"라고 하여, '墨'이 글씨를 쓰는데 쓰는 검은색 '먹'이라는 의미에서 파생되어 진(晉)나라 때는 관리가 재물을 탐하여 탐욕스럽거나 더럽다는 의미로 쓰이기 시작하였다고 하였다.

『廣雅·釋器』에서는 "墨, 검은색. (墨, 黑也.)"라고 하였는데, 이는 먹의 색이 검기 때문으로, '먹'이란 의미에서 파생된 것이라 할 수 있다. 또한 『左傳·昭公十四年』에서는 "자신이 악하면서 아름다운 것을 빼앗는 것은 어리석은 것이며, 욕심이 지나친 관리는 탐욕스러운 것이고, 사람 죽이는 것을 꺼리지 않는 것은 도적이다. (己惡而掠美爲昏, 貪以敗官爲墨, 殺人不忌爲賊.)"라고 하였는데, 杜預는 이에 대해 "墨, 불결한 것을 이르는 말. (墨, 不潔之稱.)"이라고 하였다. 즉 '墨'은 '검다'는 뜻에서 '더럽다, 탐욕' 등의 의미로도 파생되었다. 이 외에도 '墨'은 전국시기 중요한 학파 중 하나인 '묵가(墨家)'를 가리키는데도 사용되었으며, 『周禮·秋官·司刑』에는 "죄인 오백 명을 묵형에 처했다. (墨罪五百.)"라고 하였는데, 鄭玄은 이에 대해 "墨, '黥刑'으로, 먼저 얼굴에 기호를 새기고 그것을 먹으로 메우는 것이다. (墨, 黥也, 先刻其面以墨窒之.)"라고 하였다.

종합해보면 '墨'은 주로 옛날에 글씨를 쓰는데 사용하던 검은색 먹을 가리켰으나 진(晉)나라에서는 '탐욕, 더러움'을 의미하는 글자로도 쓰였다. 또한 '墨'은 묵형을 의미하거나 묵가를 가리키기도 하였다. 이처럼 '墨'은 처음에는 중성적인 의미였으나 후에는 주로 부정적인 의미로 파생되었는데, 그 과정은 다음과 같이 정리해 볼 수 있다.

먹 → 검은색 → 탐욕스럽다

→ 더럽다

→ 묵형

④ 黔(검)

			黔
甲骨文	金文	小篆	楷書

『說文·黑部』에서는 '黔'을 "검다. '黑'을 義符로 하고 '今'을 音符로 한다. 진나라에서는 백성을 '黔首'라고 하였는데, 이는 검은 피부를 말하는 것이다. 주나라에서는 백성을 '黎民'이라고 하였다. 『周易』에서 (艮은) 검은색의 새 부리를 나타낸다고 하였다. (黎也. 从黑今聲. 秦謂民爲黔首, 謂黑色也. 周謂之黎民. 易曰爲黔喙.)"고 풀이하였다.

『說文解字注』에서도 "'黎'는 찰진 것을 밟는 것이다. '驪', '黧'자와 동음이기 때문에 검다는 의미로 가차되었다. '耇'에서 노인의 얼굴에 흐리고 검은 것이 꼭 때 같은 것이 있는데, 이를 '凍黑'이라 한다고 하였다. 속칭 '黧'라고도 쓴다. 진시황 본기 26년에 '民'을 '黔首'라고 바꾸었다. 『釋詁』에서 '黎'는 백성이라고 하였다. 송나라 사람들은 혹 검은 색으로 '黎民'을 풀이하였는데, 이는 틀린 것이다. 許愼은 이것이 진나라 이전에 '黔首'가 없었을 때 쓰던 호칭이라고만 했을 뿐 '黎'와 '黔'이 같은 뜻이라고는 하지 않았다. (黎, 履黏也. 與驪黧字同音, 故借爲黑義. 耇下曰老人面凍黎若垢, 曰凍黑也. 俗作黧. 秦始皇本紀二十六年更名民曰黔首. 釋詁曰黎, 衆也. 宋人或以黑色訓黎民, 殊誤. 許言此者, 增秦以前

無黔首之偁耳. 非謂黎黔同義.)”라고 하여, ‘黔’으로 ‘백성’을 가리켰다고 하였다. 『廣雅·釋器』에서는 “黔, 검다. (黔, 黑也.)”라고 하였다. 또한 『莊子·天運』에서는 “고니는 매일 씻지 않아도 희고, 까마귀는 매일 볕에 그을리지 않아도 검다. (夫鵠不日浴而白, 烏不日黔而黑.)”고 하여 ‘黔’을 ‘검게 그을리다’는 의미로 사용하였으며, 『廣韻』에서는 “黔, 검고 누런색. (黔, 黑黃色.)”이라고 하였다. 이 외에도 ‘黔’은 묵형을 뜻하는 ‘黥’과도 의미가 통하는데, 『書·呂刑』에서는 “이에 간음한 자는 코를 베는 의형(劓刑)이나 다리를 베는 월형(刖刑), 생식기를 자르는 탁형(椓刑), 문신을 새기는 경형(黥刑)에 처하기로 하는데, 경형과 월형은 얼굴에 시행하므로, 『趙策』에서 말한 ‘형벌로 인해 얼굴 모습이 변하다’는 것은 이를 말한다. (爰始淫爲劓, 刵, 椓, 黥. 黥, 劓在面, 『趙策』 所謂‘自刑以變其容’也.)”라고 하였다. 정리하자면 ‘黔’은 기본적으로 ‘검다’는 뜻을 가리키는데, 여기서 ‘검게 그을리다, 검고 누런색’ 등의 의미로 파생되었으며, 이는 다시 피부가 햇볕에 까맣게 그을린 ‘백성’을 가리키게 되었다. 또한 ‘黔’은 ‘黥’과 같이 ‘검다’는 의미와 관련된 형벌인 묵형을 가리키기도 한다. 이처럼 ‘黔’은 주로 중성적인 의미를 나타내는데, 그 의미파생 과정은 다음과 같이 정리해 볼 수 있다.

검다 → 검게 그을리다 → 백성
→ 검고 누런색
→ 묵형

(2) 더러운 것을 가리키는 경우

① 黰(전)

			黰
甲骨文	金文	小篆	楷書

『說文·黑部』에서는 ‘黰’에 대해 “‘黰’을 ‘垽’이라고 하는데, ‘垽’은 찌꺼기라는 뜻이다. ‘黑’을 義符로 하고 생략된 ‘殿’을 音符로 한다. (黰謂之垽. 垽, 滓也. 从黑殿省聲.)”고 풀이하였다.

『說文解字注』에서는 “『說文·土部』에서는 ‘垽’이 찌꺼기라고 하였고, 『說文·水部』에서는 ‘滓’가 찌꺼기라고 하였다. ‘澱’은 찌꺼기이다. ‘澱’과 ‘黰’두 전서는 부수는 다르지만 실제로는 한 글자이다. 때문에 『爾雅·釋器』에서 ‘澱’이 찌꺼기라고 하였다. (黰, 土部曰垽, 澱也. 水部曰滓, 澱也. 澱, 滓垽也. 是澱黰二篆異部而實一字也. 故爾雅釋器作澱謂之垽.)”라고 하여, ‘黰’과 ‘澱’두 전서(篆書)가 부수는 다르지만 실제로는 한 글자로, 모두 ‘찌꺼기’라는 뜻이라고 하였다. 또한 『廣韻』에서는 “黰, 남색, 염색을 하는데 쓰인다. (黰, 藍黰, 染者也.)”라고 하였다. 즉 ‘黰’은 ‘澱’과 마찬가지로 찌꺼기를 뜻하는 글자라고 할 수 있는데, 두 글자에 모두 ‘펼치다’는 뜻의 ‘展’이 포함되어 있다는 점에서 공통점이 있다.

② 黕(담)

			黕
甲骨文	金文	小篆	楷書

『說文·黑部』에서는 ‘黕’이 “찌꺼기와 때이다. ‘黑’을 義符로 하고 ‘冘’를 音符로 한다. (滓垢也. 从黑冘聲.)”고 하였다.

『說文解字注』에서는 “‘滓’는 찌꺼기이고, ‘垢’는 더러운 것이다. ‘湛’은 ‘黕’의 가차자이다. 『文選注』에서는 ‘黕’이 검은 모양으로 가차되었다고 하였는데, 이는 파생의미이다. (滓者, 澱也. 垢者, 濁也. 按湛卽黕之叚借字. 文選注借黕爲黑皃. 引申之義也.)”라고 하여, ‘黕’이 때가 끼어서 더러운 것을 가리키는데, 파생되어 검은 모양을 가리키기도 한다고 하였다.

『集韻』에서도 “黕, 더럽다. (黕, 汚也.)”라고 하였으며, 『廣韻』에서는 “黕, 검다. (黕, 黑也.)"라고 하였다. 즉 '黕'은 '찌꺼기, 더러운 때'를 뜻하는 것에서 어둡고 검은 것을 나타내는 것으로 의미가 파생되었는데, 이는 더러운 때가 대부분 검은색을 띠기 때문이다. '黕'의 의미파생 과정은 다음과 같이 정리해 볼 수 있다.

때가 끼어 더럽다→ 어둡고 검다

③ 黷(독)

			黷
甲骨文	金文	小篆	楷書

'黷'은『說文·黑部』에서 "(더렵혀졌기 때문에) 더러운 때를 쥐고 있다. '黑'을 義符로 하고 '賣'를 音符로 한다.『周易』에서는 두 번 세 번 점치는 것은 神明을 모독하는 것이라고 하였다. (握持垢也. 从黑賣聲. 易曰再三黷.)"고 풀이하였다.

『說文解字注』에서는 "黷, 더러운 때는 잡아서는 안 되는 것인데, 그럼에도 잡았다는 것은 수치스러운 것이다. 옛날에는 욕되는 것을 모두 '黷'이라고 하였다. (黷, 垢非可握持物. 而入於握持. 是辱也. 古凡言辱者皆卽黷.)"라고 하여, 더러운 때는 잡아서는 안 되는 것인데, 그럼에도 잡았다는 것은 수치스러운 것이므로 옛날에는 욕되는 것을 모두 '黷'이라고 한다고 하였다.

唐代 慧琳은『一切經音義』84권에서『考聲』을 인용하여 "黷, 더럽고 때가 끼어 검은 것."이라고 하였으며,『玉篇·黑部』에서는 "黷, 검다. (黷, 黑也.)"라고 하였다. 또한 宋代 孫光憲은『北夢瑣言』19권에서 "재물을 탐하는 것에 싫증을 내지 않으니, 촉나라 백성들이 이를 원망하였다. (黷貨無厭, 蜀民怨之.)"고 하여 '黷'을 '탐하다'는 의미로 사용하였다. '탐하다'는 뜻은 더러움을 무릅쓰고 손에 쥘 만큼 탐욕스럽다는 것에서 나온 의미라고 할 수 있으며, '黷'의 파생의

미인 '탐하다, 검다' 역시 더러운 때를 쥐고 있는 것과 관련 있다고 볼 수 있다. 이처럼 '黷'은 주로 중성적이거나 부정적인 의미로 파생되었는데, 그 과정은 다음과 같이 정리해 볼 수 있다.

더러운 때를 쥐다 → 모욕하다
→ 경시하다
→ 탐하다
→ 검다

(3) 기타

① 點(점)

			點
甲骨文	金文	小篆	楷書

『說文·黑部』에서는 '點'이 "작은 검은 점이다. '黑'을 義符로 하고 '占'을 音符로 한다. (小黑也. 从黑占聲.)"고 하였다.

『說文解字注』에서는 "지금은 소위 '點'을 더러운 것이라고 한다. 혹은 '玷'이라고 쓰기도 한다. (今俗所謂點涴是也. 或作玷)"라고 하여, 소위 '點'을 더러운 것이라고 한다고 하였다.

『廣雅·釋詁三』에서도 "點, 더럽다. (點, 汚也.)"라고 하였으며, 『廣韻』에서는 "點, 한자 필획 중 하나인 점. (點, 點畫.)"이라고 하였다. '點'은 또한 '점찍다'는 뜻에서 파생되어 '표시하다, 지정하다, 액체의 작은 방울, 사물의 부분이나 방면'이란 의미를 나타내며, '불을 붙이다, 타다'는 뜻을 나타내기도 한다. 이 외에도 '點'은 가차되어 현재는 시간의 단위로도 쓰인다.

'點'은 본 절에서 분석한 '黑'을 자소로 한 한자 중 의미항목이 가장 많은데, 그만큼 의미가 여러 방면으로 파생되었다. 즉 지금까지 위에서 말한 '검은 얼룩, 점, 더럽다, 모욕하다'는 의미 외에도 '필획이름, 표시하다, 지정하다, 부분이나 방면, 불을 붙이다, 타다, 일정한 장소나 한계' 등을 의미하고 시간의 단위로도 쓰인다. 이처럼 '點'은 중성적인 의미에서 여러 중성적이거나 부정적인 의미로 파생되었는데, 그 과정은 다음과 같이 정리해 볼 수 있다.

작고 검은 점 → 더럽다 → 더럽히다
→ 필획이름 → 점찍다 → 표시하다
→ 액체의 작은 방울 → 사물의 부분이나 방면 → 일정한 장소나 한계
→ 불을 붙이다 → 타다
→ 시간의 단위

② 黨(당)

			黨
甲骨文	金文	小篆	楷書

『說文·黑部』에서는 '黨'에 대해 "선명하지 않은 것이다. '黑'을 義符로 하고 '尙'을 音符로 한다. (不鮮也. 从黑尙聲.)"고 풀이하였다.

『說文解字注』에서 "신선하다는 자는 마땅히 '鱻'을 써야 한다. 『方言』에서는 '黨'이 안다는 것이라고 하였다. 초나라에서는 '黨'이라고 한다. 郭氏는 '黨', '朗'이 잠에서 깨어난 모양이라고 注하였다. 『釋名』에서는 500개의 집이 '黨'이 된다고 하였다. '黨'은 어른으로, 한 무리의 존장이다. 이는 '黨'이 '尙'과 같은 것을 말한다. (新鮮字當作鱻. 方言曰黨, 知也. 楚謂之黨. 郭注黨, 朗, 解寤皃. 釋名曰五百家爲黨. 黨, 長也. 一聚所尊長也. 此謂黨同尙.)"라고 하였는데, 이를 통해

『方言』에서 '黨'이 안다는 것이라고 하였고, 『釋名』에서 500개의 집이 '黨'이 되며, '黨'은 어른으로 한 무리의 존장(尊長)이라고 하였다는 것을 알 수 있다.

『正字通·黑部』에서도 "黨, 250가구를 '黨'이라고 한다. (黨, 二百五十家爲黨.)"라고 하여, '黨'이 고대 지방의 편제단위로, 250가구를 가리킨다고 하였는데, 이는 후에 '가족, 친족, 무리' 등의 의미로 파생되었다. 즉 『禮記·雜記』에서는 "그 가족은 먹고, 가족이 아니면 먹지 않는다. (其黨也食之, 非其黨弗食也.)"라고 하여 '黨'을 '친족'의 의미로 사용하였으며, 『廣韻』에서는 "黨, 무리. (黨, 輩也.)"라고 하여, '黨'이 '무리, 동류'를 뜻한다고 하였다. 그리고 이는 다시 '편을 들다'는 의미로 파생되었는데, 『廣雅·釋詁三』에서는 "黨, 따르다. ("黨, 比也.")"라고 하여, '黨'이 '따르다, 좇다'는 뜻이라고 하였다. '黨'은 현대에 와서는 주로 정치조직인 '정당'을 가리키는 말로 쓰이는데, 정당은 같은 정치적 신념과 견해를 가지고 정치활동을 하는 사람들로 구성되어 있기 때문이다.

혹자는 '黨'에서 '黑'이 몸에 새긴 동족인의 공통된 표지를 나타낸다고 하여 '黨'의 본의가 '친족'이라고 하였다. 이는 후에 '집단, 동료, 친구'의 의미로 파생되었고 다시 '정당'을 가리키게 되었다고 한다. (谷衍奎 2003:551-552)

종합해보면 '黨'은 '선명하지 않다, 알다'라는 의미를 나타내는 것 외에도 '어른, 친족, 또래, 집단, 동료' 등의 뜻을 의미했는데, 여기서 '같은 류, 편을 들다'는 의미로 파생되어 현대에 와서는 정치조직인 '정당'을 가리키는 말이 되었다고 할 수 있다. '黨'은 이처럼 주로 중성적인 의미를 나타내는데, 그 의미 파생 과정은 다음과 같이 정리해 볼 수 있다.

친족→또래, 집단, 동료→ 같은 류→ 편을 들다→ 정당

③ 默(묵)

			默
甲骨文	金文	小篆	楷書

‘默’은 ‘犬’이 자형에 포함되어 있는 것으로, 의미상 ‘개’와 관련이 있다. 『說文·犬部』에서는 ‘默’이 “개가 몰래 사람을 좇아가는 것이다. ‘犬’을 義符로 하고 ‘黑’을 音符로 한다. ‘墨’과 같이 읽는다. (犬逐人也. 从犬黑聲. 讀若墨.)”고 하였다. ‘默’의 본의는 바로 ‘개가 소리를 내지 않고 갑자기 사람을 공격하다’는 것이다.

『說文解字注』에서는 “사람이 조용하다는 것으로 가차되었다. 또한 ‘嘿’이라고도 쓴다. (叚借爲人靜穆之偁. 亦作嘿.)”라고 하여, ‘默’이 사람이 조용하다는 의미로 가차되었다고 하였다. 『廣韻』에서는 “默, 조용하다. (默, 靜也.)”라고 하였고, 『正字通·黑部』에서도 “默, 말하지 않다. (默, 不語也.)”라고 하였다. 또한 『廣雅·釋器』에서는 “默, 검다. (默, 黑也.)”라고 하였다. 이 외에도 ‘默’은 정치가 부패한 것을 가리키기도 하는데, 『孔子家語·正論解』에서는 『左傳·昭公十四年』에 있는 “욕심이 지나친 관리는 탐욕스럽다. (貪以敗官爲墨.)”는 문장의 ‘墨’을 ‘默’으로 바꾸어 썼다. 종합해보면 ‘默’은 개가 소리 내지 않고 조용히 있다가 갑자기 사람을 공격한다는 것에서 ‘조용하다, 말하지 않다’는 의미로 파생되었으며, 이 외에 어둡거나 정치가 부패한 것을 가리키기도 한다. 여기서 정치가 부패했다는 것은 거울처럼 깨끗해야 할 관리의 마음이 검게 어두워졌다는 것을 의미하는 것이다. 이처럼 ‘默’은 주로 중성적이거나 부정적인 의미를 나타내는데, 그 의미파생 과정은 다음과 같이 정리해 볼 수 있다.

개가 소리 내지 않고 공격하다 → 조용하다

→ 말하지 않다

→ 어둡다 → 검다 → 정치가 부패하다

본 장에서 분석한 '黑'을 자소로 한 한자는 총 10자이다. 이 중 '黑'의 본래 의미인 '묵형'을 가리키는 한자가 4자이고, '더러운 것'을 의미하는 한자가 3자, 기타 '점, 정당, 조용하다' 등의 의미를 나타내는 한자가 3자이다. 이러한 분석을 통해 '黑'을 자소로 한 한자가 대부분 검은색과 관련된 색깔을 나타낸다는 것을 알 수 있다. 또한 '검다'는 의미가 바로 형벌의 하나인 '묵형'에서 파생된 것이라는 점에서 현재는 '黑'을 자소로 한 한자가 주로 '黑'의 파생의미를 취한다는 것을 알 수 있다. 이 외에도 '黑'을 자소로 한 한자 중 색깔과 관련된 한자는 주로 그 의미가 중성적이지만 기타 '묵형'이나 '더러운 것'을 의미하는 한자는 후에 대부분 부정적인 의미로 파생되었다.

| 제10장 |

'馬'와 관련된 한자와 문화

人類는 음식, 노동, 문화 등의 활동을 하면서 가축을 기르며 살아 왔다. 일찍이 先秦時期때부터 '六畜'이 있어 왔는데, '六畜'은 '馬(말), 牛(소), 羊(양), 豬(돼지), 狗(개), 雞(닭)' 등의 동물을 가리킨다. 『三字經』에서 "말, 소, 양, 닭, 개, 돼지, 이 여섯가지 가축을 사람들은 먹이를 준다. (馬牛羊, 雞犬豕, 此六畜, 人所飼.)"라고 하였는데, 이를 통해 '六畜'이 古代의 보편적 가축이였음을 알 수 있다. 東漢의 許愼이 지은 『說文』은 중국에서 가장 이른 시기에 편찬된 체계적인 字典인데, 이 책에 가축과 관련된 글자가 500여자가 있다.[44] 그 중에서 '馬'部에 115字를 수록하고 8자의 重文과 5자의 新附字를 포함하고 있는데, 『說文』에서 수록하고 있는 가축과 관련된 글자 중 그 수량이 가장 많다. 이것으로 볼 때 고대사회에서 말이 인간의 생활과 가장 밀접했다는 것을 알 수 있다. 인류는 운수, 교통, 전쟁, 농업, 음식 등 여러 분야에서 말을 사용하여 왔다.

한자는 언어를 기록하는 수단뿐만 아니라 인류의 풍부한 문화를 전달하는 수단으로 쓰여 왔다. 許愼은 한자의 이러한 기능을 "前人이 전달한 것을 後人이 익힌다. (前人所以垂古, 後人所以識古.)"라고 말하였다. 한자는 역사적으로 漢民族의 文明의 發展과 함께 해 왔는데, 『說文』에는 이러한 記錄이 대량으로

44) '馬'部의 글자는 총 115자로 『說文』 글자의 백분의 일 정도를 차지한다. '牛'部의 글자는 45자(重文1자), '羊'部의 글자는 26자(重文2자), '豕'部의 글자는 23자(重文1자), '犬'部의 글자는 83자(重文8자)이다. 그리고 '雞'와 관련된 글자는 '隹'部와 '鳥'部에 보인다.

기록되어 있다. 따라서 이러한 한자를 통하면 고대사회의 진면목을 알 수 있는데, 본 장에서는 『說文』의 114자의 '馬'部 글자를 통해 말과 관련된 中國古代의 文化를 엿보려고 한다.

『說文』의 114자의 '馬'部 글자를 분석하면 크게 다음과 같이 분류할 수 있다.

<表 1>『說文解字·馬部』分類

分類	漢字	字數
말의 특징	騏, 驪, 駽, 騩, 騮, 騢, 騅, 駱, 駰, 驄, 驈, 駹, 騧, 驃, 駓, 驖, 騂, 馰, 馵, 驔, 驠, 駇, 駁, 騅, 驒, 驐, 驩, 驗, 嵎, 傌, 駼, 騱, 駿, 騛, 驍, 驥, 驎, 騫, 騊, 駒, 馬, 馴, 驚, 騬, 騔, 馴, 驕, 騋, 駘, 駒	50
말과 관련된 형용사	騽, 騟, 騹, 馶, 駜, 駫, 騯, 駃, 駊, 駔, 駸, 騭, 馮, 驫, 驟, 騊, 篤, 騤, 馺, 騃, 駾, 驙, 驇, 驚, 駪, 驫, 驤, 䮕, 駧, 颿, 騺, 騁, 駻, 駑, 駭, 駍, 駐, 駗, 驧	39
말과 관련된 動物	駮, 驢, 騾, 駃, 騠, 驘	6
말과 관련된 동작과 사물	驀, 騎, 駕, 驅, 馳, 駧, 馻, 騷, 馽, 馹, 騑, 駢, 驂, 駟, 駙, 騰, 驛, 騶, 駉	19

1) 말의 특징

『說文·馬部』에는 말의 특징과 관련된 한자가 가장 많은데, 먼저 '馬'자에 대해 살펴보면 다음과 같다. (徐中舒 1988:377)

 合19813	 御正衛簋		馬
甲骨文	金文	小篆	楷書

『說文·馬部』에서 "馬, 노하기를 잘하는 가축이다. 전쟁에 사용된다. 말의

머리, 갈기, 꼬리, 다리를 상형한 글자이다. 무릇 말과 관련된 글자는 모두 '馬'를 따른다. (馬, 怒也 ; 武也. 象馬頭髦尾四足之行. 凡馬之屬皆从馬.)"라고 하였다. 『玉篇·馬部』에서 "馬, 전쟁에 사용되는 가축이다."라고 하였다. '怒'는 말의 기세를 가리킨다. '武'는 말의 전쟁에서의 용맹함을 나타낸다. 甲骨文의 '馬'자는 象形字로 말의 머리, 갈기, 등, 꼬리, 다리 등이 잘 드러나 있다.

말은 시력이 매우 좋고 감각기관이 잘 발달된 동물이다. 특히 기억력과 판단력이 매우 좋아 방향 감각이 매우 정확하다. 이 때문에 고대부터 말은 식용으로 쓰이기보다는 교통과 운송의 수단으로 많이 사용되어 사냥과 전쟁에 쓰였다. 『周易·系辭下』에서 "소에 짐을 싣고 말을 타면 무거운 것을 먼 곳으로 나를 수 있어 천하를 이롭게 할 수 있다. (服牛乘馬, 引重致遠, 以利天下.)"라고 하였다. (詹緖左·朱良志 2002:112) 하지만 말은 길들이기가 쉽지 않았기 때문에 六畜 중에서는 가장 늦게 가축으로 사용되었다. 신석기 말기의 유적에는 돼지, 소, 양 등의 뼈만 보이지만, (許進雄 1995:81) 甲骨文에는 15개의 말과 관련된 形聲字가 보이고, (徐中舒 1989:677) 戰國시기의 유적에서는 말과 수레를 흔히 볼 수 있다.

말의 특징을 나타내는 한자는 모두 50字가 있는데, 털의 색깔, 이름, 장점, 성별 등에 따라 분류하여 설명하면 다음과 같다.

(1) 털의 색깔

『說文·馬部』에는 털의 색깔과 관련된 한자가 '騏, 驪, 駽, 駁, 駮, 驖, 騩, 駰, 騢, 騅, 驄, 駹, 驃, 駓, 驜, 馰, 驠, 驒, 騂, 騅, 驕, 騮, 騧, 駱, 驔' 등이 보이는데, 다음과 같다.

騏, 푸른말, 무늬는 바둑판과 같다. '馬'의 뜻을 따르고, '其'의 소리를 따른다. (馬

青驪, 文如博棊也. 从馬其聲.)

驪, 진한 검정색의 말. '馬'의 뜻을 따르고, '麗'의 소리를 따른다. (馬深黑色. 从馬麗聲.)

駽, 푸른말. '馬'의 뜻을 따르고, '肙'의 소리를 따른다. 『詩』에서 "살찐 말과 푸른말을 탄다."라고 하였다. (青驪馬. 从馬肙聲. 『詩』 曰 : "駜彼乘駽.")

騩, 옅은 검은색의 말. '馬'의 뜻을 따르고, '鬼'의 소리를 따른다. (馬淺黑色. 从馬鬼聲.)

騮, 검은 꼬리의 적색 말. '馬'의 뜻을 따르고, '畱'의 소리를 따른다. (赤馬黑毛尾也. 从馬畱聲.)

騢, 검은 색과 흰색이 섞인 말. '馬'의 뜻을 따르고, '叚'의 소리를 따른다. 그 색이 鰕魚의 색과 유사하다. (馬赤白雜毛. 从馬叚聲. 謂色似鰕魚也.)

騅, 푸른색과 검정색이 섞인 말. '馬'의 뜻을 따르고, '隹'의 소리를 따른다. (馬蒼黑雜毛. 从馬隹聲.)

駱, 검은 갈기와 꼬리의 흰색 말. '馬'의 뜻을 따르고, '各'의 소리를 따른다. (馬白色黑鬣尾也. 从馬各聲.)

駰, 회색과 흰색이 섞인 말. '馬'의 뜻을 따르고, '因'의 소리를 따른다. 『詩』에서 "駰말과 騢말이 있네."라고 하였다. (馬陰白雜毛. 黑. 从馬因聲. 『詩』 曰 : "有駰有騢.")

驄, 푸른색과 흰색이 섞인 말. '馬'의 뜻을 따르고, '悤'의 소리를 따른다. (馬青白雜毛也. 从馬悤聲.)

驈, 사타구니가 흰 검정색 말. '馬'의 뜻을 따르고, '矞'의 소리를 따른다. 『詩』에서 "驈말과 騜말이 있네."라고 하였다. (驪馬白胯也. 从馬矞聲. 『詩』 曰 : "有驈有騜.")

駹, 얼굴과 이마가 흰 말. '馬'의 뜻을 따르고, '尨'의 소리를 따른다. (馬面顙皆白也. 从馬尨聲.)

騧, 주둥이가 검은 황색 말. '馬'의 뜻을 따르고, '咼'의 소리를 따른다. (黃馬, 黑喙.

从馬咼聲.)

驃, 흰색이 나는 누런 말. 갈기와 꼬리가 흰 말이라고도 한다. '馬'의 뜻을 따르고, '㶾'의 소리를 따른다. (黃馬發白色. 一日白髦尾也. 从馬㶾聲.)

駓, 흰 털의 누런 말. '馬'의 뜻을 따르고, '丕'의 소리를 따른다. (黃馬白毛也. 从馬丕聲.)

驖, 붉고 검은 색의 말. '馬'의 뜻을 따르고, '䥫'의 소리를 따른다. 『詩』에서 "네 필의 驖말이 매우 크다."라고 하였다. (馬赤黑色. 从馬䥫聲.『詩』日 : "四驖孔阜.")

騂, 머리에서 붉은 색이 나는 말. '馬'의 뜻을 따르고, '岸'의 소리를 따른다. (馬頭有發赤色者. 从馬岸聲.)

馰, 흰 이마의 말. '馬'의 뜻을 따르고, '勺'의 소리를 따른다. 준마라고도 한다."(馬白頟也. 从馬, 勺聲. 一日駿也.")

馵, 뒷다리가 흰 말. '馬'의 뜻을 따른다. '二'는 다리이다. '注'와 같이 읽는다. (馬後左足白也. 从馬, 二其足. 讀若注.)

驔, 등이 누런 검은말. '馬'의 뜻을 따르고, '覃'의 소리를 따른다. (驪馬黃脊. 从馬覃聲.)

驠, 엉덩이가 흰 말. '馬'의 뜻을 따르고, '燕'의 소리를 따른다. (馬白尻也. 从馬燕聲.)

駁, 붉은 갈기의 흰 말. (馬赤鬣縞身. 从馬从文, 文亦聲.)

駮, 색이 깨끗하지 않은 말. '馬'의 뜻을 따르고, '爻'의 소리를 따른다. (馬色不純. 从馬爻聲.)

騅, 이마가 흰 말. '馬'의 뜻을 따르고, '隺'의 소리를 따른다. (馬白頟. 从馬隺聲.)

驒, 야생말. '馬'의 뜻을 따르고, '單'의 소리를 따른다. (野馬也. 从馬單聲.)

말은 고대 생활과 전쟁에서 중요한 역할을 했기 때문에 말에 대한 사람들의 평가는 매우 높았다. 『莊子·徐無鬼』에서 "내가 말을 보면 곧은 것은 밧줄과 같고, 굽은 것은 갈고리 같고, 네모난 것은 곱자와 같고, 둥그런 것은 그림쇠와 같은데, 이것이 나라의 말이다."라고 하였다. 말의 쓰임은 말을 알아보는 직업을 낳게 하였다. (文凱·文傳良 2004:2) 후에 말을 알아보는 기술이 더욱 발달하여 많은 문헌에서 말을 구체적으로 알아볼 수 있는 방법들을 기록하고 말을 알아볼 수 있는 많은 전문가가 배출되었다. 말은 그 색, 나이, 성격, 키, 속도 등에 따라 매우 세밀하게 구분되었다. 『呂氏春秋·相馬』에서 "옛날에 말을 보는 사람 중에 寒風은 입과 이를 보고, 麻朝는 뺨을 보고, 女厲는 눈을 보고, 衛忌는 털을 보고, 許鄙는 엉덩이를 보고, 投伐褐은 옆구리를 보고, 管青은 창자를 보고, 陳悲는 다리를 보고, 秦牙는 앞을 보고, 賁君은 뒤를 보았다. 이 열 사람은 천하의 제일가는 사람들이었는데, 趙나라의 王良, 秦나라의 伯樂, 九方堙 등이 특히 뛰어났다. (古之相馬者, 寒風相口齒, 麻朝相頰, 女厲相目, 衛忌相髭, 許鄙相尻, 投伐褐相胸脅, 管青相黃腸, 陳悲相股腳, 秦牙相前, 賁君相後, 凡此十人, 皆天下之良工也.)"[45]라고 하였는데, 여기서 언급하고 있는 사람들은 말의 특징에 따라 말의 골격, 속도, 체질, 인내력 등을 판단하였다.

말은 털에 대한 구분이 특히 세밀하였는데, 이에 대한 한자 25자를 분류하면 다음과 같다.

> 말 전체의 색을 묘사한 글자: 騏, 驪, 騆, 駁, 駇, 驖, 騩, 駰, 騢, 騅, 驄
> 말 부분의 색을 묘사한 글자: 駹, 驃, 駓, 驒, 馰, 驠, 驔, 騂, 騅
> 전체와 부분의 색을 같이 묘사한 글자 : 驈, 騮, 騧, 駱, 驔

위와 같이 말의 털색은 전체와 부분에 따라 매우 자세히 지칭되었는데, 전체를 지칭한 글자가 11자이고, 부분을 지칭한 글자가 9자이며, 전체와 부분을 지칭한 글자가 5자이다. 말을 감별하는 사람은 털색에 따라서 말의 우열을 판

---

45) 『呂氏春秋』는 秦나라 丞相인 呂不韋가 主編한 책으로 八覽, 六論, 十二紀 등으로 구성된 百科全書이다.

단하였다. 예를 들어 말의 왼쪽다리가 흰 말을 '馵'라고 하였다. 『爾雅』에도 말 다리 색에 관한 한자가 나오는데, 예를 들어 다리가 모두 흰 말을 '驓'이라 하고 발굽이 모두 흰 말을 '騚'이라고 했는데, 세속에서는 '踏雪馬'라고도 했다. 또한 앞다리가 전부 흰 말을 '騱'라고 하였다. 『詩經·魯頌·駉』[46]에서도 말의 털색에 관한 기록이 나오는데, 음과 같다.

駉駉牡馬	살찌고 살찐 숫말들
在坰之野	산림 밖의 들에 있네
薄言駉者	살찐 숫말들
有驈有皇	쌍창 워라말, 황부루말
有驪有黃	가라말, 절따말
以車彭彭	힘차게 수레를 끄네
思無疆	끝없이 생각하네
思馬斯臧	말을 생각함에 좋네

駉駉牡馬	살찌고 살찐 숫말들
在坰之野	산림 밖의 들에 있네
薄言駉者	살찐 숫말들
有騅有駓	청부루말, 황부루말
有騂有騏	절따말, 철총이말
以車伾伾	힘차게 수레를 끄네

46) 「駉」은 「魯頌」의 첫 번째 篇으로 魯나라 僖公의 업적을 기리고 부국강병, 종묘의 재건 등을 기원한 시이다. 「駉」은 말을 중점적으로 다뤘는데, 말에 대한 묘사를 통해 魯나라 왕인 僖公을 찬송하였다. 모두 4章으로 구성되어 있는데, 제1장은 '말의 德', 제2장은 '말의 힘', 제3장과 제4장은 '말의 정신'을 노래하였다.

思無期	끝없이 생각하네
思馬斯才	말을 생각함에 재주가 있네

駉駉牡馬	살찌고 살찐 숫말들
在坰之野	산림 밖의 들에 있네
薄言駉者	살찐 숫말들
有驒有駱	돈짝 무늬 총이말, 가리온말
有騮有雒	월다말, 갈기가 흰 검정말
以車繹繹	끝없이 수레를 끄네
思無斁	끝없이 생각하네
思馬斯作	말을 생각함에 일어나네

駉駉牡馬	살찌고 살찐 숫말들
在坰之野	산림 밖의 들에 있네
薄言駉者	살찐 숫말들
有駰有騢	은총이말, 적부루말
有驔有魚	정강이가 흰 말, 두 눈이 흰 말
以車祛祛	힘차게 수레를 끄네
思無邪	생각이 사특함이 없네
思馬斯徂	말을 생각함에 달려 가네

이상의 4단락에서는 16가지 다른 색의 말을 언급하고 있는데, 말의 색에 대해 『毛傳』에서 "검은 말이 사타구니가 흰 것을 '驈'이라 한다. 누렇고 흰 것을 '皇'이라 한다. 검은 것을 '驪'라고 한다. 누렇고 붉은 것을 '黃'이라 한다. 푸르고 흰 것을 '騅'라고 한다. 누렇고 흰 것을 '駓'라고 한다. 붉고 누런 것을 '騂'

이라 한다. 푸른 것을 '騏'라고 한다. 누렇고 검은 얼룩말을 '驒'이라 한다. 검은 갈기의 흰 것을 '駱'이라 한다. 검은 갈기의 붉은 것을 '騮'라고 한다. 흰 갈기의 검은 것을 '雒'이라 한다. 회색과 흰 것이 섞인 것을 '駰'이라 한다. 붉은 것과 흰 것이 섞인 것을 '騢'라고 한다. 흰 정강이인 것을 '驔'이라 한다. 두 눈이 흰 것을 '魚'라고 한다. (驪馬白胯曰驈, 黃白曰皇, 純黑曰驪, 黃騂曰黃, 蒼白雜毛曰騅, 黃白雜毛曰駓, 赤黃曰騂, 蒼祺曰騏, 黃驪驎曰驒, 白馬黑鬣曰駱, 赤身黑鬣曰騮, 黑身白鬣曰雒, 陰白雜毛曰駰, 彤白雜毛曰騢, 豪骭曰驔, 二目白曰魚.)"라고 하였는데, 이를 통해 말의 색깔에 대한 묘사가 흰말 혹은 검은말 등 전체적인 색에 대한 묘사뿐만 아니라 그 세심한 정도가 대단했음을 알 수 있다. 『廣韻·稕韻』에서 "駿, 우수한 말이다. 주나라 穆王은 8필의 駿馬가 있었다. (駿, 馬之俊. 周穆王有八駿.)"라고 하였는데, 『穆天子傳』의 "天子의 駿馬는 赤驥, 盜驪, 白義, 逾輪, 山子, 渠黃, 驊騮, 綠耳이다. (天子之駿 : 赤驥, 盜驪, 白義, 逾輪, 山子, 渠黃, 驊騮, 綠耳.)"[47]라는 설명에 따르면 말의 색깔에 따라 이름지었다는 것을 알 수 있다. (易思羽 2005:498)

이상에 따르면 고대에 말의 색깔이 말을 분별하는 중요한 기준이었음을 알 수 있다. 또한 이를 통해 고대인들의 심미관을 엿볼 수 있는데, 이른바 '察品色'은 바로 말의 색을 통해 말의 우열을 가늠한 것이라는 것을 알 수 있다.

(2) 말의 이름

『說文·馬部』에는 말의 특징 중에서 '驩, 驗, 䮍, 㦗, 駼, 騱' 등과 같이 말의 이름과 관련 있는 한자가 있는데, 이 글자들에 대해 구체적으로 살펴보면 다음

47) 赤驥: 붉은색의 말. 盜驪: 검정색의 말. 白義: 흰색의 말. 逾輪: 자청색의 말. 山子: 회백색의 말. 渠黃: 누런색의 말. 驊騮: 검은 갈기와 꼬리의 붉은색 말. 綠耳: 황청색의 말.

과 같다.

> 驩, 말의 이름. '馬'의 뜻을 따르고, '雚'의 소리를 따른다. (馬名. 从馬雚聲.)
>
> 驗, 말의 이름. '馬'의 뜻을 따르고, '僉'의 소리를 따른다. (馬名. 从馬僉聲.)
>
> 骴, 말의 이름. '馬'의 뜻을 따르고, '此'의 소리를 따른다. (馬名. 从馬此聲.)
>
> 髹, 말의 이름. '馬'의 뜻을 따르고, '休'의 소리를 따른다. (馬名. 从馬休聲.)
>
> 駼, 騊駼. '馬'의 뜻을 따르고, '余'의 소리를 따른다. (騊駼也. 从馬余聲.)
>
> 騱, 驒騱馬. '馬'의 뜻을 따르고, '奚'의 소리를 따른다. (驒騱馬也. 从馬奚聲.)

말의 이름과 관련된 한자가 많다는 것은 당시에 말의 종류가 많았다는 것을 뜻한다. 또한 고대인들이 말에 특수한 의미를 부여했다는 것을 증명한다. 고대인들이 가축에 이름을 부여한 것은 일종의 보편적 현상이었다. 고대인들은 아이에게 말과 관련 있는 이름을 지었는데, 이러한 습관은 다른 가축과 비교해 볼 때 사람들이 말을 중시했음을 보여준다. 특히 옛날의 문헌을 살펴보면 노예보다 말을 중시하였음을 알 수 있다. 『左傳』과 『國語』를 살펴보면 晉나라 襄公의 이름이 驩이었다는 것을 알 수 있고, 晉나라 사람 중에 輿駢, 駒伯, 荀騅 등과 같은 이름이 있었다는 것을 알 수 있다. 이러한 역사 기록을 통해 당시 사람들이 말과 관련된 이름을 짓는 것이 보편적이었다는 것을 알 수 있고, 당시 사람들이 말을 좋아했다는 것을 알 수 있다. (鐸翁 2014) 현대에는 말과 관련된 한자를 많이 쓰지 않는데, 이를 통해 사람들이 말을 중시하는 정도가 과거에 비해 많이 낮아졌음을 알 수 있다.

(3) 말의 우열

『說文·馬部』에는 말의 특징에 관련된 한자 중에 '驐, 駿, 驫, 驍, 驥, 騆,

騫, 騊, 駘' 등과 같이 말의 우열과 관련된 글자들이 있는데, 다음과 같다.

驐, 준마. '馬'의 뜻을 따르고, '敖'의 소리를 따른다. (駿馬. 从馬敖聲.)

駿, 말 중에서 우수한 것이다. '馬'의 뜻을 따르고, '夋'의 소리를 따른다. (馬之良材者. 从馬夋聲.)

騛, 빠른 말. '馬'와 '飛'의 뜻을 따른다. (馬逸足也. 从馬从飛.)

驍, 좋은 말. '馬'의 뜻을 따르고, '堯'의 소리를 따른다. (良馬也. 从馬堯聲.)

驥, 천리말. 孫陽이 감별한 것이다. '馬'의 뜻을 따르고, '冀'의 소리를 따른다. (千里馬也, 孫陽所相者. 从馬冀聲.)

驔, 말의 한쪽 눈이 흰 것을 '驔'이라고 하고, 두 눈이 흰 것을 '魚'라고 한다. '馬'의 뜻을 따르고, '閒'의 소리를 따른다. (馬一目白曰驔, 二目白曰魚. 从馬閒聲.)

騫, 말의 배를 붙잡아 맨 것이다. '馬'가 뜻을 나타내고, '寒'의 생략형이 소리를 나타낸다. (馬腹縶也. 从馬, 寒省聲.)

騊, '騊駼'로 北野의 좋은 말이다. '馬'의 뜻을 따르고, '匋'의 소리를 따른다. (騊駼, 北野之良馬. 从馬匋聲.)

駘, 말의 재갈이 벗겨진 것이다. '馬'의 뜻을 따르고, '台'의 소리를 따른다. (馬銜脫也. 从馬台聲.)

'駿, 騛, 驍, 驥, 騊'는 모두 우수한 말을 뜻하고, '驔, 騫'은 열등한 말을 뜻한다. 『海外北經』에서 "北海에 짐승이 있는데, 그 형상이 말과 같아 그 이름을 '騊駼'라고 하였다. (北海內有獸, 其狀如馬, 名曰騊駼.)"라고 하였는데, 吳任臣이 이에 대해 "'騊駼'는 북방의 우수한 말이다."라고 하였다. '驥'는 천리마인데, 『呂氏春秋·察今』에서 '驁'라고도 하였고 高誘는 "'千裏'는 말의 이름이다."라고 하였다. 『後漢書·馬援列傳』에서 "옛날에 '騏驥'가 있었는데, '千裏'라고도 하였다. 伯樂이 그것을 보고 의심치 않았다. (昔有騏驥, 一日千裏, 伯樂見之, 昭然

不惑.)"라고 하였다. 春秋時期의 伯樂의 말 감별에 관한 이야기는 모두가 알고 있다. 『戰國策·燕策』에서 伯樂의 말 감별에 대해 "와서 보고, 간 뒤에 다시 돌아보면, 하루아침에 말 가격이 10배가 되었다. (還而顧之, 去而顧之, 一旦而馬價十倍.)"라고 하였다. 『相馬經』은 伯樂이 지은 책이다. 伯樂은 일찍이 太行山에서 첫 번째 천리마를 발견했다. 당시 이 말은 소금을 지느라 지쳐 있었는데, 불쌍한 생각이 들어 옷을 벗어 덮어주었다고 한다. 唐代文學家인 韓愈는 일찍이 감탄하여 말하기를 "세상에 伯樂이 있고나서 천리마가 있게 되었다. 천리마는 항상 있지만, 伯樂은 항상 있는 것이 아니다. (世有伯樂, 而後有千裏馬, 千裏馬常在而伯樂不常有.)"라고 하였다. 이후 사람들은 "伯樂이 말을 감별한다. (伯樂相馬)"라는 말을 통해 인재를 발견하고, 추천하며 배양하는 것을 비유하였다.

『韓詩外傳』에서는 또 '駿'을 '駮'으로도 적었는데, '駮'은 전설로 전해지는 말 모양을 한 짐승으로 호랑이와 표범을 잡아먹는다고 하였다. 『管子·小間』에서 "桓公이 '駮馬'를 타고 가는데, 호랑이가 보고 감히 걷지를 못했다. (桓公乘駮馬, 虎望見而不敢行.)"라고 하였다. 이를 통해 '駿'과 '駮'이 모두 매우 용맹한 말이었음을 알 수 있다. 또한 『荀子·勸學』에서도 "騏驥라고 한번 걸어서 열 걸음을 넘지 못하고, 駑馬라도 열 번 부리면 그 공을 무시할 수 없다. (騏驥一躍, 不能十步 ; 駑馬十駕, 功在不舍.)"라고 하였다. 『東周列國志』의 제 106편에서는 "신이 들으니 '騏驥가 왕성한 때 하루에 천리를 갈 수 있지만 늙어서는 駑馬가 앞선다.'라고 하였는데, 지금 太傅를 국문하는 것은 신하가 왕성할 때만 알고 신하가 늙는 것을 모르는 것입니다. (臣聞 : '騏驥盛壯之時, 一日而馳千裏, 及其衰老, 駑馬先之.'今鞫太傅但知臣盛壯之時, 不知臣已衰老矣.)"라고 하였다. 이 말은 사람들이 어떤 일을 할 때에도 모두 항상심을 갖고 게으름을 피우지 않도록 경계하는 말이다. 여기서의 '騏驥'와 '駑馬'는 처음에 모두 말의 우열에 따라 구분한 것이었다.

西漢 이전에 말을 감별하는 기술은 단순히 전쟁의 각도에서 말의 좋고 나

뼘을 구별하였는데, 이에 따라 말을 '잘 달리는 말(善走馬)'과 '잘 달리지 못하는 말(非走馬)'로 구분하였는데, 이에 따라 '國馬', '良馬', '駑馬' 등으로 칭했다. 賈氏는 『齊民要術』에서 말의 쓰임을 체계적으로 정리하였는데, 말을 '筋馬'와 '肉馬'의 두 종류로 크게 나누어 고대 말을 감별하고 고르는 가장 기본적인 전통을 세웠다. (陳恩志 1987) 말을 감별하는 방법은 『良馬三十二相圖』에서 잘 보이는데, 이 중에 좋은 말의 몸집, 털색, 오관 등이 매우 상세하게 묘사되어 있다. 말 감별에 관한 문헌인 『寶金篇』과 『寶金歌』 역시 말의 우열과 형체특징에 대해 비교적 상세히 묘사하고 있다. (趙靜 2010)

(4) 말의 성별과 성질

『說文·馬部』에는 말의 특징 중에서 '騭, 騬, 騝, 馴, 駠'과 같이 말의 성별과 성질에 관한 글자가 있는데, 다음과 같다.

> 騭, 숫말. '馬'의 뜻을 따르고, '陟'의 소리를 따른다. '郅'과 같이 읽는다. (牡馬也. 从馬陟聲. 讀若郅.)
>
> 騬, 거세한 말. '馬'의 뜻을 따르고, '乘'의 소리를 따른다. (犗馬也. 从馬乘聲.)
>
> 騝, 말이 유순한 것. '馬'의 뜻을 따르고, '皆'의 소리를 따른다. (馬和也. 从馬皆聲.)
>
> 馴, 말이 잘 따르는 것. '馬'의 뜻을 따르고, '川'의 소리를 따른다. (馬順也. 从馬川聲.)
>
> 駠, '駠駠'으로 쓴다. 말이 노한 모양. '馬'의 뜻을 따르고, '卬'의 소리를 따른다. (駠駠, 馬怒皃. 从馬卬聲.)

『周禮·夏官』에서 "여름에 제사할 때 먼저 방목하고, 말을 나누어 거세한다. (夏祭先牧, 頒馬攻特.)"라고 하였는데, 여기서 말하는 '攻特'은 거세한 숫말을 가리킨다. 『淮南子·說林』에서 "말은 먼저 길들여야 효과를 볼 수 있다. (馬

先馴而後求良.)"라고 하였다.

말과 인간의 관계는 매우 밀접하여 말의 성별에 대한 구별은 인간에게 실질적으로 필요한 것이었다. 사육에 대한 경험이 늘어남에 따라 사람들은 가축을 거세하는 것이 유리함을 알게 되었다. (鄭君龍·李春玲 2015:27) 고대에 전쟁이 끊이질 않았는데, 이에 따라 말을 잘 듣는 말에 대한 수요가 늘어났다. 숫말의 성질은 매우 강하여 거세를 통해 야생의 성질을 없애야 말이 말을 잘 들었다. 유목민들은 번식을 위한 종말을 제외한 나머지를 모두 거세하였다. 경주마 역시 거세했는데, 이를 통해 고대인들의 말을 거세하는 기술이 일찍부터 발달했음을 알 수 있다.

(5) 말의 나이

『說文·馬部』에는 말의 특징 중에는 '駒, 馵, 馸' 등과 같이 나이와 관련된 글자들이 있는데, 구체적인 내용을 살펴보면 다음과 같다.

> 駒, 2살인 말을 '駒'라고 하고, 3살인 말을 '駣'라고 한다. '馬'의 뜻을 따르고, '句'의 소리를 따른다. (馬二歲曰駒, 三歲曰駣. 从馬句聲.)
>
> 馵, 말이 1살인 것. '馬'의 뜻을 따르고, 다리를 묶은 뜻을 나타내는'一'의 뜻을 따른다. (馬一歲也. 从馬 ; 一, 絆其足.)
>
> 馸, 말이 8살인 것. '馬'과 '八'의 뜻을 따른다. (馬八歲也. 从馬从八.)[48]

옛날에 '駒'는 磁살짜리 말'이었지만 지금은 '작은 말'의 뜻으로 쓰인다.

---

48) 『說文·馬部』의 표제자에는 '駣'자가 따로 없고, "駒, 2살의 말을 '駒'라고 하고, 3살의 말을 '駣'라고 한다. (駒, 馬二歲曰駒, 三歲曰駣.)"와 같이 '駒'자에 대한 풀이에만 보인다.

『後漢書·趙熹傳』에서 "명문가의 자식은 부지런히 노력해야 한다. (名家駒, 努力勉之.)"라고 하였는데, 여기서 말하는 '駒'는 '나이가 젊은 영웅'을 비유하는 말이다. '駒'에 '작다'의 뜻이 있어 문헌에서는 '駒齒'를 '아이의 이'를 가리킨다. (左民安 2006:100) 말은 일반적으로 8살까지 산다. 『約注』에서 "말의 나이가 가장 짧다. 8살이 되면 늙는다. 옛날 사람들은 이 때문에 8살짜리 말을 지칭하는 글자를 만들었다. (馬壽最短, 至八歲而已老. 古人爲八歲馬制專字, 義固有在矣.)"라고 하였다. 말을 감별하는 책 중에 이를 그려놓은 것이 있는데, 여기서 1살짜리부터 32살짜리 말의 이의 모양을 그려놓았다. (白振有 1991:2) 春秋시대에 말을 잘 감별했던 寒風이라는 사람은 말의 입과 이에 따라 말의 우열을 감별하였다. 『三十二歲訣』를 보면 옛날 사람들이 말의 이를 통해 나이를 알아냈다는 것을 알 수 있다. 옛날이나 지금이나 동물의 이를 통해 나이를 감별한다.

(6) 말의 키

『說文·馬部』에서 말의 특징 중에 '驕, 騋'와 같이 말의 키에 관한 글자가 있다.

> 驕, 6척인 말. '馬'의 뜻을 따르고, '喬'의 소리를 따른다. 『詩』에서 "내 말은 6척이다."라고 하였다. 일설에 따르면 야생말이라고도 한다. (馬高六尺為驕. 从馬喬聲. 『詩』曰 : "我馬唯驕." 一曰野馬.)
>
> 騋, 7척인 말. 8척의 말은 '龍'이라고 한다. '馬'의 뜻을 따르고, '來'의 소리를 따른다."(馬七尺為騋, 八尺為龍. 从馬來聲.")

『春秋公羊解詁』에서 "天子의 말을 '龍'이라고 하는데, 7척이상이다. 諸侯의 말은 6척이상이고, 卿大夫와 士의 말인 '駒'는 5척이상이다. (天子馬曰龍,

高七尺以上；諸侯曰馬, 高六尺以上；卿大夫, 士曰駒, 高五尺以上.)”라고 하였는데, ‘駒’가 ‘驕’와 같음을 알 수 있다. (王建莉 2003:4) 이를 통해 옛날에 신분에 따라 말의 키가 달랐음을 알 수 있다.

『周禮·夏官司馬第四』에서 “말이 8척이상인 것을 ‘龍’이라 하고 7척이상인 것을 ‘騋’라고 하고, 6척이상인 것을 ‘馬’라고 한다. (馬八尺以上爲龍, 七尺以上爲騋, 六尺以上爲馬.)”라고 하였는데, 鄭鍔은 禮척은 매우 큰 것이다. 다른 것과 매우 달라 번개를 쫓아갈 수 있고, 바람을 쫓아갈 수 있는 것이다. 한 번에 천리를 갈 수 있기 때문에 ‘龍’이라고 한 것이다. 7척이상인 것도 평범하지 않아 ‘馬’라고 하지 않고 ‘騋’라고 한 것인데 그 뜻이 이와 같아 키가 크고 몸집이 큰 것인데, 어찌 평범한 말이라 할 수 있겠는가? (八尺絕高矣, 出乎其類, 追奔電, 逐遺風, 一去千裏, 故以龍名之. 七尺以上亦異乎其類矣, 不謂之馬而謂之騋, 意其由種而生, 既高且大, 有所自來矣, 豈種馬之子孫乎?)”라고 하였다. 『孝經說』에는 “마방에 龍馬가 있는데, 말의 조상이다. (房爲龍馬, 是馬之祖.)”라는 말이 있다. 용은 중국의 고대문화에서 만들어낸 신성한 동물인데, 옛날 사람들은 말을 신격화하여 용과 같이 대했음을 알 수 있다. 이와 같은 생각은 “하늘에는 용이 있고 땅에는 말이 있다. (飛而在天則爲龍, 行而在地則爲馬.)”라는 말에서도 잘 드러난다.

2) 말과 관련된 형용사

『說文·馬部』에는 말과 관련된 형용사가 26자가 있는데, 말의 외모와 동작, 걸음 등에 따라 분류할 수 있다. 그 중에는 말의 외모와 동작을 나타내는 글자가 19자가 있고, 말이 많은 모양의 2자가 있으며, 말의 속도와 관련 있는 글자가 5자가 있다.

(1) 말의 외모적 특징과 동작

『說文·馬部』에는 '騽, 驈, 騺, 駊, 駜, 駫, 騯, 駃, 駊, 駔, 騊, 篤, 騤, 馺, 騃, 駾, 驙, 騺, 驚, 驤, 騀, 駒, 颿, 騖, 騁, 騂, 騺, 駭, 駫, 駐, 駗, 驧' 등과 같이 말의 외모적 특징과 동작과 관련 있는 글자들이 있는데, 구체적으로 살펴보면 다음과 같다.

騽, 정강이뼈가 긴 말. '馬'의 뜻을 따르고, '習'의 소리를 따른다. (馬豪骭也. 从馬習聲.)

驈, 털이 긴 말. '馬'의 뜻을 따르고, '執'의 소리를 따른다. (馬毛長也. 从馬執聲.)

騺, 말이 작은 모양. '馬'의 뜻을 따르고, '垂'의 소리를 따른다. '箠'로 읽힌다. (馬小皃. 从馬垂聲. 讀若箠.)

駊, 굳센 말. '馬'의 뜻을 따르고, '支'의 소리를 따른다. (馬彊也. 从馬支聲.)

駜, 말이 배불리 먹다. '馬'의 뜻을 따르고, '必'의 소리를 따른다. 『詩』에서 "배불리 먹은 말들이 있다."라고 하였다. (馬飽也. 从馬必聲. 『詩』云 : "有駜有駜.")

駫, 말이 살쪄 큰 모양. '馬'의 뜻을 따르고, '光'의 소리를 따른다. 『詩』에서 "네 마리 숫말이 살쪄있네."라고 하였다. (馬盛肥也. 从馬光聲. 『詩』曰 : "四牡駫駫.")

騯, 말이 성한 모양. '馬'의 뜻을 따르고, '旁'의 소리를 따른다. 『詩』에서 "네 마리 숫말이 왕성하네."라고 하였다. (馬盛也.从馬旁聲. 『詩』曰 : "四牡騯騯.")

駃, 말이 빨리 달리다. '馬'의 뜻을 따르고, '失'의 소리를 따른다. (馬有疾足. 从馬失聲.)

駊, 말이 머리를 흔들다. '馬'의 뜻을 따르고, '皮'의 소리를 따른다. (駊騀也. 从馬皮聲.

駔, 준마. '馬'의 뜻을 따르고, '且'의 소리를 따른다. 일설에 따르면 말이 웅크리는 것이다. (壯馬也. 从馬且聲. 一曰馬蹲駔也.)

騊, 말이 달리는 모양. '馬'의 뜻을 따르고, '舀'의 소리를 따른다. (馬行皃. 从馬舀聲.)

篤, 말이 천천히 걷다. '馬'의 뜻을 따르고, '竹'의 소리를 따른다. (馬行頓遲. 从馬竹聲.)

騤, 말이 위엄 있게 걷다. '馬'의 뜻을 따르고, '癸'의 소리를 따른다. 『詩』에서 "네 마리 숫말이 위엄 있게 걷네."라고 하였다. (馬行威儀也. 从馬癸聲. 『詩』曰 : "四牡騤騤.")

馺, 말이 서로 달리는 모양. '馬'와 '及'의 뜻을 따른다. (馬行相及也. 从馬从及.

騃, 말이 달리는 모양. '馬'의 뜻을 따르고, '矣'의 소리를 따른다. (馬行仡仡也. 从馬矣聲.)

駾, 말리 빨리 달리는 모양. '馬'의 뜻을 따르고, '兌'의 소리를 따른다. (馬行疾來皃. 从馬兌聲.)

驙, 말의 힘이 부치다. '馬'의 뜻을 따르고, '亶'의 소리를 따른다. 『易』에서 "말을 타니 힘들어 하다."라고 하였다. (駗驙也. 从馬亶聲. 『易』曰 : "乘馬驙如.")

騺, 말이 무거운 모양. '馬'의 뜻을 따르고, '執'의 소리를 따른다. (馬重皃. 从馬執聲.)

驚, 말이 놀라다. '馬'의 뜻을 따르고, '敬'의 소리를 따른다. (馬駭也. 从馬敬聲.)

驤, 말이 머리를 쳐들다. '馬'의 뜻을 따르고, '襄'의 소리를 따른다. (馬之低仰也. 从馬襄聲.

騀, 말이 머리를 흔들다. '馬'의 뜻을 따르고, '我'의 소리를 따른다. (馬搖頭也. 从馬我聲.)

駒, 말이 빨리 달리다. '馬'의 뜻을 따르고, '匃'의 소리를 따른다. (馬疾走也. 从馬匃聲.)

颿, 말이 빨리 달리다. '馬'의 뜻을 따르고, '風'의 소리를 따른다. (馬疾步也. 从馬風聲.)

騖, 질주하다. '馬'의 뜻을 따르고, '敄'의 소리를 따른다. (亂馳也. 从馬敄聲.)

騁, 똑바로 달리다. '馬'의 뜻을 따르고, '甹'의 소리를 따른다. (直馳也. 从馬甹聲.)

駻, 사나운 말. '馬'의 뜻을 따르고, '旱'의 소리를 따른다. (馬突也. 从馬旱聲.)

駒, 두 번째로 달리다. 馬'의 뜻을 따르고, '列'의 소리를 따른다. (次弟馳也. 从馬列聲.)

駭, 놀라다. '馬'의 뜻을 따르고, '亥'의 소리를 따른다. (驚也. 从馬亥聲.)

駹, 말이 달리다. '馬'의 뜻을 따르고, '亢'의 소리를 따른다. (馬奔也. 从馬亢聲.)

駐, 말이 서다. '馬'의 뜻을 따르고, '主'의 소리를 따른다. (馬立也. 从馬主聲.)

驂, 말이 무거운 짐을 지다. '馬'의 뜻을 따르고, '参'의 소리를 따른다. (馬載重難也. 从馬参聲.)

騗, 말의 등이 굽다. '馬'의 뜻을 따르고, '鞠'의 소리를 따른다. (馬曲脊也. 从馬鞠聲.)

『說文』에는 말의 특징에 관한 글자 외에도 말을 형용할 때 사용하는 글자들이 매우 많은데, 그 중에서 말의 외모와 동작과 관련된 글자가 가장 많다. 예전부터 사람들이 말을 부리는 시간이 늘어남에 따라 말의 외모적 특징과 동작에 관한 이해와 기록이 증가하였다.

처음에 말을 사냥하여 말고기를 먹다가 나중에는 말을 길러 교통수단과 전쟁, 운수, 통신 등의 수단으로 사용하면서 말은 사람들과 동고동락하며 매우 가까워져 말춤, 마구 등의 오락 활동에도 쓰였다. 『明皇雜錄』에서 "唐나라 玄宗은 일찍이 말 100필을 사용하여 말춤을 가르치게 했는데, 그 구체적 내용이 매우 오묘하였다. 말에게 수놓은 옷을 입히고, 말갈기에 장식을 하고, 온갖 보석으로 장식하였다. 음악과 술을 같이하여 몇 회를 반복하였는데, 말들이 모두 머리와 꼬리를 흔들며 음악에 맞추었다. 또 3층의 탁자를 놓고 말에 올라 탔는데, 빙빙 도는 모습이 마치 나는 것과 같았다. 장사에게 평상을 들게 하니 말이 그 위에서 춤을 추었다. 가을철마다 勤政樓 아래에서 말춤을 추게 하였다. (唐玄宗曾命人教舞馬一百匹, 無不曲盡其妙, 予馬衣以文繡, 飾其鬃毛, 間雜珠玉. 其曲謂之傾杯樂者數十回, 馬皆奮首鼓尾, 縱橫應節. 又施三層板床, 乘馬而上, 旋轉如飛. 或

命壯士擧一榻, 馬舞於榻上. 每至千秋節, 命馬舞勤政樓下.)"라고 하였는데, 이를 통해 성당시기에 말춤이 매우 성행하였음을 알 수 있다. 이러한 말춤은 이후 馬戲로 칭해지며 계속되었다. 馬戲는 말 문화의 중요부분으로 갈수록 좋아하는 사람들이 늘어났다. 이에 따라 말과 관련된 문화예술이 발달하게 되었다. 戲曲 전문가들의 조사에 따르면 중국 역사에서 말과 관련된 戲曲이 『販馬記』, 『火焰駒』, 『馬踏青苗』 등이 있었고, 인물 표현을 주로 한 것으로 『泥馬渡康王』, 『秦瓊賣馬』, 『孟良盜馬』 등이 있었다. 京劇인 『瘦馬禦史』은 清朝 乾隆年間의 監察禦史인 錢伴常이 말을 타고 탐관오리들과 투쟁한 이야기를 담고 있다. (丁鵬 2011:1) 東漢시기부터 출현한 馬球에 관한 기록은 唐과 宋을 거치며 매우 성행하게 되었는데, 역사기록에 따르면 敦煌에서는 매년 4월에 馬球 경기를 개최했다고 한다.

말은 일상생활 뿐만 아니라 전쟁과 오락에 이르기까지 사람들의 생활과 매우 밀접한 관계를 맺어왔다. 사람들은 말을 더욱 잘 부리기 위해 말의 성질을 잘 알아야 될 필요가 있었다. 다시 말하면 말의 성질과 행동을 이해하는 것은 말을 부리는 사람이 알아야 될 필수 조건이었다. 따라서 사람들은 말을 관찰하여 그에 관한 것을 기록하였다. 말은 실용성 뿐만 아니라 노래, 그림, 춤 등에 걸쳐 사람들의 정신적 애호를 받았는데, 이러한 사실은 중국의 말 문화를 형성하는데 크게 기여하였다.

(2) 말이 많은 모양

『說文·馬部』에는 '駪, 驫' 등과 같은 말이 많은 모양을 형용하는 글자들이 있는데, 다음과 같다.

> 駪, 말이 많은 모양. '馬'의 뜻을 따르고, '先'의 소리를 따른다. (馬衆多皃. 从馬先聲.)

驫, 많은 말. '馬'가 세 마리가 있는 것을 따른다. (眾馬也. 从三馬.)

『說文』에서 "驫, 많은 말. (眾馬也.)"이라고 하였는데, 이는 많은 말이 달리는 모양을 나타낸 것이다. 北周의 衛元嵩는 『元包經·孟陽』에서 "많은 말과 많은 수레를 몰면서 노래를 부르니 번개가 치고 용이 나는 것과 같았다. (駟驫驫, 輦轟轟, 詠歌奏和, 雷奮龍行.)"라고 하였다. '駪'과 '驫'는 모두 말이 많은 모양을 형용한 글자이다. 옛날에는 말이 모여 있는 모습을 보는 것이 어렵지 않았는데, 특히 전쟁이 빈번한 때 전장에서는 말이 무리지어 달리는 모습을 볼 수 있었다. 따라서 옛날 사람들이 이러한 모습을 보고 이와 같은 글자를 만든 것이다. 宋代의 劉一止는 『水村一首示友人』에서 "가을에 힘써 말들을 내달리게 하여 진을 쳤다. (秋光有盡意無盡, 萬馬奔騰山作陣.)"라고 하였는데, 시구를 통해 전장에서 수많은 말들이 내달리는 모습을 엿볼 수 있다. 하지만 지금 이 두 글자는 인명으로만 쓰이고 있다.

(3) 말이 달리는 속도

『說文·馬部』에는 '駸, 鷽, 馮, 颿, 驟' 등과 같은 말이 달리는 속도를 형용하는 글자가 있는데, 구체적으로 살펴보면 다음과 같다.

駸, 말이 빨리 달리다. '馬'의 뜻을 따르고, '侵'의 생략형이 소리를 나타낸다. 『詩』에서 "말을 빨리 몰다."라고 하였다. (駸, 馬行疾也. 从馬, 侵省聲. 『詩』曰 : "載驟駸駸.")

鷽, 말을 천천히 몰다 빨리 몰다. '馬'의 뜻을 따르고, '學'의 생략형의 소리를 따른다. (馬行徐而疾也. 从馬, 學省聲.)

馮, 말이 빨리 달리다. '馬'의 뜻을 따르고, '冫'의 소리를 따르다. (馬行疾也. 从馬

冫聲.)

䮴, 말 달리는 것이 빠르다. '馬'의 뜻을 따르고, '耴'의 소리를 따르다. (馬步疾也. 从馬耴聲.)

驟, 말이 빨리 달리다. '馬'의 뜻을 따르고, '聚'의 소리를 따르다. (馬疾步也. 从馬聚聲.)

『詩經·小雅·四牡』에는 "네 마리 숫말은 빨리 달리는데, 검은 갈기의 흰 말은 헐떡이네. (四牡騑騑, 嘽嘽駱馬.)"라고 하였고, "네 마리의 검은 갈기 흰 말에 올라, 빨리 달리네. (駕彼四駱, 載驟駸駸.)"라고 하였는데, 여기서 '騑騑', '嘽嘽', '駸駸'은 모두 말을 묘사한 형용사이다. (趙靜 2010:1) 경마와 마술운동을 옛날에는 '馳逐' 혹은 '走馬'라고 하였는데, 이는 말을 사용한 기초체육활동이었다. 春秋戰國의 시기에 경마와 마술이 이미 형성되어 경마는 이미 3000년의 역사를 갖고 있다. 『史記·孫子吳起列傳』에서 孫臏이 田忌를 도와 경마에서 승리한 이야기가 전해지는데, 이를 통해 기원전 4세기 중엽의 齊나라 威王 때부터 이미 경마가 유행했음을 알 수 있다. 이는 『鹽鐵論·授時』에서 말하는 '경마도박(博戲馳逐)'을 통해서도 알 수 있다. 漢나라의 경마는 이미 민간에서 유행했을 뿐만 아니라 궁궐안에서도 성행했다. 漢나라 武帝는 경마를 매우 중시하여 경마 경기를 자주 열었는데, 이는 출토 문물의 많은 그림과 도자기에 반영되어 있다. 魏晉南北朝 시기 역시 북방의 소수민족들에 의해 경마 경기가 발달했는데, 甘肅省의 嘉峪關에서 魏晉時期의 묘실 벽화에서도 경마도를 찾아볼 수 있다. 唐代의 경마와 마술은 특히 융성했는데, 唐太宗 李世民에서 시작하여 마술은 군사 훈련의 한 과목으로 채택되었다. 宋代의 汴梁은 마술이 매우 발달하여 마술 묘기가 매우 뛰어났는데, 孟元老의 『東京夢華錄』에서 이와 같은 사실을 기록하고 있다. (陳皴晨 2015)

『說文』에서 말하는 "駸, 말이 빨리 달리다. (駸, 馬行疾也.)", "驟, 말이 빨리 달리다. (驟, 馬疾步也.)”, “馮, 말이 빨리다. (馮, 馬行疾也.)”등은 모두 말의 속도를 묘사한 글자인데, 이러한 글자들을 통해 당시 사람들의 말을 부리는 기술이 매우 발달했음을 알 수 있고, 말의 속도를 조절할 수 있었음을 알 수 있다.

3) 말과 비슷한 동물

(1) 말과 교배한 동물

『說文·馬部』에는 ‘駃, 騠, 蠃’ 등과 같이 말과 교배한 동물이 있는데, 구체적으로 살펴보면 다음과 같다.

> 駃, 버새, 노새. ‘馬’의 뜻을 따르고, ‘夬’의 소리를 따른다. (駃, 駃騠, 馬父蠃子也. 从馬夬聲.)
>
> 騠, 버새. ‘馬’의 뜻을 따르고, ‘是’의 소리를 따른다. (駃騠也. 从馬是聲.)
>
> 蠃, 숫나귀와 암말의 교배종. ‘馬’의 뜻을 따르고, ‘㐬’의 소리를 따른다. (驢父馬母. 从馬㐬聲.)

말의 번식은 말의 우열을 결정하는 가장 중요한 과정인데, 말의 종류가 많을수록 말 문화의 내용이 풍부하게 되었다. 漢나라의 司馬相如는 『上林賦』에서 “날뛰는 야생말과 노새. (蛩蛩驒騱, 駃騠驢騾.)”라고 하였고, 『說文』에서는 “蠃, 숫나귀와 암말의 교배종. 駃, 버새, 숫말과 교배한 노새. (蠃, 驢父馬母者也. 駃, 駃騠, 馬父騾子也.)”라고 하였다. 『漢語大詞典』에서는 ‘騠’에 대해 ‘노새’라고 하여 “숫말과 암나귀를 교배해서 태어난 잡종. 외모는 나귀와 같다. 거친 사료를 잘 먹고, 적응을 잘하며 힘이 세서 잘 견딘다. 하지만 나귀만 못하다. (公

馬與母驢所生的雜種力畜. 外貌偏似驢, 耐粗飼, 適應性強, 力大而持久, 但均不及騾.)" 라고 하였다. 『玉篇·馬部』에서 "駃, 노새, 말이다. 태어난지 7일만에 어미를 뛰어넘는다. (駃, 駃騠, 馬也 ; 生七日超其母.)"라고 하였다. 이를 통해 옛날 사람들이 '駃'을 말의 일종으로 보았고, 생장속도가 매우 빠른 특징이 있음을 알고 있었다는 것을 알 수 있다. '羸'은 사람들이 흔히 말하는 '노새'를 말한다. 지금은 숫나귀와 암말에서 난 새끼를 '노새'라하고, 숫말과 암나귀에서 난 새끼를 '나귀'라고 한다.

(2) 동물 이름

『說文·馬部』에는 '駮, 驢, 騉' 등과 같이 동물 이름과 관련된 글자들이 있는데, 구체적으로 살펴보면 다음과 같다.

> 駮, 짐승. 말과 같다. 큰 어금니가 있어 호랑이와 표범을 잡아 먹는다. '馬'의 뜻을 따르고, '交'의 소리를 따른다. (獸, 如馬, 倨牙, 食虎豹. 从馬交聲.)
>
> 驢, 말과 비슷한데, 긴 귀가 있다. '馬'의 뜻을 따르고, '盧'의 소리를 따른다. (似馬, 長耳. 从馬盧聲.)
>
> 騉, 나귀. '馬'의 뜻을 따르고, '冡'의 소리를 따른다. (驢子也. 从馬冡聲.)

'駮'은 전설로 전해지는 말과 비슷한 동물로 호랑이와 표범을 잡아먹었다. '驢'는 포유동물로 말과 비슷한데, 말에 비해 작고 물건을 실을 수 있으며, 수레를 끌고 밭을 갈고 사람들을 태울 수 있었다. '騉'은 나귀를 가리킨다. 이와 같은 동물은 말과 혈연관계가 있어 말에 속한다. 나귀와 노새는 말처럼 쓰임이 많지 않지만 사람들에게 많을 도움을 줄 수 있다. 많은 지역에서 나귀를 노동력으로 사용할 뿐만 아니라 고기로 먹었는데, 말에 비해 가격이 싸기 때문이다. 敦煌의 壁畫를 보면 비단길에서 나귀와 낙타가 물건을 실어 나르는 모습을 볼 수 있다. 속어에서 “하늘에 용 고기가 있고, 땅에 나귀 고기가 있다. (天上的龍肉, 地上的驢肉)”라고 하였는데, 여기에 나귀고기를 즐겨 먹은 사람들의 풍습이 잘 반영되어 있다.

4) 말과 관련있는 동작과 사물

『說文·馬部』에는 말의 동작을 기록한 글자가 8자, 쓰임을 기록한 글자가 9자, 말과 관련된 사물이 2자가 있는데, 각각에 대해 서술하면 다음과 같다.

(1) 말의 쓰임

『說文·馬部』에는 ‘駕, 馹, 騑, 駢, 驂, 駟, 駙, 騰, 驛’ 등과 같이 말의 쓰임을 기록한 한자기 있는데, 구체적으로 살펴보면 다음과 같다.

駕, 말에 멍에를 씌운 것. ‘馬’가 뜻을 나타내고, ‘加’가 소리를 나타낸다. (馬在軛中. 从馬加聲.)

馹, 역말. ‘馬’가 뜻을 나타내고, ‘日’이 소리를 나타낸다. (驛傳也. 从馬日聲.)

騑, 곁마. ‘馬’가 뜻을 나타내고, ‘非’가 소리를 나타낸다. (驂, 旁馬. 从馬非聲.)

駢, 말 2마리에 멍에를 씌운 것. ‘馬’가 뜻을 나타내고, ‘并’이 소리를 나타낸다. (駕二馬也. 从馬并聲.)

驂, 말 3마리에 멍에를 씌운 것. ‘馬’가 뜻을 나타내고, ‘參’이 소리를 나타낸다. (駕三馬也. 从馬參聲.)

駟, 말 4마리가 모는 수레. ‘馬’가 뜻을 나타내고, ‘四’가 소리를 나타낸다. (一乘也.

从馬四聲.)

駙, 곁마. '馬'가 뜻을 나타내고, '付'가 소리를 나타낸다. (副馬也. 从馬付聲.)

騰, 전하다. '馬'가 뜻을 나타내고, '朕'이 소리를 나타낸다. 일설에 따르면 '騰'은 거세한 말이다. (傳也. 从馬朕聲. 一曰騰, 犗馬也.)

驛, 말을 두는 곳. '馬'가 뜻을 나타내고, '睪'이 소리를 나타낸다. (置騎也. 从馬睪聲.)

옛날에 전차는 대부분 말이 몰았다. 기록에 따르면 5000년 전부터 말이 수레를 몰았다고 하는데, 수레를 모는 말은 2~4필로 일정하지 않았다. 전쟁 방식은 주로 걷거나 수레를 타거나 말을 타고 하는 방식으로 이루어졌는데, 그 중에서 수레나 말을 타고 하는 전쟁은 말이 필수였다. 東漢 때의 장수인 馬援은 "말은 무장병의 근본이고 나라의 큰 쓰임이다. (馬者, 甲兵之本, 國之大用.)"라고 하였다. 병기를 사용하여 전쟁하던 때 보유한 말의 수는 군사력을 나타내는 중요한 지표가 되었다. 秦나라는 戰國七雄 중의 으뜸으로, 秦始皇의 兵馬俑에서 대량의 전차와 기병 그리고 보병이 발굴되었는데, 이는 秦나라의 군사력을 잘 보여준다. (巫其祥 2014) 한편 수레를 끄는 말의 수에 따라 신분이 달랐는데, 『逸禮·王度記』에서 "天子는 6필의 말이 몰고, 諸侯는 5필, 卿大夫는 4필, 大夫는 3필, 선비는 2필, 서인은 1필의 말이 몬다. (天子駕六馬, 諸侯駕五, 卿駕四, 大夫三, 士二, 庶人一.)"라고 하였다. 특히 황제가 모는 6필의 말은 각기 자기의 고유이름을 가지고 있었다. 『說文』에서 "駢, 2필을 말이 몰다. (駢, 駕二馬也.)"라고 하였고, 3필의 말은 '驂'이라고 하였다. 商代의 마차는 일반적으로 2필의 말이 몰았는데, 이는 속도를 높이기 위함이었다. (許進雄 1995:379) 하지만 先秦時期 마차는 일반적으로 4필이 말았기 때문에 이러한 수레를 '駟'라고 하였다. 西周의 金文과 文侯의 명령에도 4필의 말로 상을 주었다고 하였고, (陳夢佳 1988:559) 『論語』에서도 禴필의 말이 끄는 수레는 혀에 미치지 못한다. (駟不及舌.)"라고 하였는데, 4필의 말이 끄는 속도는 매우 빨랐지만, 혓바닥의 속도에 못 미침을 지적한 것이다. 이 말은 말을 할 때 신중해야 함을 경계한 말이다. "말을 한번 뱉으면, 4필의 말로도 따라잡기 어렵다. (一言既出, 駟馬難追)"라는 말도 바로 이 뜻과 같다. (王立軍 2009:1)

(2) 사람들이 말에게 하는 동작

『說文·馬部』에는 '驀, 騎, 驅, 馳, 駧, 馻, 騷, 馽' 등과 같이 사람들이 말에게 하는 동작을 나타내는 글자들이 있는데, 구체적으로 살펴보면 다음과 같다.

驀, 말을 타다. '馬'의 뜻을 따르고, '莫'의 소리를 따른다. (上馬也. 从馬莫聲.)

騎, 말을 타다. '馬'의 뜻을 따르고, '奇'의 소리를 따른다. (跨馬也. 从馬奇聲.)

驅, 말을 몰다. '馬'의 뜻을 따르고, '區'의 소리를 따른다. (馬馳也. 从馬區聲.)

馳, 질주하다. '馬'의 뜻을 따르고, '也'의 소리를 따른다. (大驅也. 从馬也聲.)

駧, 질주하다. '馬'의 뜻을 따르고, '同'의 소리를 따른다. (馳馬洞去也. 从馬同聲.)

馻, 말 꼬리를 묶다. '馬'의 뜻을 따르고, '介'의 소리를 따른다. (系馬尾也. 从馬介聲.)

騷, 어지럽히다. 일설에 따르면 '말을 긁어주다.'의 뜻이 있다. '馬'의 뜻을 따르고, '蚤'의 소리를 따른다. (擾也. 一日摩馬. 从馬蚤聲.)

馽, 말을 매다. '馬'의 뜻을 따르는데, '口'는 다리를 나타낸다. 『春秋傳』에서 '韓厥이 말을 매었다.'라고 하였다. '輒'과 같이 읽는다. (絆馬也. 从馬, 口其足. 『春秋傳』日 : "韓厥執馽前."讀若輒.)

『說文·馬部』에 있는 '驀'과 '騎'는 모두 사람들이 말을 타는 동작을 나타내고, '驅, 馳, 駧'은 사람들이 말로 하여금 빨리 질주하도록 하는 동작을 나타낸다. 옛날에 전쟁을 할 때 대부분 수레를 타고 했다. 『詩·小雅·漸漸之石』의 "武人이 수레를 타고 정벌하러 간다. (武人東征)"역시 수레를 타고 전쟁하러 가는 상황을 나타낸 것이다. (白振有 1991:3) '騎, 䮙' 등의 글자들은 옛날에 수레를 타고 전쟁하는 상황을 나타낸 것이다. 『說文』에서는 "騎, 말의 꼬리를 묶다. (系馬尾也.)"라고 하였다. 전장에서 말 꼬리가 수레에 끼이는 것을 방지하기 위해 말 꼬리를 묶은 것이다. '騎'자는 자신의 말을 보호한 것을 나타낸 것이다. 『說文』에서는 "䮙, 말을 묶다."라고 하였다. 『春秋傳』에서 "韓厥이 말을 매었다. (韓厥執馬中前.)"라고 한 것은 바로 전쟁에서 적의 말을 묶은 상황을 묘사한 것이다. (王籽酈·吳俊霖 2008:1) 수레를 모는 것은 상고시대 역참을 중심으로 전쟁하는 방식을 반영한 것으로 전쟁이 빈번하던 때에 사람들이 전쟁 속에서 모든 사물을 매우 중시했음을 알 수 있다.

(3) 말 먹이는 사람과 장소

『說文·馬部』에는 '騶, 駉' 등과 같이 말 먹이는 사람과 장소에 관한 글자가 있는데, 구체적으로 살펴보면 다음과 같다.

> 騶, 말 먹이는 사람. '馬'의 뜻을 따르고, '芻'의 소리를 따른다. (廏御也. 从馬芻聲.)
> 駉, 목장. '馬'의 뜻을 따르고, '冋'의 소리를 따른다. 『詩』에서 "목장에 있네."라고 하였다. (牧馬苑也. 从馬冋聲. 『詩』曰 : "在駉之野.")

말은 전쟁과 교통수단에서 중요한 역할을 했기 때문에 좋은 말을 키우는 것은 일반인의 재정으로는 담당할 수 있는 것이 아니었다. 그래서 漢나라 武帝때는 말 기르는 것을 권장하기 위해 한 마리 말을 기르는 것으로 3사람의 병역을 면제해 주었다. 『漢書·武帝記』에 따르면 한 마리 말을 기르는 가격이 가장 높게는 20萬錢에 달했다. (許進雄 1995:82) 이 때문에 말을 기르고 훈련시키는 것이 매우 중시되었다. 일찍이 殷代에 말 관리 제도의 기본 틀을 만들고, 周代

에 이르러 비교적 성숙한 말 관리 제도를 만들었다. 이른바 馬政이란 중국 고대에 말의 번식, 사육, 훈련, 사용, 치료 등을 체계적으로 관리하기 위해 만들어진 제도였다. 秦나라와 漢나라 때는 이미 비교적 완전한 말 관리 기구가 세워졌고, 대규모로 목장을 관리하였다. 明나라는 말을 더욱 중시하여 역대의 말 관리 제도의 장점을 통해 말 관리 제도를 더욱 보완시켰다. 이와 같이 중국에서는 역대로 말을 번식시키고, 훈련을 시키는 등 말 관리를 위한 직업과 사람들을 만들었는데, 이를 통해 말 관리 문화가 점차 형성되게 되었다.

『說文』에서 "騶, 말 먹이는 사람. (騶, 廄禦也.)"라고 하였는데, 이는 마구간에서 말을 부리는 사람을 가리킨다. 孔傳에서는 "趣馬, 말을 다루는 관리. (趣馬, 掌馬之官.)"라고 하였고, 『周禮·夏官·趣馬』에서는 "趣馬, 하급관리로 관리자 한 명이 4명을 거느린다. (趣馬, 趣養馬者也. 按趣者, 疾也. 掌疾養馬故曰騶.)"라고 하였다. 周代의 官制에 따르면 왕을 위해 말을 키우는 관리를 趣馬라고 하였다. 鄭玄의 注에서 "趣馬, 말을 키우는 사람이다. '趣'는 '질병'의 뜻이다. 병을 관리하여 말을 키웠기 때문에 '騶'라고 한 것이다. (趣馬, 趣養馬者也. 按趣者, 疾也. 掌疾養馬故曰騶.)"라고 하였다. 『周禮·夏官·校人』에서 "校人, 왕의 말을 관리하는 사람, 六馬를 구분하는 곳에 속한다. (校人, 掌王馬之政, 辨六馬之屬.)"라고 하였다.[49] 校人의 아래에 巫馬, 趣馬, 牧師, 圉師 등을 두었는데, 각기 말을 키우고 번식시키고 질병을 치료하고 신에게 제사지내는 등 구체적인 일을 담당하였다. 『說文』에서 "駉, 목장. (牧馬苑也.)"이라고 하였는데, 이에 대해 段玉裁의 注에서 "울타리를 만들어 가축을 키운 것이다. (苑所以養禽獸也.)"라고 하였고, 『景帝紀』에서 "匈奴가 上郡에 들어오면 목장의 말을 골라 주었다. (匈奴入上郡, 取苑馬.)"라고 하였다. 또 『武帝紀』에서는 "목장의 말을 풀어주다. (罷

---

49) '六馬'는 '種馬, 戎馬, 齊馬, 道馬, 田馬, 駑馬' 등을 가리킨다. '齊馬'는 의장용으로 쓰는 말이고, '道馬'는 역참에서 쓰는 말이며, '田馬'는 사냥할 때 쓰는 말이고, '駑馬'는 잡일에 쓰는 말이다.

苑馬.)"라고 하였다. 이와 같이 많은 문헌에서 목장에 관해 기록하고 있다. (陳珺寅 2010:1) 明代의 소설가인 吳承恩은 중국의 4대 명저인 『西遊記』를 지었는데, 玄奘의 弟子인 孫悟空이 일찍이 옥황상제에게 말을 기르는 일인 '弼馬溫'을 맡아 천궁에서 은하수의 말을 관리했다고 하였는데, 『西遊記』가 비록 귀신소설에 속하지만 여기서 인용하고 있는 관직은 명대에 실재했던 제도로 결코 허구가 아니다.

5) 소결

본장에서는 『說文解字·馬部』의 글자 중에서 '馬'이외의 114개의 글자에 대해 말의 특징, 말과 관련된 형용사, 말과 유사한 동물, 관련 동작 및 사물 등 4가지 큰 범주로 분류하여 중국고대사회의 말과 인간생활 관계와 문화에 대해 분석하였는데, 이를 정리하면 다음과 같다.

제2절에서 말의 특징에 대해 분석하였는데, 말의 털색, 이름, 우열, 연령, 성별, 성질, 키 등에 따라 세분할 수 있었다. 그 중에서 털색과 관련된 글자가 25자로 가장 많고, 우열과 관련된 글자가 9자, 이름과 관련된 글자가 6자, 성별과 성질에 관련된 글자가 5자, 연령과 관련된 글자가 3자, 키에 관련된 글자가 2자인 것을 확인할 수 있었다. 이러한 글자들은 분석하여 중국고대사회에서 말이 차지하는 문화적 의미와 말감별과 관련된 문화적 의미를 찾아볼 수 있었다.

제2절에서 말과 관련된 26개의 형용사를 분석하였는데, 말의 외모와 동작, 달리는 속도, 말이 많은 모양 등으로 세분할 수 있었다. 그 중에서 말의 외모적 특징과 동작을 나타내는 글자가 19자, 말이 달리는 속도를 나타낸 글자가 5자, 말이 많은 모양을 나타낸 글자가 2자가 있었다. 우리는 고대 인간들의 오락 활동에서 각양각색의 말과 관련된 활동이 있었다는 것을 살펴볼 수 있었고 말의

특징과 말을 다루는 기술이 매우 발달했음을 알 수 있었다. 옛날 사람들의 말에 대한 세밀한 관찰은 그것과 관련된 많은 한자를 출현시켰는데, 이를 통해 말의 중요성과 말을 아끼는 정서도 살펴볼 수 있었다.

제3절에서 동물의 명칭과 말과 교배한 동물을 살펴보고 그 특징과 쓰임을 알아보았다.

제4절에서 『說文·馬部』에 있는 관련 동작과 사물에 대해 분류하여 말의 동작과 관련된 글자가 8자, 말의 쓰임과 관련된 글자가 9자, 말과 관련된 사물이 2자가 있음을 살펴볼 수 있었다. 이러한 글자를 분석하여 마차를 몰고, 말을 타고, 전쟁과 말을 길들이는 문화에 대한 이해를 도모하였다.

고대사회의 발전과 진보에 따라 사물에 대한 요구와 사상이 부단히 정확해졌고, 언어의 표현 역시 영향을 받았다. 고대인들은 말과 아침저녁으로 함께하고, 말에 대해 깊은 감정을 갖게 되었는데, 이에 따라 말과 관련된 한자가 대량으로 출현하게 되었다. 『說文』의 말과 관련된 한자 114자에 대한 분석을 통해 옛날 사람들의 사유방식이 사물에 대한 추상적 이해뿐만 아니라 구체적인 특징까지 포함하고 있었음을 알 수 있었다. 고대사회의 등급에 대한 관념, 시각적 심미, 말감별, 말춤 등 각종 요소는 말 문화를 탄생시키고 발전시키는데, 중요한 영향을 미쳤다. 현대 한자 중에 말과 관련된 글자가 많이 쓰이지 않게 되었는데, 이는 시대의 변천과 문화 발전에 따른 결과이다. 문자는 문화의 매개체로 문화발전의 역사궤적과 풍부한 성과를 기록하고 있다. 본문에서 『說文·馬部』에 대한 글자 분석을 통해 고대인의 풍부한 생활모습과 말감별, 군사 등 말과 관련된 문화내용을 살펴볼 수 있었다.

| 제11장 |

『說文解字』에 수록된 곡식 관련 한자

한자는 세계에서 가장 오래된 문자 중 하나로 表意文字로서 많은 문화적 의미를 지니고 있다. 『說文』은 고대의 곡식관련 한자에 대해 체계적으로 설명하고 있는데, 고대사회생활과 농업상황의 모습을 담고 있어 중요한 연구 가치를 갖고 있다.

『說文·米部』에서 '糧'에 대해 "곡식. (穀也.)"이라고 하였는데, '糧'과 '食'은 『周禮·地官·廩人』에서 최초로 보인다. 周나라 때는 '廩人'이라는 관직을 두고 9곡을 관리하게 하였는데, 회의, 정벌, 노역 등의 일이 있을 때 양식을 관리하였다. 東漢의 鄭玄은 "길을 떠나서 먹는 것을 '糧'이라 하였는데, 건조시킨 것이다. 집에서 먹는 것은 '食'이라 했는데, 쌀을 먹었다. (行道曰糧, 為糒也 ; 止居曰食, 謂米也.)"라고 하였다. 여기서 말하는 쌀은 곡물을 가공하여 껍질을 벗겨낸 것을 말하는데, '糧食'은 곡물과 가공한 곡식을 모두 일컫는 말이다. '作物'이라는 말은 일본어에서 온 말로 중국어 문헌에서는 '禾稼'또는 '穀'라고 하였다. 『說文』에서 "穀, 온갖 곡식의 總名. (穀, 百穀之總名.)"이라고 하였는데, '百穀'이라는 말은 『詩經』과 『尚書』에서 처음 보인다. 『詩·七月』에서 "집을 짓고, 백곡을 뿌리기 시작했네. (亟其乘屋, 其始播百穀.)"라고 하였고, 『尚書·舜典』에서 "백성들이 굶주리니, 后稷이 백곡을 뿌렸다. (黎民阻饑, 汝后稷, 播時百穀.)"라고 하였다. 주나라에서 春秋戰國 시기에 농업의 발달이 따라 '五穀'과 '六穀'그리고 '九穀'의 말이 생겨났는데, 사람들이 먹는 곡물과 가공한 곡식을 가리킨다.

先秦시대의 文獻에서는 종종 '黍'와 '稷'두 글자를 같이 썼는데, 예를 들어 『國語·晉語』에서 "기장을 얻지 못하면, 풍요롭지 못할 것이다. (黍稷無成, 不能為榮)"라고 하였는데, 이 말은 春秋時期 농사에 관한 속담이다. 그리고 『小雅·甫田』에서 "지신과 조상님께 비를 빌어 우리에게 곡식을 내려주도록 하네. (以御田祖, 以祈甘雨, 以介我黍稷)"라고 하였는데, 이를 통해 옛날 사람들이 농사짓는 신에게 제사를 지내 풍년을 기원하였다는 것을 알 수 있다. 또 『小雅·楚茨』에서 "우리 기장이 잘 자라네. (我黍與與, 我稷翼翼)"라고 하여 기장이 잘 자라는 것을 묘사하였다. 이와 같이 기장은 옛날에 매우 중요한 곡식이었다. 『說文』에서 수록하고 있는 기장관련 글자를 살펴보면 '黍, 䵅, 穄, 䵝, 𩰫(秬), 秠, 稷, 齋(秶/粢), 穀, 㮚(栗), 秫, 蘪(穈), 芑, 粱' 등이 있는데, 이 글자들을 크게 '黍'와 '稷'에 속하는 글자로 나누어 살펴볼 수 있다.

1) '黍'에 속하는 글자

『說文』에는 '黍'에 속하는 글자가 '黍, 䵅, 䵝, 穄, 𩰫(秬), 秠' 등 7자가 있는데, 구체적으로 살펴보면 다음과 같다.

(1) 黍(서)

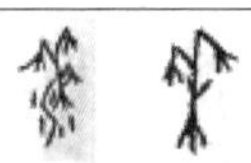 合9962 合9948	 仲𪉽父盤		黍
甲骨文	金文	小篆	楷體

'黍'는 『說文·黍部』에서 :"벼 중에서 찰진 것이다. 大暑에 심기 때문에 '黍'라고 한 것이다. '禾'의 뜻을 따르고, '雨'의 생략형이 소리를 나타낸다. 孔

子가 '기장으로 술을 만든다. 벼를 물에 담근다.'라고 하였다. (禾屬而黏者也. 以大暑而種, 故謂之黍. 从禾, 雨省聲. 孔子曰 : '黍可為酒, 禾入水也.')"라고 하였다. 游修齡은 『說文』에서 '暑'로 '黍'를 성훈한 것은 정확하지 않다고 하면서, "시장은 서북에서 자라는 농작물로 5월 중순에서 6월 상순에 씨를 심는다. 大暑는 7월 하순인데, 시간이 맞지 않는다. (黍是生長於西北的農作物, 五月中旬至六月上旬播種, 大暑為七月下旬, 時間不符.)"(游修齡 1984:277-288) 라고 하였다. 농업과학으로 볼 때, 游修齡 선생의 설명은 정확한 것이라고 할 수 있다. '黍'의 甲骨文에 대해 于省吾(2010[2012] : 242—243)가 "'黍'는 지금 '黍子' 혹은 '穈子'라고 한다. 껍질을 벗겨낸 것을 '大黃米'라고 한다. 甲骨文의 '黍'자는 '、、、、' 등이 있다. 이삭이 있는 부분이 1~3개 교차되어 늘어져 있다. 또 '水' 편방이 있는 것도 있고, 몇 개의 점으로 '水'를 대체한 것도 있다. 羅振玉은 '기장은 퍼진 이삭으로 되어 있는데, 벼는 다르다. 이 때문에 , 등과 같이 상형한 것이다.'라고 하였다. (黍今稱黍子, 或稱穈子, 去皮稱大黃米. 甲骨文黍字作、、、、等形, 穗部作一個或二, 三個三叉斜垂, 又多从水旁, 也有以數點代水者. 羅振玉 : '黍為散穗, 與稻不同, 故作、以象之. ')"라고 하였고, 徐中舒(1988:790)는 "''를 따르고, ''를 따른다. ''는 이삭이 퍼진 기장을 상형한 것이다. 혹은 ''를 따르지 않고, 몇 개의 작은 점으로 물방울을 나타낸 것도 있는데, 같은 것이다. (从从, 象散穗之黍, 或不从, 作數小點以表水點同.)"라고 하였다. 陳初生(1987:720)은 '黍'字의 甲骨文과 金文이 비슷한 관계라고 풀이하였는데, "'黍'字의 甲骨文은 '、、、、、' 등이 있는데, 기장의 이삭이 퍼진 모양을 상형한 것이다. 혹은 '水'를 따르기도 하고, '水'와 '禾'를 따르기도 한다. 金文은 이 자형과 같다. (黍字甲骨文作、、、、、等形, 象黍子散穗之狀. 或增从水. 或从水从禾, 金文與此構形相同.)"라고 하였다. 이것으로 볼 때 象形字인 '黍'자가 자형면에서 볼 때 甲骨文에서 金文까지의 변화가 크지 않음을 알 수 있다.

'黍'가 무엇인지에 대해 다음과 같은 몇 가지 이견이 있다. 첫째, '黍子'이라 불리는 일년생 초본식물로 익힌 뒤 점성이 있어 양조하고 떡을 만들 수 있는 것이다. 둘째, '糜稷'에 속하는 초본식물이다. 셋째, '黍子'을 줄여 부른 것이다. 예를 들어 『論語·微子』에서 "묵게 하여 닭을 잡아 기장과 같이 음식을 대접하였다. (止子路宿, 殺雞為黍而食之.)"라고 하였는데, 기장과 닭으로 子路를 대접한 것으로 春秋시대에 기장이 손님을 대접하는 좋은 곡식이었음을 알 수 있다. 필자는 위의 첫 번째 의견에 동의하는데, 甲骨文의 '黍'가 아랫부분이 뿌리이고 윗부분이 퍼져 아래로 이삭을 늘어뜨리고 있는 기장의 모양을 하고 있기 때문이다.

기장은 商周시기 사람들이 중시했던 곡물로 '오곡의 으뜸'으로 일컬어졌는데, 특히 商代의 주요 양식으로 가뭄에 비교적 강한 작물이었다. (許進雄 1995:102) 上古시기 유목생활을 하다가 점차 정착해 살게 되면서 황무지를 개간하여 농사짓는 것은 사람들에게 중요한 일이 되었다. 새로 개간한 땅은 비옥하지 않기 때문에 가장 먼저 심게 된 것이 가뭄에 강한 기장이었다. 기장은 맛이 좋았지만 생산량이 많지 않아 일반적으로 귀족들이 주로 먹었다. 사람들이 기장을 심도록 권장하기 위해 商王이 직접 경작하기도 했는데, 이러한 사실은 甲骨文에 잘 나타나 있다. 예를 들어 "高祖乙이 기장을 경작했다. (登黍高祖乙.)"(粹166)라고 하였고, "婦姘이 기장을 경작하여 수확했다. (貞婦姘黍受年.)"(續四·二五·三)라고 하였다. 甲骨文에는 商王인 武丁의 왕비가 기장을 경작한 사실이 많이 보인다. 婦姘은 정벌, 제사, 공납은 물론 농사도 잘 했는데, 특히 기장을 잘 경작했다. 婦姘의 탁월한 공헌으로 그녀가 죽은 뒤 그 아들인 子弓은 婦姘을 위해 '司母戊大方鼎'을 주조하여 제사하였다.

옛날 사람들이 기장을 중시했던 이유는 양조할 수 있는 것과도 관련이 있다. 기장은 껍질을 벗겨 찌면 누렇게 되는데, 양조한 술의 향기가 매우 좋아 제사지내는 술로 으뜸이었다. 사람들은 기장으로 만든 술의 향기가 사람들의 마음을 진실하게 만들고 신을 감동시켜 복을 가져다준다고 믿었다. 예를 들어 기장으로 만든 술로 제사를 지내는 甲骨文을 살펴보면 "辛未년에 점을 쳤는데, '기장을 수확함에 충분한 비가 내려, 왕이 마실 수 있나요?'라고 물었고, '기장을 수확하여 충분한 술이 있어 마실 수 있나요?'라고 물었다. (辛未卜古貞:黍年有足雨, 王飮無它?""貞:黍年有足酒, 飮無它?)"라고 한 것을 알 수 있다.

(2) 䵗 (䵗)(비)

기장은 사람들이 경작하기 전엔 야생 식물이었다. (何紅中 2014:16) 『說文·黍部』에서 '䵗'에 대해 "기장에 속한다. '黍'의 뜻을 따르고, '卑'의 소리를 따른다. (黍屬. 从黍, 卑聲.)"라고 하였는데, 단옥재는 이에 대해 "벼에 '稗'가 있는데, 기장의 '䵗'와 같다. '別'로 '屬'을 말한 것이고, '屬'으로 '別'을 보인 것이다. '䵗'는 기장에 속하고, '稗'는 벼에 속한다. (禾之別為稗, 黍之屬為䵗, 言'別'而'屬'見, 言'屬'而'別'亦見. 䵗之於黍, 猶稗之於禾也.)"라고 하여 '稗'와 '䵗'는 같은 성질의 식물로 모두 야생식물이라고 하였다. 『漢語大字典』에서도 "야생기장의 한 종류이다. (一種野生黍.)"라고 하였다.

'䵗'는 '卑'를 따르는데, 『說文』의 풀이에 따르면 '卑'는 '천하다'의 뜻이 있다. 이것으로 볼 때, 야생 기장인 '䵗'의 질이 '黍'에 못 미쳤음을 알 수 있다.

중국에서 기장을 재배한 역사는 매우 오래 되어 지금부터 7000년 전의 甘肅省 秦安大地灣과 陜西省 臨潼縣 姜寨 등지의 신석지 유적지에서 기장의 碳化物이 발견되었다. 그리고 中國의 華北과 西北 등지의 기장 재배지에서 야생 '穈子'가 광범위하게 발견되었는데, 이것은 기장과 같이 자라는 잡초로 옛날에 이것을 '䵗'라고 하였다. (魏仰浩 1986:250) 야생기장은 가시가 길고 잎이 작아 낟알이 쉽게 떨어졌는데, 땅에 떨어진 낟알이 반복해서 계속 자랐다. 필자가 생각할 때 사람들이 이러한 곡식은 향이 좋고 맛도 좋을 뿐만 아니라 술도 빚을 수 있어 대량으로 채집하여 재배하기 시작했을 것으로 보인다.

(3) 𪎭()(마)

'𪎭'는 기장의 한 종류이다. 『說文·黍部』에서 "𪎭, 검은 기장. '黍'의 뜻을 따르고, '麻'의 소리를 따른다. (穄也. 从黍, 麻聲.)"라고 하였다. 『玉篇·黍部』에서 "𪎭, 검은 기장. (穄也.)"이라고 하였고, 『廣韻·支韻』에서 "𪎭, 검은 기장의 다른 이름. (穄別名.)"이라고 하였다. 『漢語大字典』에서 "'穈子'는 검은 기장이다. (穈子, 即"穄子")"라고 하였다.

이상으로 볼 때 '𪎭'는 기장의 한 변종이며 검은 기장의 다른 이름이라는 것을 알 수 있다.

(4) 穄()(제)

『說文·禾部』에서 '穄'에 대해 "메기장. '禾'의 뜻을 따르고, '祭'의 소리를 따른다. (𪎭也. 从禾, 祭聲.)"라고 하였다. 『呂氏春秋』에서 "밥 중에서 좋은 것은 玄山의 벼, 不周의 조, 陽山의 검은 기장, 南海의 찰기장이다. (飯之美者, 玄山之禾, 不周之粟, 陽山之穄, 南海之秬.)"라고 하였는데, 高誘가 이에 대해 "기장을 關西에서는 '穈'라고 하고, 冀州에서는 '𪎭'라고 한다. (穄, 關西謂之穈, 冀州謂之𪎭.)"라고 풀이하였다. 唐代의 玄應은 『一切經音義』에서 "'穄'는 기장이다. 기장과 비슷하지만 찰지지 않는다. 關西에서는 '穈'라고 한다. (穄, 穈也. 似黍而不黏者, 關西謂之穈.)"라고 하였다. 『漢語大字典』에서 "'穄'는 기장이다. 양식으로 쓰이는 작물의 한 종류로 '穈子'라고도 한다. 기장과 비슷하지만 찰지지 않는다. (穄, 穄子, 一種糧食作物, 也叫穈子, 跟黍子相似, 但不粘.)"라고 하였다. 이상을 종합해 보면 '穈'와 '𪎭'는 '穄'의 방언이라고 볼 수 있어 실제로는 같은 곡물이라고 할 수 있다. 지금은 간화하여 '糜'라고 쓴다.

『說文』을 볼 때, 漢代에 이미 기장을 뜻하는 글자가 분화되었음을 알 수 있다. '穈'와 '穄'는 互訓했는데, 一年生草本植物로 점성이 없는 기장을 뜻했다. 方言에서는 '糜子'로 칭했는데, 현재 중국의 북방지역에서 아직도 이렇게 부르고 있다. '糜'는 경작면적이 넓지 않은 작물인데, 중국의 包頭, 東勝, 楡林 그리고 延安 일대의 서북지역이 기장의 주요 재배지역이다. '糜'는 가뭄을 잘 견디고 생산량이 높은 특징이 있어 기근지역의 중요작물이다. '糜'와 '黍'의 줄기 형태는 매우 유사하여 구별하기 어려운데, 이 때문에 사람들이 종종 혼동하였다. 기장은 머리가 기장쌀보다 크고, 쌀보다 작다. 기장은 점성이 없는데 반해 기장쌀은 점성이 있고 기장은 기장쌀에 비해 딱딱하기 때문에 기장을 '黃米'라고도 부른다. 기장쌀은 '軟黃米' 혹은 '軟米'라고도 한다.

기장은 종합적인 영양 가치가 높아 인체의 건강에 효과가 있다. 옛날 사람들은 음식을 약과 같은 효과가 있다고 생각했는데, 『本草綱目』과 『黃帝內經』에서 모두 기장의 효능에 대해 말하였다. 예를 들어 『黃帝內經·素問篇』에서 "五穀, 五果, 五畜, 五菜로 신체를 보충해야한다. (五穀為養, 五果為腹, 五畜為助, 五菜為充)"라고 하였는데, 보양식품으로 곡식을 중시했고, 그 중에서도 특히 기장의 효능을 으뜸으로 여겼다. 기장은 '蒙古米'라고도 했는데, 기록에 따르면 징기스칸이 정벌하러 갈 때 기장을 군량으로 써 병사들이 힘이 넘쳐 용맹하게 싸웠다고 한다. 지금도 중국의 북방 몽고족은 기장을 볶아 먹는다. 기장은 찌거나 볶거나 갈아 먹는 등 다양한 방법으로 먹을 수 있는데, 요플레나 설탕 등을 더해 먹으면 입이 개운하여 배고픔과 갈증을 해소할 수 있어 유목민족들이 매우 즐겨먹는 식품이다. 중국의 중앙방송국에서 만든 다큐멘터리인 '舌尖上的中國'에서 일찍이 陝西 북부의 기장가공품인 '黃米饃饃'를 소개하였는데, '黃米饃饃'는 陝北 清澗 하류지역 사람들이 설을 보낼 때 차와 같이 꼭 먹는 음식 중 하나이다. 설날에 가루로 만든 기장을 깨끗한 물에 하룻밤 담가 놨다가 기장쌀과 섞어 효소를 넣은 후 이불 속에 하룻밤 발효시켜 쪄 먹었는데, 이 과정은 온 가족을 화목하게 해 주었다.

(5) 𩰪(秬)(거)

	 彔伯冬戈簋　蓋曶壺蓋　毛公鼎		𩰪 秬
甲骨文	金文	小篆	楷體

『說文·鬯部』에서 "𩰪, 검은 기장. 하나의 껍질에 알맹이가 두 개가 익는 것이다. '鬯'의 뜻을 따르고, '矩'의 소리를 따른다. '𩰪'는 '禾'를 따르기도 한다. (𩰪, 黑黍也. 一稃二米以釀也. 从鬯, 矩聲. 𩰪或从禾.)"라고 하였다. 『漢語大字典』에서는 "秬, 검은 기장. '𩰪'로도 적는다. (秬, 黑黍. 也作 '𩰪'.)"라고 하였다. 이를 통해 𩰪(秬)가 알맹이가 희고, 껍질이 검은 기장이라는 것을 알 수 있다.

'𩰪'의 金文 자형은 다양한 형태를 띠는데, 陳初生(1987 : 566)은 그 변천 원인에 대해 "'𩰪'字의 金文은 '鬯'의 뜻을 따르고, '□'의 소리를 따르는데, 때에 따라 '鬯'의 뜻을 따르고, '巨'의 소리를 따르기도 한다. '□'는 때에 따라 '夫'로 생략해 적기도 한다. 小篆의 聲旁이 변해 '矩'로 쓰기도 하는데, 郭沫若이 '"□"는 金文의 "矩"이다. "□"로 적기도 한다. "矢"를 따르는 것은 후에 譌變된 것이다.'라고 하였다. [古文의 '夫'는 '□'로 적고 '矢'는 '□'로 적는데, 혼동하기 쉽다.] (𩰪字金文从鬯□聲, 或从鬯巨聲, □或省作夫. 小篆聲旁變作矩. 郭沫若曰 : '□, 金文矩, 又或作□, 从矢乃後來之譌變.[古文夫作□, 矢作□, 最易混淆])" 라고 하였다. 戴家祥(1995 : 5379)은 이에 대해 "金文의 '𩰪'는 '□'로 적는데, '鬯'의 뜻을 따르고, '□'의 소리를 따른다. '夫'와 '巨'는 韻이 같다. 이 때문에 '□'로도 적는다. '鬯'의 뜻을 따르고, '夫'의 소리를 따른다. '□'로 적기도 한다. '鬯'의 뜻을 따르고, '巨'의 소리를 따른다. 銘文에 '□, □, □' 등의 자형도 있다. 古籍에서는 '秬'로 적는다. (金文𩰪作□, 从鬯□聲, 夫巨韻同, 故又作□, 从

鬯, 夫聲. 或作[illegible], 从鬯, 巨聲. 銘文[illegible] 古籍中作秬.)"라고 하여 보충하여 설명하였다. 經典과 文獻에서 '𪊨'를 '秬'로 많이 적는데, 예를 들어 『左傳·昭公四年』에서 "검은 기장으로 겨울을 난다. (黑牡秬黍, 以享司寒.)"라고 하였고, 『楚辭·天問』에서 "기장 씨를 뿌려 재배하다. (咸播秬黍, 莆雚是營.)"라고 하였으며, 『爾雅·釋草』에서 "秬, 검은 기장. (秬, 黑黍.)"이라고 하였다.

秬黍는 옛날의 도량형 단위로도 쓰였다. "羊頭山의 기장으로 黃鐘을 정한다. (羊頭山黍定黃鐘)"라는 말이 있는데, 역사기록에 따르면 中國 古代의 도량형은 羊頭山 부근(지금의 山西省 長治沁縣)에서 생산되는 秬黍의 씨를 표준으로 삼았다고 한다. 이와 같은 사실은 『漢書』에도 전하고 비교적 상세한 기록은 『舊唐書·食貨上』에서 말한 "도량형의 제도는 다음과 같다. 度는 북방 中等 秬黍의 폭을 分으로 하고, 十分을 寸으로 하며, 十寸을 尺으로 하고, 十尺을 丈으로 한다. 量은 中等 秬黍 一千二百 용량을 龠으로 하고, 二龠을 合으로 하고, 十合을 升으로 하고, 十升을 鬥로 하고, 三升을 大升으로 하고, 三鬥를 大斗로 하고, 十大斗를 斛으로 한다. 權衡은 中等 秬黍의 百黍의 무게를 銖로 하고, 二十四銖를 兩으로 하고, 三兩을 大兩으로 하고, 十六兩을 斤으로 한다. (凡權衡度量之製 : 度, 以北方秬黍中者一黍之廣為分, 十分為寸, 十寸為尺, 十尺為丈. 量, 以秬黍中者容一千二百為龠, 二龠為合, 十合為升, 十升為鬥 ; 三升為大升, 三鬥為大斗, 十大斗為斛. 權衡 : 以秬黍中者百黍之重為銖, 二十四銖為兩, 三兩為大兩, 十六兩為斤.)"에서 보이는데, 이를 통해 中等 낟알의 羊頭山 검은 기장이 가장 작은 단위로써 길이의 표준 뿐 아니라 용량, 중량의 표준으로 사용되었음을 알 수 있다. 기장을 기준으로 한 중국의 度量衡 제도는 상품교환과 사회유지 그리고 통치수단을 공고화시키는데 중요한 역할을 하는데, 이 점에서 기장이 갖는 사회 문화적 의미가 남다르다고 할 수 있다.

한편 기장은 일정한 약효도 지녔는데, 淸나라 사람인 汪紱이 편찬한 『醫林纂要』에는 '秬黍湯'이라는 한약이 기록되어 있고, 그 구체적 효능에 대해 "기장은 껍질 채 볶아 물을 넣어 탕으로 끓이면 가래와 체한 것 그리고 한기에 효과가 있다. (秬黍連殼炒製后加水製成湯, 對霍亂吐瀉, 腹中有積食, 寒氣者有效.)"라고 하였다.

(6) 秠()(비)

『說文·禾部』에서 "秠, 한 껍질 안에 두 알이 들어 있는 것. '禾'의 뜻을 따르고, '丕'의 소리를 따른다. (秠, 一稃二米. 从禾, 丕聲.)"라고 하였다. 『詩·大雅·生名』에서 "좋은 곡식 종자를 내려주니, 검은 기장과 검은 기장이다. (誕降嘉種, 維秬維秠.)"라고 하였는데, 孔穎達의 注釋에서 "'秬'는 검은 기장의 큰 이름이고, '秠'는 검은 기장 중 두 알이 있는 것으로 이름을 구별하여 '秠'라고 한 것이다. (秬, 是黑黍之大名. 秠, 是黑黍之中有二米者, 別名之為秠.)"라고 풀이하였다. 『漢語大字典』에서도 "검은 기장 중 한 껍질에 두 알이 있는 것이다. (黑黍之一殼二米者.)"라고 하였다. 이상으로 볼 때 '秠'는 검은 기장 중 한 껍질에 두 알이 있는 품종임을 알 수 있다.

검은 기장의 형태에 대해 明朝 萬曆年間의 科學家인 朱載堉이 그의 저서인 『律學新說』에서 "이삭의 모양은 검은 기장과 비슷한데, 각 껍질마다 두 알이 나란히 있어 껍질이 벌어져도 떨어지지 않는다. 이 기장은 길이가 비교적 길고, 둥근 것은 광택이 칠기와 같아 매우 보기가 좋다. (穗狀似黑黍, 一一胞中皆含二粒, 兩兩相并, 露而不落. 此黍頗長, 亦有圓者, 光澤如漆, 甚可愛也.)"라고 하였는데, 검은 기장의 한 껍질에 두 알이 있는 특징으로 '鴛鴦黍'라는 별명까지 생겼다. 또 山西의 上黨 지역에서 방언으로 '黑格棂黍'라고도 하였는데, 이것 역시 검은 기장의 한 품종으로 볼 수 있다.

위의 기장에 관한 글자를 종합해 보면 '黍'는 統稱으로 禾本科 기장에 속하는 一年生 草本植物이며 찰진 것과 찰지지 않은 구별이 있어 '黏黍'로 따로 부른다는 것을 알 수 있다. 그리고 '䵃'는 야생 기장이고, '䵝'와 '穄'는 같은 것으로 '穈子'라고도 불렸으며, '[illegible]'는 찰지지 않은 검은 기장이고, '秠'는 검은 기장 중에서 한 껍질에 두 개의 알이 들어 있는 품종이라는 것을 알 수 있다.

2) '稷'에 속하는 글자

『說文』에는 '稷, 䶋(秶/粢), 𥻆(粟), 禾, 穀, 秫, 虋(穈), 芑, 粱' 등과 같이 '稷'에 속하는 13자가 있는데, 구체적으로 살펴보면 다음과 같다.

(1) 稷(직)

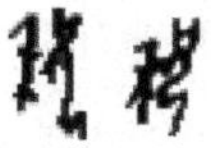 遺一　前二·三二·五	 中山王鼎·		稷
甲骨文	金文	小篆	楷體

'稷'은 일찍이 '五穀의 으뜸'으로 불리며, 옛날부터 중요한 양식작물이었다. 『說文·禾部』에서는 '稷'에 대해 "제사에 쓰이는 곡물로 오곡의 으뜸이다. '禾'의 뜻을 따르고, '畟'의 소리를 따른다. '[illegible]'은 古文으로 '稷'의 생략형이다. (䶋也. 五穀之長, 从禾, 畟聲. [illegible], 古文稷省.)"라고 하였다.

徐中舒(1988:779)는 '稷'의 甲骨文에 대해 "'禾'를 따르고, '[illegible]'를 따르는데, '[illegible]'는 '[illegible](祝)'字가 따르는 것으로 나중에 '[illegible]'로 되었다. 이 때문에 『說文』에서 '稷'의 古文을 '[illegible]'으로 적었다. (从禾从[illegible], [illegible]為[illegible](祝)字所从, 後為[illegible], 故『說文』稷之古文作[illegible].)"라고 하여 '稷'과 古文의 연관성에 대해 설명하였다. 于省吾(2010[2012]:244)는 "甲骨文의 '稷'자는 '䶋'로 적는데 '좁쌀'의 고유명사이다. (甲骨文的稷字作䶋, 是穀子(小米)的專名.)"라고 하였다.

예전부터 지금까지 '稷'이 어떤 것인가에 대해 학자들의 의견이 줄곧 분분하였는데, 다음의 몇 가지로 나누어 볼 수 있다. 첫째, 좁은 의미의 '벼'로 '조'를 가리킨다. 이것은 漢代부터 줄곧 이어져 온 학설이다. 예를 들어 『爾雅·釋草』에서 "'粢'은 '稷'이다. (粢, 稷.)"라고 하였는데, 三國시대의 魏나라 사람 孫炎이 "'稷'은 '조'이다. (稷, 粟也.)"라고 하였다. 邵晉涵의 正義에서는 "옛 사람들이 '稷'에 대해 의견이 분분했는데, 지금 살펴보면 北方의 '조'라고 생각된다. 北方에서는 '稷'을 '穀子'라고 했고, 그 낟알을 '小米'라고 했다. (前人釋稷多異說, 以今驗之, 即北方之粟米也. 北方呼稷為穀子, 其米為小米.)"라고 하였다. 둘째, 기장의 하나로 본 것으로 찰지지 않은 기장을 가리킨다. 이 학설은 南朝 때 陶弘景이 "기장 역시 알지 못한다. 『書』에서 '黍稷'이라고 했는데, '稷'은 기장과 비슷한 것이라고 생각된다. (稷米亦不識, 『書』 多雲黍稷, 稷恐與黍相似.)"라고 하면서 시작되었다. 明代 李時珍의 『本草綱目』에서도 이와 같은 견해를 나타냈는데, "'稷'과 '黍'는 비슷한 두 품종이다. 찰진 것이 '黍'이고 찰지지 않은 것이 '稷'이다. '稷'은 밥으로 해 먹을 수 있고, '黍'는 술을 빚을 수 있다. 이는 벼에 '메벼'와 '찰벼'가 있는 것과 같은 것이다. 지금은 '黍子'라고 부르면서 '稷'이라 부르지 않게 되었다."라고 하여 비교적 명확히 설명하였다. 셋째, '高粱'을 가리키는데, 이 학설은 지지하는 사람이 많지 않아 생략하고자 한다.

필자는 '稷'을 '조'의 뜻을 지닌 '粟'으로 보는데, 그 뜻을 자형을 통해 찾아볼 수 있다. '稷'의 甲骨 初文은 '禾'와 '[illegible]'의 뜻을 따르는데, '禾'는 '이삭이 아래로 늘어진 조'를 상형한 형태이다. '[illegible]'는 '兄'字인데, '[illegible]'를 甲骨文으로 하는 '祝'에서도 그 자형을 볼 수 있다. 『說文·示部』에서 "祝, 제사를 주관하는 사람의 감탄사. (祝, 祭主贊詞者.)"라고 하였는데, 이를 통해 볼 때 '[illegible]'이 무당과 같은 사람이 벼를 향해 제사를 지내며 축원하는 모양이라는 것을 알 수 있다. (張坤 2006:20) 벼가 上古時代의 중요한 양식작물이라는 점에서 사람들이 제사를 지내는 대상이 될 수 있는데, 이 때문에 '稷'의 본래 의미를 벼를 향해 제사 지내는 모습이었다는 것을 알 수 있다. 그 후 벼의 다른 이름으로 '벼'를 지칭한 것이다. “‘稷’는 ‘禾’와 같고 ‘粟’의 옛날 이름인데, 漢나라 이전에 많이 썼다.”는 설과 (陳有清 2000:93-94) “‘稷’은 商周時期의 ‘조’의 別稱이었다.”는 설, (何紅中·趙博 2010:12) 그리고 “‘稷’은 周나라 사람들이 발전한 이후에 생겨난 곡물 명칭으로 周나라 사람들이 일상적으로 먹던 것이다. ‘黍’는 ‘稷’에 비해 알이 약간 크지만 많은 사람들은 구별하지 못했는데, 이 때문에 ‘小米’라고 한 것이다.”는 설은 (許進雄 1995:102) 모두 ‘稷’이 ‘粟’라는 것에 동의한다.

‘稷’의 생산량이 높아짐에 따라 종종 제사에 사용되었는데, 이를 통해 周나라 사람들이 중시한 곡물이라는 것을 알 수 있다. 사람들은 ‘稷’을 농업관리의 이름으로 사용하였는데, 神農氏의 아들인 ‘柱’역시 그 공이 높아 ‘稷’이라 칭했다. 옛날 사람들은 그를 곡식의 신으로 삼아 종종 그에게 제사를 지냈다. 옛날 사람들은 토지와 양식을 나라를 세우는 근본으로 삼아 ‘社’를 토지신으로, ‘稷’을 곡식신으로 삼았고, 두 단어를 같이 말하여 국가의 의미를 나타내었다.

(2) 𪗋(粢/秶)(자)

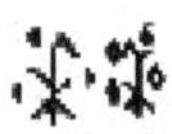	 田爵		𪗋 粢 秶
甲骨文	金文	小篆	楷體

『說文』에서는 ‘稷’과 ‘𪗋’를 互訓하고 있는데, 이것으로 볼 때 두 글자가 나타내는 사물이 같은 것임을 알 수 있다. 『說文·禾部』에서 “𪗋, 기장. 秶, ‘𪗋’의 或體로 ‘次’를 따른다. (𪗋, 稷也. 秶, 𪗋或从次.)”라고 하였는데, 『說文解字注』에서 “지금의 經典에서는 ‘秶’를 ‘米’를 따르는 것으로 하여 ‘粢’로 쓰는데, ‘餈’의 或字로 잘못 가차한 것이다. (今日經典 ‘秶’ 盛皆从米作粢, 則又粉餈之或字而誤假之.)”라고 하여 ‘秶’를 ‘粢’로 쓴 이유에 대해 설명하였다. 『集韻·脂韻』에서도 “𪗋, ‘粢’로도 쓴다. (𪗋, 或作粢.)”라고 하였다.

于省吾(2010[2012] : 244—246)는 ‘𪗋’의 甲骨文을 풀이하면서 “‘稷’字의 初

文과 같다. 지금은 '穀子'라고 칭하는데, 껍질을 벗겨 조를 만든다. (即稷字的初文, 今稱穀子, 去皮為小米.)"라고 하였다. 그는 '𪗉'의 甲骨文 字形의 3가지 변화에 대해 "제1기에서 3기까지의 甲骨文에 보이는 '𪗉'자는 모두 '禾'와 3개의 점을 따르는데, '', '', '' 등으로 쓴다. 간혹 4개에서 6개의 점으로 적기도 하여 '', '', '' 등과 같이 적는다. 제3기부터 시작하여 점은 두 개의 꺾은선으로 바뀌어 '', '' 등과 같이 적는다. (第一至三期甲骨文中的𪗉字均从禾从三點, 作, , 等形. 間或有从四至六點者, 如, , 等形. 从第三期開始, 點變為雙鉤, 作, 形)"라고 하여 상세히 풀이하고, "이상에서 예를 든 '', '' 등과 같은 자형들은 비록 각기 변화가 있지만 모두 '禾'와 '齊'를 따르는 '𪗉'의 初文이다. 지금 甲骨文을 살펴보면 '𪗉'는 原始字이고, '稷', '[illegible]', '秶' 등은 이후 생긴 異體字임을 알 수 있다. (以上所列諸形, 雖然各有變化, 而都是从禾从齊, 即𪗉之初文. 今考之於甲骨文, 則𪗉是原始字, 而稷, [illegible], 秶等則是後起的異體字)"라고 하여 결론을 내렸는데, 이로 볼 때 '𪗉'가 '稷'의 初文이고 '秶' 혹은 '粢'는 '稷'의 別稱임을 알 수 있다.

'秶'는 '稷'을 가리키는 말로 宗廟祭祀만을 놓고 봤을 때 '黍'를 포함하기도 한다."(李艷 2006:100) 中國의 古代 祭祀에서는 '粢盛'을 강조했는데, 古典文獻에서 이 말이 여러 번 나온다. 여기서 '粢'는 고대 제기 그릇에 담는 곡식을 포괄적으로 지칭하는 말이다. 『公羊傳·桓公十四年』에서 "왕실의 곳간에 무엇이 있는가? 곡식을 보관하고 있다. (御廩者何？粢盛委之所藏也.)"라고 하였는데, 何休가 이에 대해 "'黍'와 '稷'을 '粢'라고 하였는데, 그릇에 담긴 것을 '盛'이라고 하였다. (黍稷曰粢, 在器曰盛.)"라고 풀이하였다. 옛날 사람들은 제사를 지낼 때 곡식의 청결함을 매우 중시했는데, 곡식을 깨끗하게 하여 그릇에 풍성하게 놓는 것은 옛날 사람들이 신령에게 잘 보이는 방법이었다. 역사 기록에 따르면 周나라 때의 통치자는 제사일에 제사 담당 관리를 파견하여 제사 그릇에 담긴 곡물이 깨끗한 지를 검사했다고 한다. 『孟子·滕文公下』에도 "제기에 담긴 곡물이 깨끗하지 않고, 옷이 갖추어지지 않으면 감히 제사를 지낼 수 없다. (粢盛不潔, 衣服不備, 不敢以祭.)"라고 했는데, 이를 통해서도 옛날 사람들의 제사 문화를 엿볼 수 있다.

(3) 㮚(栗)(속)

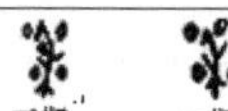 三期 二期 佚五六三. 掇一·四三六.			栗
甲骨文	金文	小篆	楷體

『說文·卤部』에서 '㮚'에 대해 "좋은 곡식의 낟알. '卤'와 '米'의 뜻을 따른다. 孔子가 '"㮚"는 "연속"의 의미를 담고 있다.'라고 하였다. (嘉穀實也. 从卤, 从米. 孔子曰 : "㮚之爲言續也.)"라고 하였는데, '㮚'이 좋은 곡식의 낟알이라는 것을 알 수 있고, '卤'와 '米' 두 글자의 뜻이 합쳐져서 만들어진 글자임을 알 수 있다.

'㮚'의 古文字 자형과 뜻에 대해 徐中舒(1988:760)는 "벼의 낟알을 상형한 것이다. 『說文』에서 '篆文은 "卤"과 "米"를 따른다.'라고 하였고, '㮚, 좋은 곡식의 낟알. "卤"와 "米"의 뜻을 따른다.'라고 하였다. 좋은 곡식의 總名이다. (象禾穀之實. 『說文』: '篆文从卤从米', 『說文』: '㮚, 嘉穀實也. 从卤从米. '嘉穀實之總名.)"라고 하였다. 小篆의 字形인 '卤'는 아래로 늘어진 이삭을 상형한 것인데, '米'는 글자를 만들 때 낟알을 나타낸 것이다. 이것으로 볼 때 조의 줄기 끝에 껍질이 벗겨진 낟알이 없음을 알 수 있다. 徐中舒는 벼의 모양이 '米'를 따르는 이유로 '㮚'를 설명한 것이다. 한편 甲骨文의 '㮚'는 일종의 신에게 제사지내는 곡물로 대부분 껍질은 벗겨낸 낟알만으로 가공하여 찐 것임을 알 수 있다. (許進雄 1995:103)

역대로 '粟'의 의미에 대해 학계에서 의견이 분분했다. 그 중에 하나는 포괄적으로 곡물을 지칭한 것인데, 이는 『說文·卤部』에서 "좋은 곡식의 낟알.

(嘉穀實也.)"이라고 한 것에서 근거를 두고 있는데, 段玉裁는 "옛날에 백성들의 식량으로 벼와 기장보다 중요한 것이 없었는데, 이 때문에 '嘉穀'이라고 했다. '穀'은 '百穀'의 総名이다. '嘉穀'의 낟알을 '粟'이라고 하는데, 껍질을 '糠'이라고 하고, 안에 들어 있는 것을 '米'라고 한다. (古者民食莫重於禾黍, 故謂之嘉穀. 穀者, 百穀之総名. 嘉穀之實曰粟, 粟之皮曰糠, 中曰米.)"라고 하였다. 여기서 말하는 '粟'도 모든 곡식을 포괄적으로 지칭한 것이다. 또 다른 하나는 '조'를 뜻하는 것으로 지금 북방 지역에서 말하는 '穀子'이다. 껍질을 벗긴 것은 '小米'라고도 한다.

위의 두 가지 설명을 종합해 보면 처음에는 포괄적으로 지칭하다가 점차 그 의미가 좁아졌다고 볼 수 있다. 고서에서 말하고 있는 '重農貴粟'의 '粟'은 모두 포괄적으로 말한 것이다. (游修齡 1990:29) '粟'은 옛날에 흔히 볼 수 있는 매우 중요한 양식 작물이었는데, 古典文獻에서 종종 '菽'과 '稻' 등과 같이 사용하였다. 예를 들어 '菽粟'은 『孟子·尚賢中』의 "'菽粟'이 많지만 백성들은 거친 밥을 먹었다. (是以菽粟多而民組乎食.)"에서 보이고, '稻粟'은 『越絕書·計倪內經』의 "'丁貨'의 '戶'를 '稻粟'이라고 했다. 명하여 上種으로 삼았는데, 40석이 되었다. (丁貨之戶曰稻粟, 令為上種, 石四十.)"에서 보이며, '稌粟'은 漢代 蔡邕의 『劉鎮南碑』의 "농업을 권장하고, 사냥과 어업을 하게 하였는데, '稌粟'이 붉게 익고, 해마다 풍년이었다. (勸穡務農, 以田以漁, 稌粟紅腐, 年穀豐夥.)"에서 보이는데, 모두 양식을 포괄적으로 지칭한 것이다. '粟'의 專名은 黃河 유역에서 晉代 이전과 이후에 구어에서는 '穀'을 많이 사용하고, 서면어에서는 여전히 '粟'을 사용하였다. 하지만 長江 유역과 그 남쪽에서는 구어와 서면어 모두 '粟'으로 지칭했다. (游修齡 1990:28) 예를 들면 『詩·小雅·黃鳥』세 번째 단락에서 "내 조를 쪼아 먹지 마라. (無啄我粟.)", "내 양식을 쪼아 먹지 마라. (無啄我粱.)", "내 기장을 쪼아 먹지 마라. (無啄我黍.)"라고 하여 대칭하여 말한 것이 보이는데, 여기서는 '粟'자는 좁은 의미로 지칭한 것이다.

(4) 禾(화)

 合33275 合9464正	 曶鼎		禾
甲骨文	金文	小篆	楷體

『說文·禾部』에서 '禾'에 대해 "좋은 곡식. 2월에 나기 시작해 8월에 익는다. 시간에 맞춰야 하지 때문에 '禾'라고 한 것이다. '禾'는 '木'에 속한다. 나무가 왕성하면 생장하게 되고, 쇠가 왕성하면 죽게 된다. '木'의 뜻을 따르고, '𠂹'의 생략형으로 따른다. '𠂹'는 이삭을 상형한 것이다. (嘉穀也. 二月始生, 八月而孰, 得時之中, 故謂之禾. 禾, 木也. 木王而生, 金王而死. 从木, 从𠂹省. 𠂹象其穗.)"라고 하였는데, '禾'는 좋은 곡식이다. 2월에 싹이 나서 생장하는데, 8월에 익는데, 4계절 가운데 있으면서 음양의 조화에 맞아야 하기 때문에 '禾'라고 한 것이다. 許愼이 '禾'를 五行의 思想에 따라 풀이한 것으로 '禾'를 나무에 속하는 것으로 여겨 봄에 나무가 왕성하게 성장하고 가을에 '金'이 왕성하면 죽는 것으로 여겼다. 『說文解字注』에서 보충하여 말하기를 "'嘉穀'을 '禾'로도 말했는데, 실제로는 '稟'를 말하는 것이다. '稟'는 사람들이 말하는 '米'로 '粱'이라고도 한다. 지금 세속에서 말하는 '小米'가 바로 이것이다. (嘉穀亦謂禾, 實曰稟, 稟之人曰米, 米曰粱, 今俗曰小米是也.)"라고 하였는데, 껍질을 벗기지 않은 벼의 낟알을 '稟'이라 하고, 껍질을 벗긴 것을 '小米'라고 한 것을 알 수 있다. 『漢語大字典』에서도 "옛날에 '粟'이라 한 것은 지금의 '小米'이다. (古代指粟, 即今之小米.)"라고 하였다.

徐中舒(1988 : 778)는 '禾'의 甲骨文에 대해 "벼 싹의 모양을 상형한 것이다. 윗부분은 벼의 이삭과 잎을 상형한 것이고, 아랫부분은 줄기와 뿌리를 상형한 것이다. 좋은 곡식이다. (象禾苗之形, 上象禾穗與葉, 下象莖與根. 嘉穀也.)"라고 하였다. 이에 따르면 甲骨文의 '禾'는 조의 줄기를 상형한 것으로 자형의 상부가 아래로 늘어져 있어 마치 이삭이 무게를 감당하지 못하고 아래로 늘어진 모양이고, 양쪽은 벼의 잎을 상형하였으며, 아래쪽은 조의 줄기와 뿌리를 상형하여 전체의 자형이 마치 곡식이 익은 모양을 하고 있다는 것을 알 수 있다. 于省吾(2010[2012] : 250)는 "經傳에 있는 '禾'자는 두 가지 의미를 지니다. 좁은 의미로 '稷'을 지칭하는데 甲骨文과 다르다. 넓은 의미로는 모두 곡식을 포괄적으로 지칭한다. 甲骨文에서 보이는 '禾'는 모두 넓은 의미로 쓰인 것이다. (經傳中禾字有兩種含義, 狹義是專指稷, 與甲骨文不同. 廣義是泛指一切穀類. 甲骨文中所見的禾都是廣義的.)"라고 하여 '禾'의 포괄적 의미와 좁은 의미를 구분하였고, 戴家祥(1996:3159)는 "金文의 曶鼎에서 '禾'를 ''로 썼는데, ''와 ''의 자형과 같다. (金文曶鼎禾作, 與形合)", 陳初生(1987:714) : "이삭, 줄기를 포함한 수확한 곡식을 뜻한다.)"라고 하여 '禾'의 金文에 대해 설명하였다. 甲骨文과 金文 그리고 小篆 자형을 보면 '禾'字形이 거의 변화하지 않았음을 알 수 있다.

'禾'의 뜻은 좁은 의미에서 넓은 의미로 바뀌었는데, 원래는 '조'를 지칭했다가 점차 곡식으로 바뀐 것이다. 段註에서의 '禾'는 '嘉穀'으로 좋은 곡식을 뜻한다. '嘉穀'의 낟알을 '粟'이라고 하였다. '粟'의 껍질을 벗긴 후 '米'를 만들었다. 이것이 오늘날 말하는 '조'이다. 古典文獻에서의 '禾'는 본래 '粟'을 지칭했다. 예를 들어 『詩·豳風·七月』에서 "기장과 피와 늦벼와 올벼와, 벼와 삼씨와 콩과 보리이다. (黍稷重穋, 禾麻菽麥.)"라고 하였는데, '禾'를 '麻', '菽', '麥' 등과 같이 나열하였다. 또 다른 예를 들면 『淮南子·墬形訓』에서 "洛水는 가볍고 윤택하여 벼에 적합하고, 渭水는 에너지가 있어 기장에 적합합니다. (洛水輕利而宜禾, 渭水多力而宜黍)"라고 하여 '禾'와 '黍'를 같이 들었는데, 모두 '粟'을 지칭하는 것이다. "河北省의 武安市 磁山 유적에서 대량으로 발견된 '粟'은 당시 사람들의 주요 양식이었다는 것을 보여 준다."(孫德海·劉勇·陳光唐 1981:303-338) 이것으로 볼 때 '粟'가 옛날 사람들의 생활에서 중요했음을 알 수 있다. '粟'가 고대 북방 지역에서 가장 중요한 곡물이었는데, 이 때문에 '禾'의 뜻이 모든 곡식을 지칭하는 通稱으로 인신된 것이다. 甲骨卜辭에서도 '禾'字가 인신되어 쓰인 예가 많이 보인다."(李艷 2006:96) 『詩經』에서는 '禾'가 조 뿐만 아니라 곡식을 지칭했는데, 예를 들어 『詩·豳風·七月』: 9월에는 남새밭에 마당을 다지고, 10월에는 벼를 거두어들인다. (九月筑場圃, 十月納禾稼.)"라고 하였는데, 孔穎達이 이에 대해 "싹이 자라 여문 것을 '禾'라고 하고, 심어서 재배하는 모든 곡식을 '稼禾'라고 한다. '禾'로 크게 이름 한 것이다. (苗生既秀謂之禾, 種植諸穀名為稼禾. 以禾是大名也.)"라고 하였다. '禾'는 옛날에 모든 양식작물을 지칭하는 말로 쓰였는데, 이것으로 볼 때 다음과 같은 문화적 함의가 있다고 볼 수 있다. '禾'는 곡식으로 처음에는 유럽과 아시아의 야생에서 광범위하게 자라다가 다른 양식작물에 비해 가뭄과 척박한 환경에 잘 견디는 특징과 봄과 가을에 심을 수 있는 조건을 갖추고 있어 사람들이 대규모로 재배하기 시작하였는데, 이는 대략 8000년 전의 黃河 流域에서 이미 종자가 있었다는 것을 통해 알 수 있다. '禾'는 생산량이 높은 특징을 갖고 있어 商代 사람들의 중요한 양식작물이 되었다. 이 외에도 '禾'의 뜻이 있는데, 위에서 말한 段玉裁의 풀이 외에도 『書·微子之命』에서 말한 "唐叔이 '禾'를 얻고 각기 다른 밭에서 같은 이삭을 재배하여 天子에게 바쳤다. (唐叔得禾, 異畝同穎, 獻諸天子.)"를 통해서도 알 수 있다. 清나라 사람인 孫星衍은 이에 대해 "'禾'는 지금의 '조'를 말한다. (禾, 即今之小米.)"라고 하였는데, 이러한 해석은 이와 같은 식물의 낟알을 일컬은 것이다.

'禾'와 '粟'에 대해 말하자면 많은 사람들이 唐代의 시인인 李紳의 『憫農二首』를 떠올리게 된다. 제1수에서 "봄에 조 한 알을 심어 가을에 만개의 낟알을 거두네. 온 세상에 노는 밭이 없는데, 농부는 오히려 굶어 죽네. (春種一粒粟, 秋收萬顆子. 四海無閒田, 農夫猶餓死.)"라고 하였고, 제2수에서 "벼를 김매는데, 햇볕이 정오에 내려쬐니, 땀방울이 벼 아래의 땅에 떨어지네. 누가 알까? 밥상의 음식이 알알이 모두 힘든 고생을 통해 얻어진 것을. (鋤禾日當午, 汗滴禾下土.

誰知盤中餐, 粒粒皆辛苦.)"라고 하였다. 이 두 시에서 보이는 '禾'와 '粟'은 모두 모든 양식작물을 포괄적으로 지칭하는 말이다. 이 詩歌는 중국 봉건시대의 농민들의 생활상을 반영한 것으로 제1수에서는 풍년을 묘사하면서 농민들이 힘들게 일만하고 먹지 못해 굶어 죽는 모순된 사회상을 묘사하였다. 제2수에서는 농민들이 작열하는 태양 아래서 힘들에 농사짓는 광경을 묘사한 것으로 시인의 농민에 대한 간절한 동정을 묘사하였다. 중국은 옛날부터 농업대국으로 양식은 사람들의 마음속에 말할 필요도 없이 중요한 것이었다. 이 시는 지금까지도 줄곧 사람들에게 불리어지며 농업생산이 결코 쉽지 않고, 농민들이 고생하여 생산한 양식이 매우 소중하다는 사실을 일깨워 주고 있다.

(5) 穀(곡)

	 辛鼎·		穀
甲骨文	金文	小篆	楷體

『說文·禾部』에서 '穀'에 대해 "이어가게 하는 것. 百穀의 総名. '禾'의 뜻을 따르고, '殻'의 소리를 따른다."라고 하였는데, 이를 통해 '穀'이 '禾'를 따르고 '禾'와 '粟'과 같은 종류임을 알 수 있다.

'穀'도 넓은 의미에서 좁은 의미로 바뀌는 과정을 거쳤다. '穀'은 처음에 넓은 의미로 사용되었는데, 戰國시기 넓은 의미로 매우 광범위하게 사용되었다. (游修齡 1990:29) 예를 들어 『孟子·告子上』에서 "五穀이 비록 좋은 품종이지만 익지 않으면 피만도 못하게 된다. (五穀, 種之美著也, 苟為不熟, 不如稊稗.)"라고 하였다. '穀'은 '禾'와 同義詞로 쓰였는데, '穀'이 좁은 의미로 쓰인 것은 대략 『齊民要術』부터 보인다. (游修齡 1990:28) 後代에 좁은 의미로도 같이 쓰이면서 '粟'의 줄기 혹은 조의 낟알을 가리켰다. 南方에는 벼를 가리킬 때도 있는데, 예를 들면 우리가 지금 사용하는 '稻穀' 등이 있다.

‘禾’와 ‘穀’ 그리고 ‘粟’ 3가지는 좁은 의미의 명사로 쓸 때 모두 ‘조’를 지칭했는데, 다만 차이가 있다면 습관적으로 ‘禾’는 줄기를 위주로 말했고, ‘粟’과 ‘穀’은 낟알을 위주로 말했다. (游修齡 1990:28)

옛날에 중국에는 풍부한 糧食作物이 있었는데, 전설에 따르면 神農氏가 ‘百穀’을 심었다고 한다. 이에 따르면 당시 糧食作物의 수량이 매우 많았음을 알 수 있다. 그 뒤 ‘五穀’, ‘六穀’, ‘九穀’ 등의 말이 생겼는데, 그 중 ‘五穀’이라는 표현이 가장 유행하였다. ‘五穀’은 春秋戰國時期부터 보이기 시작한다. 다만 ‘五穀’이 무엇인지는 두 가지 다른 견해가 있다. 하나는 ‘黍, 稷, 麥, 菽, 稻’를 지칭하는 것이고, 또 다른 하나는 ‘黍, 稷, 麥, 菽, 麻’를 지칭하는 것인데, 앞의 4가지가 서로 같고, ‘稻’와 ‘麻’의 차이가 있다는 것을 알 수 있다. 이후 농업생산기술이 발달함에 따라 糧食作物이 끊임없이 증가하여 ‘六穀’과 ‘九穀’이라 말하게 되었다. 학설에 따르면 ‘五穀’이라는 명칭은 중국의 五行思想과 관계가 있다고 한다. 『論語·微子篇』에도 “손발을 부지런히 놀리지 않고, 오곡도 제대로 분간하지 못한다. (四體不勤, 五穀不分.)”라고 하여 ‘五穀’을 말하였는데, 이것은 지금 成語로도 쓰여 지식을 배우기만 하고 융통성 있게 활용하지 못하는 것을 일깨워준다.

(6) 秫 (나)

 合2940 合18406		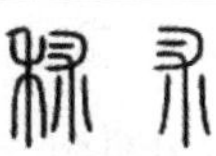	秫 朮
甲骨文	金文	小篆	楷體

『說文·禾部』에서 ‘秫’에 대해 “기장이 찰진 것. ‘禾’의 뜻을 따른다. ‘朮’는 상형한 것이다. (稷之黏者. 从禾, 朮象形.)”라고 하였는데, 『說文解字注』에서 “‘秫’은 찰진 기장이다. 하지만 찰지지 않은 것도 ‘秫’이라고 같이 부르고, 다른 곡식 중에서 찰진 것도 가차해서 ‘秫’이라고 같이 부른다.)”라고 하였다. 湯

可敬은 "秫, 찰진 좁쌀. '禾'의 뜻을 따른다. '朮'는 상형한 것이다. '朮'은 '秫'의 或體이다. '秫'의 '禾'를 생략한 것이다. (秫, 有粘性的粟米. 从禾 ; 朮象形. 朮, 秫的或體. 由秫省禾而成.)"라고 하였다. 段玉裁와 湯可敬의 견해는 서로 다르다. 두 사람의 '秫'에 대한 다른 견해는 다른 사람들의 서로 다른 견해를 보여준다고 할 수 있다. '秫'이 무엇인지에 대해 위의 段玉裁와 같이 '秫'이 찰진 기장이라는 것과 湯可敬과 같이 찰진 조라는 견해로 크게 나누어지는데, 많은 책과 주석가들이 후자를 따른다. 예를 들어 『爾雅·釋草』에서 "衆, '秫'이다. (衆, 秫.)"라고 하였는데, 郭璞은 이에 대해 "찰진 조를 말하는 것이다. (謂黏粟也.)"라고 하였고, 郝懿行은 "지금 북방에서는 찰진 곡식을 '秫穀子'라고 하는데, 그 낟알이 '小黃米'이다. (今北方謂穀子之黏者為秫穀子, 其米為小黃米.)"라고 하였다. 그리고 『周禮·考工記·鐘氏』에서 "깃털을 염색할 때 '朱湛'과 '丹秫'로 한다. (染羽以朱湛丹秫.)"라고 하였는데, 鄭玄에서 "'丹秫'은 '붉은 조'이다. (丹秫, 赤粟.)"라고 하였다. 『本草綱目·穀部·秫』에서 "秫, 민간에서 '糯粟'이라고 부른다. 북방사람들은 '黃糯'라고 부르는데, '黃米'라고도 한다. 술을 빚을 때 쓰는데, 찰벼보다는 질이 떨어진다. (秫, 俗呼糯粟. 北人呼為黃糯, 亦曰黃米. 釀酒劣於糯也.)"라고 하였다. 또 다른 견해로 찰진 벼라는 견해가 있는데, 예를 들어 『廣雅·釋草』에서 "秫, 찰벼. (秫, 稬也.)"라고 하였다. 王念孫는 이에 대해 "'秫'은 찰진 곡식이고, '稬'는 찰진 벼이다. 이 둘은 원래 달랐기 때문에 經傳에서 '秫'을 말할 때 찰벼라고 하지 않았다. 하지만 '稬'와 '秫'이 모두 찰진 것이어서 후세 사람들이 '稬'를 가차하여 '秫'로 썼다. (秫為黏稷, 稬為黏稻. 二者本不同物, 故經傳言秫, 無一是黏稻者, 但以稬, 秫俱黏, 故後世稱稬者亦得假借為秫.)"라고 하였다.

필자는 '秫'이 '찰진 조'라는 설이 비교적 타당하다고 생각된다. 徐中舒(1988 : 779)는 甲骨文의 '秫'에 대해 "''를 따르고, ''를 따르지 않는 것은 會意가 명확하지 않다. 이는 『說文』에서 '秫'의 省形이라고 한 것과 비슷하다.

『說文』에서 '秫, 찰진 기장. "禾"를 따른다. "朮"는 상형이다. ""는 "秫"의 或體로 "禾"를 생략한 것이다.'라고 하였는데, 甲骨文을 보면 '朮'이 '秫'의 낟알을 상형한 것으로 보기 어렵다. 이 때문에 가차되었다가 후에 편방 '禾'를 더해 '秫'字를 만든 것으로 보아야 한다. (从, 下从, 所會意不明, 與『說文』秫之省形略同. 『說文』: '秫, 稷之黏者. 从禾朮象形. 秫或省禾.' 自甲骨文觀之, 朮之為秫實非象形, 當為假借, 後乃加偏旁禾為秫字.)"라고 하였는데, 이를 통해 '秫'의 甲骨文이 벼의 싹을 상형하였다가 나중에 '禾'를 더해 '秫'을 만들었다는 것을 알 수 있다. 이는 "'禾'를 따른다. '朮'는 상형한 것이다."라고 한 小篆 자형을 통해서도 알 수 있는데, 이상의 자형들은 모두 글자를 만들 당시 조의 줄기를 상형했다가 이후 찰진 속성이 있는 수수, 벼, 기장 등 다른 양식작물의 뜻으로 쓰였다고 볼 수 있다.

'秫'의 낟알은 껍질을 벗겨 '米'로 만든 후 약에 넣기도 하였다. 『黃帝內經·靈樞·邪客』의 기록에 따르면 '秫米'는 위를 진정시키고 잠을 편하게 잘 수 있는 효과가 있었다고 한다. 中醫에서는 "불면의 첫 번째 처방은 '半夏秫米湯'이다."라는 말이 있다. 이는 이천년의 역사에도 불구하고 그 효과로 인해 아직까지도 임상에 적용되고 있다.

비교적 재미있는 사실은 山東의 濟南方言에서 '秫米'가 형용사의 뜻이 있다는 것인데, '일을 잘 못하고 말이 부적절하며 운이 없다.'라는 뜻이 있다. 예를 들어 "내가 오늘 핸드폰을 카페에서 잃어버렸는데, 정말 운이 없다! (我今天把手機丟在咖啡館里了, 真秫米啊)"라고 말할 수 있는데, 추측해 보면 이는 '秫米'가 찰져 부서지지 않는 것에서 파생된 인신의라로 볼 수 있다.

(7) 虋/糜()(미)

『說文·艸部』에서 '虋'에 대해 "붉은 싹으로 좋은 곡식이다. '艸'의 뜻을 따르고, '釁'의 소리를 따른다. (赤苗, 嘉穀也. 从艸, 釁聲.)"라고 하였는데, 『說文解字注』에서 이에 대해 "虋, 밝은 싹으로 좋은 곡식이다. 『大雅』에서 '좋은 곡식 종자를 내려주니, 붉은 차조와 흰 차조이네.'라고 하였다. 『爾雅』와 『毛傳』에서 모두 '虋, 밝은 싹, 芑, 흰 싹'이라 하였다. 『倉頡篇』을 찾아보니 '"苗"는 벼의 이삭이 익은 것이다.'라고 하였다. '禾'는 지금의 '小米'로 붉은 싹과 흰 싹은 벼 줄기가 붉고 흰 구별이 있음을 말한 것으로 조를 말한 것이 아니다. '嘉穀'이라 한 것은 「生民」 詩에 따라 말한 것이다. 지금의 詩에서는 '嘉種'이라고 하였다. 許愼이 '좋은 곡식 종자를 내려주니, 붉은 차조와 흰 차조이네.'를 인용한 것은 '虋'과 '芑'밑에서 모두 '嘉穀'을 말했기 때문이다. (虋, 赤苗, 嘉穀也. 「大雅」 曰 : '誕降嘉種, 維糜維芑'. 『爾雅』 『毛傳』 皆曰 : '虋, 赤苗, 芑, 白苗'. 按『倉頡篇』 曰 : '苗者, 禾之米秀者也'. 禾者, 今之小米, 赤苗白苗謂禾莖有赤白之分, 非謂粟. 云嘉穀者, 據「生民」 詩言之. 今詩作嘉種. 許君引 '誕降嘉穀, 維秬維秠' 虋芑下皆曰嘉穀.)"라고 하여 비교적 상세하게 설명하였다. 『漢語大字典』에서는 "'赤粱粟'는 곡식 중에서 우량한 품종이다. (赤粱粟. 穀(粟)的良種.)"라고 해석하였다.

이상으로 볼 때 '虋/糜'이 줄기가 붉은 우량 곡식임을 알 수 있다.

(8) 芑(기)

			芑
甲骨文	金文	小篆	楷體

『說文·艸部』에서 '芑'에 대해 "흰 싹, 좋은 곡식. '艸'의 뜻을 따르고, '己'의 소리를 따른다. (白苗, 嘉穀. 从艸, 己聲.)"라고 하였고, 『爾雅·釋草』에서 "芑,

흰 싹."이라 하였는데, 郭璞은 이에 대해 "지금의 '白粱粟'이다. 모두 좋은 곡식이다."라고 하였다. 『漢語大字典』에서도 '芑'를 "우량한 곡식으로 흰 줄기를 가졌다. '白粱粟'라고도 한다."라고 풀이하였다.

이상으로 볼 때, '芑'는 줄기가 흰 우량곡식임을 알 수 있다.

'穈'와 '芑'두 글자는 모두 『詩·大雅』에 보인다. 주나라 사람들은 '穈'와 '芑'를 모두 하느님이 后稷에게 내려준 좋은 곡식이라고 여겼다. 郭璞『爾雅』註解에서도 이 두 종자를 '赤粱粟'와 '白粱粟'로 여겼다. 北京大學의 中國文學史教研室에서 편찬한『先秦文學史參考資料』에서 "'虋'은 처음 생장할 때 잎이 붉었다가, 잎이 3~4장 난 후 적푸른색으로 변하고 잎이 7~8장 난 후에는 푸른색으로 변한다. '芑'는 처음 생장할 때 미백색을 띤다. (虋初生時葉純赤, 生三四葉后赤青相間, 七八葉后色始純青. 芑初生時色微白)"라고 한 것을 보면, '虋/穈'는 붉은 싹으로 줄기가 붉으며, '芑'는 흰 싹으로 줄기가 흰 것을 알 수 있다. 두 글자는 같은 작물로 줄기색만 다를 뿐이다. 따라서 두 글자 모두 품종의 이름으로 북방 곡식의 다른 품종이라는 것을 알 수 있다. 또한 사람들이 가장 많이 심었기 때문에 서로 다른 품종이 출현했을 가능성도 있다. (王毓瑚 1981:83)

한편 '五穀', '六穀', '九穀', '百穀'외에도 '四穀'이라는 말도 있는데, 이는 '秬, 秠, 穈, 芑' 등의 네 가지 곡식을 가리킨다. 『詩·大雅·生民』에서 "아름다운 곡식(五穀) 종자를 내려주니, 검은 기장과 검은 기장이며, 붉은 차조와 흰 차조이네. 검은 기장들을 두루 심었는데, 수확하여 밭두둑에 가리쳐 두었으며, 붉은 차조와 흰 차조를 두루 심었는데, 어깨에 메고 등에 짊어져, 돌아가 비로소 제사를 지내셨다. (誕降嘉種, 維秬維秠, 維穈維芑. 恆之秬秠, 是獲是畝 ; 恆之穈芑, 是任是負 ; 以歸肇祀.)"라고 하였는데, 鄭玄은 "后稷은 四谷을 두로 심었다. (后稷以天為己下此四谷之故, 則徧種之.)"라고 하여 주해하였다. 여기서 '四穀'의 근원을 찾아볼 수 있다. 하지만 '四穀'이라는 말은 사람들에게 많이 일컬어지지는 않았다.

(9) 粱(량)

	 伯公父簠  陳公子弔邍父甗  弔家父匡		粱
甲骨文	金文	小篆	楷體

『說文·米部』에서 ‘粱’에 대해 “곡식의 이름. ‘米’의 뜻을 따르고, ‘粱’의 생략형이 소리를 나타낸다. (米名也. 从米, 粱省聲.)”라고 하였다. 『本草綱目·穀部·粱』에서 “‘粱’은 ‘粟’을 말한다. 『周禮』를 살펴보면, 九穀과 八穀이라는 말이 있는데, ‘粱’만 있고, ‘粟’은 없는 것을 알 수 있다. (粱即粟也. 考之『周禮』, 九穀, 八穀之名, 有粱無粟可知矣.)”라고 하였다. 또 “‘粱’은 ‘良’과 관련 있다. 곡식의 우량한 것이다. 粱州에서 생산된 종자라고도 하며, 그 성질이 차기 때문에 ‘涼’과 같은 음을 가차한 것이라고도 한다. (粱者, 良也, 穀之良者也. 或云種出自粱州, 或云粱米性涼, 故得粱名, 皆各執己見也.)”라고도 하였는데, 이를 통해 ‘粱’의 유래를 살펴볼 수 있다. ‘粱’은 『說文』에서 ‘곡식의 이름(米名)’으로 풀이했지만 經傳에서는 우량한 품종의 ‘粟’으로 쓰였는데,”(李艷 2006:100) 예를 들면 『詩·小雅·甫田』에서 “기장과 피와 벼와 조가, 농부의 慶事이네. (黍稷稻粱, 農夫之慶.)”라고 한 것과 같다.

戴家祥(1995 : 3686)은 ‘粱’의 金文字形에 대해 “金文을 살펴보면 ‘米’를 생략하여 ‘’(陳公子甗)로 적거나, ‘井’과 ‘水’그리고 ‘刅’을 따라 ‘’(仲甗父盤)으로 적거나, ‘’(叔家父匡)으로 적었다. 楊樹達는 ‘글자가 “水”의 뜻을 따르고, “刱”의 소리를 따른다.’라고 하였는데, 金文에 이미 ‘’字가 있기 때문에 ‘米’를 따르고 ‘’의 소리를 따른다고 하면 되는 것이지, 꼭 ‘粱’의 생략형이 소리를 나타낸다고 할 필요는 없다. 『篇海』에서 ‘“粟”과 비슷하지만 크게 황색, 청색, 백색의 품종이 있는데, 이는 사람이 붉은 피부와 검은 피부가 있는 것

과 같다.'라고 하였다. 金文은 本意로 쓰여 '稻粱'의 '粱'을 뜻했다. (按金文或省米作(陳公子甗), 或从井从水从刅作(仲甗父盤), 或作(叔家父匡). 楊樹達謂 : '字乃从水从刱聲. '金文固有字, 粱乃从米聲, 未必為粱省聲. 『篇海』云 : '似粟而大有黃, 青, 白三種, 人有赤, 黑色者. '金文用作本意, 為稻粱之粱.)"라고 하였는데, 그가 楊樹達의 觀點을 인용하여 許慎의 풀이를 부정했음을 알 수 있다.

'粱'이 '粟'라면 '粟'를 대표하는 어느 단계인가? '粱'은 껍질을 벗긴 낟알이다. '粱'이 종종 '黃粱'라고 불리는 것은 '粟'역시 누런색이 많기 때문인데, 두 글자가 같은 곡식으로 서로 다른 처리 단계에 있는 것일 가능성이 높다. '粱'은 높은 품질의 좁쌀이기 때문에 周代 貴族들이 제사와 손님 접대용으로 썼다. (許進雄 1995:103) 따라서 '粱'을 껍질을 벗긴 좁쌀로 볼 수 있다.

'粱'에 관한 故事로 '黃粱一夢'를 살펴볼 수 있는데, 唐代 沈既濟이 쓴 傳奇小說 『枕中記』에 보인다. 이 소설은 盧라는 성을 가진 가난한 서생이 邯鄲이라는 旅店에서 묵으며 겪는 이야기를 쓴 것이다. 盧生은 여관에서 道士를 만나는데, 道士는 그에게 신비한 벼개를 준 뒤, 盧生은 그 벼개를 베고 부귀영화를 누리는 꿈을 꾼 뒤 깨어 보니 黃粱米로 지은 밥이 아직도 익지 않은 것을 보고 크게 깨달아 과거시험을 보지 않고 산속에 들어가 도를 닦았다는 이야기이다. 後世 사람들이 말하는 '黃粱夢'과 '邯鄲夢'이 모두 여기서 유래한 것이다. 『枕中記』는 이후 사람들에 의해 계속 개작이 되었는데, 明나라 때의 湯顯祖가 『邯鄲記』로 개작하였고, 清代의 蒲松齡이 『續黃粱』으로 개작하였다. 이뿐만 아니라 많은 문인들이 '黃粱夢'과 관련된 말을 남겼는데, 예를 들어 元好問은 『過邯鄲四絕』에서 "죽고 사는 것은 한 몸이 아니니, 누가 망령되고 누가 진실된 지를 알겠네. 邯鄲에서 오늘 시를 지으며 식객이 되었는데, 오히려 黃粱夢 안의 사람이 되었네. (死去生來不一身, 定知誰妄複誰真, 邯鄲今日題詩客, 猶是黃粱夢里人.)"라고 하였고, 清代의 『兒女英雄傳·第三十八回』에서는 "부귀영화는 물과 같이 흐르고, 수레바퀴와 말발굽 그리고 풍우가 어둠 속으로 없어지네. 갑자기 꾼 黃粱夢, 모든 것이 인간사의 꿈이네. (錦樣年華水樣過, 輪蹄風雨暗消磨. 倉皇一枕黃粱夢, 都付人間春夢婆.)"라고 하였다. '黃粱一夢'은 오늘까지도 전해지며 부귀영화가 한 순간의 꿈과 같다는 사실을 일깨워준다.

이상을 종합해 보면 다음과 같다. '稷'은 '粟'으로 上古商周時期의 別稱이다. '粟'은 낟알에 따라 이름한 것이다. '粢'는 '稷'의 別稱이다. 宗廟祭祀에 쓰이는 기장을 일컬었다. "禾"는 원래 기장을 상형한 글자이다. 기장의 줄기를 상형한 것으로 『說文』에서는 '粟'이라고 했는데, 戰國과 秦漢時期에 기장을 나타내는 이름으로 쓰였다. '穀'은 일반적으로 양식을 총칭하는 말로 쓰였는데, 魏晉이후에 지역적으로 '粟'이라고 하였다. '秫'은 찰진 기장이다. '虋'와 '芑'는 기장의 다른 품종이고, '粱'은 기장의 낟알을 이름한 것이다.

3) '稼'와 '米'

이외에도 '稼'와 '米'와 같이 구체적으로 귀납시킬 수 없는 글자들이 있는데, 구체적으로 살펴보면 다음과 같다.

(1) 稼(가)

 合9616 合9617			稼
甲骨文	金文	小篆	楷體

『說文·禾部』에서 "稼, 벼가 익은 낟알을 '稼'라고 하고, 줄기의 마디를 '禾'라고 한다. '禾'의 뜻을 따르고, '家'의 소리를 따른다. 일설에 따르면 집안일이기 때문에 '稼'라고 하고, 일설에 따르면 들에 있기 때문에 '稼'라고 한다. (稼, 禾之秀實為稼, 莖節為禾. 从禾, 家聲. 一曰 : 稼, 家事也. 一曰 : 在野曰稼.)"라고 하였

다. 이것으로 볼 때, '禾'는 '짚간'이고, '벼의 이삭'이 '稼'임을 알 수 있다. 예를 들어 『詩·豳風·七月』에서 9월에는 남새밭에 마당을 다지고, 10월에는 벼를 거두어들이네. (九月筑場圃, 十月納禾稼.)"라고 하였는데, 여기서 '稼'의 첫 번째 뜻을 볼 수 있다. 그리고 『詩·魏風·伐檀』에서 "심지도 않고 거두지도 않으면, 어떻게 벼 삼백 짚을 취할 수 있겠는가. (不稼不穡, 胡取禾三百廛兮.)"라고 하였다. 徐灝가 『說文』을 註解하여 "벼의 모종이 자라면 옮겨 심기 때문에 '稼'라고 한 것이다. 이는 시집가는 여자와 같다. 이 때문에 '稼'를 '집안일'로 풀이한 것이다. (禾苗既長, 移而種之, 故謂之稼, 如嫁女然也. 故曰稼, 家事也.)"라고 하였다. 이를 통해 '稼'역시 五穀을 심는 뜻이 있음을 알 수 있는데, 이것이 두 번째 뜻이다. '稼'의 세 번째 뜻은 밭의 농작물을 포괄적으로 일컫는다. 예를 들어 『說文』에서 "들에 있어서 '稼'라고 한다. (在野曰稼.)"라고 한 것을 들 수 있다. 또 『呂氏春秋·辨土』에서 "농작물은 흙에서 생장시켜 견고한 땅에 심어야 한다. (稼欲生於塵而殖於堅者.)"라고 하였다. '稼'의 甲骨文字形은 들에 두 그루의 벼를 생장시킨 것으로 이와 같은 뜻을 잘 보여준다. 한편 '稼'는 '糧食'과 '穀物'의 뜻도 있는데, 『呂氏春秋·審己』에서 "농작물은 들에서 생장시켜 창고에 보관한다. (稼生於野而藏於倉.)"라고 한 것과 같다. 이것이 4번째 뜻이다. 여기서 고찰한 것은 3번째와 4번째 뜻을 갖고 있는 '稼'인데, '黍'과 '稷' 등을 포함한 밭의 糧食作物을 모두 가리킨다.

'稼'가 명사로 쓰일 때 '농작물'을 뜻을 나타내는데, 이는 각종 糧食作物을 포함한다. 중국의 전통 農學에서는 農業을 '농작물을 심는 것'으로 간단히 정의했다. 『呂氏春秋·審時』에서는 "'稼'는 사람을 위한 것이지만, 생장시키는 것은 땅이요, 양분을 공급하는 것은 하늘이다. (夫稼, 為之者人也, 生之者地也, 養之者天也.)"라고 하였는데, 糧食作物을 경작하는 것이 농사꾼과 토양, 기후 등의 3요소와 밀접한 관계가 있다는 것을 알 수 있다. 옛날 사람들은 사람, 땅, 하늘이 농사에 있어 중요하다는 것을 알고 있었는데, 중국에서의 장기적인 농업

발전이 옛 사람들의 지혜와 밀접했음을 알 수 있다.

(2) 米(미)

 合32024 歷組			米
甲骨文	金文	小篆	楷體

『說文·米部』에서 '米'에 대해 "곡식의 낟알. 벼의 낟알을 상형한 것이다. (粟實也. 像禾實之形.)"라고 하였는데, 『說文解字注』에서 "「鹵部」에서 '粟, 좋은 곡식의 낟알.'이라고 하였는데, '좋은 곡식'이라 한 것은 벼와 기장을 말한 것이다. 곡식의 낟알은 사람이 먹는 것이다. '粟'을 기장과 같이 말한 것은 '米'가 검은 기장의 낟알이기 때문인데, 열매의 씨와 같은 것이다. (「鹵部」曰 : '粟, 嘉穀實也. '嘉穀者, 禾黍也. 實當做人. 粟舉連秠者言之, 米則秠中之人, 如果實之有人也.)"라고 하였다. 『周禮·地官·舍人』에서 "쌀과 조의 출입을 관리하고 물건을 분별한다. (掌米粟之出入, 辨其物.)"라고 하였는데, 鄭玄이 "九穀과 六米를 구별하여 적었다. (九穀六米別為書.)"라고 하였고, 賈公彥이 "九穀 중에서 '黍, 稷, 稻, 粱, 苽, 大豆' 등 6가지는 모두 낟알이 있고, '麻, 小豆, 小麥' 3가지는 낟알이 없다. (九穀之中, 黍, 稷, 稻, 粱, 苽, 大豆六者皆有米, 麻與小豆, 小麥三者無米.)"라고 하였다. 여기서 말하는 '米'는 껍질을 벗긴 곡식의 낟알을 말한다. 『漢語大字典』에서 '米'에 대해 "껍질을 벗긴 糧食作物의 낟알이다. 나중에는 대부분 쌀을 지칭했다. (去皮后糧食作物的子實. 后多指稻米.)"라고 하여 '米' 뜻의 범위가 작아졌음을 밝혔다.

徐中舒(1988:792)는 '米'의 甲骨文字形에 대해 "'⁝⁝'는 쌀알의 모양을 상형한 것으로 중간의 획은 모래알, 물방울 등과 구별하기 위해 그은 것으로 보인다. (⁝⁝象米粒形, 中增一橫劃蓋以與沙粒, 水點相別.)"라고 풀이하였는데, '米'의 字形 변천을 살펴보면 甲骨文부터 楷書까지의 字形 변화가 그리 크지 않은 것을 알 수 있다.

이상으로 볼 때, '米'는 양식으로 최초에는 껍질을 벗긴 곡식 낟알이었다가 '稷, 黍, 稻' 등의 낟알을 거쳐 벼의 낟알로 인신되었다는 것을 알 수 있다.

『說文』에는 '米'와 관련된 글자가 더 있는데, 整理하면 다음과 같다.

<表1> 『說文』의 '米' 편방 글자

名稱	小篆字形	『說文』의 의미	뜻풀이
粒		낟알. '米'의 뜻을 따르고, '立'의 소리를 따른다. (糂也. 从米, 立聲.)	낟알
粗		거친 것. '米'의 뜻을 따르고, '且'의 소리를 따른다. (疏也. 从米, 且聲.)	거친 쌀
糲		粟의 무게一秙을 十六斗太半斗라고 한다. 절구질한 쌀1斛을 糲라고 한다. '米'의 뜻을 따르고, '萬'의 소리를 따른다. (粟重一秙, 為十六斗太半斗, 舂成米一斛, 叫糲. 从米, 萬聲.)	매조미쌀(粟一秙을 찧으면 米十斗이 된다.)
精		선택한 것. '米'의 뜻을 따르고, '青'의 소리를 따른다. (擇也. 从米, 青聲.	精米
粹		섞이지 않은 것. '米'의 뜻을 따르고, '卒'의 소리를 따른다. (不雜也. 从米, 卒聲.)	精米(섞이지 않은 쌀)
毇		쌀 一斛를 찐 것을 八斗라고 한다. '臱'와 '殳'의 뜻을 따른다. (米一斛舂為八斗也. 从臱, 从殳.)	半精米(糙米一斛를 찧으면 九斗가 된다.)
糳		糲米一斛를 찧으면 九斗가 되는 데 糳라고 한다. '毇'의 뜻을 따르고, '丵'의 소리를 따른다. (糲米一斛舂為九斗曰糳. 从毇, 丵聲.)	半精米(糙米一斛를 찧으면 八斗가 된다.)
粲		쌀 一秙은 粟二十斗이 되고 米十斗가 된다. 이것을 毇라고 한다. 또 米六斗太半斗이 되는데, 粲이라 한다. '米'의 뜻을 따르고, '奴'의 소리를 따른다. (稻重一秙, 為粟二十斗, 為米十斗, 曰毇 ; 為米六斗太半斗, 曰粲. 从米, 奴聲.)	整精米(稻一秙을 찧으면 米六斗이 되고 大半斗이 된다.)

中國에서는 古代에 糧食을 加工한다는 생각이 있었다. 위의 표에 있는 '粒'는 쌀알로 '米'와 같은데, 양식의 總稱으로 쓰였다. '粗'는 거친 쌀의 總稱이고, '糲'는 구체적으로 일종의 매조미쌀이며, '精'과 '粹'는 精米의 總稱이

다. '毇'에서 '糳'까지는 양식을 가공한 정밀도에 따라 배열한 것인데, 순도가 높을수록 공들인 시간과 힘이 많이 필요함을 나타낸다.

4) 소결

'黍'類에 속하는 糧食作物과 '稷'類에 속하는 糧食作物은 中國北方의 原始農業에서 가장 일찍 재배된 곡물로 중국 뿐 아니라 전 세계적으로도 기원이 된다. (游修齡 1993:1) 일반적으로 이 두 양식작물은 중국의 서북황토고원에서 기원되었다. '稷'은 中原 지역에서 재배한 역사가 비교적 오래되었는데, 농업경제에서 주요한 위치를 차지할 뿐만 아니라 北方 사람들의 主食이었다. '黍'는 黃河流域에서 '稷'과 같이 재배된 穀物로 껍질을 벗긴 '大黃米'는 맛이 좋아 옛날 사람들의 중요한 主食이었다. '稷'과 '黍'가 광범위하게 재배된 것은 한편으로 옛날 사람들이 제사를 중시한 것과 관련이 있는데, 古人은 '黍'와 '稷'을 五穀의 으뜸으로 여겨 祭祀를 지낸 때 '黍'와 '稷'를 같이 제사상에 올렸다. 다른 한편으로는 옛날 사람들이 술을 좋아한 것과 관련이 있는데, '黍'와 '稷'의 향이 너무 좋아 釀酒의 재료로써 최고로 여겨졌다. 그리고 자연 및 사회 환경과도 연관이 있는데, 옛날의 기후가 차가워 토양이 척박하고 농업기술이 낙후되어 가뭄과 척박한 토지에 잘 견디는 '黍'와 '稷'이 재배에 용이했기 때문이다.

<表2> 糧食作物字 總表

분류	이름	『说文』의 뜻	뜻풀이
黍類 (7個)	黍	'禾'에 속하면서 찰진 것 (禾屬而黏者也.)	기장
	䵝	'黍'에 속하는 것 (黍屬.)	야생 기장
	穈	검은 기장 (穄也.)	기장(찰지지 않은 기장)
	穄	검은 기장 (穈也.)	기장
	鬯 (秬)	검은 기장. 한 껍질에 낟알이 2개 있는 것. (黑黍也. 一稃二米以釀也.)	검은 기장
	秠	한 껍질에 낟알이 2개 있는 것. (一稃二米.)	검은 기장 중에서 한 껍질에 낟알이 2개 있는 품종
稷類 (13個)	稷	제사에 쓰이는 것, 오곡의 으뜸. (齋也. 五穀之長.)	粟(곡식)
	齋 (粢/粢)	기장 (稷也.)	'稷'의 初文
	㮚 (粟)	좋은 곡식의 낟알 (嘉穀實也.)	a. 곡식 b. 粟
	禾	벼, 좋은 곡식. 2월에 나기 시작해 8월에 익는다. 시간에 맞춰야 하지 때문에 '禾'라고 한 것이다. (禾, 嘉穀也. 二月始生, 八月而孰, 得時之中, 故謂之禾.)	狹義 : 粟 廣義 : 곡물
	穀	'續'의 뜻을 갖고 있다. 百穀의 総名이다. (續也. 百穀之総名.)	a. 곡물 b. '粟'의 줄기나 낟알 c. 남방의 벼
	秫	'稷'중에서 찰진 것 (稷之黏者.)	찰진 粟
	虋 (糜)	붉은 싹, 좋은 곡식. (赤苗, 嘉穀也.)	우량 품종의 곡식 (赤粱粟)
	芑	흰 싹, 좋은 곡식. (白苗, 嘉穀.)	우량 품종의 곡식 (白粱粟)
	粱	쌀 이름.	粟
(1個)	稼	벼가 익은 낟알을 '稼'라고 하고, 줄기의 마디를 '禾'라고 한다. '禾'의 뜻을 따르고, '家'의 소리를 따른다. 일설에 따르면 집안일이기 때문에 '稼'라고 하고, 일설에 따르면 들에 있기 때문에 '稼'라고 한다. (禾之秀實為稼, 莖節為禾. 从禾, 家聲. 一曰 : 稼, 家事也. 一曰 : 在野曰稼.)	a. 벼의 낟알 b. 五穀을 심다 c. 농작물 d. 糧食, 穀物
(1個)	米	곡식의 낟알 (粟實也.)	a. '稷, 黍, 稻'의 낟알 b. '稻'의 낟알

| 제12장 |

한자로 본 태양의 운행

옛날 사람들은 해와 달의 운행을 통해서 시간에 대해 인식하였는데, 이는 『易·系辭』에서 "기상현상을 나타내는데, 해와 달 보다 더 좋은 것이 없다. (懸象著明, 莫大乎日月.)"라고 한 것을 통해 잘 알 수 있다. 그들은 태양의 운동과 시간의 운행을 하나로 보고 하루의 시간을 태양의 위치를 통해 정하였다. (李玲璞·臧克和·劉志基 2010:125) 이것으로 볼 때 태양이 옛날 사람들에게 시계와 같이 쓰였다는 것을 알 수 있다. 따라서 태양의 운행과 관련된 한자를 찾아보면 옛날 사람들의 시간에 대한 관념을 이해할 수 있을 것으로 보인다.

태양의 운행과 관련된 한자는 대부분 『說文』의 '日'部에 수록되어 있다. 『說文·日部』에는 70個(16個의 新附字 제외)의 한자가 수록되어 있는데, 이 중에서 許進雄(1996:475-481)은 '日, 旦, 莫, 昏, 昃' 등 5字에 대해 연구했고, 李玲璞(2010:125-145) 등은 '旦, 日, 昔, 昏, 昃, 莫' 등 6字에 대해 연구했으며, 劉志成(2003:349-355)은 '旦, 昃, 暮, 日' 등 4자에 대해 연구했고, 尹黎雲(1998:290-298)는 '日, 旦, 昌, 杲, 杳, 昜, 是, 莫, 昔, 早, 昏' 등 11字에 대해 연구했다.

일찍이 『左傳·昭公元年』에서 "君子에게는 4가지의 시간이 있다. 아침에는 정사를 듣고, 낮에는 사람들을 찾아다니며 물어보고, 저녁에는 정사를 돌보고, 밤에는 자신을 돌본다. (君子有有四時:朝以聽政, 晝以訪問, 夕以修令, 夜以安身. (君子有四時:朝以聽政, 晝以訪問, 夕以修令, 夜以安身.)"라고 하였는데, 이와 같은 '四時制'는 春秋時期에 출현하였다. 許進雄(1995:460)은 '日出, 日行, 日沒'

등 태양의 운행에 따라 달라지는 옛날 사람들의 상황에 대해 구체적으로 분석하였는데, 예를 들어 옛날 사람들이 해가 뜬 뒤 얼마 되지 않아 첫 끼를 먹고, 해가 지기 전에 두 번째 끼니를 해결한 것을 들 수 있다. 이것으로 볼 때 해가 뜨고 지는 것이 옛날 사람들의 삶에 큰 영향을 주었다는 것을 알 수 있다.

태양의 운행과 관련된 한자를 '日出, 日行, 日沒'을 기준으로 나누어 보면 '日出—昧, 睹, 昕, 早, 朝, 旦, 昌, 杲, 朸(昒, 晧, 昫, 旭, 暘, 晢)', '日行—昜, 晉, 晛, 昭, 晃, 是, 昃(暆, 昱, 暉, 景, 昈, 晙, 晟, 曉, 映, 昉, 晤, 旳, 曠)', '日沒—昏, 莫, 杳, 昔, 夕(晩, 晻, 暗, 冥, 旰, 曫, 普, 晦).'[50] 등이 있음을 알 수 있는데, 이 글자들을 구체적으로 살펴보면 다음과 같다.

1) 日出

옛날 사람들의 시간에 대한 관념은 다분히 직관적이고 주관적이어서, (何九盈·胡雙寶·張猛 1995:186) 많은 경우 구체적인 형상에 대한 인식과 구별을 통해 시간의 흐름에 대해 인지하였다. 예를 들어 태양이 뜨고 짐에 따라 낮의 구체적 시간들을 파악하였는데, 한자에 이러한 모습들이 반영되어 있다. 劉志成(2003:350)이 "옛 사람들의 하루 활동은 해가 뜨기 전부터 이미 시작되었다. (古人一天的活動从日未出就開始了.)"라고 한 것에서 알 수 있듯이 태양은 옛날 사람들에게 하루의 시작을 구분하는 기준이 되었다. 해가 뜨기 전의 시간을 반영하는 한자는 '昧', '睹', '昕' 등이 있는데, 구체적으로 살펴보면 다음과 같다.

50) 괄호 안의 한자는 甲骨文과 金文 기록이 보이지 않기 때문에 검토 대상에서 제외하였다.

(1) 昧(매)

	 免簋		昧
甲骨文	金文	小篆	楷书

『說文』에서 ‘昧’에 대해 “새벽, 아침이 밝은 것이다. ‘日’의 뜻을 따르고, ‘未’의 소리를 따른다. 일설에서는 아직 해가 뜨지 않아 어두운 시간으로 풀이하기도 한다. (昧爽, 旦明也. 从日, 未聲. 一曰闇也.)”라고 하였는데, 『說文解字注』에서는 『說文』의 ‘旦明’를 ‘且明’으로 고치고 “‘昧’는 아직 밝지 않은 것이다. ‘爽’은 밝은 것이다. 합쳐 장자 아침이 되려는 것을 일컬은 것이다. (昧者, 未明也 ; 爽者, 明也. 合爲將旦之稱.)”라고 하였다. 『現代漢語規範詞典』(2004:893)에서는 “昧爽, 새벽. (昧爽, 拂曉.)”이라고 하였는데, 이를 통해 ‘昧’가 ‘아직 어두운 새벽’이라는 것을 알 수 있다. 즉 해가 장차 나오려 할 때 하늘색이 장차 밝아지려하지만 아직 모두 밝아진 것이 아닌 비교적 어두운 때를 말하는 것이다. 이 때문에 ‘昧旦’이라는 단어는 ‘하늘이 전부 밝아지기 전의 때’를 뜻한다. 예를 들어 『詩經·鄭風·女曰雞鳴』에서 “여자는 닭이 울었다고 하고, 남자는 아직 날이 밝지 않았다고 한다. (女曰雞鳴, 士曰昧旦.)”라고 하였다. 그리고 ‘昧然’라는 단어 역시 ‘몽매하여 무지한 상태’를 뜻하는데, 예를 들어 『莊子·田子方』에서 “臧丈人이 몽매하고 무지하여 반응하지 못하고 물러났다. (臧丈人昧然而不應, 泛然而辭.)”라고 하였다.

이 외에도 『禮記·內則』에서 “날이 밝기 전에 조정에 나가 무엇을 먹고 마셨는지를 묻는다. 만약 이미 먹었다면 물러나고, 먹지 않았다면 윗사람이 식기를 준비하는 것을 도와주어야 한다. (昧爽而朝, 問何食飲矣. 若已食則退, 若未食, 則佐長者視具.)”라고 하였고, 『尚書·牧誓』에서 “甲子의 날이 밝지 않았을 때 왕이 商나라 교외의 들에서 조례를 하고 맹세를 하였다. (時甲子昧爽, 王朝至於商郊牧野, 乃誓.)”라고 하였으며, 『毛詩·國風·女曰雞鳴』에서 “여자는 닭이 울었다고 하고, 남자는 아직 날이 밝지 않았다고 한다. (女曰雞鳴, 士曰昧旦.)"라고 하였다. 이 문장들에 있는 '昧' 혹은 '昧爽'은 모두 아침 해가 뜨기 전의 시간을 가리킨다. 한편 '昧'의 '하늘색이 밝지 않다.'라는 뜻은 그 의미가 확대되어 '감정, 관계 등이 애매모호하다.'라는 뜻의 '暧昧'로도 쓰이고, '사람의 눈과 귀가 밝지 못하다.'라는 뜻의 '暧昧'로도 쓰인다.

(2) 睹(도)

			曙
甲骨文	金文	小篆	楷书

현대중국어에서 '새벽'의 뜻을 갖고 있는 '曙'는 小篆에서 '睹'로 썼는데, 이 글자에 대해 『說文』에서 "睹, 아침이 밝은 것이다. '日'의 뜻을 따르고, '者'의 소리를 따른다. (睹, 旦明也. 从日, 者聲.)"라고 하였고, 『說文解字注』에서 "원래는 '睹'로 썼는데, 나중에 '曙'로 바뀌 썼다. '署'역시 '者'와 소리가 같다. 許愼의 책에는 '睹'가 있고 '曙'는 없다. 하지만 『文選·魏都賦』와 謝康樂 『溪行詩』에 대한 李注에서 모두 '曙'로 인용한 것으로 볼 때, 古今에 따른 字形의 차이만 있는 것으로 볼 수 있다. (本作睹, 後乃變為曙. 署亦者聲也. 許書有睹無曙, 而『文選·魏都賦』, 謝康樂『溪行詩』李注竝引作曙, 古今字形異耳.)"라고 하였다. 이것으로 볼 때, '睹'는 '曙'의 初文이고, 그 본의는 '날이 밝다.'임을 알 수 있다. '曙'는 小篆에서 ''로 쓰는데, 『說文』에서 "새벽. (曉也.)"이라고 하였고, 이에 대해 『說文解字注』에서 "'새벽'은 '동트다'와 뜻이 같다. (曙與昧爽同義.)"라고 하였다. 『現代漢語規範詞典』(2004:1214)에서 '曙光'에 대해 '지평선에 막 비친 햇빛 (剛射出地平線的陽光)'이라고 풀이하였다. 이상으로 볼 때 '睹'와 '曙'가 모두 날이 밝기 전의 일정한 시간을 가리킨다는 것을 알 수 있다.

한편 현대 중국어에서 '睹'는 'dǔ'라는 음도 갖고 있는데, 그 뜻이 '밝다, 드러나다. (明, 顯露)'이다. 예를 들어『荀子·天論』에서 "진주는 밖으로 드러나지 않아 王公이 보배로 삼지 않는다. (珠玉不睹乎外, 則王公不以爲寶.)"라고 하였는데, '밝다, 드러나다.'라는 뜻은 '날이 밝다'라는 뜻에서 파생된 것으로 볼 수 있다.

(3) 昕(흔)

 甲456 人3113			昕
甲骨文	金文	小篆	楷书

'昕'의 甲骨文 자형에는 '日'이 없는데,[51]이 글자를 태양의 운행과 어떻게 연관지을 수 있을까? 이 글자에 대해『甲骨文字典』(1980:726)에서 "'(囧)'과 '(斤)'을 따른다. '囧'은 '日'을 따르는 것과 같은데, 이는 '明'을 '朙'으로 쓰는 것에서 알 수 있다. (从(囧)从(斤), 从囧與从日同, 猶明之作朙也.)"라고 하였는데,『說文』에서는 '囧'에 대해 "囧, 창을 열어 밝은 것이다. 象形이다. (囧, 窻牖麗廔闓明, 象形.)"라고 하였다. 이것으로 볼 때, '囧'이 象形字로 창문을 열어 밝은 것을 상형한 글자이며 그 본의가 '빛이 들어와 밝다'라는 것을 알 수 있다. 사람들은 어떤 때 사물의 감성 형상의 선적인 특징을 묘사하여 그 사물의 뜻을 표현한다. (何九盈 1995:186) 따라서 '囧'의 字形과 字義가 '日'과 비슷하다는 것을 알 수 있는데, 이것으로 미루어 볼 때 ''囧'은 '日'을 따르는 것과 같다.'는 주장이 논리에 부합함을 알 수 있다.

이 글자의 뜻에 대해 살펴보면,『說文』에서 "昕, 아침이 밝아 해가 장차 나오려고 하다. '日'의 뜻을 따르고, '斤'의 소리를 따른다. '希'와 같이 읽는다. (昕, 旦明也, 日將出也. 从日斤聲, 讀若希.)"라고 하였는데, 이에 대해『說文解字

51) 『甲骨文新編』(2009)에서 '昕'의 甲骨文字形을 ''으로 제시하였는데,『甲骨文新編』(2014)에서는 ', 昕'으로 하였다.

注』에서는 "어두운 새벽은 아침과 시간적 차이가 있지만, '昕'은 아침과 겨우 한 순간의 차이가 있을 뿐이다. (昧爽於旦尤遠, 昕於旦僅一間.)"라고 하였고, 徐鍇는 『說文解字系傳』에서 "昕, '焮'과 뜻이 같아 해가 사물을 태우는 모습의 의미를 지닌다. 『禮』에서 '大昕 때의 朝禮.'라고 하였다. (昕, 猶焮也, 日炙物之貌. 『禮』 曰: '大昕之朝.)"(徐鍇 1987:133) 이상으로 볼 때, '昕'역시 태양이 나오기 전의 날이 밝으려할 때의 시간이라는 것을 알 수 있다.

이 외에도 『禮記·士昏禮』에서 "무릇 일을 행함에 반드시 어두운 새벽에 해야 하는데, 사당을 모시는데 있어 말을 두텁게 해야 모욕을 면할 수 있을 것이다. (凡行事, 必用昏昕, 受諸禰廟, 辭無不腆, 無辱.)"라고 하였는데, 이에 대해 賈彥公이 "'昕'은 밝으려할 때이다. 군자가 일을 도모함에 있어 일찍 하는 것을 숭상하였기 때문에 아침에 하라고 한 것이다. (昕即明之始, 君子擧事尚早, 故用朝旦也.)"라고 하였다. (漢語大字典編輯委員會 1992:1497) 또 『禮記·文王世子』에서 "天子가 배움을 대함에 있어 아침 일찍 북을 치며 나아갔는데, 이는 군중을 경계시키기 위함이었다. (天子視學, 大昕鼓征, 所以警衆也.)"라고 하였는데, 이에 대해 鄭玄이 "아침 새벽부터 북을 쳐 군중을 소집한 것이다. (早昧爽擊鼓以召衆也.)"라고 하였다. (阮元 1980:1410) 이상에서 예로 든 것으로 미루어 보면 '昕'과 '昧爽'이 가리키는 시간은 비슷하여 모두 해가 나오기 전의 시간을 뜻한다. 다만 '昕'은 '曙'와 '昧爽'보다 좀 더 늦어 일출에 거의 근접한 시간으로 볼 수 있다.

(4) 早(조)

甲骨文	金文	小篆	楷书
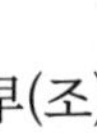 福3 甲2121	中山王鼎		早

『說文』에서 "早, 새벽. '日'이 '甲' 위에 있는 것을 따른다. (早, 晨也. 从日在

甲上.)”라고 하였는데, 이에 대해 『說文解字注』에서 “‘甲’은 사람의 머리를 상형한 것인데, 그 위에 있으니 아침의 뜻이 된다. (甲象人頭, 在其上, 則早之意也.)”라고 하였고, 徐鍇는 『說文解字系傳』에서 “甲, 십간의 첫 번째로 사람의 머리를 상형한 것이다. (甲, 十幹之首, 又象人頭.)”라고 하였으며, 朱駿聲은 『說文通訓定聲』에서 “‘甲’은 머리에 쓰는 투구인데, 투구를 따르는 것은 머리를 따르는 것과 같다. 머리에 해가 보이는 것으로 아침을 나타낸 것이다. (甲者, 首鎧. 从甲猶从首也. 擧首見日爲早.)”라고 하였다. 자형으로 볼 때, ‘甲’은 ‘甲’으로 적는데, ‘早’의 아래에 위치한다. ‘甲’의 甲骨文 ‘十’(甲870, 본의는 가죽의 균열 혹은 물건이 깨지 것을 뜻한다.)도 ‘早’의 아랫부분과 비슷하여 자형과 자의로 볼 때 모두 비슷한 점을 찾을 수 있는데, ‘早’의 異體字를 ‘皁’로 쓰기도 한다. 종합해 보면 ‘早’는 ‘日’과 ‘甲’을 會意하여 만든 글자라는 것을 알 수 있다.

이 외에도 『韓非子·外儲說左上』에서 “故人이 저녁이 되었는데도 오지 않자 먹지 않고 기다렸다. 다음날 아침 사람을 시켜 故人을 오게 하였는데, 그가 오자 함께 밥을 먹었다. (故人至暮不來, 起不食而待之. 明日, 早令人求故人, 故人來, 方與之食.)”라고 하였는데, 여기서 ‘早’는 本義로 쓰여 날이 밝아 해가 뜬 아침을 나타낸다. 나중에 ‘처음’이라는 뜻으로 인신되었다. 『漢語大字典』(2010:1483)에서 ‘시간이 앞서거나 혹은 일정한 시간의 앞’이라고 풀이하였는데 뜻이 확대된 것으로 볼 수 있다. 예를 들어 『尚書·詔告』에서 “그 德을 공경하지 않고 일찍 명을 어겼다. (惟不敬厥德, 乃早墜厥命.)”라고 하였는데, 여기서 ‘早’는 ‘새벽’을 뜻하지 않고 부사로 쓰여 ‘일찍’이라는 뜻을 나타낸다.

(5) 朝(조)

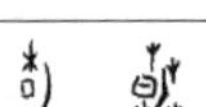 佚292 後2.3.8	 大盂鼎 矢令方彝 仲殷父簋		朝
甲骨文	金文	小篆	楷书

'朝'는 『說文·日部』에 속하지는 않지만, 그 자형과 자의가 모두 태양의 운행과 관련이 있다. 이 글자에 대해는 『說文』에서 "朝, 아침. '倝'의 뜻을 따르고, '舟'의 소리를 따른다. (朝, 旦也. 从倝, 舟聲.)"라고 하였고, 『甲骨文字典』(1980:730)에서 "'日'과 '月'을 따르고, 艸木의 자형을 따른다. 해와 달이 草木의 사이에 동시에 출현한 것을 상형한 것이다. 아침 해가 뜰 때 희미한 달이 있는 모습으로 아침의 뜻을 회의한 것이다. 해가 뜨기 시작할 때 저녁과 대비하여 나타낸 것인데, 지명의 뜻으로도 쓰인다. (从日从月, 且从艸木之形, 象日月同現於草木之中, 爲朝日出時尚有殘月之象, 故會朝意. 一, 日始出之時, 與莫(暮)相對. 二, 地名.)"라고 하였다.

劉志成(2003:360)도 '朝'가 날이 희미하게 밝으려할 때 달이 보이는 때라고 풀이하였는데, 甲骨文인 ''가 해가 초목의 사이에 뜨기 시작할 때 하늘이 조금씩 밝아졌어도 달의 형태를 볼 수 있는 것을 상형했다고 하였다. 『禮記·祭義』에서 "周나라 사람들은 제사지내는 날 아침부터 어두워질 때까지 하였다. (周人祭日以朝及闇)"라고 하였는데, 鄭玄이 "朝, 해가 뜰 때. (朝, 日之出時也.)"라고 하였다. 후에 '朝'의 '새벽'이라는 뜻은 '밝다, 시작, 하루' 등으로 확대 인신되었다. 또한 군주가 아침에 여러 신하를 불러 일을 논의한 것에 따라 '조견하다, 인사하다, 제사하다, 朝廷, 朝代' 등의 뜻으로 인신되었고, 새벽에 태양이 동쪽에서 뜨는 것에 따라 '東方'의 뜻으로 인신되었으며, 중국 지형이 서쪽이 높고 동쪽이 낮아 물의 대부분이 동쪽으로 흘러가는 것에 따라 '작은 하천의 물이 큰 하천으로 흘러 들어가다.'라는 뜻으로 인신되었다. 한편 '朝三暮四(아침에 3개, 저녁에 4개. 자기의 이익을 위해 교활한 꾀를 써서 남을 속이다.)', '朝不保夕(아침에 저녁 일을 보장할 수 없다. 상황이 급박하다.)', '朝發夕至(아침에 떠나 저녁에 도착한다. 교통이 편리하거나 거리가 가깝다.)' 등도 모두 원래의 뜻에서 확대된 것이다.

'朝'의 字形과 뜻은 옛날 사람들의 전통적인 사유방식 중의 하나인 '直觀

性'이라는 특징을 잘 보여주고 있다. 옛날 사람들의 전통적인 사유는 통합적으로 사유하는 것인데, 그들은 사물의 전체에 대해 개념 분석을 하거나 언어로 나타내지 않고 단지 직관 능력에 의지하였다. 이 때문에 '直觀性'은 옛날 사람들의 전통적인 사유방식의 중요한 특징이다. 이러한 특징은 한자의 形義關系에도 영향을 주었는데, 예를 들어 '朝'字가 해가 수풀 사이로 막 떴고 달이 여전히 보이는 것을 상형한 글자인데, 이러한 점은 옛날 사람들이 한자의 자형을 만들기 전에 먼저 직관적인 관찰을 통해 사물을 파악했다는 것을 잘 보여 준다. 따라서 한자를 식별할 때 사람들은 자형을 통해 그 말이 나타내는 사물의 특징적 모습을 파악하게 된다. (何九盈 1995:188)

(6) 旦(단)

甲骨文	金文	小篆	楷书
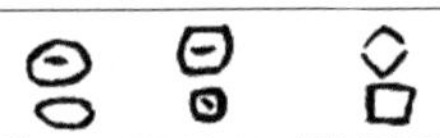 粹700 后2.39.14 鄴初下.33.3	 走馬休盤 頌鼎 揚簋		旦

'旦'은 전형적인 指事字인데, 『說文』에서 "旦, 밝다. '日'이 '一'위에 보이는 것을 따른다. '一'은 땅이다. (旦, 明也. 从日見一上. 一, 地也.)"라고 하였고, 『甲骨文字典』(1980:730)에서 "'日'과 '口'를 따른다. '口'는 해의 그림자이다. 金文의 대부분은 속이 채워져 있는데, 예를 들어 克鼎의 '旦'은 ''으로 쓰고 있다. 해와 그림자가 서로 접해 있는 모양으로 해가 떠오르기 시작한 때를 나타낸 것이다. 『說文』에서는 '旦'이 '一'을 따른다고 했는데, '一'이 땅이라는 설명은 정확한 것이 아니다. '旦'은 시간을 기록하는 명사로 해가 떠오른 시간을 뜻하는데, 해가 밝은 것과 비슷하다. (从日从口, 口即日之影, 金文多填實, 如克鼎之旦作是也. 以日與影相接之形表示日初之升之時. 『說文』中以旦从一, 一爲地之說不確. '旦' 紀時名詞, 日出之時也, 與 '日明' 略同.)"라고 하였다.

구체적으로 살펴보면, 甲骨文에는 왕이 일출을 보는 것과 관련된 卜辭들이 있는데, 이로 인해 제사일과 관련된 적지 않은 기록들이 있다. 甲骨文의 '旦' 자는 거의 평원에서 해가 뜨는 것을 그림으로 나타낸 '', '' 등의 글자들이 많다. 清末의 古文學家인 吳大徵의 풀이에 따르면 金文의 '旦'은 해가 처음 떴을 때 아직 땅에서 벗어나지 못한 모양인 ''이 대부분이고, (이에 따른 異體字는 ''이다.) 해가 땅에서 벗어난 모양인 ''이 드물게 있었다고 하는데, 이 자형은 계속 小篆으로 변화하는 과정을 거치며 차 있거나 비어 있었던 자형이 '一'로 바뀌어 ''으로 정형화되었다고 한다. (陳煒湛 2005:2) 尹黎雲(1998:290)도 위의 관점에 동의하여 甲骨文과 金文의 '旦'이 해의 아래에 흙을 더한 모양으로 해가 지평선으로 나온 모양이라고 했다. 해가 지평선에서 나올 때 일반적으로 지평선과 연결된 상태가 되는데, '旦'字 밑에 있는 것이 바로 연결된 모양이다. .

'旦'의 語源에 대해 위에서 말한 것 외에도 李玲璞(2010:127) 등을 대표로 한 의견이 있는데, '旦'을 '誕'으로 해석하는 것이다. 上古音의 '旦'자는 端紐와 元部에 속하는데, '誕'은 定紐와 元部에 속하는 것으로 同部이면서 鄰과 紐은 서로 가까운 성모이기 때문이다. '誕'은 사람이 처음 태어나는 것이고, '旦'은 해가 뜨기 시작하는 시간이기 때문에 두 글자의 뜻이 서로 통할 수 있다는 것이다. 한편, 篆書의 '旦'자는 악화되어 ''으로 쓰게 되었다.

비록 학계에서 '旦'의 字形에 대한 理解가 일치하지 않지만 그 뜻에 대해서는 모두 『說文』의 해석을 따라 '하늘이 밝아져 해가 떠오르는'시간을 나타내는 말로 풀이한다. 甲骨文의 卜辭 중에는 다음과 같은 구절이 있는데, ① 아침에 비가 오나요? 아침 먹기 전에는 말하지 않나요?(『殷墟粹編』 700) ② 아침부터 저녁까지 비가 오지 않나요?(『戰後京津新獲甲骨集』 4450) ①에 따르면 '旦'은 '食'(아침 식사 전), 뒤의 말의 '旦'은 '昏'(일몰 때)과 대응되는 말로 '旦'이 해가 떠오르는 때의 시간을 나타내는 말이라는 것을 알 수 있다.

이 외에도, 劉志成(2001:351)은 "'旦'의 本義는 '하늘이 밝다'이고 引申되

어서 '밝다, 새벽, 어느 날, 음력 초하루'의 뜻을 나타낸다. 하지만 주의할 점은 '旦日'이 '하늘이 밝다', '이튿날 혹은 음력 초하루'를 가리키고, '이튿날 새벽'은 절대 아니라는 것이다. ('旦'的本義是天亮, 引申爲明亮, 早晨, 某天又特指農曆初一, 但需要注意的是'旦日'指天亮, 第二天或農曆初一, 絕不是第二天早晨.)"라고 하였고, 許進雄(1995:469)은 '旦'을 이와 같이 만든 것은 商代의 사람들이 東方에 기원을 두고 있어 바다의 새벽 경관에 익숙하여 바다에서 해가 떠오르는 것에 따라 '旦'字를 만든 것이라고 하였다.

(7) 昌(창)

 甲185	 蔡侯盤		昌
甲骨文	金文	小篆	楷书

'昌'의 本義는 '아름다운 말'이다. 이는 『說文』에서 "昌, 아름다운 말. '日'과 '曰'의 뜻을 따른다. 일설에서는 '햇빛'으로 풀이하기도 한다. (昌, 美言也. 从日, 从曰. 一曰日光也.)"라고 한 것을 통해 잘 드러난다. 하지만 자형으로 볼 때 '昌'의 甲骨文은 '아름다운 말'과는 관련이 없어 보인다. 尹黎雲(1998:290)은 "'昌'의 甲骨文은 '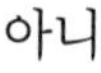'으로 적는데, '日'을 따르는 것이 아니고, '旦'과 같은 글자이다. 甲骨文의 '口'자는 원래 ''와 '' 두 형태가 있었는데, '旦' 아래에 있는 덩어리 모양이 '口'와 자형이 같다. 이 때문에 '口'의 두가지 자형을 쓸 수 있는 것이다. '昌'과 '旦'은 비록 같은 글자이지만 '새벽'을 나타낼 때는 명사로 쓰이고, '일출'을 나타낼 때는 동사로 쓰인다. 『詩』에서 '동쪽이 밝았다.'라고 하였는데, 바로 그 본래의 글자를 쓴 것이다. (昌甲骨文作, 非'从日', 而是與'旦'同字. 甲骨文口字本來有二體, '旦'下的塊狀與口同形, 故也可采用口的二體. 昌和旦雖然同字, 旦表示早晨, 用爲名詞 ; 昌表示日出, 用爲動詞. 『詩』曰 '東方昌矣', 正用其本文.)"라고 하였는데, 이에 따르면 '昌'의 本義가 '旦'과 같이 '해가 뜨

다'라는 것을 알 수 있는데, '昌'은 '旦'과 同字일 뿐으로 같은 단어는 아니다. 『漢語大字典』(2010:1490)과 『說文』에서 말한 '昌'의 '아름다운 말'이라는 뜻은 '해가 뜨다'라는 뜻에서 인신된 뜻일 가능성이 있다.

(8) 杲(고)

			杲
甲骨文	金文	小篆	楷书

'杲'字의 甲骨文과 小篆은 字形이 서로 같다. 『說文』에서 "杲, 밝다. '日'이 '木'위에 있는 것을 따른다. (杲, 明也. 从日在木上.)"라고 하였는데, 段玉裁가 이에 대해 "해가 나무 위에 있으니, 아침이다. (日在木上, 旦也.)"라고 하였다. 『玉篇·木部』에서는 "杲, 해가 나오다. (杲, 日出也.)"라고 하였다. 尹黎雲(1998:291)는 "'日'와 '木'의 뜻을 따른다. 해가 공중에서 빛나는 모양을 상형한 것으로 이 때문에 '杲'가 '밝다'의 뜻이 있는 것이다. (从日从木, 象日在空中照耀之形, 故'杲'有'明義'.)"라고 하였다. 이상으로 볼 때 '杲'는 會意字로 '日'과 '木'이 '杲'의 뜻을 나타내는데 동등한 작용을 하고 있는 것을 알 수 있다. 이 때문에 '杲'의 本義가 '해가 나와 밝아지다.'가 되는 것이다. '杲'는 비록 『說文·日部』에 속하지 않지만 태양의 운행과 관련이 있는데, 예를 들면 『南郊頌』에서 "바다가 깊은 것과 같고, 해가 높은 것과 같다. (如海之深, 如日之杲.)"라고 하였다.

(9) 倝(간)

	 𠫑羌鐘		倝
甲骨文	金文	小篆	楷书

『說文』에서 "倝, 해가 뜨기 시작해 빛나는 것이다. '旦'의 뜻을 따르고, '㫃'

의 소리를 따른다. (倝, 日始出, 光倝倝也. 从旦, 㫃聲.)"라고 하였는데, '倝'의 字形에 대해 饒炯은 『說文部首訂』에서 "倝倝, 해가 빛나는 모양. 빛나는 것이 깃발이 흔들리는 것과 같아 이와 같이 이름한 것이다. 나중에 '旦'을 더해 고유 글자를 만들었는데, 그 뜻을 아침이 밝아 해가 떠 빛나는 것에서 취한 것이다. (倝倝, 日光皃. 謂其灼, 如旌旗遊之飄揚貌, 因此口名之. 而後注旦爲專字, 其意蓋取旦明日出, 光常倝倝也.)"라고 하였다. (湯可敬 2003:917) 이것으로 볼 때, '倝'의 本義가 새벽에 해가 막 떠서 빛나는 뜻임을 알 수 있다. 이 글자의 異體字는 '[illegible]'인데, '日'이 두 개로 되어 있어 '倝'의 뜻이 '아침, 태양'과 연관이 있다는 것을 말해 준다. 따라서 '倝'이 비록 『說文·日部』에 속하지는 않지만 그 本義을 따져보면 태양의 운행과 관련이 있다는 것을 알 수 있다.

위에서 주로 언급한 일출 전후와 관련된 時間詞 외에, 『說文·日部』에는 일출 전후를 나타내는 '昒, 晧, 昫, 旭, 暘, 晢' 등의 글자가 있는데, 이 글자들은 甲骨文과 金文의 기록이 없다. 위의 자형과 자의의 분석을 근거로 일출 전후를 나타내는 한자를 시간 순서에 따라 나열하면 圖1과 같다.

〈圖1〉 일출 전후를 나타내는 한자

昒, 昧, 睹	➜	昕, 早, 朝	➜	旦, 昌, 杲, 暘, 晧, 旭	➜	倝, 晢, 昫
(해가 나오기 전)		(해가 막 나오려 할 때)		(해가 나왔을 때)		(해가 나와 빛날 때)

2) 日行

옛날 사람들은 노동을 하면서 해가 뜨면 일하고, 해가 지면 쉬었다. (郭慶藩 1961:966) '일출'과 '일몰'은 태양의 운행에 있어 변화가 분명하기 때문에 사람들의 생활에 준 영향이 비교적 컸기 때문에 일출과 관련된 ‘昧, 昕’ 등과 일몰과 관련된 ‘昏, 莫’ 등의 글자에 대해 비교적 자세한 설명이 전한다. 하지만 ‘일출’과 ‘일몰’사이의 ‘日行’ 시간대에 관한 설명은 비교적 부족한 데, 이는 사람들의 눈으로 관찰할 수 있는 능력이 한계가 있고, 옛날 사람들의 시간에 대한 관념이 주관적이었기 때문이다. 다시 말하면 옛날 사람들의 시간에 대한 주관성이 ‘日行’에 해당하는 시간에 대한 인식을 모호하게 만들었다고 볼 수 있다.

(1) 昜(양)

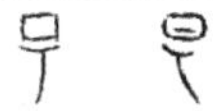 甲456 甲3343	 小臣鼎 小臣宅簋 叔樊鼎	昜	昜
甲骨文	金文	小篆	楷书

『說文』에서 “昜, 열다. 일설에 따르면 ‘흩날리다’, ‘확장하다’, ‘강자가 많은 모양’ 등의 뜻이 있다. (昜, 開也. 一曰飛揚, 一曰長也, 一曰彊者眾皃.)”라고 하였는데, 『說文解字注』에서 “이 글자는 陰陽의 正字이다. ‘陰陽’이 쓰이자 ‘侌昜’이 없어진 것이다. (此陰陽正字也. 陰陽行而侌昜廢矣.)”라고 하였다. 이를 통해 ‘昜’이 ‘陽’의 初文이라는 것을 알 수 있다. 하지만 이 글자의 字形에 대해 尹黎雲(1998:291)은 “‘昜’의 甲骨文은 ‘ ’으로 적는다. ‘日, 一, 勿’ 등을 따르는 것이 아니고 단지 ‘旦’의 變體일 뿐이다. 덩어리 형태를 선으로 바꾼 것으로 해가 떠 사물의 그림자가 길게 드리워진 모습을 상형한 것이다. (‘昜’ 甲骨文作 , 並非从 ‘日, 一, 勿’, 而只是 ‘旦’ 的變體, 將塊狀變成了線狀, 象日出升物影長之形.)”라고 하였다.

이 글자의 뜻에 대해 尹黎雲(1998:291)은 ‘昜’의 本義가 해가 처음 떴을 때 발하는 빛이라고 설명하고 이에 따른 인신의의 발생 원인에 대해 설명하였는데, 해가 처음 떴을 때 어둠이 물러가기 때문에 ‘열다’의 뜻을 갖고, 해가 처음 뜰 때 지평선에서 솟구쳐 올라 빛을 사방으로 퍼뜨리기 때문에 ‘흩날리다’의 뜻이 있으며, 해가 떠 만물에 생기를 불어 넣어주기 때문에 '강자가 많은 모양'이라는 뜻이 있다고 하였다.

종합해 보면, '昜'의 本義는 해가 떠올라 빛이 빛나는 모양이다. 古書에서는 대부분 '陽'字로 가차해 쓴다. '昜'와 '陽'은 서로에게 異體字이기 때문에, '昜'이 비록 『說文·日部』에 속하지 않지만 그 본의는 해의 운행과 관련이 있다.

(2) 晉(진)

 拾13.1一期	 晋人簋(周中)  晋侯穌锺(周晚)		晉
甲骨文	金文	小篆	楷书

'晉'은 '進'과 同音으로 字義도 비슷하다. 『說文』에서 "나아가다. 해가 나옴에 따라 만물이 성장하게 된다. '日'과 '臸'의 뜻을 따른다. 『易』에서 '밝음이 땅 위로 나오는 것을 "𣈆"이라 한다.'라고 하였다. (進也. 日出萬物進. 从日从臸. 『易』曰: '明出地上, "𣈆"'.)"라고 하였고, 『易·序卦』에서 "'晉'은 '나아가는 것'이다. (晉者, 進也.)"라고 하였다.

字形 방면에서 보면, 『甲骨文字典』(1980:721)에서 "'日'과 ''를 따른다. 『說文』의 篆文과 자형이 비슷하다. (从日从, 與『說文』篆文形近.)"라고 하였는데, '晉'의 甲骨文 자형은 ''이다. 字形의 윗부분인 ''은 화살 '矢'이다. 그 아래에 있는 것은 '日'인데, 이 자형들을 통해서 '두 화살을 태양을 향해 쏘다.'라는 뜻을 나타내었다. 이에 따르면 '晉'의 本義를 '해를 향해 쏜 화살'로 보는 학자가 있다는 것을 알 수 있다. 楊樹達는 『晉釋』에서 "'晉'字 위는 두 개의 화살을 상형했고, 아래는 화살을 꽂는 그릇을 상형한 것이다. (晉字上象二矢, 下爲插矢之器.)"라고 하여, 두 개의 화살을 꽂은 그릇으로 '晉'字의 뜻을 풀이하였다. '晉'字의 金文은 ''인데, 小篆에서 甲骨文과 金文의 두 개의 '矢'를 두 개의 '至'로 바꿔 '臸'로 만든 것인데, 이것은 異體字인 '𣈆'를 통해서도 알

수 있다. 사실, '至'도 화살과 관계가 없는 것은 아니다. '至'의 甲骨文은 바로 하나의 화살이 땅에 떨어진 것을 나타낸 것인데, 이 점에서 '臸'은 두 개의 화살이 땅에 떨어진 것으로 볼 수 있다. 어떤 학자는 이에 따라 '晉'의 造字意義가 화살을 신성시하여 해를 화살로 쏜 옛날 사람들의 관념과 관련 있는 것으로 해석하기도 한다. (吳東平 2001:421)

이 외에도, 吳東平(2001:421)은 中國古代神話에 나오는 '後羿射日 (後羿이 화살로 해를 쏘다.)'의 전설과 연관 지어 설명하였는데, 이렇게 볼 때 '晉'을 두 개의 화살로 해를 쏜 것으로 해석하는 설명은 더욱 타당한 것으로 보인다. 바꿔 말하자면 '晉'字를 만든 것은 '後羿射日'의 이야기의 진실성을 설명해 주는 동시에 옛날 사람들의 관념을 반영해 준다고 볼 수 있다. 화살로 해를 쏠 수 있기 때문에 사람들이 화살을 해와 연관지어 '後羿射日'의 이야기를 만든 것인데, 이것으로 볼 때 옛날 사람들이 두 개의 화살로 '晉'字를 만든 것은 아주 자연스러운 것이라고 볼 수 있다.

(3) 晛(현)

 三期存1.2043  三期菁10.16			晛
甲骨文	金文	小篆	楷书

『說文』에서 "晛, 해가 나다. '日'과 '見'의 뜻을 따른다. '見'은 소리도 나타낸다. (晛, 日見也. 从日, 从見, 見亦聲.)"라고 하였고, 『甲骨文字典』(1980:722)에서 "'日'과 '(頁)'을 따르는데, 머리를 들어 해를 쳐다보는 모습을 상형한 것이다. 『說文』의 篆文과 비슷하다. (从日从(頁), 像舉首見日之形. 與『說文』篆文略同.)"라고 하였다.

'晛'의 뜻은 그 자형으로도 알 수 있다. 小篆의 '日見'은 '해가 나오다.'로도 해석할 수 있다. 『古代漢語』(1999:217)에서 "'見'은 'xiàn'으로 읽고, '들키다,

출현하다.'의 뜻이다. 上古시기는 '現'字가 없었고, 中古시기에도 매우 드물게 보인다. '出現'의 뜻은 上古시기에 모두 '見'을 써서 나타내었다. ('見' 讀 'xiàn', 意爲 '被看見, 出現', 上古沒有 '現'字, 中古也很罕見. 凡 '出現' 的意義在上古都寫作 '見'.)"라고 하였는데, 이 때문에 어떤 학자는 '晛'을 會意兼形聲字로 풀이하여 '해가 나오다'의 뜻으로 풀이하기도 한다. 『甲骨文字典』(1980:722)에 따르면, '晛'자를 만들었을 때의 최초의 뜻은 '해가 나오다'가 아니라 '해를 보다'였는데, 후에 小篆에서 '해가 나오다'로 변했다고 한다. 사람이 보는 대상인 객체가 주체로 서로 바뀌는 현상은 옛날 사람들의 주객을 같이 쓰는 사유방식을 잘 보여 준다. 그리고 사람이 고개를 들어 해를 보는 甲骨文字形은 '晛'이 나타내는 시간이 해가 이미 높이 떠 운행하는 상태라는 것을 잘 보여 준다.

이 외에도 何九盈 등의 학자들은 '晛'字의 윗부분인 해와 아랫부분인 몸은 멀리서 본 것처럼 작게 그리고, 중간 부분인 눈은 가까이서 본 것처럼 크게 그려 '보다'의 뜻을 강조하여 나타냈다고 하고, 이러한 '晛'字의 甲骨文 자형 구조가 중국 회화의 원근 화면을 하나의 화폭에 그리는 구도적 특징을 잘 보여준다고 하였다.

(4) 昭(소)

			昭
甲骨文	金文	小篆	楷书

『說文』에서 "昭, 해가 밝다. '日'의 뜻을 따르고, '召'의 소리를 따른다. (昭, 日明也. 从日, 召聲.)"라고 하였는데, 『說文解字注』에서 "引申되어서 '밝다'의 뜻으로 쓰인다."라고 하였다. '昭'는 甲骨文과 金文에서는 보이지 않기 때문에 그 本義를 명확히 알 수는 없다. 『漢語大字典』에서는 "吳大澂의 『古籀補』에서 '옛날의 "昭"자는 "卪"를 따른다.'라고 하였다. (吳大澂 『古籀補』: '古昭字,

从冃.')"라고 하였다. 『詩經·大雅·既醉』에서 "君子가 만년토록, 당신의 밝음을 크게 하리라. (君子萬年, 介爾昭明.)"라고 하였는데, 鄭玄의 箋에서 "昭, 빛나다. (昭, 光也.)"라고 하였다. 『楚辭·大招』에서 "푸른 봄에 백일이 빛나네. (青春受謝, 白日昭只.)"라고 하였는데, 『說文』의 풀이와 經典文獻의 예를 통해 '昭'의 本義가 햇빛이 밝게 빛나는 것임을 알 수 있다. 이 뜻은 뒤에 '해가 밝다'에서 인신되어 '사물이 명확하다'의 뜻으로 확대되어 현대 중국어에서 '昭雪, 昭示' 등의 말과 같이 쓰인다. 그리고 『說文』에서 밝힌 "'昭'의 소리를 따른다. (昭聲)"라는 풀이를 통해 '照'가 '昭'의 뜻과 비슷하다는 것을 알 수 있는데, 이는 현대 중국어에서 '昭'와 '照'를 異體字로 쓰는 것을 통해서도 알 수 있다.

(5) 晃/晄(황)

	 黃作父癸簋		晃
甲骨文	金文	小篆	楷书

『說文』에서 "晄, 밝다. '日'의 뜻을 따르고, '光'의 소리를 따른다. (晄, 明也. 从日, 光聲.)"라고 하였는데, 『說文解字注』에서 "晃, 각 판본의 篆字는 '晄'으로 쓴다. '晃'은 움직이는 밝음이다. 모든 빛은 반드시 움직인다. (晃, 各本篆作晄, 晃者, 動之明也. 凡光必動.)"라고 하였다. 『廣韻·蕩韻』에서 "晃, '晄'으로도 적는다. '晃'은 '밝다', '빛나다', '빛' 등의 뜻을 나타낸다. (晃, 亦作晄. 晃, 明也, 輝也, 光也.)"라고 하였는데, 이를 통해 '晃'과 '晄'이 서로 異體字가 된다는 것을 알 수 있다.

『漢語大字典』(2010:1507)에서는 '晃'에 대해 3가지의 例를 들어 설명하였는데, 『抱樸子·外篇·喻蔽』에서 "등잔불의 밝음을 지키느라, 3가지 빛의 밝음을 알지 못한다. (守燈燭之宵曜, 不識三光之晃朗.)"라고 하였고, 『釋名·釋天』에서 "빛이 밝다. 밝은 모양. 또한 넓음을 뜻하기도 하는데, 빛이 넓고 멀리 비추기 때문이다. (光晃也, 晃晃然也, 亦言廣也, 所照廣遠也.)”하였으며, 『正字通·日部』에서 “晃, 햇빛이 빛나다. (晃, 日光耀也.)”라고 한 것을 볼 수 있다. 이 3가지 例에서는 모두 ‘晃’의 本義를 햇빛이 밝거나 빛나는 뜻으로 썼음을 알 수 있다. ‘晃’이 ‘햇빛’과 관련되기 때문에 ‘晃’의 異體字는 ‘晄’뿐만 아니라 ‘熀’으로 쓰기도 했고, 그 뜻은 점차 확대되어 ‘빛의 움직임’뿐만 아니라 ‘사물의 움직임’의 뜻으로 쓰였는데, 예를 들어 『樂府詩集·冬歌十七首』에서 “빛은 벽이 없는 사방에 비추고, 엄동설한에 얼어 죽겠네. (晃蕩無四壁, 嚴霜凍殺我.)”라고 한 것을 볼 수 있다.

이 외에도 許進雄(1995:469)에 따르면, ‘晛’과 ‘昭’ 그리고 ‘晃’은 모두 ‘大采’라는 시간대를 가리키는데, ‘大采’는 바로 햇빛이 강렬한 때를 말한다. 즉 해가 이미 높이 떠 햇빛으로 인해 사람들이 가장 잘 볼 수 있을 때인데, 새벽부터 일하느라 지친 사람들의 체력을 보충하는 시간이다.

(6) 是(시)

 出处待考证	 毛公鼎	 陳公子叔邍父甗	 虢季子白盤	 	是
甲骨文	金文			小篆	楷书

『說文』에서 “是, 곧다. ‘日’과 ‘正’의 뜻을 따른다. ‘昰’은 籒文의 ‘是’인데, 古文의 ‘正’자를 따른 것이다. (是, 直也. 从日, 正. 昰, 籒文是, 从古文正.)”라고 하였는데, 『說文解字注』에서 “해로 바른 것을 삼아 ‘是’라고 한 것이다. ‘日’과 ‘正’을 따라 會意한 것이다. 天下의 사물 중에 해보다 바른 것은 없기 때문이다. (以日爲正則曰是. 从日, 正, 會意. 天下之物莫正於日也.)”라고 하였다.

우선 ‘是’의 字形을 살펴보면 甲骨文에서 ‘’로 적고, 金文에서는 ‘’로 적는데, 小篆에서 위에는 ‘日’을 쓰고, 아래는 ‘正’을 쓰는 글자로 발전된 듯하다. 이 때문에 ‘是’의 異體字인 ‘昰’가 있는 것이다. 尹黎雲(1998:291)은 ‘是’자

에 대한 설명에서 『說文』의 뜻풀이에 동의했지만, 자형에 대한 풀이에는 다른 의견을 제시했는데, '是'가 『說文』에서 풀이한 것과 같이 '日'과 '正'을 따르는 것이 아니라 '是'의 상반부 자형을 甲骨文은 ''로 적고, 金文은 ''로 적기 때문에 '日' 혹은 '昜'을 따르는 것으로 풀이하고, 하반부 자형을 甲骨文은 ''로 적고, 金文은 ''로 적기 때문에 두 개의 '止'를 따른다는 것이다. '止'는 본의는 '발'이다. 따라서 해의 직사광선이 머리 위를 비춰 사람의 그림자가 짧아 발 주위만 보이는 자형으로 해석한 것으로 볼 수 있다. 혹은 '昜'의 '一'획을 '手'가 변한 자형으로 풀이하여 손으로 해를 가린 모습을 상형한 것으로 풀이할 수 있다고 하였다. 이상을 통해 살펴보면 '是'자는 여름 오후 해가 머리 위에 떠 그 빛이 직사광선으로 땅에 비추는 것을 형상화한 것으로 '是'의 본의가 해의 직사광선이라는 것을 알 수 있다.

尹黎雲의 '是'자에 대한 자형 풀이는 어느 정도 일리가 있어 보인다. '正'의 金文은 ''으로 적는데, 『說文』에서 "正, 옳다. '止'를 따른다. '一'로써 그치게 한 것이다. '正'은 古文의 '正'자인데, '二'를 따른다. '二'는 옛날의 '上'字이다. '足'은 古文의 '正'인데, '一'과 '足'을 따른다. '足'또한 '止'이다. (正, 是也. 从止, 一以止. 正, 古文正, 从二, 二, 古上字. 足, 古文正, 从一, 足, 足者, 亦止也.)"라고 하였다. 이 때문에 小篆의 '是'는 ''로 적는다. 또한 '正'이 '止'를 따르기 때문에 金文 ''의 하부 자형이 '正'인지 '止'인지는 알 수가 없다. 하지만 '是'의 字義에 대해서는 學界의 견해가 비교적 일치하여 '정오의 태양'으로 해석한다. 정오에 태양은 北回歸線에 위치하는데, 이 때 지면과 직각을 이루게 되어 그 직사광선이 사람의 머리를 비추게 된다. 따라서 '똑바르다'라는 뜻도 이러한 '직사광선'의 뜻에서 인신된 것으로 볼 수 있다.

이 외에도 『說文·目部』에서 '睼'에 대해 '맞이하여 보다. (迎視)'라고 하였는데, 이러한 풀이는 '是'의 풀이와 상보적인 관계에 있다고 볼 수 있다. 즉 太陽의 입장에서 보면 '직사광선'이고 사람의 입장에서 보면 '맞이하여 보는'것이 된다. 예를 들어 『禮記·玉藻』에서 “섬세하고 거친 것인 듯하다. (而疑是精粗之體.)”라고 하였는데, 疏에서 “바른 것을 말한 것이다. (謂正也.)”라고 하였다. 그리고 『易·未濟』에서는 “上九, 머리를 감았는데, 믿음은 있지만 옳음을 잃어버린 것이다. (上九, 濡其首, 有孚失是.)”라고 하였다.

이상을 종합해 보면 ‘是’가 비록 『說文·日部』에 속하지는 않지만 그 뜻이 태양이 하늘의 정중앙에 위치한 시간이라는 것을 알 수 있는데, 이에 따라 태양의 운행과 관련 있음을 알 수 있다.

(7) 昃(측)

 合20957 鄴2下.37.10 合29793	 侯戈		昃
甲骨文	金文	小篆	楷书

『說文』에서 “昗, 해가 서쪽에 있을 때로 해가 기운 것을 뜻한다. ‘日’의 뜻을 따르고, ‘仄’의 소리를 따른다. 『易』에서 ‘해가 기울 때 이별한다.’라고 하였다. (昗, 日在西方時, 側也. 从日, 仄聲. 『易』 曰: ‘日昗之離.’)”라고 하였는데, 이에 대해 『說文解字注』에서 “이 글자는 회의를 포함한 형성의 예이다. 隷變되어 ‘昃’으로 쓴다. (此擧形聲包會意, 隷變作昃.)”라고 하였다. ‘昃’字의 本義인 ‘해가 서쪽으로 기운 것’에 대해 학계에서는 이견이 없다. 하지만 그 자형을 육서의 형성으로 볼 지 회의로 볼 지에 대해서는 의견이 일치하지 않는다. 『甲骨文字典』(1980:723)에서는 “‘日’과 ‘夨’를 따른다. ‘夨’는 옆으로 기운 사람의 그림자를 상형한 것이다. 해가 옆으로 기울었을 때 사람의 그림자는 해를 따라 옆으로 기울게 된다. 이 때문에 옆으로 기운 사람의 그림자로 해가 기운 것을 나타낸 것이다. 『說文』의 篆文은 나중에 생겨난 形聲字이다. 裘錫圭(1988:45)는 ‘昃’자에 대해 원래 形符로 쓰인 편방이 音符로 바뀌어 形聲字가 된 것이라고 풀이하였다. 즉, 사람과 해의 관계로 해가 서쪽으로 기운 것을 나타내다

가 나중에 옆으로 기운 사람의 모양을 자형이 비슷한 音符의 '夨'으로 바꿔 形聲字로 만들었다는 것이다. '夨'는 나중에 '仄'으로 바뀌는데, '夨'과 '仄'은 모두 '기울다'의 뜻을 나타내 表意 기능도 겸한다. 하지만 王愼行(1992)은 '會意'를 '形聲'으로 잘못 풀이하였다고 하였다. (黃德寬·常森 1995:201) 즉 甲骨文은 ''로 적는데, 해가 서쪽으로 기울고 사람의 그림자도 해를 따라서 기운 모습으로 옛날 사람들이 '昃'字를 '日'과 기운 사람의 모습으로 뜻을 합해 해가 기운 뜻을 회의한 글자라는 것이다. 한편 劉志成(2001:351)은 '昃'자가 '日'과 '大'를 따르는 것으로 풀이하였는데, 기운 '大'字로 태양이 서쪽으로 이동해 사람의 그림자가 똑바르지 않을 것을 나타내 오후의 뜻을 나타냈다는 것이다. '側'은 해의 그림자가 기운 것을 가리키는데, '昃'은 나중에 만들어진 字形이다.

더구나 裘錫圭(1988:45)는 商代 글자에 대해 설명하면서 자형의 위치가 고정되지 않았다는 것을 지적하였는데, 당시 글자를 쓸 때 왼쪽 오른쪽을 구별하지 않고 썼다고 했다. 이러한 현상은 글자의 상형성 정도가 높은 것과 밀접한 관계가 있다. '昃'자는 甲骨文과 金文에서 形符인 '日'과 '夨'의 위치가 고정되지 않았는데, 이것은 바로 이 글자의 상형성이 비교적 높다는 것을 말해 준다. '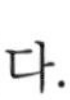'은 왼쪽에 해가 있고 오른쪽에 머리를 옆으로 기울인 사람을 나타낸 것이다. 이는 옛날 사람들이 고개를 기울인 사람의 형태로 '기울이다'의 뜻을 나타냈다는 것을 말해 준다. 이에 따르면 '日'과 '夨'두 形符를 합해 會意字인 '昃'을 만들어 해가 기운 뜻을 나타냈다고 볼 수 있다. 하지만 한편으로는 '仄'과 '夨'이 음이 같고 이 글자들 모두 기울다의 뜻이 있기 때문에 形聲字로 보는 것도 이치에 맞아 보인다. 따라서 '昃'을 形聲을 겸하는 會意字로 보는 것도 무방해 보인다.

『甲骨文字典』에서는 '昃'字의 뜻을 '시간을 적는 名詞'로 풀이하였다. 정오의 해가 점점 기운 때는 後世의 '未時' 前後로 볼 수 있는데, '未時'는 오후 1시에서 3시 사이를 가리킨다. 이와 관련해 甲骨의 卜辭에서 '昃'의 시간에 대해 기록한 문장을 살펴볼 수 있는데, 예를 들어 ① "왕이 밭을 살펴보고, '昃'시에 비가 오는지를 물었다. (王其省田, 昃, 不雨?)"(『殷墟萄辭』 703)라고 하였고, ② "정오에서 '昃'시까지 비가 올까요? '昃'시에서 '墉'시까지 비가 올까요?(中日至昃, 其雨？昃至墉, 不雨？)"(『殷墟拾綴』 394)라고 한 것을 볼 수 있다. 例①에서는 '昃'시간에 비가 올 지를 묻고 있는데, 특히 例②를 통해 '昃'의 구체적인 시간을 알 수 있다. 즉 대략 정오가 지난 후 '墉'의 시간인 오후 4시 전으로 볼 수 있다. (李玲璞 2010:128)

이상으로 볼 때 옛날 사람들이 '昃'을 오후 1시에서 3시 사이의 시간으로 봤다는 것을 알 수 있다. 이 외에도 許進雄(1995:469)의 풀이에 따르면 '昃'이 지난 뒤 '小食'이 된다고 한다. 즉 옛날 사람들이 간단히 오후 식사를 하는 시간이다. 밥을 다 먹고 농기구를 정리하면 해가 서쪽으로 기울며 빛이 희미해지는데, 이때는 사람들이 집으로 돌아가는 시간이기도 하다.

이상으로 해의 운행과 관련된 시간 외에 『說文·日部』에서는 해가 대지에 비추는 햇빛 및 그 밝음에 관한 글자들이 있는데, 예를 들어 '暆, 昱, 暉, 景, 旽, 晙, 晟, 曉, 映, 昉, 晤, 昀, 曠' 등을 들 수 있다. 이 중 '暉, 景, 晟, 晙, 昶, 映, 昉' 등은 대부분 '햇빛' 혹은 '해의 밝음'을 뜻하는 것들로 이 글자들을 통해 옛날 사람들의 낮에 대한 시간의 모호성 및 옛날 사람들이 노동 생활을 중시했다는 것을 알 수 있다.

이상 글자들의 字形과 뜻을 분석하면 태양의 운행에 따른 시간을 순서대로 나열할 수 있는데, 아래의 圖2와 같다.

〈圖2〉 태양의 운행을 나타내는 漢字

易, 晋 → 晛 → 是 → 昃

(太阳이 처음 떴을 때) → (고개를 들어 太阳을 봄) → (太阳이 머리 위를 내려 쬠) → (太阳이 서쪽을 기움)

暆

(太阳이 느리게 이동함)

昭, 晄/晃, 昱, 晖, 景, 昈, 晙, 晟, 晓, 映, 昉, 晤, 昀, 旷

(햇빛이 비침)

3) 日沒

許進雄(1995:460)과 劉志成(2003:350)에 따르면 일몰의 시간은 옛날 사람들에게 하루의 활동을 끝내고 휴식하는 시간이었다. 일몰의 상황이 비교적 명확하기 때문에 일몰을 나타내는 한자는 象形과 指事 그리고 會意字가 많다. 그리고 일몰 후는 빛이 없기 때문에 일출과 낮을 나타내는 글자에 비해 그 수량이 적은 편이다.

(1) 昏(혼)

 粹715　鄴初下.33.3　佚292	 毛公鼎		昏
甲骨文	金文	小篆	楷书

『說文』에서 "昏, 해가 장차 어두워지는 때이다. '日'의 뜻을 따르고, '氐'의 소리를 따른다. '氐'는 '아래'를 뜻한다. 일설에 따르면 '民'의 소리를 따른다고 한다. (昏, 日且冥也. 从日氐聲. 氐者, 下也, 一曰民聲.)"라고 하였는데, 『說文解字

注』에서 “글자는 ‘氐’의 생략형을 따라 會意한 것으로 결코 ‘民’의 소리를 따라 形聲한 것은 아니다. 아마도 隸書를 어지럽게 써 ‘民’을 따라 ‘昬’으로 쓴 것일 것이다. (字从氐省為會意, 絕非从民聲為形聲也. 蓋隸書淆亂, 乃有从民作昬者.)”라고 하였다. 그리고 『甲骨文字典』(1980:723)에서는 “‘日’과 ‘𠂢(氏)’를 따른다. 『說文』의 篆文과 비슷하다. 시간을 적는 名詞이다. ‘墉’뒤의 시간으로 ‘小采’와 비슷하다. 대략 후세의 黃昏의 때이다. (从日从𠂢(氏), 與『說文』篆文略同. 紀時名詞, 在墉兮之後, 與小采相當, 約爲後世黃昏之時.)”라고 하였다.

字形으로 보면 ‘昏’字 위에 ‘氐’字가 있는데, ‘氐’는 ‘아래’의 뜻이다. 아래는 ‘日’인데, 해가 서쪽으로 내려간 것을 나타낸다. 小篆의 ‘昏’은 ‘氏’와 ‘日’을 합쳐 만든 것으로 ‘氏’는 해가 이미 지평선 밑으로 떨어진 것을 나타내는데, 이 때는 아직도 남은 빛이 있어 하늘이 완전히 어두워지진 않았다. 이 때문에 ‘昏’의 異體字 중에 ‘旦’과 상반된 ‘亘’이 있다. 이상을 종합해 보면 ‘昏’의 本義는 ‘黃昏’을 가리킨다.

이 외에도 許進雄(1995:479)은 ‘昏’의 字形이 해가 사람의 키 높이만큼 졌다는 것을 의미한다고 했다. 尹黎雲(1998:294)은 古文의 ‘氏’와 ‘氐’를 같은 글자로 여겼는데, 그 字義가 모두 ‘내려가다’의 뜻을 갖는다고 했다. ‘日’과 ‘氏’의 뜻을 따르는 것은 해가 지는 것과 같아 ‘昏’이 ‘어두워지다’의 뜻을 갖는 것이다. 이와 관련해 甲骨卜辭의 例 두 가지를 살펴보면 다음과 같다. ① ‘墉’시부터 어두워질 때까지 비가 올까요? (墉兮至昏, 不雨?)(『殷契粹編』 715) ② 어두워서야 비가 왔다. (至昏雨.)(『戰後寧滬新獲甲骨文集』 1趨) 甲骨卜辭의 문장을 분석해 보면, ‘昏’이 해의 운행과 밀접한 時間詞라는 사실은 의심의 여지가 없다. 시간을 나타내는 常用詞로써 ‘昏’은 詩에 자주 쓰였는데, 예를 들어 馬致遠의 『天淨沙·秋思』인 “마른 등나무와 고목, 해질 무렵의 갈까마귀. 작은 다리, 물 흐르는 人家. (枯藤老樹昏鴉, 小橋流水人家.)”에 보인다. 나중에 ‘昏’은 時間을 나타내는 말에서 확대되어 암울한 정치와 분별없는 두뇌 등을 형용하는 말로 쓰였는데, 예를 들어 左思의 『吳都賦』 "바람에 소매를 떨쳐보지만 낮과 밤 붉은 먼지만 일고, 가랑비와 같이 땀을 흘려보지만 길가에 진흙만 질퍽이네. (揮袖風飄, 而紅塵晝昏 ; 流汗霡霂, 而中逵泥濘.)"에 보인다.

(2) 莫(모)

 京都1887 甲1280 粹682	 散氏盤		莫
甲骨文	金文	小篆	楷书

『說文』에서 "莫, 해가 어두워지려 할 때이다. '日'이 '茻' 속에 있는 것을 따른다. (莫, 日且冥也. 从日在茻中.)"라고 하였는데, 『說文解字注』에서 "'茻'은 소리도 나타낸다. (茻亦聲.)"라고 하였다. '莫'의 異體字에는 '[illegible]'도 있다. 尹黎雲(1998:292)은 '茻'이 본래 모호하여 뜻이 분명하지 않다고 여겼는데, '莫'은 '해가 어두워지려 할 때'로 '茻'이 음과 뜻을 모두 나타낸다. '莫'字의 古音은 魚部에 속하는데, 漢나라 사람이 '莫何羅'을 '莽何羅'으로 쓴 것으로 보아 '莫'과 '茻'의 古音이 서로 통한다는 것을 알 수 있다.

『甲骨文字典』(1980:61)에서 "甲骨文은 '茻'을 따른다. 字形이 더해지기도 하고 생략되기도 하는데, 어떤 것은 '隹'를 따르기도 한다. 새가 숲으로 돌아가는 것으로 일몰의 때를 회의한 것이다. 첫째, 해가 장차 떨어져 어두워지려는 때이다. 둘째, 方國의 이름이다. (甲骨文从茻, 字形多有繁簡增省, 或从隹, 象鳥歸林以會日暮之意. 一, 日且冥也, 日將落之時. 二, 方國名.)"라고 하였다. 劉志成(2003:351)도 '莫'에 대해 해가 초목에 떨어지는 것을 상형한 것으로 풀이하였는데, 그 본의가 저녁 무렵이고 인신되어 곧 어두워질 시간 혹은 연말의 뜻을 나타낸다. '莫'은 代詞, 副詞, 連詞 등으로도 쓰이는데 모두 假借된 뜻이다. 形旁 '日'을 더하여 '暮'로 적는데, '莫'과 '暮'는 古今字이다. 『論語·先進』에서 "늦봄에 봄옷을 입고 갓 쓴 사람 5~6명과 아이 6~7명이 沂水에서 목욕을 하고 기우제에서 바람을 쐰 후 노래를 부르며 돌아왔다. (莫春者, 春服既成, 冠者五六人, 童子六七人, 浴乎沂, 風乎舞雩, 詠而歸.)”라고 하였다. 나중에 ‘莫’을 假借하여 부정과 금지를 나타내는 말로 쓰임에 따라 ‘暮’자를 만들어 본래의 뜻을 나타내었는데, (吳東平 2001:420) 예를 들어 ‘朝三暮四’를 들 수 있다. 이 외에도 『說文解字注』에서 “‘莫’은 해가 어두워지려할 때이고, ‘杳’는 완전히 어두워진 때이다. 즉 ‘莫’때 땅 밑으로 들어가기 시작해 뽕나무 밑에까지 다다르게 된 때인 것이다. (莫爲日且冥, 杳則全冥矣. 由莫而行地下, 而至於扶桑之下.)”라고 하였다. ‘莫’과 ‘杳’가 똑같이 會意字로써 일몰의 뜻을 나타내는데, ‘莫’이 비록 『說文·日部』에 속하지는 않지만 해의 운행과 관련 있는 글자로 볼 수 있다.

‘莫’자는 옛날 사람들이 일몰에 대해 인식했다는 사실을 알 수 있게 해 주는데, ‘’는 풀을 나타내고, ‘’는 숲을 나타내며, ‘’은 해를 상징한다. 이 자형들의 조합은 해가 풀숲에 떨어져 사라졌다는 뜻으로, 하늘이 곧 어두워져 밖에서 일한 사람들이 귀가해야할 시간을 나타내 주었다. 일출과 일몰로 하루의 노동시간을 정한 사람들에게 해의 운행은 사람들에게 절실하게 인식되었을 것이다. 이 때문에 이러한 사실을 반영하고 있는 ‘莫’자는 옛날 사람들의 시간에 대한 인식을 알 수 있게 해 주는 대표적인 예라고 볼 수 있다. 사람들은 해가 수풀에 떨어지는 경관을 직관적으로 관찰하여 ‘莫’ 혹은 ‘暮’의 시간을 인식한 것인데, 이 때문에 많은 한자들이 보고 관찰하는 것만으로도 그 뜻을 유추해 낼 수 있는 것이다. 이는 音節文字나 音素文字가 반드시 그 讀音을 거쳐 뜻을 알 수 있는 것과는 다른 것이다. (何九盈 1995:186)

이 외에도 許進雄(1995:469)은 해가 서쪽으로 기울며 빛을 점차 잃어 갈 때 하늘에 단지 희미한 빛만 남은 때를 ‘小采’라고 하였다. 이때는 마치 해가 수풀 속으로 들어가 버려 빛이 숲에 가려 희미하게 남아 있을 때인데, 이 때문에 ‘小采’를 ‘莫’이라고도 부른다. 또 ‘昏’字가 해가 사람의 신장 밑으로 내려간 상태를 대략적으로 가리키는데 이 때문에 ‘小采’를 ‘昏’이라고도 부른다. 따라서

‘小采’와 ‘昏’그리고 ‘莫’이 모두 해가 하루의 운행을 마치고 숲 속으로 들어간 때를 가리킨다고 볼 수 있다.

(3) 杳(묘)

 後2.39.16			杳
甲骨文	金文	小篆	楷书

『說文』에서 “杳, 어둡다. ‘日’이 ‘木’밑에 있는 것을 따른다. (杳, 冥也. 从日在木下.)”라고 하였는데, 『說文解字注』에서 “‘莫’은 해가 어두워지려할 때이고, ‘杳’는 완전히 어두워진 때이다. 즉 ‘莫’때 땅 밑으로 들어가기 시작해 뽕나무 밑에까지 다다르게 된 때인 것이다. (莫為日且冥, 杳則全冥矣. 由莫而行地下, 而至於榑桑之下也.)”라고 하였다.

‘杳’는 ‘杲’와 字形이 서로 반대이다. 하지만 현실에서 해가 나무 밑에 있는 현상은 불가능한데, 이러한 사실을 ‘杳’에 대한 해석에 있어 어떻게 이해해야 할까? 만약 ‘杳’를 ‘杲’의 反體指事字로 풀이한다면 ‘杲’의 ‘새벽’이라는 뜻으로부터 ‘杳’의 ‘어둡다’라는 뜻을 유추할 수 있을 것이다. 먼저 ‘杲’를 ‘日’과 관련시켜 그 本義를 ‘해가 나와 밝다’로 풀이할 수 있는데, 예를 들어 『詩·衛風·伯兮』에서 “그 비가 올 듯 하고 그 비가 올 듯 하다가, 쨍쨍하게 해가 나오네. (其雨其雨, 杲杲出日.)”라고 하였는데, ‘杳’역시 ‘日’과 관련이 있기 때문에 그 본의을 ‘杲’와 상반된 것으로 보아 ‘해가 져 빛이 없는 것’으로 볼 수 있는 것이다. 예를 들면 『楚辭·涉江』에서 “깊은 숲 속 어둡고 어두워, 원숭이나 살 수 있겠네. (深林杳以冥冥兮, 猿猴之所居.)”라고 한 것과 같다. 글자를 처음 만들 때 ‘杲’와 ‘杳’를 자형의 위아래를 바꿔 반대되는 뜻을 나타낸 것인데, 甲骨文에는 이와 같이 같은 자형을 변화시켜 뜻을 나타낸 경우를 흔히 볼 수 있다. 현대 중국어에서는 ‘杲’의 ‘밝다’라는 뜻은 이미 사용되지 않고, ‘杳’이 ‘杳無音信

(소식이 감감하다.)'로 쓰여 '어둡다'라는 뜻에서 인신된 '어떤 것도 볼 수 없다'는 뜻을 나타낸다.

이 외에도 吳東平(2001:127)은 '杲'와 '杳'가 옛날부터 전설로 전하는 '日出扶桑(해 뜨는 곳에 있다고 하는 신령한 나무)'와 관계있다고 하였다. '扶桑'은 전설에 나오는 동쪽에 있는 신령한 나무이다. 이 때문에 어떤 학자는 '東'과 '杲'그리고 '杳'가 모두 하나의 전설을 통해 만들어진 글자라고 설명하였다. 즉 해가 '扶桑'의 꼭대기에 있을 때가 '杲'가 되고, '扶桑'의 밑에 떨어졌을 때가 '杳'가 되며 '扶桑'의 중간에 있을 때가 '東'이 된다는 것이다.

이상을 종합해 보면 '杳'가 비록 『說文·日部』에 속하지는 않지만 '杲'와 같이 해의 운행과 관련된다는 것을 알 수 있다.

(4) 昔(석)

 乙1968 甲2913 明藏785	 冠尊 史昔鼎 郤王欘鼎	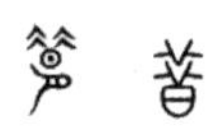	昔
甲骨文	金文	小篆	楷书

『說文』에서 "昔, 말린 고기. 자른 고기를 따른다. 햇빛으로 말린 것이다. '俎'와 뜻이 같다. '𦢊'은 籒文으로 '肉'을 따른다. (昔, 乾肉也. 从殘肉, 日以晞之, 與俎同意. 𦢊, 籒文从肉.)"라고 하였는데, 『說文』에 따르면 '昔'의 本義가 '幹肉'인 것을 알 수 있다. 하지만 '昔'의 甲骨文字形을 보면 이와 다르다는 것을 알 수 있는데, 이는 『甲骨文字典』(1980:725)에서 말한 "'日'과 '𡿧'을 따른다. 葉玉森은 '𡿧'이 洪水를 상형한 것이라고 했다. 古字는 '巛'이다. '日'을 따른다. 옛날 사람들이 아마도 홍수를 잊지 못해 '昔'字를 만들어 홍수가 일어난 날에서 뜻을 취한 것이다. 이에 따르면 『說文』이 정확하지 못함을 알 수 있다. (从日从𡿧. 葉玉森謂𡿧乃象洪水, 即古巛字, 从日. 故人殆不忘洪水之巛, 故制昔字, 取誼於洪水之日. 按其說可从『說文』不確.)"을 통해 잘 드러난다. 尹黎雲(1998:293)

도 '昔'의 甲骨文인 '㫺'에 대해 해 아래에 '巛'를 더한 것으로 설명하였는데, '巛'는 하천의 뜻인 '川'으로 홍수의 뜻이다.

『孟子·滕文公上』에서 "堯임금의 시대에 천하가 다스려지지 못해 홍수가 세상에 범람했다. (當堯之時, 天下猶未平. 洪水橫流, 泛濫於天下.)"라고 하였는데, 이에 따르면 옛날에 홍수가 빈번히 일어났음을 알 수 있다. 그래서 '洪荒之世(혼돈의 세상)'라는 말도 생겨난 것이다. (陳煒湛 2005:309) '昔'자는 '日'과 '巛'을 따르는데, 이는 홍수가 빈번한 시대를 통해 '해가 지나갔다'는 시간을 나타낼 수 있다는 것을 의미한다고도 볼 수 있다. 예를 들어 『公梁傳·莊公七年』에서 "해가 별의 출현에 이르렀을 때를 '昔'이라고 한다. (日至於星出謂之昔.)"라고 하였고, 『博雅』에서 "昔, 밤. (昔, 夜也.)"라고 하였다. 옛날 사람들의 눈에 해가 없으면 밤이 되었기 때문에 과거의 시간은 지나간 해와 같았다. 나중에 '昔'은 인신되어 과거를 뜻했다. 예를 들어 『呂氏春秋·淫辭』에서 "어제 公孫龍의 말이 매우 분별이 있었다. (昔者公孫龍之言甚辯.)"라고 하였는데, 高誘의 注에서 "昔, 어제. (昔, 昨日也.)"라고 하였다.

이 외에도 '昔'자는 옛날 사람들의 홍수를 겪은 고생을 통해 우환의식을 나타내 준다고 볼 수 있다.

(5) 夕(석)

 甲616 甲1127	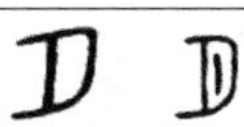 大盂鼎		夕
甲骨文	金文	小篆	楷书

『說文』에서 "夕, 저녁. 달이 반쯤 보인 것을 따른다. (夕, 莫也. 从月半見.)"라고 하였다. 孫海波는 『甲骨文錄考釋』에서 "卜辭의 '月'과 '夕'은 같은 글자인데, 단지 뜻이 구별될 뿐이다. '月'과 '夕'두 글자는 달이 처음 보이는 것에서 자형을 취한 것이기 때문에 혼동하기 쉽다. (卜辭月夕同文, 惟以文義別之, 蓋月

夕二字之誼同取於月初見, 故易混也.)"라고 하였다. 林光義는 『文源』에서 "'夕'과 '月'은 처음에 같은 글자였다. 저녁에 달이 보이기 때문에 저녁을 달로 나타낸 것이다. 나중에 두 음으로 나누어 졌다. (夕, 月初本同字. 暮時見月, 因謂暮爲月. 後分爲兩音.)"라고 하였다. (於省吾 1999:1120) 劉志成(2003:351)은 '夕'이 반달의 모양인 '☾'을 상형한 것이라고 하였는데, '夕'과 '月'의 甲骨文이 비록 점의 구별이 있지만 뜻에 크게 영향을 주지 않으므로 두 글자를 같은 글자로 볼 수 있다.

『甲骨文字典』(1980:750)에서 "반달의 모양을 상형한 것으로 '月'의 本字이다. 卜辭에서 '月'을 빌려 '夕'으로 썼다. 1~4期의 卜辭에서는 '夕'字에 점을 더해 '月'字와 구별하였다. 하지만 종종 混用되어 쓰이기도 했다. 첫째는, 밤. 둘째는, 犧牲을 다루는 방법. (象半月之形, 爲月之本字. 蔔辭借月爲夕. 蔔辭中一至四期之夕字每加一點以與月字相區別. 然亦偶有混用者. 一, 夜晚之時. 二, 用牲法.)"이라고 하였고, 『穀梁傳·莊公八年』에서 "해가 진 후 별이 뜰 때까지를 '夕'이라고 한다. (自日之入至於星出謂之夕.)"라고 하였는데, 이것으로 볼 때, '夕'이 '해가 져 보이지 않고, 달이 처음 뜬 시간'이라는 것을 알 수 있다. 따라서 '夕'의 本義는 '저녁'으로 해질녘을 가리킨다는 것을 알 수 있다. 나중에 이 뜻은 인신되어 전체 저녁을 가리키는 뜻으로 쓰였다. 예를 들어 『列子·周穆王』에서 "밤마다 꿈속에서 왕이 되었다. (昔昔夢爲國君.)"라고 하였는데, 『釋文』에서 "'昔昔'은 밤을 반복한 것이다. (昔昔, 夜夜夜.)"라고 하였는데, 여기서 '昔'은 '夕'의 通假字로 해가 져 서쪽으로 잠겼다는 것을 나타낸다. 이 때문에 '서쪽으로 향하다'라는 인신의도 갖게 되었다. 이 외에서 '夕'은 '朝'와 상대되는 뜻으로 쓰였는데, 그 예는 『詩·小雅·北山』의 "건강하고 씩씩한 선비가, 아침 저녁으로 일에 종사하네. (偕偕士子, 朝夕从事.)"에 보인다.

이상의 일몰의 시간을 나타내는 말 외에 『說文·日部』에서는 '晚, 晻, 暗, 冥, 旰, 䜌, 普, 晦' 등과 같이 일몰의 전후와 날이 어두워졌을 때를 나타내는 말들이 있는데, 이를 시간의 순서에 따라 나열하면 다음의 圖3과 같다.

〈圖3〉 일몰 전후를 나타내는 漢字

昏, 莫, 晩, 冥, 杳, 疊, 旰 ➜ 夕 ➜ 晦

(해가 진후 달이 막 어두워졌을 때) (해가 져 보이지 않고 달이 처음 떴을 때) (달이 보이지 않아 깜깜할 때)

暗, 晻, 普

(해가 빛이 없을 때)

昔

(하루가 지나갔을 때)

이상에서 해의 운행 즉 '日出-日行-日沒'을 중심으로 이와 관련된 한자를 살펴보았는데, 이를 통해 옛날 사람들의 사유방식에 '순환반복(循环反復)'의 특징이 있음을 알 수 있다. 즉 옛날 사람들은 시간과 공간에 대해 해를 중심으로 생각하고 시간과 공간이 순환반복을 통해 이루어진다고 여겼던 것인데, 이에 대한 예시를 들면 다음과 같다.

早(昧, 昕)➜ 晩(昃, 昏) ➜ 早(睹, 早)

暗(晦, 昧) ➜ 明(昭, 旷) ➜ 暗(旰, 昏)

日出(旦, 早) ➜ 日行(是, 昃) ➜ 日沒(莫, 普) ➜ 日出(旦, 早)

다시 말하면 해의 운행을 나타내는 한자를 만들고 사용했다는 사실은 옛날 사람들이 순환 반복하는 시간관을 가졌다는 것을 보여 준다고 볼 수 있다.

4) 소결

옛날 사람들은 해가 동쪽에서 떠서 서쪽으로 지는 것을 관찰하며 해가 천체의 서로 다른 위치에 머무는 것에 주의하였는데, 이러한 목격은 처음에 태양을 숭배하는 감성인식으로부터 시작하여 나중에는 해의 운행을 관찰하는 이성인식으로 발전되었다. 이런 과정에서 태양의 운행에 따라 시간을 파악하게 된 것은 필연적인 결과였다. 위에서 『說文·日部』를 중심으로 하루의 시간을 해의 운행 즉 '日出, 日行, 日沒'에 따라 분석하여 각 글자의 자형과 뜻 그리고 문화적 의미를 살펴보았는데, 그 결과를 정리하면 다음과 같다.

첫째, 한자의 甲骨文 字形과 字義를 분석하여 '日出'과 '日行'그리고 '日沒'과 관련된 한자를 귀납하였는데, 각 글자의 구체적 시간을 분석하여 시간의 순서에 따라 배열하였다. 둘째, '昕', '是', '昔' 등과 같은 비교적 난해한 글자를 분석하여 그 本義를 밝혔다. 셋째, '杲', '朝', '是', '莫', '杳' 등의 글자들이 비록『說文·日部』에 속하지는 않지만 그 字形과 字義에 따라 해의 운행과 관련이 있음을 밝혔다. 그리고 許進雄(1995:460)이 '日出, 日行, 日沒'에 따라 해의 운행을 나눈 것과 같이 이상에서도 관련 글자를 '日出, 日行, 日沒'에 따라 나누고 각 글자를 圖4와 같이 시간의 순서에 따라 정리하였다.

〈圖4〉 해의 운행을 나타내는 한자

日出	昒, 昧, 睹, 昕, 早, 朝, 旦, 昌, 杲, 暘, 晧, 旭, 朝, 晢, 昫
日行	昜, 晋, 晛, 昭, 晄/晃, 昱, 晖, 景, 昈, 晙, 晟, 晓, 映, 昉, 晤, 旳, 旷, 是, 昃
日沒	昏, 莫, 晚, 冥, 杳, 虋, 旰, 暗, 晻, 普, 昔, 夕, 晦

전체적으로 보면 첫째, 옛날 사람들은 해가 떠서 질 때까지 천체에서 운행하는 동안의 시간을 많은 한자를 통해 기록하였는데, 이에 비하면 달의 운행에

따라 시간을 기록한 한자는 비교적 적은 양이라고 볼 수 있다. 둘째, 해의 운행과 관련된 한자 중 '日行'과 관련된 낮 시간을 기록한 글자가 가장 많다. 셋째, 햇빛의 발산, 조명, 무광 등을 나타내는 한자가 비교적 많다. 그리고 해의 운행에 따라 기록된 한자가 비록 시간을 기록하는 면에서는 정확성이 떨어지지만 당시 농업 생산력이 높지 않은 상황에서 해의 운행에 따른 시간 파악은 옛날 사람들의 생활에 큰 영향을 주었다고 할 수 있다.

참고문헌

桂馥(1972), 『說文解字義證』, 臺北:廣文書局.

桂馥(1987), 『說文解字義證』, 齊魯書社.

季旭昇(2004), 『說文新證(上下)』, 臺北:藝文印書館.

高更生(1992)等, 『現代漢語知識大詞典』, 濟南:山東教育出版社.

高明(1987), 『古文字通論』, 北京:文物出版社.

高明·塗白奎(2008), 『古文字類編(增訂本)上下冊』, 上海:上海古籍出版社.

高樹藩(1980), 『正中形音義綜合大字典』, 臺北:正中書局.

高誘注, 劉安著, 『淮南子注』, 『諸子集成』.

高鴻縉(1976), 『中國字例』, 臺北:三民書局.

郭慶潘(1961), 『莊子集釋』, 北京:中華書局.

郭沫若(1982), 『甲骨文合集』, 中華書局.

瞿明安(1998), 「中國古代宗教祭祀文化飮食略論」, 『中國史研究』 03期, 北京:中國社會科學院歷史研究所.

裘錫圭(1988), 『文字學概要』, 北京:商務印書館.

裘錫圭(1990), 『中國文字學概要』, 北京:商務印書館.

裘錫圭(2010), 『文字學概要』, 北京:商務印書館.

김경일(1999), 『갑골문이야기』, 서울:바다출판사.

김동오(2011), 「古代中國의工匠과技術통제 - 분업생산과 공관조직 분석을 중심으로」, 『東洋史學研究』, 제117집.

김은희(2010)譯, 왕닝·시에똥위엔·리우팡著, 『설문해자와 중국고대문화』, 학고방.
김은희(2013)옮김, 허주잉지음, 『한자문화학』, 연세대학교대학출판문화원.
김하림·하영삼(2002)역, CeciliaLindqvist, 『한자왕국』, 서울:청년사.
金學主(1988), 『新完譯詩經』, 明文堂.
김현철(1999)(外)옮김, 濮之珍著, 『중국언어학사』, 신아사.
羅常培(1996), 『語言與文化』, 北京:語文出版社.
나성(1996)역, BenjaminI.Schwarts, 『중국고대사상의세계』, 서울:살림출판사.
羅竹風(1990)主編, 『漢語大詞典』, 漢語大詞典出版社.
勞思光(1965), 『中國文化要義』, 香港:中文大學崇基學院.
段玉裁(1981), 『說文解字注』, 上海:上海古籍出版社.
段玉裁(1988), 『說文解字注』, 上海古籍出版社.
段玉裁(1988)注, 許慎撰, 『說文解字注(第2版)』, 上海:上海古籍出版社.
段玉裁(1992), 『說文解字注』, 臺灣黎明文化事業公司.
段玉裁(2001)注, 許慎撰, 『說文解字注(第2版)』, 上海:上海古籍出版社.
唐蘭(1981), 『古文字學導論』, 濟南:濟魯書社.
唐蘭(1988), 『中國文字學』, 臺北:開明書店.
戴家祥(1995), 『金文大字典』, 上海:學林出版社.
戴望(1986), 『管子校正』, 河北人民出版社.
戴吾三(2003), 『考工記圖說』, 濟南:山東畫報出版社.
董蓮池(2011), 『新金文編(上中下)』, 北京:作家出版社.
董彦屏·王瓊(2014), 『「說文解字」馬部會意字探析』, 『昭通學學報』, 第36卷, 第2期.
董蓮池(1995), 『金文編校補』, 長春:東北師範大學.
滕壬生(1995), 『楚系簡帛文字編』, 武漢:湖北教育出版社.
滕壬生(2008), 『楚系簡帛文字編』(增訂本), 武漢:湖北教育出版社.
呂丹斌(2010), 『'六畜'詞語文化義闡釋』, 內蒙古師範大學, 碩士畢業論文.

勵兵(2004),『漢字字形研究』, 北京:商务印书馆.

呂叔湘·李榮·許嘉璐(2004)主編,『現代漢語規範詞典』, 北京:外語教學與研究出版社.

劉釗(2014)等編纂,『新甲骨文編(增訂本)』, 福州:福建人民出版社.

劉釗·洪颺·張新俊(2009)編纂,『新甲骨文編』, 福州:福建人民出版社.

劉志基(1999),『漢字文化綜論』, 廣西教育出版社.

劉志成(2003),『文化文字學』, 成都:巴蜀書社.

劉熙,『釋名』, 長洲吳氏璜川書屋本.

陸錫興(2003),『漢字的隱密世界』, 上海:上海辭書出版社.

馬如森(1991),『殷墟甲骨文引論』, 長春:東北師範大學出版社.

馬如森(2007),『殷墟甲骨学:带你走进甲骨文的世界』, 上海:上海大学出版社.

梅立崇(1996)等,『中國文化面面觀』, 北京:華語教學出版社.

文凱·文傳良(2004),「古代相馬今譯」,『牧業史志』, 第7期.

문준혜(2005)역, 韓鑒堂,『한자문화』, 서울:역락.

朴錫弘(2014),「갑골문 '單'의 형체 기원 고찰」,『中國文化研究』第57輯.

박흥수(1999),「한자에 반영된 중국의 교통문화」,『중국학연구』 제16집, 중국학연구회.

박흥수(2000),「漢字所反映的中國文化」,『중국어문학』 제36집, 영남중국어문학회.

박흥수(2001),「육서의 관점에서 본 간체자」,『중국문학연구』 제23집, 한국중문학회.

박흥수(2001),「한자의 표의성과 표음성에 관한 고찰」,『언어와언어학』 제28집, 한국외국어대학교외국어종합연구센터언어연구소.

박흥수(2004),『중국언어와문자』, 한국외국어대학교출판부.

박흥수(2009),「한자에반영된인생여정:출생, 결혼, 자녀교육과죽음」,『중국학연구』 제47집.

박흥수·남종호(2001),「한자문화학 시론」,『중국언어연구』 제12집, 한국중국언어학회.

박홍수·남종호(2001), 「한자와 중국 전통 정치 문화」, 『중국학연구』 제19집, 중국학연구회.

박홍수·남종호(2002), 「중국 전통 형법과 한자적 함의」, 『중국어문논역총간』 제10집, 중국어문논역학회.

박홍수·남종호(2003), 「한자문화학의 정체성」, 『중국연구』 제23집, 한국외대중국연구소.

박홍수·장은영(2005), 「『설문해자』 중 형벌관련 한자의 의미확장 연구」, 『한중언어문화연구』 제8집, 사단법인 한국현대중국연구회.

박홍수·장은영(2006), 「『설문해자』 중 노예 관련 한자의 의미확장 연구」, 『한중언어문화연구』 제11집, 사단법인 한국현대중국연구회.

박홍수·김지연(2007), 「『說文解字』 '疒'부 병명자 연구」, 『한중언어문화연구』 제13집, 사단법인 한국연대중국연구회.

박홍수(2007), 「한자 숫자의 문화적 의미」, 『중국학연구』 제39집, 중국학연구회.

박홍수·강몽(2016), 「从漢字看太阳一日运行 - 以『说文·日部』为重点讨论对象」, 『중국문화연구』 제34집, 중국문화연구학회.

박홍수·고은미(2016), 「한자를 통해 본 중국 고대 漁獵 - 어렵 도구와 방법을 중심으로 -」, 『한중언어문화연구』 제42집, 사단법인 현대중국연구회

박홍수·루명(2016), 「『說文解字』 收錄的黍類和稷類糧食作物字考」, 『중국연구』 제68집, 한국외국어대학교 중국연구소

박홍수·염혜연(2016), 「『說文解字』 '馬'部字與相關文化」, 『絲綢之路』 總343期, 絲綢之路雜誌社

박홍수·강희명(2016), 「한자를 통해 본 중국 전통 공예 분야 - 『周禮·冬官·考工記』의 분류를 중심으로」, 『중국학연구』 제77집, 중국학연구회

박홍수·제윤지(2017), 「商代의 天文現象 研究 - 문자 이미지를 중심으로」, 『언어

와 언어학』 제75집, 한국외국어대학교 언어연구소

班固(1992), 『漢書』, 上海古籍出版社.

班吉慶(2004)等點校, 許愼著, 『說文解字校訂本』, 鳳凰出版社.

潘中規(1977), 『中國文字學』, 臺北, 東大圖書公司集, 北京:北京大學出版社.

白振有(1991), 『「說文解字」 馬部字的文化蘊含』, 『延安大學學報』, 第21卷第1期.

范正芳(2011), 「『說文解字』 '四季' 詞古文形體簡析」, 『文学界(理论版)』, 2001年12期.

司馬遷(1992), 『史記』, 上海古籍出版社.

謝成俠(1977), 「關於長沙馬王堆漢墓帛書 『相馬經』 的探討」, 『文物』, 第8期.

師爲公(1996), 『漢語與漢文化』, 泰州:江蘇教育出版社.

上海書店(1990)編, 『二十五史』, 上海古籍出版社.

徐鍇(1987), 『說文解字繫傳』, 北京:中華書局.

徐中舒(1980), 『漢語古文字字形表』, 成都:四川人民出版.

徐中舒(1980)主編, 『甲骨文字典』, 成都:四川辭書出版社.

徐中舒(1988), 『漢語古文字字形表』, 臺北:文史哲出版社.

徐中舒(1988)主編, 『甲骨文字典』, 成都:四川辭書出版社.

徐中舒(1989)主編, 『甲骨文字典』, 成都:四川辭書出版社.

徐中舒(1990), 『漢語大字典』, 湖北辭書出版社, 四川書出版社.

徐中舒(1990)主編, 『甲骨文字典』, 成都:四川辭書出版社.

徐中舒(1991), 『漢語大字典』(全八冊), 臺北:遠東圖書公司.

蘇新春(1996), 『漢字文化引論』, 南寧:廣西教育出版社.

蘇志澄(2014), 「'日'部字文化蘊意芻議」, 『廣西教育』 第3期.

孫德海·劉勇·陳光唐(1981), 「河北武安磁山遺址」, 『考古學報』 03期, 北京:中國社會科學院考古研究室.

손예철(2003), 『중국문자학』, 아카넷.

孫依晨(2013), 『「說文解字」 "馬"部字與中國民俗文化』, 『青春歲月』, 第22期.

宋娜(2013),「說文解字日部字語義場研究」,『鎮江高專學報』第1期.

宋柏年(1999)等,『中國文化讀本』, 北京:商務印書館.

宋永培(1996),『「說文」漢字體系與中國上古史』, 南寧:廣西教育出版社.

水建鋒·黃換乃(2010),「中國馬文化研究現狀分析」,『科技信息』, 第22期.

申小龍(1995),『漢字人文精神論』, 南昌:江西教育出版社.

신영자(2011),『갑골문의비밀』, 서울:도서출판문.

沈兼士(1986),『沈兼士學術論文集』, 中華書局.

楊家駱(1994),『說文解字詁林正補合編』(全十二冊), 臺北:鼎文書局.

楊德峰(1999),『漢語與文化交際』, 北京:北京大學出版社.

梁東淑(2001),「甲骨文에나타난商代의天文學」,『中國文學研究』, 第22集.

梁東淑(2003),「甲骨文으로본商代의氣象」,『中國文學研究』, 第26集.

梁東淑(2009),『갑골문과옛문화』, 서울:차이나하우스.

楊伯峻(1987),『論語譯註』, 北京中華書局.

楊州(2016),「說殷墟甲骨文中的 '圭'」,『山西檔案』, 03期.

楊澤林(2014),「說文解字日部字與先民原始時間觀探析」,『語文建設』 第8期.

於省吾(1999),『甲骨文字詁林』, 北京:中華書局.

易思羽(2005),『中國符號』, 江蘇人民出版社.

염정삼(2007),『설문해자주부수자역해』, 서울:서울대학교출판부.

영남대중국문학연구실(1993)옮김, 許進雄저,『중국고대사회-문자학과 고고학적 해석에 입각하여』, 대구:지식산업사.

吳東平(2001),『漢字文化趣釋』, 湖北:湖北人民出版社.

吳慧穎(1996),『中國數文化』, 長沙:嶽麓書社.

阮元(1980),『十三經注疏』, 北京:中華書局.

阮元(1992),『十三經注疏』, 藝文印書館.

阮元(1993),『十三經注疏』, 藝文印書館.

王建莉(2003),『「爾雅」動物專名的原始特征』,『漢字文化』, 第2期.

王國安·王小曼(2003),『漢語詞語的文化透視』, 上海:漢語大詞典出版社.

王筠(1981),『文字蒙求』, 臺北:藝文印書館.

王筠(1983),『說文句讀』, 上海:上海古籍出版社.

王筠(1987),『說文釋例』, 北京:中華書局.

王寧·謝棟元·劉方(2000),『「說文解字」與中國古代文化』, 沈陽:遼寧人民出版社.

王力(1999),『古代漢語』, 第一冊, 第三版, 北京:中華書局.

王立軍(2009),「漢字與古代車馬文化」,『中國教師』, 第5期.

王立軍·張翼飛(2009),「漢字構形與古代天文」,『中國教師』, 2009年23期.

王先謙,『莊子集解』,『諸子集成』.

王星玉(1986),「黍稷史話」,『種子世界』02期, 哈爾濱:中國種子協會;黑龍江省種子協會:中國種子貿易協會.

王慎行(1992),『古文字與殷周文明』, 陝西人民教育出版社.

王宇信·楊升南(1999),『甲骨學一百年』, 北京:社會科學文獻出版社.

王毓瑚(1981),「我國自古以來的重要農作物」,『農業考古』01期, 南昌:江西省社會科學院.

王籽酈·吳俊霖(2008),「『說文解字』反映的六畜文化」,『大眾文藝』, 第12期.

王平(2001),『「說文」與中國古代科技』, 廣西教育出版社.

王平(2002),「『說文解字』中的宇宙天文思想」,『北方論叢』, 02期.

王弼,『老子注』,『諸子集成』.

王曉芳(2010),「說文 '日'部文化學例釋」, 東北師範大學碩士論文.

姚淦銘(1996),『漢字與書法文化』, 南寧:廣西教育出版社.

姚姝倩(2014),「說文解字日部字探究」,『文學藝術』第2期.

容庚(1985),『金文編(修訂四版)』, 北京:中華書局.

龍于純(1987),『中國文字學』, 臺北:學生書局.

于省吾(1981),『甲骨文字釋林』, 臺北:大通書局.

于省吾(1996),『甲骨文字詁林』, 北京:中華書局.

于省吾(2012),『甲骨文字釋林』, 北京:商務印書館.

袁行霈(1999),『中華文明之光1, 2, 3』, 北京:北京大學出版社.

魏仰浩(1986),「試論黍的起源」,『農業考古』 02期, 南昌:江西省社會科學院.

游修齡(1984),「論黍和稷」,『農業考古』, 02期, 南昌:江西省社會科學院.

游修齡(1990),「'禾', '谷', '稻', '粟'探源」,『中國農史』 02期, 南京:中國農業歷史學會;中國農業科學院;南京農業大學;中國農業遺產研究室.

游修齡(1993),「黍粟的起源及傳播問題」,『中國農史』 03期, 南京:中國農業歷史學會;中國農業科學院;南京農業大學;中國農業遺產研究室.

劉安(1986),『淮南子』, 河北人民出版社.

遊汝傑(2003),『中國文化語言學引論』, 上海:上海辭書出版社.

劉志基(1993),『漢字與古代人生風俗』, 華東師範大學中青年學術著作出版基金會.

劉志基(1994),『漢字文化學簡論』, 貴州教育出版社.

劉志基(1995),『漢字與古代人生風俗』, 上海:華東師範大學出版社.

劉志基(1996),『漢字文化綜論』, 南寧:廣西教育出版社.

劉志基(1996)著, 臧克和主編,『漢字文化總論』, 廣西:廣西教育出版社.

劉志誠(1995),『漢字與華夏文化』, 四川:巴蜀書社.

劉志誠(1996),『漢字與華夏文化』, 成都:巴蜀書社.

劉志成(2003),『文化文字學』, 成都:巴蜀書社.

劉蕙孫(1997),『中國文化史述』, 北京:文化藝術出版社.

陸宗達·王寧(1983),『訓詁方法論』, 北京:中國社會科學出版社.

尹黎雲(1998),『漢字字源系統研究』, 北京:人民大學出版社.

尹小林(1993),『漢語數目詞辭典』, 北京:中華書局.

殷寄明(2013),『說文解字精讀』, 複旦大學出版社.

이강재(2013)譯, 石定果·羅衛東,『중국문화와한자』, 서울:역락.

李國正(1998),『古漢語文化探秘』, 太原:書海出版社.

이돈주(2006),『(한자·한어의창으로보는)중국고대문화』, 태학사.

李萬春(1992),『漢字與民俗』, 雲南:雲南教育出版社.

李萬春(2002),『漢字與民俗』, 昆明:云南教育出版社.

이면우(2000)譯, JosephNeedham,『중국의과학과문명수학, 하늘과땅의과학, 물리학(축약본2)』. ColinA.Ronan缩写, 서울:까치글방.

李延壽(1992)等,『晉書』, 上海古籍出版社

李玲璞(1997)等,『古漢字與中國文化源』, 貴陽:貴州人民出版社.

李玲璞·臧克和·劉志基(1997),『古漢字與中國文化源』, 貴陽:貴州人民出版社.

李義活(2003),「『甲骨文合集』의狩獵에관한主要卜辭考釋」,『中國語文學』第41輯.

이충구(2004)외역,『爾雅注疏5』, 서울:소명출판.

李鴻鎭(2001)譯, 裘錫圭著,『중국문자학』, 신아사.

李孝定(1971),『甲骨文字集釋』, 臺北:中央研究院.

李孝定(1986),『漢字的起源與演變論叢』, 臺北:聯經出版事業公司.

李玲璞·臧克和·劉志基(1997),『古漢字與中國文化源』, 貴陽:貴州人民出版社.

李玲璞·臧克和·劉志基(2010),『古文字與中國文化源』, 上海:上海教育出版社.

李萬春(1992),『漢字與民俗』, 雲南教育出版社.

李彬(2010),「日·月時間詞考釋」,『新餘高專學報』第4期.

李守奎(2003),『楚文字編』, 上海:華東師範大學出版社.

李艷(2006),『說文解字所收蔬菜及糧食作物詞疏解』, 杭州:浙江大學.

李旭昇(2014)撰,『說文新證』, 臺北:藝文印書館.

李惠(2013),『「說文解字」馬部字研究』, 遼寧師範大學, 碩士畢業論文.

林寶卿(2000),『漢語與中國文化』, 北京:科學出版社.

林尹(1971),『文字學概說』, 臺北:正中書局.

임진호(2013)외역, 胡朴安, 『문자학의원류와발전』, 서울:문현.

임진호·김하종(2011)共譯, 劉志成著, 『문화문자학』, 서울:문현.

張坤(2006), 『與糧食作物有關的甲骨文字字形文化研究』, 烏魯木齊:新疆師範大學.

臧克和(1994), 『說文解字的文化說解』, 武漢:湖北人民出版社.

臧克和(1998), 『漢字單位觀念史考述』, 上海:學林出版社.

張岱年(1998)等, 『中國文化概論』, 北京:北京師範大學出版社.

張德鑫(1999), 『數裏乾坤』, 北京:北京大學出版社.

張道一(2004)注譯, 『考工記注譯』, 西安:陝西人民美術出版社.

蔣伯潛(1987), 『文字學纂要』, 臺北:正中書局.

鄭君龍·李春玲(2015), 『「說文解字」畜類字的文化鏡像』, 『三明學院學報』, 第3期.

丁福保(1994), 『說文解字詁林正補合編』, 臺北:鼎文書局.

丁鵬(2011), 「中國馬文化及武漢馬文化」, 『科技信息』, 第3期.

程裕禎(1998), 『中國文化要略』, 北京:外語教學與研究出版社.

曹先擢(1996), 『漢字文化漫筆』, 北京:語文出版社.

趙誠(2000), 『「甲骨文」與古代文化』, 沈陽:遼寧人民出版社.

趙靜(2010), 「『說文』‘馬’部字與古代馬文化」, 『青年文學家』, 第20期.

左民安(2006), 『1000個漢字的起源與演變』, 九州出版社.

周大樸(1984), 『訓詁學要略』, 武漢:湖北人民出版社.

周大樸(1991), 『訓詁學初稿』, 武漢:武漢大學出版社.

朱芳圃(1983), 『甲骨學文字編』, 臺北:商務印書館.

周鳳玲(2003), 「說文解字與古代天文學」, 內蒙古師範大學碩士論文.

周有光(2000), 『漢字和文化問題』, 瀋陽:遼寧人民出版社.

周一農(2005), 『詞彙的文化蘊涵』, 上海:上海三聯書店.

朱駿聲(1983), 『說文通訓定聲』, 武漢:武漢古籍書店.

朱駿聲(1984), 『說文通訓定聲』, 北京:中華書局.

中國大百科全書出版社編輯部(1992),『中國大百科全書·語言文字』, 北京:中國大百科全書出版社.

中國社會科學院考古研究所(1965),『甲骨文編』, 中華書局.

中國社會科學院語言研究所詞典編輯室編(1996),『現代漢語詞典(修訂本)』, 商務印書館.

池載熙·李俊寧(2002)解譯,『주례:제국건설의행정직제와직무지침서』, 자유문고.

陳珺寅(2010),「『說文解字』 馬部與中國古代文化」,『文教資料』, 第27期.

陳夢佳(1988),『殷虛蔔辭綜述』, 中華書局.

陳莎莎(2006),「說文日部字與古人的時間表達」,『南方周刊』第11期.

陳煒湛(2005),『古文字趣談』, 上海:上海古籍出版社.

陳有清(2000),「粟名演變考」,『中國農史』 04期, 南京:中國農業歷史學會;中國農業科學院;南京農業大學;中國農業遺產研究室.

陳恩志(1987),「相馬術源流和古代養馬文明」,『畜牧獸醫』.

陳初生(1987),『金文常用字典』, 西安:陝西人民出版社.

陳海洋(1995),『漢字研究的軌迹』, 南昌:江西教育出版社.

詹緒左(2002), 朱良志,『漢字與中國文化教程』, 安徽師範大學出版社.

崔富章(1980),「'秬秠' 辨」,『杭州大學學報(哲學社會科學版)』 04期, 杭州:杭州大學.

沈兼士(1986),『沈兼士學術論文集』, 北京:中華書局.

湯可敬(1997)撰, 許愼著,『說文解字今釋』, 長沙:岳麓書社.

湯可敬(2001),『說文解字今釋(上下)』, 長沙:嶽麓書社.

湯可敬(2003),『說文解字今釋』, 長沙:嶽麓書社.

湯可敬(2005),『說文解字今譯』, 嶽麓書社.

湯可敬(2014),『說文解字今釋』, 長沙:嶽麓書社.

何九盈(1995),『漢字文化學』, 遼寧人民出版社.

何九盈(1995)等,「簡論漢字文化學」, 北京大學學報, 第6期.

何九盈(1995)等,『中國文化大觀』, 北京:北京大學出版.

何九盈(2000),『漢字文化學』, 瀋陽:遼寧人民出版社.

何九盈·胡雙寶·張猛(1995),『中國漢字文化大觀』, 北京:北京大學出版社.

夏鼐(1986),『中國文明的起源』, 臺北:滄浪出版社.

하영삼(2011)옮김, 왕우신·양승남지음,『갑골학일백년4』, 소명출판.

何紅中(2010),『中國古代粟作研究』, 南京:南京農業大學.

何紅中(2014),「全球視野下的粟黍起源及傳播探索」,『中國農史』02期, 南京:中國農業歷史學會;中國農業科學院;南京農業大學;中國農業遺產研究室.

何紅中·趙博(2010),「古代粟名演變新考」,『中國農史』03期, 南京:中國農業歷史學會;中國農業科學院;南京農業大學;中國農業遺產研究室.

韓鑒堂(2005),『漢字文化圖說』, 北京語言大學出版社.

한국사전연구사편집부(1998),『미술대사전(용어편)』, 한국사전연구사.

漢語大字典編輯委員會(1986),『漢語大字典』, 成都:四川辭書出版社.

漢語大字典編輯委員會(1992),『漢語大字典』, 成都:四川辭書出版社.

漢語大字典編輯委員會(1993),『漢語大字典(縮印本)』, 成都:四川辭書出版社;湖北辭書出版社.

漢語大字典編纂委員會(2010),『漢語大字典(第二版)』, 成都:四川辭書出版社;湖北辭書出版社.

許愼(1963),『說文解字』, 北京:中華書局.

許愼(1992),『說文解字』, 北京:中華書局.

許慎(1995),『說文解字』, 北京:中華書局.

許慎(2009),『說文解字』, 北京:中華書局.

許慎(2013),『說文解字』, 北京:中華書局.

許進雄(1988),『中國古代社會』, 臺北:臺灣商務印書館.

許進雄(1995),『中國古代社會:文字與人類學的透視』, 臺北:商務印書館.

胡奇光(1987),『中國小學史』, 上海:上海人民出版社.

胡樸安(1973),『中國文字研究法』, 臺北:西南書局.

胡樸安(1977),『中國文字學史』, 臺北:商務印書館.

胡世慶(1996),『中國文化通史』, 杭州:浙江大學出版社.

홍상훈譯(2008), 江曉原,『별과우주의문화사』, 서울:바다출판사.

洪熹(2003)譯, 許進雄著,『중국고대사회』, 동문선.

黃德寬·常森(1995),『漢字闡釋與文化傳統』, 合肥:中國科學技術大學出版社.

黃璐, 何盈(2012),「"馬"字部作爲偏旁的表意和表音功能」,『現代企業教育』, 4月上期.

黃撰齋(1998),『漢字文化叢談』, 長沙:岳麓書社.

輝王(1996),「殷墟玉璋朱書文字蠡測」,『文博』, 05期.

E.Sapir(1921), Language:AnIntroductiontotheStudyofSpeech, NewYork:HarcourtBrace&World.

네이버지식백과, http://terms.naver.com

百度百科, https://baike.baidu.com/

석장리박물관, www.sjnmuseum.go.kr

小學堂文字學資料庫, http://xiaoxue.iis.sinica.edu.tw/

中國哲學書電子化計劃(ChineseTextProject), http://ctext.org

漢語多功能字庫, http://humanum.arts.cuhk.edu.hk

漢典, http://www.zdic.net

한자에 반영된 중국문화

초판 인쇄 2017년 8월 30일
초판 발행 2017년 8월 30일

지은이 박홍수
발행인 김인철
총괄 · 기획 가정준 Director, University Knowledge Press
편집장 신선호 Executive Knowledge Contents Creator
도서편집 박현정 Contents Creator
전자책편집 이리나 e-Contents Creator
재무관리 김은혜 Managing Creator
마케팅 파트장 백승이 Chief Marketing Creator
마케팅 박종원 Marketing Creator
발행처 한국외국어대학교 지식출판원
02450 서울특별시 동대문구 이문로 107
전화 02)2173-2493~7
팩스 02)2173-3363
홈페이지 http://press.hufs.ac.kr
전자우편 press@hufs.ac.kr
출판등록 제6-6호(1969. 4. 30)
디자인 · 편집 (주)피플커뮤니케이션 02)733-9008
인쇄 · 제본 (주)피플커뮤니케이션 02)733-9008

ISBN 979-11-5901-289-1 03720 정가 25,000원

*잘못된 책은 교환하여 드립니다.

HUiNE은 한국외국어대학교 지식출판원의 어학도서, 사회과학도서, 지역학 도서 Sub Brand이다. 한국외대의 영문명인 HUFS, 현명한 국제전문가 양성(International +Intelligent)의 의미를 담고 있으며, 휴인(携引)의 뜻인 '이끌다, 끌고 나가다'라는 의미처럼 출판계를 이끄는 리더로서, 혁신의 이미지를 담고 있다.